Pforte des Himmels

Eva Haustein-Bartsch (Hg.)

Pforte des Himmels

Ikonenausstellung zum 50-jährigen Jubiläum von EIKON.
Gesellschaft der Freunde der Ikonenkunst e. V.

KERBER ART

Inhalt

Wenn die Gesellschaft EIKON als Förderverein des Ikonen-Museums Recklinghausen in diesem Jahre ihr 50. Jubiläum feiert, ist das ein außergewöhnliches Ereignis, das besondere Würdigung verdient. Nicht zuletzt das private Mäzenatentum der Mitglieder und der Gesellschaft im Kleinen sowie im Großen hat das Ikonen-Museum Recklinghausen zu dem bedeutendsten und größten Ikonen-Museum außerhalb der orthodoxen Hemisphäre werden lassen. Private Initiativen zur Kulturförderung sind in Zeiten, da die öffentlichen Mittel dafür knapp bemessen sind, von besonderer Wichtigkeit.

Ich bedaure, an der Eröffnung der Ausstellung „Pforte des Himmels" am 6. Dezember 2008 nicht persönlich teilnehmen zu können, wünsche aber dem Museum sowie der Gesellschaft EIKON einen guten Auftakt dieser Schau, deren Exponate einen Einblick in die herausragenden Privatsammlungen der EIKON-Mitglieder geben.

Die Gesellschaft hat aber nicht nur materiell als Förderverein des Museums mitgewirkt, sondern darüber hinaus sehr engagiert dazu beigetragen, dass der Ikonenkunst heute ein beachtlicher Stellenwert im internationalen Kunstgeschehen beigemessen wird. Den Mitgliedern der Gesellschaft EIKON sei Dank und Anerkennung für ihr jahrzehntelanges Engagement als Förderverein des Ikonen-Museums Recklinghausen ausgesprochen.

Hans-Heinrich Grosse-Brockhoff
Staatssekretär für Kultur des Landes Nordrhein-Westfalen

Grußwort der Vorsitzenden der Gesellschaft EIKON e. V.

Zwei Jahre nach der Gründung des Ikonen-Museums Recklinghausen wurde durch einen kleinen Kreis von Enthusiasten „EIKON. Gesellschaft der Freunde der Ikonenkunst e. V." unter der damaligen Federführung von Bergwerksdirektor Hellmut Reimann ins Leben gerufen. Sein Nachfolger wurde 1977 Lothar Mikus, der sich 22 Jahre lang um die Gesellschaft EIKON und das Ikonen-Museum Recklinghausen verdient machte.

Ende der fünfziger Jahre gab die atheistische Politik der Sowjetunion zur Sorge Anlass, dass der Niedergang des orthodoxen Glaubens in Russland und mit ihm die weitere Vernichtung der Kunstschätze der russischen Kirche nicht aufzuhalten seien. Aus dieser Überlegung heraus erhielt der § 1 der Satzung der Gesellschaft EIKON folgenden Wortlaut:

„‚EIKON. Gesellschaft der Freunde der Ikonenkunst' verfolgt den gemeinnützigen Zweck, das Studium ostkirchlicher Kunst, insbesondere der Ikonen, zu pflegen und zu fördern und die interessierten Persönlichkeiten zusammenzuführen. Der Erreichung dieses Zweckes soll insbesondere die Pflege des Gedankenaustausches, die Förderung wissenschaftlicher Arbeiten, die Herausgabe eigener Publikationen, die Durchführung von Vorträgen, Ausstellungen und sonstigen Veranstaltungen sowie die Förderung des Ikonen-Museums Recklinghausen durch die Bereitstellung von Leihgaben und in sonstiger geeigneter Weise dienen."

Heute, fünf Jahrzehnte nach der Gründung des Fördervereins, darf man rückschauend sagen, dass dieser Selbstanspruch von EIKON in vollem Maße erfüllt worden ist. Die Mitglieder, deren Zahl rasch auf heute 237 angewachsen ist, haben durch ihr persönliches Engagement nicht nur dazu beigetragen, dass sich das Ikonen-Museum Recklinghausen stolz rühmen darf, die bedeutendste Ikonensammlung der westlichen Welt außerhalb der orthodoxen Länder zu besitzen, sondern auch durch eine Vielzahl von Aktivitäten der Ikonen-Malerei einen dieser Kunst angemessenen Stellenwert verschafft zu haben.

Der erste Kustos des Ikonen-Museums, Heinz Skrobucha, setzte sich in über 25 Jahren mit seiner ganzen Schaffenskraft für den Aufbau und die kontinuierliche Erweiterung des Museums ein. Seine Bücher „Die Welt der Ikonen" (unter seinem Pseudonym H. P. Gerhard) und „Meisterwerke der Ikonenmalerei" gelten auch heute noch als Standardwerke, durch die in den sechziger und sieb-ziger Jahren die Ikonenkunst einer breiten Öffentlichkeit bekannt gemacht wurde.

Durch Vorträge, zahlreiche Ausstellungen, durch mehrere internationale Symposien des Ikonen-Museums sowie zahlreiche Bücher und wissenschaftliche Veröffentlichungen, vor allem der heutigen Kustodin, Frau Dr. Eva Haustein-Bartsch, ist das Museum in Fachkreisen ein fester Begriff und ein Zentrum der Ikonenkunst, vor allem des 15. bis 19. Jahrhunderts. An dieser Stelle sei allen EIKON-Mitgliedern, unter denen nicht wenige zu den Mäzenen zählen, Dank gesagt für ihr jahrzehntelanges Engagement, das nicht nur dem Museum zugutekommt, sondern auch der Stadt Recklinghausen, die eine solche „Museumsperle" in ihren Mauern beherbergt.

Mögen die Pläne der Stadt, in den kommenden Jahren eine bauliche Museumserweiterung modernster Art umzusetzen, Realität werden, denn das würde auch der weiteren Entwicklung des Ikonen-Museums zugutekommen. Ich bin sicher, dass auch in Zukunft die Gesellschaft EIKON positiven Einfluss auf diese Planung nehmen kann und wird.

Ein „vivat, crescat, floreat" dem Ikonen-Museum und der Gesellschaft EIKON!

Esther Mikus
Vorsitzende EIKON. Gesellschaft der Freunde der Ikonenkunst e. V.

Zwei Jahre nach dem Ikonen-Museum Recklinghausen feiert nun auch die Gesellschaft EIKON. Freunde der Ikonenkunst e. V. ihr 50-jähriges Bestehen. 1958, also schon kurz nach der Gründung des Museums, wurde ein Förderverein aufgebaut und in das Vereinsregister eingetragen, der seither das Museum in vielfältiger Weise unterstützt. Mithilfe von Mitgliedsbeiträgen und Spenden wurden zahlreiche Ausstellungskataloge und andere Publikationen des Museums herausgegeben oder der Druck durch einen Zuschuss ermöglicht. Ankäufe für die Bibliothek des Museums werden zum größten Teil durch EIKON finanziert, und auch etliche Ikonen wurden bereits für die Sammlung des Museums durch Mittel von EIKON erworben. Leihgaben von EIKON-Mitgliedern bereicherten bereits mehrere Ausstellungen wie „Russische Heilige in Ikonen", „Rumänische Hinterglasikonen", „Muttergottesikonen" und „Engelikonen", um nur einige der letzten zwanzig Jahre zu nennen. Die Mitglieder aus dem In- und Ausland, die sich in diesem Verein zusammengeschlossen haben, treffen sich zum Gedankenaustausch bei den Mitgliederversammlungen, bei Vorträgen und Tagungen. Besonders beliebt sind die jährlich stattfindenden Reisen nach Ost- und Südosteuropa in die Ursprungsländer der Ikonenkunst.

Die Ausstellung „Pforte des Himmels" ist dem 50-jährigen Jubiläum von EIKON gewidmet. Alle ausgestellten Ikonen und Kirchenschätze sind Leihgaben von EIKON-Mitgliedern, die sich für viele Wochen – sicherlich nicht immer leichten Herzens – von ihren Schätzen getrennt haben, die oft ein liebgewonnener Bestandteil ihres Alltags geworden sind. Viele Leihgeber müssen sich nun lange Zeit zumindest mit empfindlichen Lücken innerhalb ihrer Sammlung abfinden. Doch das großzügige Entgegenkommen der insgesamt 27 Leihgeber aus Deutschland, den Niederlanden, Belgien und der Schweiz war äußerst erfreulich. Alle Leihgeber wollten ihre in vielen Fällen noch nie öffentlich, sondern höchstens einem kleinen privaten Kreis gezeigten Ikonen einem breiteren Publikum wie auch der Fachwelt für einen Zeitraum von acht Wochen zugänglich machen. Berechtigt ist natürlich der Stolz auf die im Kunsthandel, in Privatbesitz, auf einer Auktion oder während einer Auslandsreise entdeckten und dann nicht selten unter finanziellen Entbehrungen oder nach langen Verhandlungen erworbenen Kunstschätze.

Die Ausstellung steht unter dem Titel „Pforte des Himmels". Mit der Pforte ist in erster Linie die zum Altarraum einer orthodoxen Kirche führende Königstür gemeint, die das Zentrum der Ikonostase, der Bilderwand einer Kirche, bildet. Eine wunderschöne russische Königstür aus dem 16. Jahrhundert bildet daher das Motiv unserer Ausstellung, in der noch eine weitere russische sowie eine griechische Königstür zu sehen sind. Aber auch die anderen Ikonen sind „Pforten zum Himmel", die sich öffnen, um den Betrachtern den Blick auf die Heiligen der Ostkirche, auf Szenen aus der biblischen Geschichte und vor allem auf Christus und die Muttergottes freizugeben.

Nach den vielen thematischen Ausstellungen, die in Recklinghausen gezeigt wurden (z. B. „Russische Heilige", „Muttergottesikonen", „Engelikonen"), oder solchen, die eine bestimmte Region vorstellten („Bulgarische Ikonen", „Rumänische Hinterglasikonen", „Griechische Ikonen"), führt diese Ausstellung die zeitliche wie thematische Vielfalt der Ikonenkunst vor Augen. Auswahlkriterien waren die hohe Qualität der Ikonen sowie die Seltenheit der Darstellungen. Ich bin mir sicher, dass viele Ikonenfreunde, die sich schon länger mit dieser Kunst beschäftigen, erstaunt sein werden, welche in Qualität und Thema seltenen Stücke sie in Ausstellung und Katalog vorfinden. Denn auch mir ging es nicht anders: Ich war überrascht zu sehen, welche Schätze sich vor mir auftaten, wenn sich die „Pforten" zu den Sammlungen öffneten. Oft fühlte ich mich wie im Himmel, wenn ich unter den teilweise Hunderten von Ikonen die schönsten und seltensten Exemplare auswählen durfte: Ikonen von Heiligen mit Szenen aus deren Leben, mit Ansichten der von ihnen gegründeten Klöster, mit Legenden und selten dargestellten Szenen aus dem Alten und Neuen Testament, mit Gebeten, Hymnen, seltenen oder wunderschönen Darstellungen der Muttergottes, von Christus, Gottvater, signierte und datierte Ikonen. Dazu kommen sakrale Gegenstände wie liturgische Tücher und Bücher, Gold- und Silberschmiedearbeiten, Kreuze, feinste Bein- und Holzschnitzereien sowie schließlich eine umfangreiche Kollektion von Metallikonen und -kreuzen, für deren Auswahl ebenfalls die Qualität und Seltenheit der gezeigten Objekte ausschlaggebend war.

Ohne das Entgegenkommen der zahlreichen Leihgeber aus dem In- und Ausland wäre diese Ausstellung in diesem Umfang und mit solch herausragenden Exponaten nie zustande gekommen. Deshalb gilt mein Dank zuallererst ihnen: Sie haben die Ausstellung nicht nur durch die Bereitstellung ihrer Leihgaben unterstützt, sondern auch dadurch, dass sie alle ihre Ikonen selbst nach Recklinghausen gebracht und in vielen Fällen zusätzlich den Druck des Kataloges und die Ausstellung durch teilweise äußerst großzügige Spenden unterstützt haben. So konnten die Ausstellung und dieser Katalog vollständig durch die angesparten Mitgliedsbeiträge sowie durch Spenden von EIKON-Mitgliedern finanziert werden. Auf dieses unerhörte Engagement der Mitglieder können wir wirklich stolz sein!

Frank Scheidemann hat die schwierige Aufgabe übernommen, die Vereinsgeschichte von EIKON zu recherchieren und etwas Licht in das Dunkel zu bringen, in dem vor allem die Anfangsjahre liegen. Ich bin ihm sehr dankbar, dass er sich dafür durch Archive, Korrespondenzen und die Mitteilungsblätter für die Mitglieder durchgearbeitet hat, und freue mich, dass wir Ihnen die Ergebnisse in diesem Katalog präsentieren können.

Herrn Stefan Jeckel danke ich dafür, dass er nicht nur die 124 Metallikonen für diese Ausstellung aus seiner Sammlung ausgewählt, sondern auch ihre Bearbeitung und das Verfassen der Katalogtexte für diese Objekte übernommen hat. Weitere Unterstützung bei der wissenschaftlichen Bearbeitung der Ikonen für den Katalog erhielt ich durch die Bereitstellung von Expertisen, Beschreibungen der Ikonen und Übersetzungen der Inschriften, durch Literaturhinweise und weitere Informationen durch die Besitzer der Ikonen und Fachkollegen. Mein besonderer Dank gilt Ivan Bentchev, Rosemarie und Kurt Eberhard, Dr. Simon Morsink, deren Expertisen ich zur Grundlage meiner Werkbesprechungen machen konnte. Übersetzungen der teilweise äußerst umfangreichen und schwer zu entziffernden kirchenslawischen Texte auf den Ikonen verdanke ich Dr. Jean-Paul Deschler, Dr. Jürgen Plähn und Ivan Bentchev. Dr. Angelika Büchse und Ana-Faye Fegg schrieben die Texte zu je zwei liturgischen Tüchern bzw. Ikonen, wofür ich ihnen herzlich danken möchte. Die Autoren der Texte und Übersetzungen bzw. der meinen Texten zugrunde liegenden Expertisen werden jeweils am Ende der einzelnen Katalogtexte genannt, wo auch jene Publikati-

onen zu finden sind, in denen die entsprechenden Exponate bereits veröffentlicht wurden.

Mein Dank geht weiterhin an den Kerber Verlag für den hervorragenden Druck des Kataloges sowie an die Lektorin Dr. Sophie Reinhardt für die inspirierende und angenehme Zusammenarbeit und an Polina Bazir für das sehr ansprechende Layout. Jürgen Spiler hat die Mehrzahl der Ausstellungsstücke in gewohnt hoher Qualität für den Katalog photographiert, wofür ich ihm meinen Dank aussprechen möchte. Die technische Seite der Ausstellungsvorbereitungen und des -aufbaus lag in den Händen unseres bewährten Teams von Klaus Riedel, Marc Braunstein, Peter Schloss und Rudolf Pacht, denen ich für ihre engagierte und nicht immer einfache Arbeit ebenfalls herzlich danken möchte!

Ich würde mich freuen, wenn die Besucher, die durch die „Pforte" der Kunsthalle Recklinghausen gehen, sich in der Ausstellung zwischen den Ikonen wirklich wie im Himmel fühlten!

Eva Haustein-Bartsch
Kustodin des Ikonen-Museums
Ausstellungskuratorin

Frank Scheidemann

„EIKON – Gesellschaft der Freunde
der Ikonenkunst e. V."
50 Jahre Förderverein des
Ikonen-Museums Recklinghausen

Als sich am 1. Februar 1958 im Ikonen-Museum in Recklinghausen eine große Anzahl von Ikonenliebhabern versammelte, um die „Gesellschaft der Freunde der Ikonenkunst – EIKON" zu gründen, war bestimmt noch niemandem der Anwesenden bewusst, wie wichtig es für die Entwicklung des Ikonen-Museums in Recklinghausen sein würde, diesen Verein ins Leben zu rufen. Offiziell einigte man sich damals auf den Namen „EIKON – Gesellschaft der Freunde der Ikonenkunst e. V.", und so wurde der Name dann auch ins Vereinsregister der Stadt eingetragen. Unter der federführenden Mitwirkung von Thomas Grochowiak, Lothar Mikus und Heinz Skrobucha wurden die Ziele des Vereins festgelegt: Zunächst einmal sollte er den regen Gedankenaustausch zwischen den Mitgliedern ermöglichen. Dann sollte der Verein in mäzenatischer Weise wissenschaftliche Arbeiten auf dem Gebiet der ostkirchlichen Kunst fördern, eigene Publikationen herausgeben, Vorträge, Ausstellungen und andere Veranstaltungen durchführen und der Entwicklung des Ikonen-Museums Recklinghausen durch Leihgaben und in sonstiger geeigneter Weise dienlich sein.

Eröffnet wurde die Gründungsversammlung von Oberstadtdirektor Dr. Wilhelm Michaelis. Unter der Leitung von Rechtsanwalt Dr. Josef Borchmeyer wurde der Vorstand gewählt: Vorsitzender wurde Bergwerksdirektor Hellmut Reimann, stellvertretender Vorsitzender Dr. Ramsdorf. Als Beisitzer stellte sich Professor Gerhardt von der Universität Münster zur Verfügung. Dr. Michaelis erhielt das Schatzmeisteramt und der Direktor des Ikonen-Museums Thomas Grochowiak, übernahm die Schriftführung. Erster Geschäftsführer wurde der Kustos des Museums, Heinz Skrobucha. Weitere Teilnehmer an der Veranstaltung waren Oberbürgermeister Heinrich Auge, mehrere Mitglieder des Stadtrates, Propst Graf Droste zu Vischering und der rumänisch-orthodoxe Erzpriester Vasiloschi. Anlässlich des Ereignisses übermittelte der nordrhein-westfälische Kultusminister Prof. Dr. Luchtenberg der neu gegründeten Gesellschaft seine Grüße.

Und schon nahm die Gesellschaft ihre neuen Aufgaben wahr und überließ Dr. Walter Loeschke das Wort, der einen Vortrag mit dem Thema „Der heilige Christopherus – der Heilige mit dem Tierkopf" hielt. Immer wieder wurden interessante und auch ungewöhnliche Vortragsthemen vorgestellt, wenn sich die Mitglieder des Vereins versammelten. So hielt 1960 Prof. Dr. Hans-Jürgen Drengenberg einen Vortrag über den russischen Kirchenbau oder Dr. Erhard-Wolfram Platzeck 1979 über „Meditationen über die Dreifaltigkeitsikone des Andrej Rubl'ev." 1981 stellte Pfarrer Dr. Lothar Heiser aus Münster „Marienfeste im orthodoxen Kirchenjahr; Fresken – Ikonen – Liturgie" vor und Frau Dr. Haustein-Bartsch trat 1984 mit dem Vortrag „Die Porträts des Königs Milutin von Serbien (1253 – 1321)" in Erscheinung. Ebenfalls trug Prof. Dr. Karl Christian Felmy mit seinen Erläuterungen zu der Ikone „Eingeborener Sohn" aus der Sammlung des Museums zur größeren Verständlichkeit solcher komplexer Themen bei. Leider können an dieser Stelle nicht alle Vortragenden mit ihren Themen aufgezählt werden, aber dieser kleine Auszug soll die große Vielfalt an interessanten Vorträgen widerspiegeln, die im Laufe der Zeit auf Initiative des Vereins gehalten wurden.

Es waren aber nicht nur die Zusammenkünfte der EIKON-Mitglieder, die dem Austausch und der Erweiterung des Fachwissens dienten. Besondere Beachtung fanden immer wieder die großen, aber auch die kleineren Ausstellungen, die ohne die Mitwirkung des Vereins nicht denkbar gewesen wären. So stellten viele Mitglieder ihre Ikonen zur Verfügung, um die Ausstellung „EIKON – Ikonen des 15. – 19. Jahrhunderts aus deutschem Privatbesitz", die 1979 in der Kunsthalle Recklinghausen zum 20-jährigen Jubiläum des Vereins stattfand, mit bedeutenden Exemplaren zu bestücken. 1983 wurden „Äthiopische Kreuze" ausgestellt, die vorwiegend aus der Sammlung des damaligen Vorsitzenden von EIKON, Lothar Mikus, kamen. 1986 konnte das 30-jährige Bestehen des Ikonen-Museums Recklinghausen mit einer Ausstellung gefeiert werden. Unter dem Motto „Kirchenschätze des christlichen Ostens und Metallikonen" bildeten insgesamt über 300 Exponate, zum größten Teil aus dem Privatbesitz von EIKON-Mitgliedern, den Höhepunkt der Feierlichkeiten. Zwei Jahre später, anlässlich der 1000-jährigen Wiederkehr der „Taufe Russlands", organisierte das Ikonen-Museum 1988 eine große und sehr erfolgreiche Ausstellung mit über 200 russischen Heiligenbildnissen, von denen ca. 150 aus den Sammlungen zahlreicher EIKON-Mitglieder kamen. Ohne wichtige Leihgaben aus dem Kreis der Vereinsmitglieder wäre auch die 1992 präsentierte Ausstellung „Rumänische Hinterglasikonen" nicht auf so große Resonanz beim Publikum gestoßen. Im Frühjahr 1997 wurde auf Initiative des Vereins eine Ausstellung im Vestischen Museum Recklinghausen organisiert, die sich thematisch auf das Osterfest bezog und eine Vielzahl russischer Ostereier ausschließlich aus dem Besitz von EIKON-Mitgliedern zeigte. Übertroffen wurden alle diese Ausstellungen im Jahre 2000 durch die Präsentation von Muttergottesikonen, die erst durch den großen Anteil an Ikonen aus dem Besitz der Mitglieder ermöglicht wurde. Über dreißig Leihgeber stellten ihre Muttergottesikonen zur Verfügung und trugen so zum überwältigenden Erfolg der Ausstellung bei. Zwei Jahre später wurde wieder eine Themenausstellung vom Ikonen-Museum organisiert. Nun waren die Mitglieder aufgerufen, ihre Engelikonen für diese Ausstellung zur Verfügung zu stellen, die wiederum im Vestischen Museum stattfand. 2004 folgte eine Ausstellung unter dem Titel „Nicht nur vom Himmel gefallen" in der Kunsthalle Recklinghausen. Diesmal wurden sämtliche Ikonen aus dem Besitz des Ikonen-Museums gezeigt, die nach 1983 durch Ankauf oder Schenkung in die Sammlung aufgenommen werden konnten. Einige Erwerbungen konnten ganz oder unter Beteiligung von EIKON finanziert werden oder gelangten durch großzügige Spenden und Schenkungen von einzelnen Mitgliedern ins Museum.

Eine weitere wichtige Aufgabe, die sich der EIKON-Verein gestellt hat, besteht in der Förderung der Fachbibliothek des Ikonen-Museums. Immer wieder werden Gelder bereitgestellt, wenn es darum geht, diese Bibliothek durch Ankäufe zu erweitern. So konnte zum Beispiel 1986 ein großer Teil der privaten Bibliothek des ehemaligen Kustos des Museums, Heinz Skrobucha, nach seinem Tod angekauft werden. Die Bücher, die durch Spendengelder und Mitgliedsbeiträge erworben werden, verbleiben im Besitz des Vereins und werden dem Museum als Dauerleihgabe zur Verfügung gestellt. Aber der Verein kauft nicht nur Fachliteratur an, er ermöglicht durch die teilweise oder auch vollständige Finanzierung auch Veröffentlichungen des Ikonen-Museums. Der Druck mehrerer Kataloge wurde vom Verein mitfinanziert oder durch großzügige Spenden einzelner Mitglieder ermöglicht, wodurch die Präsenz des Ikonen-Museums in der Fachwelt verstärkt werden konnte. Aber auch die Finanzierung von Prospekten, Plakaten und, nicht zu vergessen, den Publikationen des Museums, wie zum Beispiel den Monographien „Das Jüngste Gericht" und „Goldstickereien", lag den Mitgliedern am Herzen. Immer wieder sprang der EIKON-Verein ein, um zu gegebenem Anlass großzügig auszuhelfen. So konnte die aufwendig illustrierte Broschüre „50 Jahre Ikonen-Museum Recklinghausen", die 2006 zum 50-jährigen Jubiläum des Ikonen-Museums in deutscher und englischer Sprache erschien, ganz von EIKON finanziert werden.

Stellt schon die Anschaffung von Literatur eine große Unterstützung des Ikonen-Museums dar, so wird dies noch durch die finanzielle Hilfe bei Ankäufen von Exponaten für das Museum übertroffen. Erst durch die großzügigen Spenden des Vereins konnten wichtige Ikonen erworben werden. So gelangte 1990 mit Mitteln des Landes Nordrhein-Westfalen, der Stadt Recklinghausen und des EIKON-Vereins die großformatige Ikone mit dem Thema „Das Jüngste Gericht" ins Museum. 1999 wurde mit Mitteln des Vereins ein holzgeschnitztes Triptychon, das wahrscheinlich vom Berg Athos stammt, angekauft. 2001 folgte dann eine Ikone der „Geburt Christi" und ein Jahr später durch die Mitfinanzierung des Vereins die Ikone „Das Entschlafen der Gottesmutter" aus dem 17. Jahrhundert. 2003 gelangten zwei Hinterglasikonen und 2004 die wundervolle kretische

Ikone mit der Darstellung des hl. Menas aus der Zeit um 1500 ins Museum. Aber nicht nur der Verein springt bei wichtigen Anschaffungen ein, auch einzelne Mitglieder ermöglichen die Erweiterung des Sammlungsbestandes um wichtige Exponate. So konnte 1999 durch eine Spende des EIKON-Mitglieds Werner Löhr die Ikone „Die Märtyrer Kyprianos und Justinia mit 16 Szenen aus ihrem Leben" erworben werden. 2002 stellte dann das EIKON-Mitglied Arthur Gross die Mittel zur Verfügung, um die Ikone „Die Heiligen Alexios von Edessa und Maria von Ägypten" aus der Sammlung Gleser zu kaufen. Mit Spenden von Frau Dr. Anneliese Schröder gelangen 1995 der Erwerb von zwei zusammengehörigen Ikonen, „Hl. Paraskeva" und „Erzengel Michael", wahrscheinlich aus Moldawien stammend, und 2006 der Ankauf einer griechischen Ikone mit dem seltenen Thema „Beschneidung Christi" aus dem 18. Jahrhundert. Leider können auch hier nur einzelne Beispiele aufgeführt werden, die das große Engagement des Vereins und seiner Mitglieder vorstellen.

Genannt werden aber sollen noch einige der vielen Schenkungen aus dem Kreis der EIKON-Mitglieder, die den Bestand des Museums bereichern. So schenkte Ivan Bentchev dem Museum ein liturgisches Tuch, das Bischof Mitrofan von Voronež mit einer langen Inschrift darstellt. 2002 erhielt das Museum aus dem Nachlass von Rolf Joachim Wiswe aus Lübeck dreißig Ikonen, darunter viele mit Darstellungen des hl. Nikolaus. Von dem Ehepaar Sonnen-Jirsak erhielt das Ikonen-Museum im Juni 2007 eine kleine, aber sehr bedeutende Ikone als Geschenk. Auf ihr ist das in der Ikonenmalerei äußerst selten dargestellte Thema der „Pietà" wiedergegeben, das in der Sammlung des Ikonen-Museums bisher nicht vorhanden war. Zum 50-jährigen Jubiläum des Museums stiftete das Ehepaar Mikus eine ikonographisch äußerst seltene Nikolaus-Ikone. Jutta Lehmann überließ dem Museum testamentarisch insgesamt 28 Kunstwerke, darunter äthiopische Kreuze, rumänische Hinterglasikonen und Bronzekreuze. Anlässlich des 50. Jubiläums des EIKON-Vereins überreichte die Ikonengaleristin Anita Dünnwald-Rutz aus Düsseldorf eine Ikone mit der Darstellung der „Muttergottes – Freude aller Leidenden", und die stellvertretende Vorsitzende von EIKON, Magda Willems-Iven, finanzierte spontan eine griechische Ikone mit den Heiligen Anastasia der Pharmazeutin und Eustathios aus der Zeit um 1800. Ein ganz besonderes Geschenk zum Jubiläum kam erst kürzlich aus der Sammlung der Vorsitzenden von EIKON, Esther Mikus: eine großformatige russische Ikone der heiligen Julitta mit ihrem Sohn Kyrikos mit zwanzig Szenen aus ihrem Leben. Es mussten aber gar nicht immer so hoch bedeutende

Gaben sein. Manchmal war schon die Finanzierung eines neuen Computers für die alltägliche Arbeit im Museum äußerst hilfreich. Und natürlich darf an dieser Stelle nicht das große Engagement der vielen Mitglieder vergessen werden, die nicht nur den vorliegenden Katalog, sondern die ganze Jubiläums-Ausstellung durch ihre Leihgaben und großzügigen Spenden erst ermöglichten.

Manche EIKON-Mitglieder, die die Sammlung des Museums bereichern, sich aber nicht ganz von ihren Schätzen trennen wollen, haben die eine oder andere Ikone dem Museum als Dauerleihgabe überlassen. So gab der langjährige Vorsitzende Lothar Mikus einen großen Kerzenständer, äthiopische Kreuze und viele Jahre lang eine in der ersten Hälfte des 16. Jahrhunderts gemalte Ikone mit dem Thema der drei Frauen am leeren Grab Christi in die Dauerausstellung. Und auch die sehr bedeutende kretische Ikone „Madre della Consolazione" von Nikolaos Tzafoures befindet sich seit 1999 als Leihgabe von EIKON-Mitgliedern im Museum.

Neben diesen Aktivitäten, die der Förderung des Museums dienten, gab es immer wieder Möglichkeiten für die EIKON-Mitglieder, sich über das weite Thema der Ikonenkunst auszutauschen und sich dabei auch näher kennenzulernen. Nicht nur die schon erwähnten Vorträge und Versammlungen trugen zum besseren Verstehen der orthodoxen Welt bei, insbesondere die jährlich stattfindenden Reisen bildeten und bilden Höhepunkte innerhalb des Vereinslebens. So wurde 1997 anlässlich der großartigen Ausstellung über den Berg Athos in Thessaloniki eine Reise nach Nordgriechenland unternommen. Ein Jahr später folgte eine Reise nach Moskau und zu dem „Goldenen Ring". Aber auch Zypern fand im Jahre 2000 eine so große Resonanz, dass sich über 50 EIKON-Mitglieder anmeldeten. Übertroffen wurde das Interesse noch von der nächsten Exkursion nach Siebenbürgen und zu den Moldauklöstern, bei der zwei Gruppen direkt nacheinander reisten. Es folgten der Südosten Polens, eine weitere Reise durch Russland (2004), nach Makedonien (2006), Kreta (2007) und in diesem Jahr nach St. Petersburg, Novgorod und Pskov.

Während der letzten 50 Jahre hat sich natürlich viel geändert. Nicht nur die Anzahl der Mitglieder des EIKON-Vereins, die zeitweise (2001) die 300er-Marke überschritten hatte und heute genau 237 Mitglieder beträgt, auch der Vorstand hat sich im Laufe der Zeit immer wieder verändert. Nachdem Bergwerksdirektor Hellmut Reimann jahrelang den Vorsitz des Vereins innehatte, übernahm nach dessen Tod 1977 Lothar Mikus diese Funktion. Insgesamt 22 Jahre widmete er sich der Aufgabe, bis ihn seine Frau Esther Mikus 1999 ablöste, die auch heute noch dem Verein vorsteht. Auch Oberstadtdirektor Dr. Wilhelm Michaelis, der die Position des Schatzmeisters übernahm, blieb dem EIKON-Verein lange treu und begründete mit der Übernahme des Schatzmeisteramtes die Tradition, nach der jeder Bürgermeister bis heute dieses Amt ausübt. Ihm folgte der Oberstadtdirektor Lorenz Amely, später Peter Borggraefe und 1999 der jetzige Bürgermeister Wolfgang Pantförder. Bis 1984 blieb Dr. Wilhelm Michaelis im Vorstand, bevor er dann aus Altersgründen ausschied. Seinen Platz nahm Heinz Skrobucha als Beisitzer ein. Heinz Skrobucha, der von 1956 bis 1982 als Kustos das Ikonen-Museum leitete, hatte ebenfalls großen Einfluss auf die Entwicklung des EIKON-Vereins. Er wurde 1958 zum Geschäftsführer ernannt und hatte dieses Amt bis zu seiner Pensionierung inne. Übernommen wurde 1983 die Geschäftsführung des EIKON-Vereins von Dr. Eva Haustein-Bartsch, der neuen Kustodin des Ikonen-Museums, die dieser Aufgabe auch heute noch nachkommt. Schon früh gelang es dem Verein, bekannte Persönlichkeiten aus Kultur und Politik für seine Ziele zu begeistern. So stellte sich bereits 1960 Dr. Richard von Weizsäcker, der immer noch Vereinsmitglied ist, als zweiter Vorsitzender zur Verfügung und trug so zum großen Renommee bei.

Das Ikonen-Museum in Recklinghausen gilt heute als herausragender Standort der Pflege und Erforschung ostkirchlicher Kunst. 50 Jahre „EIKON. Gesellschaft der Freunde der Ikonenkunst e. V." haben wesentlich zur Entwicklung und Profilierung des Ikonen-Museums Recklinghausen beigetragen und so den Namen der Stadt in aller Welt bekannt gemacht.

1 Königstür einer Ikonostase mit Verkündigung und den hll. Georg und Demetrios

Griechenland (Kreta), 2. Hälfte 17. Jahrhundert
Eitempera auf Kiefernholz, 129 x 61,6 cm
Sammlung W.

Königstür nennt man die mittlere Tür einer Bilderwand (Ikonostase), die zum Altar führt und während der Liturgie nur vom zelebrierenden Priester oder Bischof durchschritten werden darf. Zwei weitere Türen führen im Norden in den Rüstraum (Prothesis) und im Süden in das Diakonikon. Anfangs waren die Durchgänge des Templons durch kostbare Vorhänge verschlossen, die in byzantinischer Zeit durch Türen aus Holz ersetzt wurden. Die Königstüren besaßen durchweg zwei Flügel und einen Rundbogenabschluss. Als älteste erhaltene Beispiele gelten zwei Türen auf dem Berg Athos, nämlich die des Protaton und jene aus dem alten Templon der ursprünglichen, von dem serbischen König Milutin Ende des 13. Jahrhunderts durch einen Neubau ersetzten Klosterkirche von Chilandar. Sie werden beide in die zweite Hälfte des 10. Jahrhunderts datiert und sind mit Elfenbeininkrustationen und Bildfeldern geschmückt, deren Relieffiguren aus Elfenbein jedoch bis auf eine Ausnahme verloren sind (Thessaloniki 1997, Nr. 9.15; Bogdanović u. a. 1978, S. 58 u. 60, Abb. 36). Ein Fresko mit der Darstellung der Apostelkommunion auf der Westwand des Refektoriums im Johanneskloster auf Patmos aus der Zeit um 1200 zeigt niedrige Türen, ebenfalls mit halbrundem Abschluss, die allerdings keine figürlichen Darstellungen tragen (Kominis 1988, Abb. 32 und 33). Hingegen ist der erhaltene rechte Flügel der Königstür des Vatopedi-Klosters (Berg Athos) mit der ganzfigurigen Darstellung der Muttergottes aus der Verkündigung geschmückt (Thessaloniki 1997, Nr. 2.6), die das vorherrschende Thema an dieser Stelle bleiben wird. Geschnitzte Königstüren mit der Verkündigung an Maria, zum Teil in Verbindung mit Petrus und Paulus oder anderen Heiligen in der unteren Zone, bleiben bis weit in postbyzantinische Zeit die am weitesten verbreitete Form der königlichen Pforte von Ikonostasen (Ćorović-Ljubinković 1965, S. 29–36, 145–153).

Auf Kreta entsteht in der zweiten Hälfte des 15. Jahrhunderts eine Gruppe von Türen, deren in größerer Zahl erhaltene Beispiele sich bis in das 17. Jahrhundert datieren lassen. Ihr gemeinsames Merkmal ist ihre nach oben spitz zulaufende Form und die doppelte Krümmung des abschließenden Bogens, der an die gotischen Kielbogen erinnert, wie sie aus Venedig und auch von venezianischen Gebäuden auf Kreta und anderswo bekannt sind. Häufig besitzen sie geschnitzte Ranken auf dem Bogen, die auf dieser Tür jedoch fehlen. In den meisten Fällen endet die geschnitzte Mittelleiste in einem Kreuz, jedoch sind auch von Ranken umgebene, bemalte Medaillons zu finden oder die geschnitzte Gestalt des Propheten David.

An diesen kretischen Beispielen orientiert sich auch diese Königstür in der Form des oberen Bogens, dem mittleren, in Form eines Seils geschnitzten Stab und dem rautenförmigen bekrönenden Element, das die Darstellung eines Cherubs mit acht feurigen Flügeln zeigt. Die bemalten Flügel der Tür sind in vier Felder aufgeteilt. Oben ist die traditionelle Szene der Verkündigung an die Muttergottes wiedergeben, die wie üblich auf zwei Felder verteilt ist. Das Geschehen findet auf einem Balkon mit einer Renaissance-Balustrade statt, vor dem Hintergrund einer barocken Palast-Architektur. Rechts ist ein viereckiger Turm, in der Ferne sind dunkle Berge zu sehen. Auf dem Goldgrund steht der griechische Titel der Ikone „Verkündigung Gottes". Von links nähert sich der Erzengel Gabriel, der Maria mit seiner erhobenen Rechten grüßt, während er in der Linken eine weiße Lilie und eine entrollte Schrift mit dem griechischen Text nach Lukas 1,35 hält: „Der Heilige Geist wird über dich kommen, und die Kraft des Höchsten wird dich überschatten." Aus einer Wolke im oberen Bereich ergießt sich der Heilige Geist in Form von drei roten Strahlen und einer weißen Taube in einem roten Medaillon auf Maria, die rechts vor einem Lesepult mit einem aufgeschlagenen Buch steht. Dort befindet sich der griechische Text nach Lukas 1,38: „Ich bin die Magd des Herrn; mir geschehe, wie du es gesagt hast."

Im Feld unter dem Erzengel ist der hl. Georg als Drachentöter gemalt. Er sitzt auf einem weißen Pferd, während auf dem rechten Feld der hl. Demetrios von Thessaloniki auf einem rotbraunen Pferd über den besiegten König Kalojan reitet. Beide Heilige sind im mit Blattgold belegten Hintergrund mit ihren griechischen Tituli in Zinnober beschriftet. Die Darstellung der beiden reitenden Kriegerheiligen ist auf Königstüren sehr selten.

Die Königstür ist fast vollständig erhalten. Es fehlen nur die vier Holzrosetten auf der geschnitzten Holzleiste zwischen den Türen, die oben mit einem geschnitzten Rhombus mit einem bekrönenden Dreiblatt endet. Die seitlichen Dreiblätter fehlen ebenfalls.

(Teilweise nach einer Expertise von Ivan Bentchev vom 11. Februar 2007)

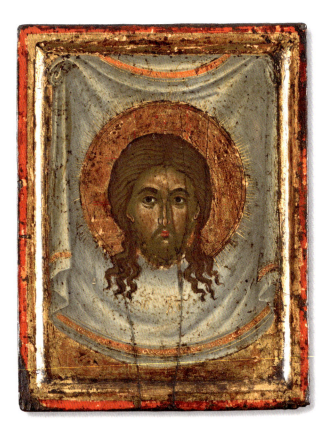

2 Mandylion

Griechenland, Anfang 18. Jahrhundert
Eitempera auf Holz, 22,3 x 17,4 cm
Privatbesitz

Als Mandylion wird das Bild Christi bezeichnet, das im Unterschied zu anderen Christusbildern nicht „von Menschenhand gemacht" wurde, sondern auf wunderbare Weise durch einen Abdruck entstanden ist, der von Christus selbst vorgenommen wurde. Der Begriff Mandylion geht auf das arabische Wort „mandil" oder „mindil" zurück, das „Tuch" bzw. „Handtuch" bedeutet und so auf das Material des Bildes hinweist. Man nennt dieses Tuchbild auch Abgar-Bild, da der Legende zufolge Christus dem König Abgar V. Ukkama von Edessa (9–46) durch einen Boten einen Abdruck seines Gesichtes auf einem Tuch sandte, um ihn von einer schweren Krankheit zu heilen. Das Tuch soll der Legende nach unter dem ungläubigen Enkel des Abgar vom Bischof über dem Stadttor eingemauert worden sein, um es zu verbergen. Erst während der Belagerung von Edessa durch die Perser unter Chosrau I. im Jahre 544 wurde es durch eine Vision des Bischofs Eulalios wieder aufgefunden und verhalf der Stadt Edessa zum Sieg. 944 holten die Byzantiner die bedeutende Reliquie nach Verhandlungen

mit Edessa und den die Stadt beherrschenden Arabern nach Konstantinopel. Seither nahm das Mandylion unter den Heiligtümern des Byzantinschen Reiches und seiner Hauptstadt einen hervorragenden Platz ein und wurde in der Muttergotteskirche des kaiserlichen Bukoleonpalastes aufbewahrt. In den Wirren nach der Eroberung Konstantinopels durch die Kreuzritter im Jahre 1204 ging das Mandylion verloren. Mehrere Städte im Abendland erhoben daraufhin den Anspruch, es in ihren Mauern zu beherbergen. So soll es bis zur Französischen Revolution in der Sainte-Chapelle in Paris aufbewahrt worden sein, aber auch in Sankt-Peter in Rom (und von dort nach neuesten Theorien in das Dorf Manopello in den Abruzzen gelangt sein). Nach einer weiteren Variante soll es im späten 14. Jahrhundert durch eine Schenkung des byzantinischen Kaisers Johannes V. (1332–1391) in die Klosterkirche S. Bartolomeo degli Armeni in Genua gekommen sein.

Ikonen, die das Mandylion wiedergeben, zeigen das Porträt Christi frontal und ohne Hals- und Schulteransatz auf dem Hintergrund eines Tuches. Die Haare sind gescheitelt, die Strähnen fallen nach beiden Seiten auf die Schultern.

Die einzige Inschrift auf dieser Ikone ist das Kürzel IC XC für „Jesus Christus" in goldener Schrift unterhalb des Gesichtes Christi, das auf einem graublauen Tuch mit orangefarbener Bordüre gemalt ist. Der goldene Nimbus ist von Strahlen umgeben. Die Ikone, deren feine Malerei auf Goldgrund ausgeführt ist, besitzt einen erhöhten Rand mit einem roten Randstreifen.

3 Deesis mit hl. Georg

Griechenland, 17. Jahrhundert
Eitempera auf Holz, 25,3 x 20,1 cm
Privatbesitz

Als Deesis (griech.: Fürbitte) bezeichnet man die Darstellung des thronenden Christus mit einem geöffneten oder geschlossenen Evangelienbuch, der zu seiner Rechten von der Muttergottes und zu seiner Linken von Johannes dem Täufer flankiert wird. Beide wenden sich im Gestus der Fürbitte an Christus.

Nur sehr selten wird Johannes durch einen anderen Heiligen wie z. B. Nikolaus oder eine Heilige ersetzt. Dass die hl. Katharina seine Stelle auf einer querformatigen, beidseitig bemalten Tafel aus der zweiten Hälfte des 15. Jahrhunderts einnimmt, die auf Kreta gemalt wurde und

sich im Ikonen-Museum Recklinghausen befindet, könnte als Hinweis darauf zu deuten sein, dass die Ikone eine Stiftung an die Dependance des Katharinenklosters auf dem Sinai in Herakleion war (Haustein-Bartsch 1995 b, S. 68–70).

Eher private Gründe dürften jedoch die Ursache dafür sein, dass auf dieser kleinformatigen, sehr schön gemalten Ikone Johannes der Täufer durch den hl. Georg ersetzt wurde. Wahrscheinlich ist Georg der Namenspatron des Auftraggebers der Ikone, von dem er Fürbitte bei Christus erhofft. Dieser sitzt in der Mitte auf einem goldenen Thron mit Blütenornamenten, dessen Beine in geflügelten Engelsköpfchen enden. Christus ist wie üblich in ein dunkelrotes Untergewand (Chiton) und ein dunkelblaues Himation gekleidet. Seine Füße ruhen auf einem Suppedaneum. Er segnet mit der rechten Hand und hält in der linken ein aufgeschlagenes Evangelienbuch mit dem griechischen Text: „Ich bin das Licht der Welt ..."(Jh 8,12). Auf der linken Seite, d. h. zur Rechten Christi, steht die Muttergottes in einem dunkelblauen Untergewand und einem dunkelroten Maphorion, auf der rechten Seite der in prächtige Gewänder gekleidete hl. Georg. Sowohl das kurzärmelige rote Obergewand als auch das lange blaue Untergewand sind mit breiten goldenen, mit Perlen und Steinen besetzten Säumen geziert. Seine Stiefel sind ebenfalls von goldener Farbe. Über die Schultern fällt eine rote Chlamys (Mantel) auf

den Rücken hinab. Georg, der durch eine kurze Lockenfrisur und ein jugendlich bartloses Gesicht charakterisiert ist, trägt ein Diadem im Haar und ein großes Märtyrerkreuz in der linken Hand. Den Kopf hält er leicht gesenkt, die rechte Hand hat er vor der Brust erhoben.

Sowohl der leicht erhöhte Rand der Ikone als auch der Hintergrund sind mit Blattgold belegt, auf dem die roten Namensbeischriften geschrieben stehen. Die Nimben sind punziert.

4 Der Erzengel Michael als Seelenbegleiter

Griechenland, 1821
Eitempera auf Hartholz, 54 x 42 cm
Sammlung W.

Michael, dessen Name „Antlitz Gottes" oder „der ist wie Gott/Quis ut Deus" bedeutet (Dan 10,13; Juda 9), ist der wichtigste Erzengel. Er wird dreimal von dem Propheten Daniel erwähnt sowie im Brief des Apostels Juda und in der Apokalypse des Johannes. Mehrere Kirchenväter beziehen sich auf die Stelle bei Daniel 10,13, wo er als „Herrscher", als „einer der obersten Fürsten" und als „Großfürst, den Söhnen seines Volkes beistehend" bezeichnet wird. Einzig Apostel Juda nennt ihn „Erzengel" (Vcrs 9). Johannes beschreibt die Himmelsschlacht, in der Michael und die anderen Engel gegen den Drachen und seine Engel kämpfen (Apk 12,7–8). Er stürzt den anderen Drachen (Apk 20,2–3) und vernichtet als Anführer der himmlischen Heerscharen den Antichrist (Kommentare zur Apokalypse). Außerdem wiegt er beim Jüngsten Gericht die Seelen der Verstorbenen. Von frühchristlicher Zeit an ist er mit dem Erzengel Gabriel der Muttergottes zugeordnet. Michael wird auf Ikonen als der den Luzifer stürzenden Kämpfer, als Drachentöter und Archistrategos (Anführer des himmlischen Heeres) dargestellt. Häufig hält er einen Globus in der Hand, der später durch eine Glaskugel oder einen Diskos ersetzt wird, in den oft das griechische Christusmonogramm oder das „Heilig" des Trishagion eingeschrieben ist.

Auf dieser Ikone ist der Erzengel als Krieger mit mächtigen hellen Flügeln dargestellt. Er trägt über einem goldenen Lederpanzerhemd mit kreuzförmigem Riemenwerk, das mit fratzenhaften Masken an Bauch und Schultern verziert ist, einen roten Mantel und in den Haaren ein rotes Haarband (griech.: Tänie). Er steht frontal in der Mitte des vergoldeten Mittelfeldes auf einem sterbenden alten Mann, der auf dem perspektivisch wiedergegebenen Boden aus weißen und rötlichen Steinplatten liegt. In der ausgestreckten Rechten hält Michael das blanke Schwert mit der Klinge nach oben, mit der herabhängenden Linken holt er die Seele des Sterbenden, die in Form einer kleinen, halbnackten menschlichen Gestalt dargestellt ist, aus dessen Mund. Rechts im Bild müht sich ein schwarzes Teufelchen, mit einem Eisenhaken die Seele des Alten an sich zu reißen. Auf dem nach oben entrollten Schriftband hinter der Linken des Erzengels steht ein schwer lesbarer achtzeiliger griechischer Text, der den Engel als „Begleiter der Guten und Verderber der Bösen" bezeichnet. Über der Schriftrolle steht eine unleserliche, kurze griechische Beischrift in weißen Buchstaben, vielleicht als „Psychagoge" (Seelenführer) zu lesen. In der unteren linken Ecke befindet sich eine weitere griechische Inschrift: „Des Herrn Manolis", womit der Besitzer der Ikone und nicht der Maler gemeint sein dürfte. Rechts unten steht das Datum „1821". In den oberen Ecken ist in prachtvollen Medaillons der griechische Titulus „Erzengel Michael" zu lesen. Über dem aufgenagelten Nimbus aus getriebenem Silber, der stilisierte Strahlen und den Federbusch des Archistrategen wiedergibt, ist der mit ausgestreckten Armen segnende Christus über Wolken gemalt, in denen vier feurige Cherubim schweben.

Die qualitätvolle Malerei von 1821 zeigt den stilistischen Einfluss melkitischer Ikonen aus Syrien und dem Libanon:

reiche Verwendung von Blattgold und viele Details, die durch die Sgraffito-Technik das Gold durchscheinen lassen. An melkitische Ikonen erinnern insbesondere die Medaillons und der mit floralen Ecksegmenten verzierte Innenrahmen, aber auch die Darstellung des Erzengels Michael als Seelenbegleiter war im Nahen Osten sehr beliebt.

Die Ikone des Erzengels Michael besitzt auf der Rückseite einen Aufkleber aus Papier mit einem Stempel des Museums der Hagia Sophia, der die Herkunft der Ikone aus Istanbul bestätigt.

(Nach einer Expertise von Ivan Bentchev vom 8. März 2007)

5 Muttergottes mit Kind und der hl. Katharina

Veneto oder Kreta, 16. Jahrhundert
Eitempera auf Eichenholz, 28,8 x 33,3 cm
Sammlung W.

Die im Dreiviertelprofil wiedergegebene Muttergottes auf der linken Seite der Ikone hält auf ihrem linken Knie das in ein weißes Hemdchen, einen dunklen Chiton und ein orangefarbenes Himation gekleidete Christuskind. Es wendet sich nach links, zu der rechts im Bild stehenden hl. Katharina. Jesus segnet mit der erhobenen Rechten, in seiner Linken hält er einen goldenen Globus. Sein rechter Fuß ruht auf der offenen Hand seiner Mutter, die den Betrachter anblickt. Maria trägt auf dem Kopf ein weißes

Tuch mit gemusterten Streifen und ist in ein dunkles Kleid gehüllt. Darüber liegt ein roter Mantel mit goldenen Streumustern und dunklem Futter. Auch die hl. Katharina blickt den Betrachter an. Auf ihren offenen, auf die Schultern fallenden Haaren trägt die Großmärtyrerin eine goldene, mit Steinen verzierte Reifenkrone. Außerdem ist sie mit einer Halskette geschmückt. Der Palmenzweig in ihrer Rechten und Schwert und Rad in der Linken weisen auf ihr Martyrium hin. Ihre Kleidung ist fast identisch mit jener der Muttergottes, jedoch ist ihr Mantel in hellem Zinnober gemalt und ohne Muster, während ihr Kleid mit einem golden verzierten Kragen versehen ist. Die Gewandfalten sind mit Gold hervorgehoben. Von dem vergoldeten Hintergrund heben sich die Nimben durch punzierte Muster ab.

Ikonen dieser Art wurden wohl von griechischen Ikonenmalern im italienischen Veneto gemalt. Dabei können verschiedene Heilige an die Stelle der hl. Katharina treten. Eine sehr schöne Ikone mit dem Johannesknaben und der hl. Lucia war im Jahre 2000 in Recklinghausen ausgestellt (Recklinghausen 2000, Kat. Nr. 69). Mehrere vergleichbare Beispiele besitzt das Nationalmuseum von Ravenna (vgl. Angiolini Martinelli 1982, passim, und Pavan 1979, passim), doch keine der dort aufbewahrten Ikonen reicht an die hervorragende Qualität der hier beschriebenen Ikone heran, die sich zudem in einem ausgezeichneten Erhaltungszustand befindet.

(Nach einer Expertise von Ivan Bentchev vom 16. Dezember 2006)

6 Thronende Muttergottes „Herrin der Engel"

Griechenland, Ende 17. Jahrhundert
Eitempera auf Holz, 78 x 56 cm
Dr. Herwarth Gülker, Düsseldorf

Die Muttergottes sitzt in majestätischer Haltung auf einem goldenen, reich ornamentierten Thron und hält das segnende Christuskind frontal vor sich auf ihrem Schoß, wobei sie es an der rechten Schulter und am linken Füßchen berührt. Christus ist in ein hellblaues Untergewand und ein goldenes Obergewand gekleidet und hält in der linken Hand eine geschlossene Schriftrolle. Die Muttergottes trägt ein leuchtend blaues Untergewand und ein rotes Maphorion mit goldenen Borten. Sie sitzt auf einem dun

kelblauen, reich mit Goldstickereien verzierten Plaustrum (Kissen), und auch ihre Füße ruhen auf einem rosafarbenen Kissen. Rechts und links von ihrem Haupt erscheinen zwei kleine Engel auf Wolken. Der goldene Thron zeigt üppige barocke Schnitzereien an der Thronbank und an der Lehne, in die nicht nur vier weitere goldene Engel integriert sind, sondern auch die farbig wiedergegebenen Propheten David, Salomon, Jesaja und Daniel.

7 Thronende Muttergottes

Griechenland (Kreta oder Ionische Inseln),
2. Hälfte 17. Jahrhundert
Eitempera auf Holz, 34,5 x 28,2 cm
Privatbesitz Dortmund

Seit der Mitte des 17. Jahrhunderts erscheinen einige Ikonen der thronenden Muttergottes, die offensichtlich eine Weiterentwicklung der Madre della Consolazione sind, mit der sie die Haltung von Mutter und Kind sowie die lange, geöffnete Schriftrolle in der Hand Christi gemeinsam haben, welche die Worte „Der Geist des Herrn ruht auf mir, denn der Herr hat mich gesalbt …" (Lk 4,18) zitiert. Wahrscheinlich ist das Vorbild für diese Gruppe von Ikonen eine sehr großformatige Ikone des berühmten kretischen Malers Emmanuel Tzanes aus Rethymnon aus der zweiten Hälfte des 17. Jahrhunderts, die er für das Kloster der Muttergottes Lambovitissa auf Korfu gemalt hat (Acheimastou-Potamianou 1998, Kat. Nr. 76). Da er sie in seiner Signatur als seine „Poiema" (Schöpfung) bezeichnet, kann man davon ausgehen, dass er diesen Typus kreiert hat, der dann von einigen anderen Malern, u. a. seinem Bruder Konstantinos Tzanes, übernommen wurde. Von der Hand des Konstantinos stammt eine 1654 datierte und signierte, ebenfalls sehr großformatige Thronende Muttergottes, die sich in der Katholischen Kathedrale von Korfu befindet (Bokotopoulos 1994, Kat. Nr. 86; Korfu 1994, Kat. Nr. 23).

Auch die hier ausgestellte Ikone ist eine Kopie der „Lambovitissa", wenngleich in seitenverkehrter Wiedergabe, was dazu führt, dass Christus hier mit der linken Hand segnet. Wie auf ihrem Vorbild ist die Muttergottes gekrönt und wird von zwei Engeln auf Wolken flankiert, welche die Arme vor der Brust gekreuzt halten.

Das Christuskind sitzt auf einem flachen Kissen auf dem Schoß seiner Mutter und hält in der Hand die oben erwähnte Schriftrolle. Maria umfasst mit der rechten Hand die vordere Ecke des Kissens, auf dem Christus in seitlicher Wendung sitzt und auf das er beide Beine gelegt hat. Mit der linken Hand hält sie das Kind. Der majestätische Thron aus Marmor ist nach Vorbildern der italienischen Renaissance gestaltet, wobei die seitlichen Lehnen von Kugeln bekrönt sind, während Kapitelle die halbrunden Rückenlehnen schmücken, die von einem Muschelmotiv überfangen werden. Auf den Lehnen sitzen außerdem zwei stilisierte Delphine mit langen Zungen, die ähnlich auch auf einer vergleichbaren Darstellung im Musée d'Art et d'Histoire in Genf aus dem ausgehenden 17./begin-

nenden 18. Jahrhundert zu finden sind. Auch hier thront die Muttergottes in Wendung nach rechts (Frigerio-Zeniou/ Lazović 2006, S. 56–58).

Ähnliche Züge trägt auch die halbfigurige Muttergottes von Emmanuel Tzanes aus dem Jahr 1651, die im Kloster der Muttergottes Platytera auf Korfu bewahrt wird (Korfu 1994, Kat. Nr. 43). Obwohl hier der Thron nicht dargestellt ist und das Kind nach dem Vorbild der Madre della Consolazione einen Globus anstelle der Schriftrolle trägt, sind die Engel sowie das Sitzmotiv auf dem Kissen identisch (wenn auch spiegelverkehrt wiedergegeben). Eine sehr genaue Kopie der „Lambovitissa" aus dem Jahr 1712 in kleinerem Maßstab war in Antwerpen ausgestellt (Antwerpen 1997, Kat. Nr. 35), weitere vergleichbare Darstellungen befinden sich auf der Insel Lefkas (Soldatos 1999, Abb. 495) und im Landesmuseum Mainz (Mainz 2004, Kat. Nr. IV.2.14).

Die hier gezeigte Ikone ist offensichtlich unten abgesägt worden, sodass der untere Teil des Throns und die Füße der Muttergottes fehlen

8 Triptychon

Griechenland (Kreta), Ende 17. Jahrhundert
Eitempera auf Holz, 12 x 26 cm
Privatsammlung AG

Das Triptychon zeigt auf dem zentralen Bildfeld der Vorderseite die Muttergottes Portaitissa von Iviron, zu Deutsch die „Türhüterin", im Athos-Kloster Iviron. Diesen Namen erhielt sie durch eine Legende, die davon berichtet, wie die Ikone aus Nikaia zum Athos kam.

In der Zeit des Bilderstreits in Byzanz soll sie einer frommen Witwe aus Nikaia gehört haben, welche die von ihr sehr verehrte Ikone in einer nahe gelegenen Kirche verbarg. Doch ein Soldat, der auf Befehl des ikonoklastischen Kaisers Theophilos (829–842) alle Ikonen zerstören sollte, fand sie und traf die Ikone mit seinem Schwert, worauf Blut aus der verletzten Stelle floss. Der Soldat erschrak und bereute seine Tat und riet der Witwe, die Ikone zu verstecken. Nach langen Gebeten vor der Ikone überließ die Witwe die Ikone dem Meer und sah mit großer Freude, dass sie aufgerichtet davonschwamm. Nach vielen Jahren erschien diese Ikone am Dienstag der Osterwoche „in einem feurigen Pfeiler" im Meer, an der Küste beim Iviron-Kloster auf dem Berg Athos.

Ein Mönch namens Gabriel hatte in dieser Zeit einen Traum, in dem ihm die Muttergottes befahl, sich der Ikone furchtlos zu nähern und sie aus dem Wasser zu holen, da sie diese Ikone dem Kloster zum Schutz und Beistand geben wolle. Dem Wunsch der Muttergottes folgend, „ging Gabriel trockenen Fußes auf dem Meerwasser, wie auf der Erde" und holte die Ikone an das Ufer. Voller Ehrfurcht stellten die Mönche sie auf den Altar. Am nächsten Morgen aber fanden sie die Ikone nach langem Suchen vor den Toren des Klosters. Das wiederholte sich viele Male, bis vor dem Tor eine Kirche gebaut wurde, in der die Ikone bis heute aufbewahrt wird und seither unzählige Wunder bewirkte.

Die Ikone gehört zum Typus der Hodegetria in leichtem Dreiviertelprofil und mit geneigtem Kopf sowie mit dem charakteristischen Blutmal am Kinn. Das segnende Christuskind ist ebenfalls im Dreiviertelprofil dargestellt und stützt die Linke auf die Schriftrolle.

Auf den beiden oben halbrund abschließenden Flügeln des Triptychons sind zwei Bischofsgestalten zu sehen, beide in ein weißes Sticharion (Untergewand) mit schwarzen Streifen an der Seite und ein rötliches Phelonion (Obergewand) gekleidet. Außerdem tragen sie ein Epitrachelion, das Epigonation und das die Bischofswürde bezeichnende Omophorion sowie ein Evangelienbuch in der linken Hand, die

rechte ist segnend zur Seite erhoben. Auf dem linken Flügel ist der hl. Nikolaus, auf dem rechten der hl. Spyridon dargestellt, der durch seine geflochtene Mütze in Form eines Bienenkorbs charakterisiert ist. Auf der Rückseite der Flügel sind der Drachenkampf des hl. Georg (links) sowie der hl. Antonios der Große dargestellt. Antonios, der „Vater des christlichen Mönchstums" († 356), ist in ein ockerfarbenes Mönchsgewand und einen dunkelroten Umhang gekleidet und trägt eine blaue Kapuze. Er hält die Rechte segnend zur Seite und in der Linken eine geöffnete Schriftrolle mit dem griechischen Text: „Ich kenne die Fallstricke des Teufels ..." Hinter seiner linken Hand ist der Abtsstab zu sehen. Die Darstellung des Heiligen geht möglicherweise auf das Vorbild einer Ikone desselben Heiligen von Michail Damaskinos aus der zweiten Hälfte des 16. Jahrhunderts zurück, die sich auf Korfu befindet (Bokotopoulos 1994, Kat. Nr. 24 auf S. 47/48, Abb. 24, 124–126).

Auf dem Hintergrund aus Blattgold sind die griechischen Namensbeischriften in roten Buchstaben wiedergegeben.

9 Muttergottes Glykophilousa

Griechenland (Kreta), um 1500
Eitempera auf Holz, 65 x 51 cm
Privatbesitz Niederlande

Der griechische Beiname „Glykophilousa" bedeutet „die zärtlich Liebende" oder „die süß Küssende" und wird in der Kunstgeschichte als Typenbezeichnung für zahlreiche Ikonenvarianten gebraucht, die das Christuskind in enger Umarmung mit seiner Mutter zeigen, wobei es seinen Kopf an ihre Wange schmiegt. Vor dem Ikonoklasmus (Bilderstreit von 724–843) gibt es kaum Ikonen mit dieser Ikonographie. Erst seit dem 10. Jahrhundert werden sie häufiger, und vor allem im 14. Jahrhundert und in der kretischen Ikonenmalerei der Zeit um 1500 entstehen zahlreiche neue Varianten dieses Typus, wobei – anders als bei der Hodegetria – die beiden Grundtypen der das Kind auf dem rechten bzw. linken Arm tragenden Muttergottes zahlenmäßig ungefähr gleich stark vertreten sind.

Auf der Ikone aus der Zeit um 1500 sitzt das Christuskind auf dem linken Arm der Muttergottes, die es mit der linken Hand stützt und den Kopf zu ihm neigt. Das Kind beugt seinen Oberkörper vor und hat seinen Kopf an die Wange der Mutter gelegt, die den Betrachter mit tiefer Traurigkeit anblickt. Christus hält in seiner rechten Hand eine geschlossene Schriftrolle, während er die linke Schutz suchend in die erhobene Rechte der Mutter gelegt hat. Die Beine Christi sind gekreuzt, die Sandale löst sich vom rechten Fuß. Dieses Motiv zeigt, wie die in der Hand der Mutter ruhende Hand des Kindes, die Verbindung zum Typus der Passionsmadonna.

Das dunkelrote Maphorion der Muttergottes ist mit einer goldenen Borte und den üblichen Sternen auf Schulter und Stirn verziert, die Ärmel ihres dunkelblauen Untergewandes sind mit einem doppelten goldenen Streifen geschmückt. Das Christuskind ist in einen weißen Chiton mit langen weiten Ärmeln gekleidet, der mit einem Streumuster geschmückt und mit einer roten Schärpe um die Taille gegürtet ist. Ein orangefarbenes Himation mit reicher Chrysographie (Goldschraffuren) ist um seine Hüften geschlungen und bedeckt vollständig die Beine. Ein Ende fällt in einem Bausch über die rechte Schulter auf den Rücken.

Auf den etwas abgeriebenen goldenen Hintergrund sind in roten Buchstaben die üblichen Monogramme für „Mutter Gottes" und „Jesus Christus" geschrieben.

Die Ikonographie dieser Darstellung ist vor allem auf kretischen Ikonen seit dem späten 15. Jahrhundert zu finden (siehe Baltoyanni 1994, Nr. 40–49, Pl. 70–86). Besonders große Ähnlichkeit hat die Ikone aus niederländischem Privatbesitz mit einer in die zweite Hälfte des 15. Jahrhunderts datierten Glykophilousa in der Chiesa di Ognissanti in Trani (Italien), die dem großen kretischen Maler Andreas Ritzos zugeschrieben wird (Belli D'Elia 1988, Kat. Nr. 44, S. 139–140, Abb. S. 80), und einer weiteren aus der Sammlung Velimezis, Athen, die dem Umkreis desselben Malers entstammen dürfte (Chatzidakis 1998, Kat. Nr. 2, S. 74–77, Abb. 24 auf S. 75). Auch diese hervorragend gemalte Ikone mit ihrer feinen Ausarbeitung der Inkarnate könnte aus der Werkstatt von Andreas Ritzos, zumindest jedoch von einem der besten kretischen Ikonenmaler seiner Zeit gemalt worden sein.

10 Muttergottes Glykophilousa

Griechenland (Kreta), Ende 15. Jahrhundert
Eitempera auf Holz, 35,5 x 29 cm
Privatsammlung

Ebenfalls aus dem Umkreis des Andreas Ritzos könnte diese Ikone stammen, die von allerhöchster künstlerischer Raffinesse ist. Durch das Fehlen des über die Schulter geworfenen Endes des Himations und aufgrund der dunklen Farbe des Chitons des Christuskindes ist sie sogar noch enger mit den beiden genannten Ikonen aus dem Kreis um Andreas Ritzos verwandt. Vor dem von einem erhöhten Rand umgebenen Goldgrund hebt sich die Darstellung kontrastreich ab. Mutter und Kind tragen dunkelgrüne Untergewänder. Das purpurfarbene Maphorion der Muttergottes ist mit goldenen Borten, Sternen und Fransen am rechten Oberarm verziert. Das Christuskind ist in ein Himation gehüllt, das über und über mit feinen Goldschraffuren bedeckt ist. Bis auf den fehlenden Gewandbausch auf dem Rücken entspricht die Ikone in ihrer Ikonographie völlig Kat. Nr. 9. Die Nimben sind mit feinen Rosetten und Spiralen punziert.

11 Muttergottes Glykophilousa

Griechenland (Kreta), 16. Jahrhundert
Eitempera auf Holz, 57 x 43,5 cm
Privatsammlung

Genau derselben Vorlage folgt diese Ikone der Muttergottes Glykophilousa, deren etwas härterer Malstil, der vor allem bei der Gestaltung der Gesichter zu beobachten ist, für eine spätere Entstehungszeit spricht.

Die Nimben sind mit einem Rosettenmuster punziert, der goldene Hintergrund und die Monogramme sind etwas abgerieben.

Literatur:
Recklinghausen 2000, S. 108, Kat. Nr. 63, Abb. S. 109;
Frankfurt 2007, Kat. Nr. 49

12 Der nicht verbrennende Dornbusch und das Katharinenkloster auf dem Sinai

Jerusalem, 1884
Eitempera auf Holz, 29 x 23 cm
Privatsammlung

Auf der Ikone mit dem kirchenslawischen Titel „Der nicht verbrennende Dornbusch" sind mehrere Szenen dargestellt, die eng mit dem Sinai verbunden sind, zeitlich jedoch weit auseinanderliegen.

Das Hauptmotiv im Zentrum der Ikone ist die Muttergottes im brennenden Dornbusch, die als Orantin mit dem segnenden Christuskind wiedergegeben ist. Vor ihr – in der rechten unteren Ecke der Ikone – kniet Moses mit seiner Schafherde. Er hat seinen Hirtenstab vor sich hingelegt und seine Schuhe auf Befehl Gottes ausgezogen. Ein Engel, der am rechten Rand des Dornbuschs erscheint, wendet sich Moses zu (Ex 3,1–5). Ein zweites Mal ist Moses auf dem Gipfel des Sinai-Berges (Djebel Musa) links oben beim Empfang der Gesetzestafeln dargestellt. Ein wie eine Perlenkette wiedergegebener Weg führt von ihm hinunter zu dem der Großmärtyrerin Katharina von Alexandria geweihten Kloster in der linken unteren Ecke. Über dem Kloster erscheint die Patronin mit einem Kreuz in der rechten und einem Palmwedel in der linken Hand, die ebenso wie das Rad als Zeichen für ihr Martyrium stehen. Auf dem rechten Berg-

gipfel (Djebel Katharina) ist die Bestattung ihres Leichnams durch zwei Engel wiedergegeben. Oben in der Mitte ist schließlich die Heilige Dreifaltigkeit in der neutestamentlichen Form über einem u-förmigen Wolkenband zu sehen.

Auf der Rückseite ist eine Inschrift in kyrillischer Schrift zu lesen: „Diese Ikone wurde geweiht über dem Heiligen Grab des Herrn in der heiligen Stadt Jerusalem 1884." Die Ikone ist eine typische Arbeit aus dem Malatelier des russischen Patriarchats in Jerusalem, wo Ikonen dieser Art als Andenken an eine Wallfahrt zum Heiligen Grab für russische Pilger gemalt und in kirchenslawischer Sprache beschriftet wurden.

Literatur:
Frankfurt 2005, Kat. Nr. 48, S. 212

13 Muttergottes „Leben spendende Quelle"

Griechenland (Ionische Inseln), 1814
Eitempera auf Holz, 54,3 x 41 cm
Sammlung W.

Der ikonographische Typus, der seinen Ursprung in Konstantinopel hat, zeigt die Muttergottes mit dem Kind in unterschiedlichen Varianten in Halbfigur über einer Brunnenschale. Die Verehrung des Heiligtums „Zoodochos Pege" hinter den Stadtmauern von Konstantinopel ist verbunden mit der Muttergottes und ihrer heiligen Quelle im 5. und 6. Jahrhundert. Kaiser Leon (457–474) ließ eine Kirche über der mit Steinen eingefassten Quelle errichten. Etwa hundert Jahre später baute Justinian eine größere Kirche, nachdem er vom Heilwasser getrunken hatte und daraufhin von einer Krankheit genesen war.

Nachdem der Wallfahrtsort der Heilquelle in Konstantinopel nach der Einnahme der Stadt durch die Osmanen 1453 in Vergessenheit geraten und die Kirche abgerissen worden war, weihte 1835 Patriarch Konstantin feierlich einen Neubau. Entsprechend groß ist die Zahl der Ikonen der „Leben spendenden Quelle" aus dem 19. Jahrhundert sowohl in Griechenland als auch in Russland. In Byzanz lässt sich der Bildtypus „Zoodochos Pege" seit dem 14. Jahrhundert in der Form belegen, dass über einer Brunnenschale die Halbfigur der Maria orans mit dem segnenden Christuskind vor ihrer Brust erscheint. Demgegenüber stellt die spätbyzantinische Version, auf die der postbyzantinische und der russische Typus gewöhnlich zurückge-

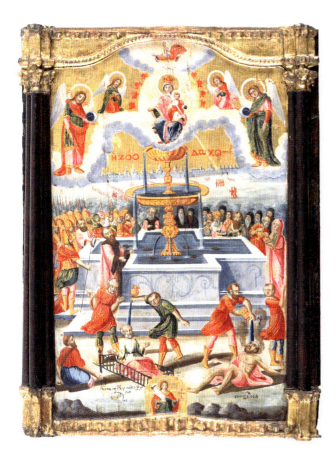

Konstantinopels durch die Osmanen (29. Mai 1453) zuge-
tragen haben soll. Ein Mönch briet gerade Fische, als ihm
ein herbeieilender Bote vom Sieg der Türken berichtete.
Der Mönch wollte es nicht glauben und sagte: „Eher glaube
ich, dass die gebratenen Fische wieder lebendig werden,
als dass deine Nachricht der Wahrheit entspricht". In diesem Moment seien die Fische aus der Pfanne in die nächste Quelle gesprungen. Deshalb schwimmen noch heute
die „Nachkommen" dieser Fische in der beim Pege-Tor der
Landmauer gelegenen heiligen Quelle, über der 1833 eine
neue Kapelle errichtet wurde (Krems 1993, S. 251).

Die figurenreiche Szene spielt in einer recht naturalistisch wiedergegebenen Landschaft, die im Hintergrund
von der Silhouette von Konstantinopel mit der Landmauer
begrenzt wird. Über ihr ist die griechische Inschrift: „Die
Leben spendende Quelle" zu lesen. Der von der italienischen Kunst beeinflusste, wenngleich etwas volkstümlich
naive Malstil und die üppigen goldenen Verzierungen der
Gewänder lassen darauf schließen, dass die Ikone auf den
Ionischen Inseln gemalt wurde.

Die Ikone besitzt unten links eine Stifterinschrift folgenden Wortlauts: „Gebet des Dieners Gottes Zacharias"
und rechts die Datierung „Juni [18]14." Die Figur in der
Mitte unten ist der Prophet Zacharias mit einem siebenar-
migen Leuchter in der Hand als der Namenspatron
des Stifters.

Eine ikonographisch vergleichbare Ikone befindet sich
im Stadtmuseum München (Krems 1993, Kat. Nr. 69,
S. 254–255).

hen, eine Hypsolotera über einer Brunnenschale dar: Die
Muttergottes berührt das auf ihrem Schoß sitzende Kind
mit den Händen an Schulter und Bein. Ikonen aus dem
19. Jahrhundert zeigen die Muttergottes oft mit dem Kind
seitlich auf ihrem Schoß, wobei sie in der Linken ein Zepter
hält. Diesem Typus folgt diese Ikone, bei der die gekrönte
Muttergottes nicht in der Brunnenschale sitzt, sondern auf
einem wellenförmig geschwungenen Wolkenband über
der Schale schwebt. Neben ihr sind auf den Wolken zwei
kleinere kniende und zwei stehende Engel wiedergegeben.

Ebenfalls charakteristisch für die spätere Ikonographie
ist die zunehmende Zahl der Heilung suchenden Kranken
rund um den Brunnen, der hier ein perspektivisch wieder-
gegebenes, kreuzförmiges Marmorbecken aufweist, über
dem die goldene Brunnenschale in zwei Etagen aufragt.
Von links nähern sich vorwiegend adlige Personen und Soldaten, von rechts der Klerus und eine Frau mit einem Baby
im Arm. Im Vordergrund, unterhalb des Wasserbeckens,
sieht man den auf der Reise nach Konstantinopel verstorbenen und von den Toten auferweckten Thessalonier in
seinem Bett und rechts von ihm einen Besessenen, dessen
Dämon beim Begießen mit dem heilkräftigen Wasser ent-
flieht.

Die Fische, die im Brunnenbecken schwimmen, gehen
auf ein Wunder zurück, das sich am Tag der Einnahme

14 Die Verkündigung an Maria

Berg Athos, Mitte 17. Jahrhundert
Eitempera auf Holz, 66,9 x 42,2 cm
Brenske Gallery München

Das Fest der Verkündigung an Maria, das am 25. März – also genau neun Monate vor der Geburt Christi – gefeiert wird, gehörte schon früh zu den zwölf Hauptfesten der Kirche. Denn der Augenblick, in dem Maria dem Ratschluss Gottes zustimmte, aktiv an der Erlösung der Menschheit teilzunehmen, gilt als Augenblick der Inkarnation, der Menschwerdung Christi.

Das Grundschema der Darstellung dieses Themas wurde in der ostkirchlichen Kunst nur wenig variiert. Es basiert auf dem Lukasevangelium (1,26–38) und auf dem apokryphen Protoevangelium des Jakobus (Kapitel 11) und zeigt die Zwiesprache zwischen dem gewöhnlich von links heranschreitenden Erzengel Gabriel und der sitzenden oder stehenden Maria.

Im Gegensatz zu der üblichen Darstellung sind auf dieser Ikone die Plätze des Erzengels Gabriel und Mariens getauscht. Die in ein dunkelgrünes, mit Goldhöhungen verziertes Untergewand und ein rotbraunes Maphorion gekleidete Jungfrau steht auf der linken Seite mit vor der Brust gekreuzten Armen und gesenktem Blick auf einem Suppedaneum (Fußbank). Sie hat sich von ihrer Thronbank erhoben, auf der zwei Kissen liegen. Der Engel schreitet von rechts in einem prächtigen roten, bodenlangen Gewand mit goldenen Mustern und Borten auf Maria zu, wobei die Bewegung durch den in die Luft ragenden rechten Flügel zusätzlich betont wird. Die rechte Hand hält Gabriel im Redegestus erhoben, mit der linken umfasst er den Stängel eines Blütenzweiges. Die mit dunklem Ocker modellierten Gesichter sind sehr sorgfältig ausgeführt.

Die Szene spielt sich vor einer Architekturkulisse mit ockerfarbenen, blaugrauen und grünlichen Gebäuden ab. Neben dem Thronstuhl Mariens stehen ein Krug und ein Lesepult mit einem aufgeschlagenen Buch, in dem die griechischen Worte zu lesen sind: „Seht, die Jungfrau wird ein Kind empfangen, einen Sohn wird sie gebären, und man wird ihm den Namen [Immanuel geben]" (Mt 1,23).

In den Bildecken hinter den Gebäuden im Hintergrund sind die Büsten von König David (links) und dem Propheten Aaron (rechts) mit einem blühenden Stab in der rechten Hand gemalt. Beide halten außerdem geöffnete Schriftrollen mit einem griechischen Text. Auf der Rolle Davids ist zu lesen:

„Höre, Tochter, sieh her und neige dein Ohr ..." (Ps 44,11 LXX).

Zwischen den Gebäuden, oberhalb des Titels der Ikone „Verkündigung der Gottesgebärerin", erscheint auf dem goldenen Hintergrund ein blaues Himmelssegment, von dem Strahlen in Richtung auf die Muttergottes ausgehen.

Literatur:
Genf 1968, Kat. Nr. 129; Brenske Gallery 2007, Kat. Nr. 17

31

15 Die Auferweckung des Lazarus

Griechenland (Kreta), Mitte 18. Jahrhundert
Eitempera auf Holz, 66,8 x 38 cm
Brenske Gallery München

Die Ikone gibt die Auferweckung des Lazarus wieder, von der das Johannesevangelium (11,38–44) berichtet, dass Christus den in einer von einem Stein verschlossenen Höhle bestatteten Lazarus mit den Worten „Lazarus komm heraus!" ins Leben zurückrief. Die Interpretation dieses Wunders als Verheißung der Auferstehung für jeden Gläubigen machte die Lazaruserweckung, die am Vortag von Palmsonntag gefeiert wird, schon früh zu einem beliebten Thema christlicher Kunst.

Auf der Ikone schreitet Christus von links auf das Grab zu, das sich nicht wie gewöhnlich in einer Höhle, sondern in einem gemauerten Mausoleum mit rundem Grundriss befindet, das oben von einer großen, von zwei sitzenden Knaben flankierten Kugel bekrönt wird. Zwei Männer auf der rechten Seite entfernen eine lange Steinplatte, die den hohen, schmalen Eingang zum Mausoleum verschlossen hat. Lazarus sitzt auf einem Sarkophag vor dem Mausoleum und wird von einem gelb gekleideten Mann seiner grünen Leichentücher entledigt, in die er eingewickelt war. Vor Christus hat sich eine der Schwestern des Lazarus, die in ein rotes Gewand gekleidet ist, auf den Boden geworfen, die andere kniet mit über der Brust gekreuzten Armen vor ihm. Hinter Christus steht die Gruppe seiner Jünger, in der Mitte kommen einige Juden aus der im Hintergrund zu sehenden Stadt herbei und beobachten die Totenerweckung. Einige halten sich die Nase zu, da Lazarus – wie Johannes berichtet – nach vier Tagen im Grab bereits Verwesungsdünste ausströmte.

Die relativ großformatige Ikone dürfte aus der Festtagsreihe einer Ikonostase stammen. Das ungewöhnlich schmale Hochformat scheint den Maler etwas eingeengt zu haben, da er seine Figuren über die breiten roten Streifen an den Seiten hinaus bis an die äußerste Kante der Ikone malte.

Literatur:
Brenske Gallery 2007, Kat. Nr. 26

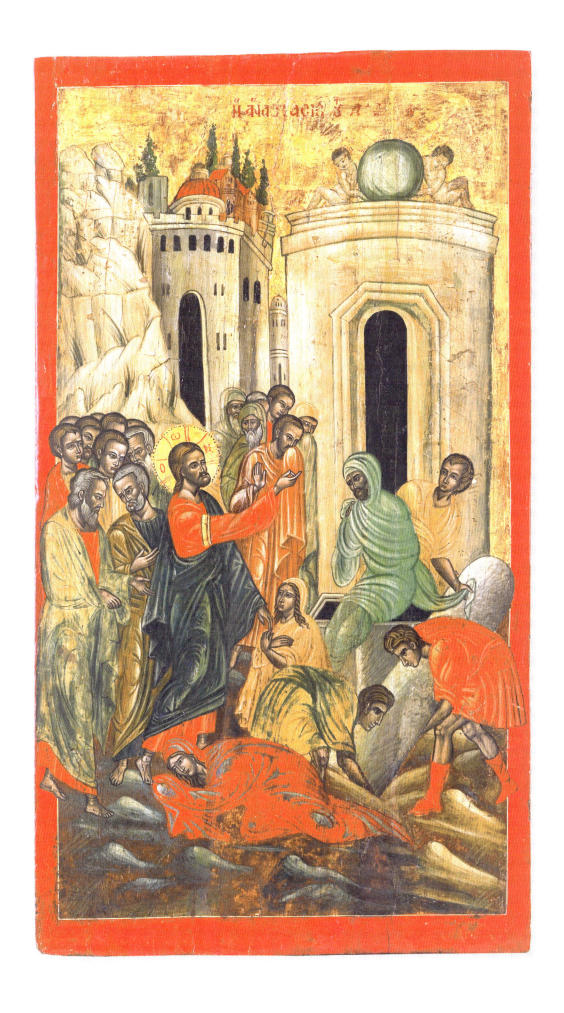

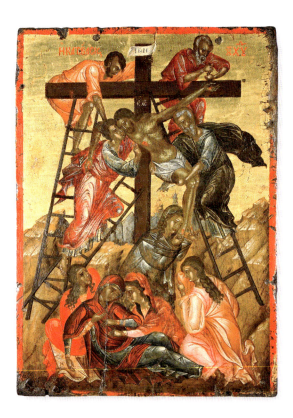

zwei Marien: Maria Kleophas und Maria, die Mutter des Johannes. Während sich die eine besorgt um die Muttergottes kümmert, hält die andere die Füße Christi. Die untere Hälfte der Ikone ist mit einer felsigen Landschaft bedeckt, hinter der einige Gebäude sichtbar werden, welche die Stadt Jerusalem andeuten. Der Hintergrund ist mit Blattgold belegt, auf dem in roten griechischen Majuskeln der Titel der Ikone wiedergegeben ist: „Die Abnahme Christi."

Die von einem hervorragenden Meister gemalte Ikone, die durch akribisch und gekonnt modellierte Formen, eine reiche Farbnuancierung, differenzierte Faltenwürfe und eine subtile Mimik gekennzeichnet ist, wurde von Ivan Bentchev dem kretischen Ikonenmaler Ioannis Apakas zugeschrieben. Apakas soll aus Herakleion auf Kreta stammen, doch es sind kaum gesicherte Daten über ihn erhalten. Elf signierte Ikonen sind von seiner Hand bekannt, darunter eine Kreuzabnahme aus der Zeit um 1610 in der Megiste Lavra auf dem Berg Athos.

Literatur:
Bentchev 2000, S. 51–62, Abb. 52–56; Frankfurt 2007, Kat. Nr. 48

16 Die Kreuzabnahme Christi

Griechenland (Kreta), Ioannis Apakas zugeschrieben,
Anfang 17. Jahrhundert
Eitempera auf Zypressenholz, 35,4 x 25,7 cm
Privatbesitz

Die „Kreuzabnahme Christi" ist nach der ikonographischen Vorlage des sehr selten verwendeten „Drei-Leiter-Typus" gemalt, von dem heute nur vier Ikonen bekannt sind. Er wurde inspiriert von einem Kupferstich des italienischen Künstlers Marcantonio Raimondi von 1520/21 nach Zeichnungen von Raffael.

Von den zehn dargestellten Personen nehmen vier Männer von drei an das Kreuz angelehnten Leitern aus den Leichnam Christi vom Kreuz herunter. Den toten Korpus stützen der Apostel Johannes und Joseph von Arimathäa, während ein Mann mittleren Alters hinter dem oberen Querbalken des Kreuzes den rechten Arm Christi hält. Nikodemus zieht mit einer Zange den letzten Nagel aus der Linken Christi. Im Vordergrund befinden sich fünf Frauen. Die auf den Boden gesunkene Muttergottes wird von der hinter ihr hockenden Maria Magdalena, die in einem leuchtend roten Gewand und mit offenen Haaren wiedergegeben ist, unter den Armen gestützt. Rechts wischt sich eine Frau in roséfarbenem Kleid (Salome?) die Tränen ab. Zwei verheiratete Frauen, die den Schleier tragen, sind die

17 Hadesfahrt Christi

Griechenland, 18. Jahrhundert
Eitempera auf Holz, 27,5 x 20 cm
Privatbesitz

Das Osterfest ist der Höhepunkt des liturgischen Jahres der Ostkirche, und daher kommt dem Osterbild ein zentraler Platz sowohl in der Ausschmückung der Kirchen mit Wandmalereien oder Mosaiken als auch auf den Ikonostasen zu. Dort ist die Osterikone ein fester Bestandteil der Reihe der Festtagsikonen. Wahrscheinlich ist auch diese relativ kleine Ikone für eine solche Festtagsreihe gemalt worden.

Sie zeigt die Hadesfahrt Christi, die schon früh zum eigentlichen Auferstehungsbild geworden war und Christus in der Vorhölle bei der Befreiung von Adam und Eva und weiterer Gerechter des Alten Testaments wiedergibt. Die zentrale heilsgeschichtliche Bedeutung dieses Bildes, das auf einer apokryphen Erzählung, dem sogenannten Nikodemusevangelium, basiert, ist die Überwindung des Todes und die Errettung der ganzen Menschheit durch den Opfertod Christi.

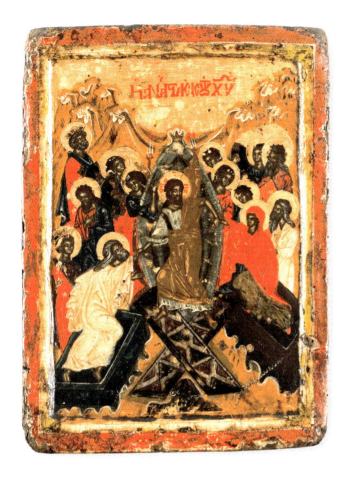

18 Kreuzerhöhung

Griechenland, 18. Jahrhundert
Eitempera auf Holz, 27,5 x 20 cm
Privatbesitz

Die Ikone ist mit der roten griechischen Inschrift „Die Anastasis (Hadesfahrt) Christi" auf dem goldenen Hintergrund überschrieben. In einer Mandorla und einem goldenen Gewand erscheint Christus im Zentrum der Ikone. Er steht auf den zerborstenen und über Kreuz gelegten Flügeln der Höllenpforte und fasst mit beiden Händen Adam (links) in einem weißen und Eva in einem rotem Gewand (rechts) und zieht sie aus ihren Gräbern. Auf der linken Seite sind außerdem König Salomon, Johannes der Täufer und König David zu sehen, rechts sind weitere Gestalten aus dem Alten Testament dargestellt. Die Ikone besitzt einen erhöhten Rand mit rötlichem Begleitstreifen.

Das Fest der Kreuzerhöhung wird am 14. September in Erinnerung an die legendäre Auffindung des heiligen Kreuzes Christi durch die Kaiserinmutter Helena gefeiert. Es hat sich außerdem mit dem Kirchweihfest für die von Kaiser Konstantin über dem leeren Grab Christi, dem Ort seiner Auferstehung, errichtete Heilig-Grab-Kirche verbunden. Am Tag nach der Weihe, die 335 stattfand, soll das Volk von Jerusalem zum ersten Mal die Gelegenheit erhalten haben, die in der Grabeskirche verwahrte Kreuzreliquie zu betrachten, wobei der Bischof das heilige Kreuz unter den Kyrie-eleison-Rufen der Gemeinde aufrichtete.

Diesen Moment zeigt die Ikone, die aus der Festtagsreihe einer Ikonostase stammt. Links steht ein Bischof hinter einem Altar und präsentiert die Kreuzreliquie in Form eines sogenannten Wiederkreuzes. Auf der rechten Seite sind ein weiß gekleideter Diakon mit einem Weihrauchgefäß und Kaiser Konstantin in rotem Kaisergewand dargestellt. Hinter ihnen drängen sich die Gläubigen, von denen manche Kerzen tragen.

Der Titel der Ikone ist entlang des halbrunden Bogens, der den Goldgrund begrenzt, geschrieben: „Die Erhöhung des verehrten und Leben spendenden Kreuzes."

19 Allerheiligen

Griechenland, Ende 17. Jahrhundert
Eitempera auf Holz, 79,5 x 54,8 cm
Sammlung W.

Das Fest „Allerheiligen" wird in der orthodoxen Kirche am 1. Sonntag nach Pfingsten gefeiert. Sein Ursprung ist die Übergabe des zu Ehren aller römischen Götter erbauten Pantheons in Rom an Papst Bonifatius IV. im Jahre 609/610, der es der Muttergottes und allen Heiligen weihte.

Die Darstellung auf der Ikone folgt dem in nachbyzantinischer Zeit verbreiteten ikonographischen Schema zu diesem Bildthema, das in Griechenland vor allem im 17. und 18. Jahrhundert populär war.

Im Zentrum des blauen Himmelkreises mit Sonne und Mond thront Christus vor einem rotbraunen Strahlenkranz, umgeben von den vier Evangelistensymbolen. Er hält ein geöffnetes Evangelium, in dem der Text Mt 11,28 aufgeschlagen ist: „Kommt her zu mir, alle, die ihr mühselig und beladen seid." Über seinem Haupt verbeugen sich zwei Engel, die das große Kreuz tragen, das weit in den blauen Himmel hineinragt. Der Weltenrichter wird flankiert von der Muttergottes und Johannes dem Täufer in Fürbitthaltung. Zu Füßen Christi ist der für die Wiederkehr des Herrn bereitete Thron (Hetoimasia) mit dem Evangelienbuch darauf aufgestellt, vor dem sich Adam und Eva neigen; darunter halten die hll. Konstantin und Helena das „Wahre Kreuz". Repräsentanten der verschiedenen Heiligenkategorien sind in sechs Reihen um Christus angeordnet. Obwohl sie keine Namensbeschriften besitzen, können sie aufgrund ihrer individuellen Gestaltung in vielen Fällen identifiziert werden.

Die oberste Reihe bilden Engel; darunter folgen Propheten als Repräsentanten des Alten Testaments. Als nächste Reihe nach unten schließen sich Apostel und Evangelisten an, und zwar sind es jeweils von links nach rechts Thomas, Markus, Matthäus und Petrus sowie Paulus, Johannes, Lukas und ein nicht eindeutig zu bestimmender Apostel. Auf diese Reihe folgen die Kirchenväter, von denen auf der linken Seite Kyrill von Alexandrien, Gregor von Nazianz, Basilios der Große und Johannes Chrysostomos zu erkennen sind, während sich auf der rechten Seite nur die beiden mittleren Gestalten identifizieren lassen, nämlich der hl. Nikolaus und der hl. Spyridon. Die anschließend folgende Reihe, deren Gestalten im Einzelnen nicht zu bestimmen sind, besteht auf der linken Seite aus einem Anachoreten, zwei Mönchen und drei Märtyrern, auf der rechten Seite

aus drei Märtyrern und zwei Mönchen. Als unterste Reihe folgen dann heilige Frauen, und zwar auf der linken Seite Märtyrerinnen und eine Königin, auf der rechten Seite drei Nonnen und zwei Asketinnen, von denen eine mit Sicherheit die hl. Maria von Ägypten ist.

In den oberen Bildecken halten die in halber Figur wiedergegebenen Könige Salomon und David geöffnete Schriftrollen. Im unteren Bereich der Ikone ist der Paradiesgarten in Anlehnung an Ikonen des Jüngsten Gerichts (auf das ja auch die Deesis und die Hetoimasia hinweisen) wiedergegeben: In der Mitte steht der gute Schächer, dem Christus am Kreuz das Paradies verheißen hatte. Seitlich von ihm thronen Abraham und Jakob, die in Tüchern die Seelen der Gerechten „in Abrahams Schoß" halten. Nach dem Gleichnis vom armen Lazarus ist dies ein Bild für die himmlische Seligkeit (Lk 16,22).

Die sehr dekorative Malerei eines ausgezeichneten griechischen Ikonenmalers aus der Zeit um 1700 ist in lebendiger Farbigkeit gehalten. Der Hintergrund und etliche Details sind mit Blattgold belegt. Die Nimben sind punziert, die bunten, schön modellierten Gewänder sind reich mit Blattgold und Perlen dekoriert. Schöne Binnenzeichnungen und farbige Translucida-Malerei schmücken die blattgoldenen Details. Ein breiter zinnoberroter Begleitstreifen umgibt die Ikone.

(Nach einer Expertise von Ivan Bentchev vom 24. Juni 2008)

Literatur:
EIKON-Weihnachts-Kunstdruckkarte 1990 (Text: Eva Haustein-Bartsch)

20 Johannes der Täufer

Griechenland, um 1800
Eitempera auf Holz, 66 x 46,7 cm
Sammlung P. F.

Johannes steht in ganzer Figur in einer wüstenartigen Landschaft. Er ist nicht wie üblich in ein Fellgewand gekleidet, sondern trägt ein rötliches, gegürtetes Untergewand und einen grünen Mantel. Er ist mit Flügeln wiedergegeben, da er von den Evangelisten ausdrücklich als „Bote" (griech.: angelos) bezeichnet wurde, der vor Christus gesandt wurde. In der linken Hand hält er den Kreuzstab und eine lange, offene Schriftrolle mit dem griechischen Text: „Seht, das Lamm Gottes, das die Sünde der Welt hinwegnimmt (Jh 1,29) – Kehrt um! Denn das Himmelreich ist nahe" (Mt 4,17). Er weist mit der rechten Hand auf das „Lamm", d. h. Christus, der in der linken oberen Ecke auf einer Wolke erscheint und mit der rechten Hand segnet. Zu Füßen Johannes' steht eine goldene Schale mit seinem abgeschlagenen Haupt.

Der Malstil der Ikone ist charakterisiert durch die weich fallenden, mit Pudergold gehöhten Gewänder und die reiche Verwendung von Gold im Hintergrund, in den Gewändern Christi sowie in der Schale und den Nimben.

21 Hl. Theodor Stratelates und hl. Theodor Tiron

Griechenland, 2. Hälfte 17. Jahrhundert
Eitempera auf Holz, 71 x 45,5 cm
Privatbesitz

Es gibt zwei Kriegerheilige mit dem Namen Theodoros. Der als „Tiron" bezeichnete Heilige soll der Legende nach im Heer des Kaisers Maximianus gedient und beim Ausbruch der Christenverfolgungen den Tempel der Kybele in Amasea in Brand gesteckt haben. Daraufhin wurde er zahlreichen Martern unterworfen und schließlich verbrannt. In Euchaita bei Amasea, dem Zentrum seines Kultes, das ihm zu Ehren 971 in Theodoropolis umbenannt wurde, errichtete man bereits unter Kaiser Athanasios (491–518) über seinem Grab eine bedeutende Wallfahrtsbasilika. Schon ein halbes Jahrhundert vorher war in Konstantinopel eine ihm geweihte Kirche errichtet worden (452), und er gehört mit Georg und Demetrios zu den am meisten verehrten Kriegerheiligen.

Ebenfalls in Euchaita entwickelte sich im 9. Jahrhundert die Legende eines zweiten Theodoros, der entweder dort oder in Heraklea unter Kaiser Licinius sein Martyrium erlitten haben soll. Er wird seit dem 10./11. Jahrhundert als Heerführer („Stratelates") von dem einfachen Soldaten Theodor („Tiron") unterschieden.

Auf der Ikone sind auf Goldgrund mit roter Namensbeischrift links Theodor Stratelatos und rechts Theodor Tiron dargestellt. Beide halten in der rechten Hand ein großes rotes Märtyrerkreuz und haben die linke mit der Handfläche nach außen vor der Brust erhoben. Sie sind in prächtige Gewänder gekleidet, bei denen kein Rangunterschied zwischen ihnen sichtbar wird. Außer dem Gold des Grundes und den üppigen Verzierungen an den Gewandsäumen, an den Schultern und den Stiefeln dominieren ein leuchtendes Zinnoberrot und ein dunkles Blau. Die dunklen Gesichter sind mit weißen, graphisch ausgeführten Lichthöhungen modelliert, die Frisuren und Bärte mit schwarzen Linien wiedergegeben.

Literatur:
Hoechst 1986, Kat. Nr. 31, S. 121

22 Hl. Georg mit zwölf Szenen aus seiner Vita

Griechenland, 1823
Eitempera auf Holz, 60,7 x 43,3 cm
Sammlung W.

Die Ikone stammt aus der Ikonostase einer griechischen Kirche, wo sie wahrscheinlich als Patronatsikone aufgestellt war. Sie stellt im oberen Bereich den Drachenkampf des hl. Großmärtyrers und Kriegers Georg dar, darunter in einer völlig ungewöhnlichen Anordnung in drei Reihen zwölf Szenen aus seiner Vita in Medaillons.

Der Festtag des Heiligen, der als Schutzpatron der Armen, Krieger, Waffenschmiede, Hirten und Herden sowie von Haus und Hof gilt, wird am 23. April gefeiert. Die Verehrung Georgs beginnt bereits im 4. Jahrhundert. Der Legende nach stammte er aus Kappadokien und diente als Offizier in einer römischen Legion. Unter Kaiser Diokletian soll er ein furchtbares und in seiner grausamen Vielfalt ungeheuerliches Martyrium durchstanden haben. Als die Christenverfolgungen erneut einsetzten, machte Georg dem Kaiser Vorwürfe. Darauf gab der Kaiser den Wachen den Befehl, den jungen Offizier in Ketten zu legen. Trotz unendlicher Qualen blieb Georg seinem Glauben treu, seine Wunden heilten auf wunderbare Weise, sodass man stets neue Martern erfinden musste. Die heidnischen Priester und die

Statue des Apollo, in dessen Tempel man ihn führte, vermochten nicht, den Heiligen zur Abkehr vom Christentum zu bewegen. Man ergriff ihn erneut und enthauptete ihn schließlich im Jahre 303. Er soll die Stadt Silena in Lybien von einer Schlange, welcher in einem See vor der Stadt Menschenopfer gebracht wurden, an dem Tag befreit haben, als die Königstochter geopfert werden sollte. In Gestalt des Drachentöters erscheint Georg erstmals im 12. Jahrhundert als Verkörperung religiöser Tapferkeit: Georg besiegt den Drachen als Symbol des Bösen.

Die Darstellung im oberen Bereich der Ikone folgt der bekannten griechischen Ikonographie: Vor dem Hintergrund einer ausgedehnten südlichen Landschaft mit Bergen und Zypressen und einem prächtigen Palast auf der rechten Seite reitet der Heilige in Kriegerrüstung und mit wehendem rotem Mantel bekleidet auf einem weißen Pferd und stößt seine Lanze, die er in seiner erhobenen Rechten hält, in den Rachen des Drachen. Das geflügelte Ungeheuer ist zu Füßen des Kriegers als bizarre Schlange dargestellt. Menschenknochen im Vordergrund weisen auf seine Gefährlichkeit hin. Rechts, vor dem Stadttor, steht in sehr kleinem Maßstab die gekrönte Königstochter. Das Geschehen verfolgen vom Turm des Palastes aus das Königspaar und drei weitere Personen.

Der kleine Junge, der hinter Georg mit einer Kanne in der Hand auf der Kuppe des Schimmels sitzt, ist mit einer Legende verbunden, die bereits im 12. Jahrhundert auf einem Fresko in der georgischen Kirche von Pawnisi und dann auf zahlreichen griechischen Ikonen illustriert wurde. Ein junger Paphlagonier geriet bei der Niederlage der byzantinischen Armee bei Anchialo und Katasirti im Jahre 917/918 in Gefangenschaft und musste einem bulgarischen Adligen in Preslav dienen. Eines Tages, als er ein Gefäß (Kukumion) mit warmem Wasser ins Obergeschoss des Palastes brachte, erschien ein Reiter und brachte ihn augenblicklich nach Hause in Paphlagonien. Dort feierten gerade seine Eltern die Trauerliturgie, da sie ihn für tot hielten.

In der rechten oberen Ecke thront Christus auf Wolken mit Cherubim und segnet den Großmärtyrer, in der linken Ecke erscheint ein Engel und überreicht ihm einen blühenden Palmzweig als Zeichen seines Sieges. In seiner Rechten hält er eine geöffnete Schriftrolle mit der griechischen Inschrift „Sei gegrüßt, Georg, Märtyrer in Christo". Am oberen Bildrand steht der Titulus der Ikone, „Heiliger Georg", und am linken Rand das Datum der Vollendung, „1. April 1823".

Im unteren Bereich der farbenfroh gemalten Ikone sind zwölf Szenen aus der Vita des hl. Georg in Medaillons auf goldenem Hintergrund wiedergegeben. Sie sind in drei Rei-

22 Heiliger Georg mit zwölf Szenen aus seiner Vita

hen angeordnet und werden von griechischen Beischriften im Rand der Medaillons erläutert. Von links nach rechts sind folgende Szenen zu sehen: 1.) Georg bekennt sich vor Kaiser Diokletian zum Christentum, 2.)–5.) Marterszenen, 6.) Auferweckung des Toten, 7.)–10.) Martyrium, 11.) Das Wunder im Apollo-Tempel, 12.) Enthauptung.

(Nach einer Expertise von Ivan Bentchev vom 23. September 2007)

24 Hl. Georg

Griechenland (Ionische Inseln), 2. Hälfte 18. Jahrhundert
Eitempera auf Zypressenholz, 17,7 x 13,1 cm
Privatbesitz Dortmund

Auf der kleinformatigen Ikone trägt Georg eine Rüstung über einem dunkelblauen, mit Gold gehöhten Untergewand, von dem nur der rechte Ärmel zu sehen ist. Über die Schultern ist eine rote Chlamys gelegt, die vorne mit einer Schließe zusammengefasst ist. In der rechten, erhobenen Hand hält Georg einen Speer, in der Linken ein Schwert (?). Ein Schild bedeckt seine linke Seite. Georg hat ein fein modelliertes Gesicht mit sanften Zügen und leicht gewellte braune Haare. Der große, ehemals goldene Nimbus reicht bis zu dem erhöhten goldenen Rand. Auf dem blauen Hintergrund ist in großen weißen griechischen Buchstaben der Name des Heiligen „Der heilige Georgios" geschrieben.

Der blaue Hintergrund, das helle Inkarnat und die barock anmutende Rüstung lässt eine Datierung in das 18. Jahrhundert und eine Zuschreibung an einen Künstler zu, der auf den Ionischen Inseln arbeitete.

23 Der Drachenkampf des hl. Georg

Griechenland, 17. Jahrhundert
Eitempera auf Holz, 23 x 19,4 cm
Privatbesitz

Georg springt mit seinem Pferd über den am Boden liegenden braunen Drachen mit roten Flügeln und stößt ihm seine Lanze in den Rachen. Auf der Kuppe des Pferdes sitzt der von Georg aus seiner Gefangenschaft befreite Junge mit einer Kanne in der Hand. In der rechten oberen Ecke ist die Hand Gottes in einem kleinen Himmelssegment zu sehen. Die Ikone ist auf Goldgrund gemalt und außen von einem schmalen roten Streifen umgeben.

25 Der Drachenkampf des hl. Georg

Nordgriechenland, Ende 18. Jahrhundert
Eitempera auf Holz, 29,9 x 23,7 cm
Brenske Gallery München

Über einem rosaroten Felsgrund reitet Georg auf einem weißen Pferd über den dunkel geschuppten Drachen, der sich aus einer kleinen Höhle hervorringelt, und stößt ihm die Lanze in den Rachen. Hinter Georg sitzt der befreite paphlagonische Junge, der mit einer phrygischen Mütze bekleidet ist und ein orientalisches Kännchen in der Hand hält. Rechts, direkt vor dem mit den Vorderbeinen über den Drachen springenden Schimmel, steht die gerettete Prinzessin in einem prächtigen kaiserlichen Gewand und mit einer Krone. Georg ergreift ihre ausgestreckte rechte Hand am Handgelenk – ein sehr seltenes Motiv, das an die Befreiung von Adam und Eva aus der Vorhölle durch Christus erinnert. In der rechten oberen Ecke erscheint die segnende Hand Gottes in einem bestirnten Himmelssegment.

Die sehr schön gemalte Ikone ist ganz auf dem koloristischen Dreiklang von Gold, Rot und Weiß aufgebaut, von dem sich der dunkle Drache kontrastreich abhebt. Vergoldet sind der Hintergrund und der Rahmen, und mit Gold sind die Gewänder der drei Gestalten reich verziert. In roter Farbe sind die Felsen in der unteren Hälfte der Ikone gehalten, der wehende Mantel des Drachenkämpfers und der kaiserliche Mantel der Prinzessin, und ein leicht mit Grau modelliertes Weiß ist die Farbe des Schimmels, der das Zentrum der Ikone einnimmt.

Literatur:
München 1969, Kat. Nr. 139; Brenske Gallery 2007, Kat. Nr. 30

ό άγιῷ Γεώργιω

26 Die Vierzig Märtyrer von Sebaste

Nordgriechenland, 18. Jahrhundert
Eitempera auf Holz, 36 x 27 cm
Privatbesitz

O bwohl die Vierzig Märtyrer Soldaten der Legio fulminata waren, werden sie nie in Soldatengewändern wiedergegeben, vielmehr wird immer ihr gemeinsames Martyrium gezeigt, das sie unter Kaiser Licinius durch Erfrieren auf dem Eis eines Sees erlitten. Seit der frühesten Darstellung in dem ihnen geweihten Oratorium bei Santa Maria Antiqua in Rom (um 700?) werden sie stets als eine einheitliche Gruppe nackter, nur mit einem Lendenschurz bekleideter Männer unterschiedlichen Alters wiedergegeben, die eng aneinandergedrängt auf dem Eis stehen.

So sind sie auch in bewegter und eindrucksvoll gemalter Darstellung auf dieser Ikone zu sehen, auf welcher der See oben halbrund von Bergen umgeben ist. Auf der linken Seite ist der Eingang eines Badehauses zu sehen, in das sich ein Abtrünniger flüchtet, während ein durch eine Vision bekehrter Wachsoldat dessen Stelle in der Gruppe einnimmt. Er entledigt sich seines roten Mantels und zeigt nach oben, wo unterhalb eines großen Himmelssegmentes am oberen Bildrand mit der Darstellung Christi in mehreren Reihen vierzig Märtyrerkronen auf dem Goldgrund erscheinen. Am oberen Bildrand ist in roter Schrift der griechische Titel zu lesen: „Die Heiligen Vierzig Märtyrer."

27 Hl. Paraskeva

Griechenland, um 1600
Eitempera auf Eichenholz, 47,3 x 30,4 cm
Privatbesitz BG

D ie hl. Paraskeva, deren griechischer Name „Freitag" bedeutet, weil sie an einem Freitag geboren wurde, war Römerin und wurde unter Kaiser Antoninus nach Martern mit dem Schwert enthauptet. Ihr Gedenktag wird am 26. Juli gefeiert.

Im Unterschied zur griechischen Kirche, die unter den vier Heiligen dieses Namens an erster Stelle die hier dargestellte Paraskeva aus Rom feiert, verehren die russische, bulgarische und andere orthodoxe Kirchen vor allem die hl. Paraskeva Pjatnica. Diese soll im 3. Jahrhundert als Tochter christlicher Eltern in Ikonien gelebt haben und wegen ihrer Weigerung, den heidnischen Göttern zu opfern, vielfältigen Martern unterworfen und schließlich durch Enthauptung getötet worden sein. Die in 15 Fassungen überlieferte Legende ist sehr uneinheitlich und auch unwahrscheinlich, aber die Heilige erfreute sich sowohl im griechischen als auch im russischen Raum allergrößter Beliebtheit. Ihr Gedenktag wird am 28. Oktober gefeiert.

Auf der griechischen Ikone ist sie in ganzer Figur und in frontaler Haltung wiedergegeben. In der rechten Hand hält sie ein großes Handkreuz als Zeichen ihres Martyriums, die linke hat sie segnend vor ihrer Brust erhoben.

Über ihrem dunkelgrünen Untergewand mit weißen Lichthöhungen trägt sie ein dunkles rotbraunes Maphorion. Die Inkarnate sind mit kräftigen Schatten modelliert. Die Silhouette der Heiligen hebt sich von dem Goldgrund ab, der stark berieben ist und deshalb den roten Bolus durchschimmern lässt. Die Ikone ist von einem profilierten Holzrahmen umgeben.

Literatur:
Bentchev 2007, S. 347

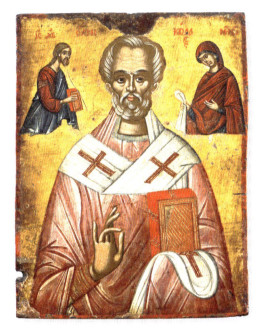

28 Hl. Nikolaus

Griechenland (Kreta), um 1700
Eitempera auf Zypressenholz, 24,7 × 19,3 cm
Sammlung P. F.

Der heilige Nikolaus ist einer der beliebtesten christlichen Heiligen und Wundertäter sowohl im abendländischen Westen als auch im christlichen Osten. Er wird als eifriger Verteidiger des rechten Glaubens und als gütiger und schnell helfender Fürsprecher für alle Menschen verehrt, die in Not geraten sind. Nach der Überlieferung soll er um 270 als Sohn wohlhabender Eltern geboren worden sein und war Bischof von Myra in Lykien. Sein Todesjahr soll zwischen 342 und 347 liegen.

Auf dieser Ikone ist Nikolaus in halber Figur im Bischofsgewand und mit einem mit goldenen Kreuzen bestickten Omophorion wiedergegeben. Er segnet mit der

rechten Hand und hält in der linken, durch sein Gewand und das Ende des Omophorions bedeckten Hand das geschlossene Evangelienbuch. Auf dem goldenen Hintergrund sind zuseiten seines Hauptes die Figuren Christi mit einem Evangelienbuch und der Muttergottes mit dem Omophorion gemalt. Diese nur sein Porträt kennzeichnenden Figuren gehen auf eine Legende zurück, der zufolge Christus und die Muttergottes dem Heiligen im Gefängnis die Bischofsinsignien wiedergaben. Sie waren ihm dort abgenommen worden, weil er auf dem Konzil von Nikaia seinen Gegner Arius, der die Wesensgleichheit Gottvaters und Gottsohnes bestritt, geohrfeigt hatte. Als die Wächter Nikolaus am Morgen mit seinen Bischofsinsignien vorfanden, berichteten sie dem Kaiser davon, der daraufhin seine Freilassung verfügte. Zu den frühesten byzantinischen Ikonen mit diesen Gestalten gehört die Mosaikikone aus dem Johanneskloster zu Patmos, die in das 12. Jahrhundert datiert wird.

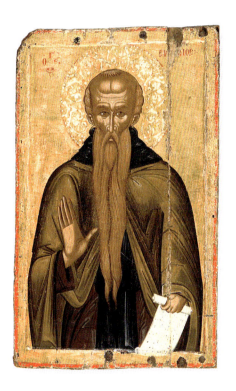

29 Hl. Euthymios der Große

Griechenland, 1. Hälfte 17. Jahrhundert
Eitempera auf Holz, 89,5 × 55,5 cm
Privatsammlung

Der hl. Euthymios der Große von Melitene war einer der bedeutendsten Asketen der judäischen Gebirgswüste. Zuerst zog er 411 mit seinem Schüler Theoklistos in die Wüsten Ruban und Ziph, bevor er sich endgültig bei Chân es-Sahe östlich von Jerusalem niederließ. Dort entstanden zuerst eine Lavra und schließlich das große Euthymios-Kloster. Er bekehrte den Beduinenscheich Aspabet und die Kaiserin Eudokia II., die dem Monophysitismus anhingen. Euthymios starb am 20. Januar 473; sein Todestag ist wie üblich auch sein Gedenktag in der gesamten Ostkirche.

Auf der Ikone ist Euthymios frontal in halber Figur dargestellt. Er ist durch einen sehr langen Bart und Stirnglatze charakterisiert und trägt einen ockerfarbenen Umhang über einer dunkelbraunen Kutte und ein dunkelblaues Analobos. Er hält die rechte Hand vor die Brust erhoben und in der linken eine geöffnete Schriftrolle, deren Inschrift nicht mehr lesbar ist. Der Nimbus besitzt Stuckornamente, die Namensbeischrift ist in roten Buchstaben auf den Goldgrund geschrieben. Die strenge und zurückgenommene, fast ganz in Brauntönen gehaltene Farbigkeit der Ikone passt zu der Darstellung dieses wichtigen Asketen. Die stark graphisch ausgearbeiteten Gesichtszüge sprechen für eine Datierung in das 17. Jahrhundert.

Literatur: Bentchev 2007, S. 55

30 Der Reliquienschrein des hl. Spyridon

Griechenland (Korfu), um 1700
Eitempera auf Holz, 18,5 x 14 cm
Sammlung W.

Die ungewöhnliche Darstellung zeigt einen aufrecht stehenden Reliquienschrein mit gläserner Front, in dem der in Bischofsgewänder gehüllte, mumifizierte Leichnam des hl. Spyridon mit zur linken Schulter gesunkenem Haupt steht. In der Mitte des Schreins ist eine Tafel hochgeklappt, um den Gläubigen Zugang zu den Pantoffeln des Heiligen zu geben, die sie küssen. Hinter dem Reliquienschrein hängt ein prächtiger geblümter Teppich mit einem breiten roten Rand, der mit goldenen Ranken geschmückt ist. Über dem Schrein ist ein geschnitzter und vergoldeter Baldachin angebracht, dessen rote Kuppel von einer Krone geziert wird. Der Schrein steht auf einem Podest, zu dem zwei Stufen führen und das von drei Seiten von einer Balustrade umgeben ist, die nur in der Mitte einen Zugang freilässt. Zwei große goldene Kandelaber mit brennenden Kerzen flankieren den Reliquienschrein.

Die Darstellung gibt relativ getreu die Situation in der Hagios-Spyridon-Kirche in Korfu in der Zeit um 1700 an den Festtagen des Heiligen wieder, an denen der Schrein zuerst in einer Prozession durch die Stadt getragen und dann in der Kirche aufgestellt wird, um von den Gläubigen verehrt zu werden. Von diesen Tagen abgesehen, ruht der Glasschrein in einem silbernen Sarkophag im Diakonikon der Kirche.

Wie bei vielen populären Heiligen ist das wenige, was über das Leben des hl. Spyridon überliefert ist, schon früh von der Legende völlig überwuchert worden. Athanasios von Alexandria nennt in seiner Apologie gegen die Arianer, die um das Jahr 348 verfasst wurde, unter den zwölf Bischöfen Zyperns, welche die Beschlüsse der Synode von Sardika (343) nachträglich unterzeichneten, auch Spyridon von Tremithos. Dagegen sind die zum Teil voneinander abhängigen Berichte der Kirchenhistoriker Rufinus, Sokrates, Sozomenos und Gelasios von Kyzikos bereits legendarisch gefärbt. Sie erzählen, dass Spyridon vom Schafhirten zum Hirten der Kirche von Tremithos erwählt wurde. Wahrscheinlich im Zusammenhang mit der Umsiedlung von Zyprioten an den Hellespont unter Justinian II. (685–695 und 705–711) erfolgte auch die Translation der Reliquien des Heiligen nach Konstantinopel, wo sie durch die Berichte russischer Pilger bezeugt sind. Sie sollen sich zunächst in der Kirche des Klosters der Theotokos Hodegetria und dann in einer Kapelle der Apostelkirche befunden haben. Nach der Einnahme der byzantinischen Hauptstadt durch die Osmanen wurden die Reliquien im Jahre 1456 über Arta in Epiros nach Korfu (Kerkyra) gebracht, wo Spyridon bald zum Schutzheiligen der Insel avancierte. Sie werden heute in der 1589 erbauten Kirche Hagios Spyridon aufbewahrt und dort von zahlreichen Pilgern verehrt.

Nur Spyridon und nach seinem Vorbild die Patrone der Nachbarinseln, Gerasimos von Kephalonia (✝ 1579) und Dionysios von Zakynthos (✝ 1624), werden in dieser Weise als mumifizierte Gestalten in einem Schrein dargestellt.

Die sehr dekorative Malerei eines griechischen Ikonenmalers, wohl aus Korfu, ist in lebendiger Farbigkeit gehalten. Der Hintergrund und etliche Details sind mit Blattgold belegt, Letztere sind sehr aufwendig und reich in Sgraffito-Technik dekoriert. Goldene Streumuster schmücken diverse Details. Auf dem goldenen Hintergrund ist der Titel der Darstellung in roter, links beschädigter Schrift angegeben: „Die Reliquie des hl. Spyridon."

Die Ikone wurde nachträglich eingerahmt.

(Teilweise nach einer Expertise von Ivan Bentchev vom 23. Juni 2008)

(„Kommt, Gesegnete meines Vaters, auf dass ihr das Himmelreich erbt"). Dieses Zitat findet man bevorzugt sowohl auf Hinterglasikonen als auch auf rumänischen Holzikonen mit der Darstellung Christi als Pantokrator aus der Mitte des 18. Jahrhunderts (siehe die stilistisch und zeitlich vergleichbaren Ikonen in: Nicolescu 1969, Kat. Nr. 56, 58). Christus trägt ein rotes Gewand und ein Untergewand mit weißem Rautenmuster, das Spitze imitiert. Das weiße bischöfliche Omophorion ist mit drei Kreuzen und schwarzen Zierborten geschmückt. Unter dem rechten Ärmel hängt das priesterliche Epigonation (palica), das wie die Mitra auf seinem Haupt aus verziertem Blattsilber besteht. Die zwei Balken des Kreuznimbus Christi enthalten die vorgeschriebenen drei Buchstaben Hon, eine Abkürzung, die „der Seiende" bedeutet und auf die griechische Wiedergabe von Ex 3,14 zurückgeht. Auf dem mit Rautenmustern gestalteten Hintergrund steht das vorgeschriebene griechische Christusmonogramm IC XC („Jesus Christus"). Der Nimbus und der gesamte Hintergrund samt erhöhtem Rand sind mit Blattsilber auf rotem Bolus belegt. Der Kopf Christi und seine Hände sind mit breitem Pinselstrich expressiv modelliert. Die dynamischen Faltenwürfe der Gewänder und der Hang zur reichen Ornamentierung setzen einen professionellen Ikonenmaler voraus.

(Ivan Bentchev)

31 Christus als Hohepriester

Rumänien, Mitte 18. Jahrhundert
Eitempera auf Holz, 67 x 45,5 cm
Sammlung P. F.

Die rumänische Ikone mit der Darstellung Christi vom Typus des Hohenpriesters bzw. Königs der Könige stammt aus einer Kirchenikonostase.

Der Typus, der sich im 14. bis 15. Jahrhundert vom Balkan bis nach Russland ausbreitete, ist in der rumänischen Ikonenmalerei von einigen Hinterglasikonen bekannt (siehe Fabritius/Nentwig 2003, Kat. Nr. 30, 31, 32).

Christus sitzt auf einem verzierten Kissen auf einem prächtigen barocken Thron mit breiter, geschwungener Lehne. Er segnet mit der Rechten und hält mit der Linken ein geöffnetes Buch auf seinem linken Knie. Auf dem aufgeschlagenen Buch steht der fünf- bzw. vierzeilige rumänische Text in schwarzen kirchenslawischen Majuskeln nach Mt 25,34: „VEINnui BLAGOSLOVnui PÁRNENTILUI MIEU DE MOSCENIUNJA [I]MP[A]RUN[A CERULUI]"

32 Muttergottes Hodegetria mit den hll. Stylianos, Charalampos und Demetrios von Thessaloniki

Bulgarien, Ikonenmaler Dimitrij von Trjavna, 1852
Eitempera auf Holz, 32,1 x 22,7 cm
Privatbesitz BG

Die Ikone der Hodegetria, auf der die Muttergottes und das auf ihrem linken Arm aufrecht sitzende Christuskind frontal dargestellt sind, ist das berühmteste Gnadenbild von Byzanz und die populärste Muttergottesikone der Ostkirche. Erst in einem anonymen englischen Reisebericht des späten 11. Jahrhunderts wird die Legende überliefert, der Evangelist Lukas habe die Muttergottes noch zu ihren Lebzeiten gemalt. Die Ikone soll als Geschenk der byzantinischen Kaiserin Eudokia an ihre fromme Schwägerin Pulcheria († 453) nach Konstantinopel gekommen sein und wurde im Jahre 453 in der zwei Jahre zuvor errichteten

durch die Osmanen im Jahre 1453 soll die Ikone zerstört worden sein.

Die nicht mit dem üblichen griechischen Kürzel, sondern auf Slawisch als „Mutter Gottes" bezeichnete Muttergottes vom Typ der Hodegetria hält das Christuskind auf ihrem linken Arm und weist mit der rechten Hand, die mit einem Silberbeschlag verziert ist, auf Christus hin. Auch seine rechte, im Segensgestus erhobene Hand ist von einem Beschlag bedeckt, während er in der linken einen Globus trägt. Ebenso sind die Nimben sowohl von Mutter und Kind als auch der drei Heiligen im unteren Bildfeld aus Metall.

Neben der Muttergottes schweben zwei adorierende Engel auf Wolken. Die drei Heiligen sind in halber Figur wiedergegeben. Stylianos ganz links hält wie üblich ein gewickeltes Kind im Arm und ein Märtyrerkreuz, Charalampos ein geschlossenes Evangelienbuch und Demetrios (rechts) ebenfalls ein Märtyrerkreuz.

Auf dem unteren Rand ist rechts die Signatur des Ikonenmalers Dimitrij von Trjavna und die Jahreszahl 1852 zu erkennen. Es handelt sich um Pop Dimitar Kančov aus Trjavna (* um 1815, † um 1885), dessen drei Söhne Jonko, Christo und Ivan ebenfalls Maler waren. Mehrere signierte und datierte Ikonen sind von dem begabten Maler bekannt, z. B. die Patroziniumsikone aus der Georgskirche von Arbanasi mit der Darstellung des hl. Georg als Drachentöter mit Vitaszenen von 1838 (103,5 x 81 cm, heute im Historischen Museum von Veliko Tarnovo) und „Die Vierzig Märtyrer von Sebaste" von 1849 (137 x 82 cm, heute im Historischen Museum von Varna; siehe Božkov 1984, S. 54, 178, 188, 255, 263, 264, insbes. S. 318, Anm. 172, 380, 414, 435, 441, 445, 512, Abb. 364, 365, 368 (Hl. Georg), 387 (Vierzig Märtyrer).

Die Ikonenmalschule von Trjavna, einer Stadt in Zentralbulgarien, ist etwas älter als die ebenso berühmte Schule von Samokov in Südwestbulgarien. Bekannt sind die Namen von ca. 70 Ikonenmalern vom Ende des 18. bis zum Ende des 19. Jahrhunderts, die aus großen Malerfamilien stammen: Vitanov, Minčev, Zachariev, Pop Dimitar Kančov und Venkov. Die Werke dieser Schule sind in über 500 Orten Bulgariens und weit über die Grenzen des Landes hinaus verstreut. Das Museum in Trjavna besitzt mit 160 Exponaten die größte Sammlung von Ikonen dieser Schule.

(Ivan Bentchev)

Literatur zu Dimitar Kancov:
Vasiliev 1965, S. 83; Enciklopedija na izobrazitelnite izkustva v Balgarija, 1. Bd., Sofia 1980, S. 501/502; Božkov 1967, S. 94, 98, Abb. 61, 62 (Hl. Georg)

Blachernenkirche aufgestellt. Dort wirkte sie viele Wunder, u. a. heilte sie zwei Blinde, was ihr möglicherweise den Beinamen „Hodegetria" (Wegleiterin) eingetragen hat. Eine andere Deutung verbindet diesen Namen mit der Tatsache, dass die Ikone im Hodegonkloster am Marmara-Meer aufbewahrt wurde, wo die Seeleute vor Beginn ihrer Fahrt die Muttergottes darum baten, sie möge ihnen den richtigen Weg weisen. Die Hodegonkirche bekam ihren Namen jedoch erst unter Michael III. (842–867), und erst Nikephoros Kallistos Xanphopoulos verband im 14. Jahrhundert in seiner Kirchengeschichte (PG 146) die berühmte Muttergottesikone namentlich mit dieser Kirche.

Wie dem auch sei: Die Ikone wurde im 9. Jahrhundert zur Schutzpatronin der byzantinischen Hauptstadt, die sie mehrfach vor feindlichen Eroberungen bewahrt haben soll: im Jahre 718 beim Krieg mit den Arabern in der Zeit des Kaisers Leon III. (717–741), im Jahre 842, nur ein Jahr vor dem Ende des Bilderstreits unter Michael III. (842–867) und im Krieg mit Awaren und Russen im Jahre 864. Das Gnadenbild wurde von den Kaisern in Byzanz hochverehrt, die vor jeder wichtigen Entscheidung oder jedem Kriegszug vor der Ikone beteten. Bei der Eroberung Konstantinopels

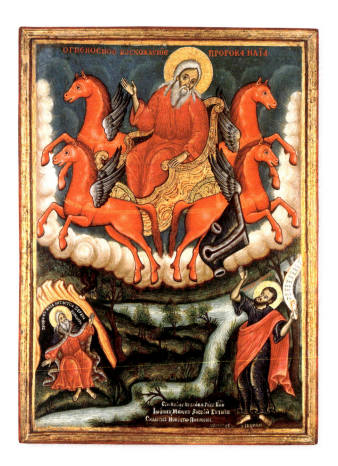

33 Die Feurige Himmelfahrt des Propheten Elija

Serbien (Kragujevac), 1840
Tempera auf Holz, 80 x 58,5 cm
Privatbesitz

Der große Prophet wurde in Thesbe (Tischbe), einer Stadt in Transjordanien, geboren und entstammte nach jüdischer Tradition einer Priesterfamilie. Als Mann der Askese trug er als Kleidung nur eine Tunika aus Schaffell, einen ledernen Gürtel und einen härenen Mantel. Nach der Überlieferung lebte Elija auf dem Berge Karmel. Während der großen Trockenheit hielt sich Elija am Bache Kerit auf (1 Kön 17,2–6), wo ihm ein von Gott gesandter Rabe ernährte. Elija trat besonders als Mahner gegen die Gottlosigkeit und Ungerechtigkeit des Königs Achab von Israel (875–854 v. Chr.) hervor wie überhaupt durch seinen Kampf gegen die Baalspropheten (vgl. 1 Kön 18,16–40). Neben Henoch war Elija der einzige alttestamentliche Gerechte, der von Gott direkt in das himmlische Reich aufgenommen wurde, indem ein Feuerwagen den Propheten in den Himmel erhob (vgl. 2 Kön 2,1–15).

Die Ikone zeigt als zentrale Szene diese – wie es die rote Inschrift am oberen Bildrand formuliert – „feurige Auffahrt des Propheten Elija." Der Prophet sitzt auf einem von vier roten Pferden mehr getragenen als gezogenen goldenen Wagen. Er hat seinen Mantel dem Schüler Elischa zugeworfen, der mit erhobenen Händen rechts unterhalb des Wagens steht. In seiner Linken trägt Elischa eine geöffnete Schriftrolle mit dem Text: „Vater, Vater, du Wagen Israels und sein Reiter!" (4 Kön 2,11). In der gegenüberliegenden Bildecke findet sich das Motiv des Propheten Elija in der Höhle bei der Speisung durch den Raben, welches in der Ikonenmalerei sehr beliebt ist, zumal man hierin einen alttestamentlichen Hinweis auf das Abendmahl sah. Eine reich bewaldete Uferlandschaft, die vom Jordanfluss durchströmt wird, verbindet die beiden Szenen.

Die Malerei dieser – wie die Ausmaße vermuten lassen – für eine Kirche gefertigten serbischen Ikone ist besonders charakteristisch für die Zeit der Wiedergeburt der Balkanvölker am Anfang des 19. Jahrhunderts, der sie ja auch eindeutig angehört, wie die Stifterinschrift am unteren Bildrand bezeugt, die lautet: „Diese Ikone hat der Diener Gottes Ioann Moler zu seinem und seines Geschlechtes ewigen Gedenkens gestiftet zu Kragujevac im Jahre 1840." Die sehr lebendige Farbgebung mit kräftigen Rot- und Violetttönen und die deutliche Vorliebe für Ornamentik weisen eine starke Verwandtschaft zu den Ikonen der bulgarischen Renaissance auf, was angesichts der intensiven kulturellen Kontakte zwischen beiden slawischen Brudervölkern in der damaligen Zeit auch nicht verwunderlich ist. In ihrer malerischen Qualität allerdings ist diese Ikone deutlich über die Mehrzahl der zeitgenössischen Werke herausgehoben, wie sich besonders in der Gestaltung der Inkarnate zeigt. Dies ist auch nicht verwunderlich, stammt die Ikone doch aus Kragujevac, dem Hauptort des Kernlandes des neuen serbischen Staates, dem Waldgebiet der Šumadija, dem sowohl der Führer des ersten serbischen Aufstandes, Karadjordje, als auch sein Rivale Miloš Obrenović entstammten. Dort ist auch der Stifter dieser Ikone zu Hause.

(Nach einer Expertise von Nikolaus Thon, 1992)

Literatur:
Herzogenrath 1987, Kat. Nr. 84; Frankfurt 2007, Kat. Nr. 13

in dessen Zentrum die Säule stand, waren kreuzförmig vier dreischiffige Basiliken angeordnet.

Die schlicht und farbenfroh gemalte bulgarische Ikone zeigt den Heiligen in halber Figur in einem mächtigen Kasten, der auf einer kurzen Säule mit einem Eingangstor steht. Symeon ist in Mönchsgewänder gekleidet und hält in der rechten Hand ein Kreuz und in der linken eine Gebetsschnur, das orthodoxe Pendant zum katholischen Rosenkranz (griech.: komboskini, russ.: četki). Um die Säule windet sich eine Schlange, die als Versucherin zu deuten ist und bereits auf dem Fragment eines syrischen Reliquiars aus Silber im Louvre zu sehen ist, das in die Zeit um 600 datiert werden kann (Delvoye 1967, Abb. 71). Die Säule steht vor einem atmosphärisch gestalteten Himmel in einer grünen Wiese, die völlig im Gegensatz zu dem historischen Ort im kargen nordsyrischen Kalksteinmassiv steht.

Literatur:
Bentchev 2007, S. 288

34 Hl. Symeon Stylites

Bulgarien, Mitte 19. Jahrhundert
Eitempera auf Holz, 35,3 x 24 cm
Privatbesitz BG

Symeon der Ältere lebte von ca. 422 bis zu seinem Tode im Jahre 459 ununterbrochen auf einer Säule in Qal'at Sem'an (Nordsyrien), um der Belästigung durch Besucher zu entgehen, die sich von der Berührung seines Gewandes Heilung erhofften. Von der ersten Säule, die nur 1,80 m hoch war, wie von der letzten mit 18 m Höhe predigte er zweimal täglich den Scharen von Pilgern, die aus der ganzen christlichen Welt nach Qal'at Sem'an strömten. Sein Einfluss auf die Politik darf nicht unterschätzt werden, denn auch hochgestellte Persönlichkeiten erbaten seinen Rat, wie z. B. Kaiser Marcian vor dem Konzil von Chalkedon 451.

Nach dem Tode Symeons ließ Kaiser Zenon (474–491) eine riesige Anlage um die Säule Symeons errichten, die das wichtigste Heiligtum Syriens war. Um ein offenes Oktogon,

35 Königstür

Russland (Pskov?), Mitte 16. Jahrhundert
Tempera auf Holz mit Resten eines Silberbasmas,
151 x 86,5 cm
Privatbesitz

Im Kirchenraum konzentrieren sich die Ikonen und ihre Verehrung auf die Ikonostase, die Bilderwand, welche den ausschließlich dem Klerus vorbehaltenen Altarraum vom übrigen Kirchenraum, dem Naos, trennt, in dem sich die Gemeinde versammelt. Die Ikonostase entwickelte sich aus der frühchristlichen Chorschranke, einer niedrigen Marmorbrüstung mit einem Eingang in der Mitte. Diese wurde im 5. Jahrhundert durch Säulchen erhöht, die ein Gebälk trugen. Die Interkolumnen wurden in bestimmten Phasen der Liturgie durch Vorhänge geschlossen. Während vor dem Ikonoklasmus höchstens das Gebälk durch Heiligendarstellungen geschmückt war, fügte man später große Ikonen zwischen die Säulen ein und bemalte den Epistylbalken mit Darstellungen der Deesis oder mit dem Festtagszyklus. Der Eingang wurde durch eine zweiflügelige Tür verschlossen, deren vorherrschendes Thema die Verkündigung an Maria war.

So entstand schließlich eine feste Ikonenwand, die den Altar und die heilige Handlung den Blicken der Gläubigen entzog. Nur in bestimmten Momenten der Liturgie werden die Türen geöffnet und der Blick auf den Altar freigegeben. Den Höhepunkt ihrer Entwicklung erlebte die Ikonostase in Russland, wo sie seit dem 15. Jahrhundert die ganze Breite und Höhe des Altarraumes einnimmt. Der meist hölzerne Rahmen nimmt zuerst drei, später fünf bis sechs Reihen von Ikonen auf, deren Programm streng festgelegt und ähnlich wie das Bildprogramm des Kirchenraumes sowohl horizontal als auch vertikal gegliedert ist. Zu ebener Erde führen drei Eingänge in die Altarräume. Der mittlere, Königs- oder Zarentür genannte Eingang führt zum Altar und darf nur von dem zelebrierenden Priester durchschritten werden.

Die älteste russische Königstür aus dem letzten Drittel des 13. Jahrhunderts besitzt einen hufeisenbogenförmigen oberen Abschluss, in den die Verkündigung hineingemalt ist. Der rechte Flügel zeigt die frontale Gestalt Basilios des Großen, während die auf dem linken dargestellte Figur – vermutlich Johannes Chrysostomos – nicht erhalten ist. Eine andere russische Bematür aus der zweiten Hälfte des 14. Jahrhunderts mit denselben Heiligen, die sich einander zuwenden, ging ihres oberen Abschlusses verlustig. Das Vorbild für die meisten russischen Königstüren wurde die 1425 bis 1427 von Meistern aus dem Umkreis Andrej Rublevs gemalte mittlere Tür der Ikonostase der Dreifaltigkeitskathedrale im Dreifaltigkeits-Sergij-Kloster, welche die Verkündigung in den beiden Feldern des kielbogenförmigen Abschlusses mit der Darstellung der vier Evangelisten bei der Niederschrift ihrer Evangelien kombiniert (Solowjowa 2006, Abb. 19 auf S. 13).

Diesem Vorbild folgt hinsichtlich der Anordnung der Darstellungen auch die Königstür aus der Mitte des 16. Jahrhunderts, obwohl sie in der Gestalt des oberen Abschlusses und vielen anderen Details von ihr abweicht. Der bei Rublev in einem Kielbogen endende Abschluss ist durch einen halbrunden, leicht wellenförmigen Umriss ersetzt, der jeweils in einer auffälligen Volute endet. Dadurch, dass der Hintergrund der mit Silber beschlagenen „Schnecken" schwarz bemalt ist, sieht es aus, als seien die eingerollten Bänder ausgesägt (Bentchev 1997, S. 100).

Oben ist die Verkündigung vor einer fantasievollen Architekturkulisse gemalt, wobei hier wie auf drei der vier Bildfelder mit den Evangelisten die über die Dächer und Giebel gelegten roten Tücher (vela) einen Innenraum bezeichnen. Auf dem linken Bildfeld schreitet der Erzengel Gabriel mit im Sprechgestus erhobener rechten Hand nach rechts, auf die auf dem rechten Feld auf einem prächtigen Thron sitzende Maria zu. Von oben kommt ein dreifacher blauer Lichtstrahl mit einer kleinen weißen Taube auf sie zu, der die Empfängnis durch den Heiligen Geist symbolisiert. Darunter sind in vier rechteckigen Bildfeldern die vier Evangelisten bei der Niederschrift ihrer Evangelien zu sehen, deren erste Wörter sie auf Schriftblätter niederschreiben. Links oben diktiert der stehende Evangelist Johannes in der wild zerklüfteten Felslandschaft der Insel Patmos seinem Schüler Prochoros sein Evangelium, in den anderen Feldern sitzen Mätthäus (oben rechts), Lukas (unten links) und Markus in ihren Studierstuben vor ihren Schreibtischen mit einem Tintenfass darauf.

Die Ränder der Tür und ursprünglich auch die Trennstreifen zwischen den einzelnen Darstellungen sind mit fein ornamentiertem Silberblech beschlagen. Bei den Farben dominieren warme Töne von Ocker, Rotbraun, Grün und Dunkelblau. Ivan Bentchev, der die Ikone 1989 restaurierte, schrieb sie der Pskover Malschule zu, da sie in Farbigkeit, Stil und Ikonographie größte Ähnlichkeit mit den in der Mitte des 16. Jahrhunderts gemalten Ikonostasen-Ikonen der Kirche des hl. Nikolaus „so usochi" in Pskov besitzt.

Literatur:
Köln 1986, Kat. Nr. 18 auf S. 39; Herzogenrath 1987, Kat. Nr. 6; Brescia 1991, S. 128 und Tafel 34; Bentchev 1997, S. 99–100, Abb. 108 und 109; Frankfurt 2007, Kat. Nr. 15

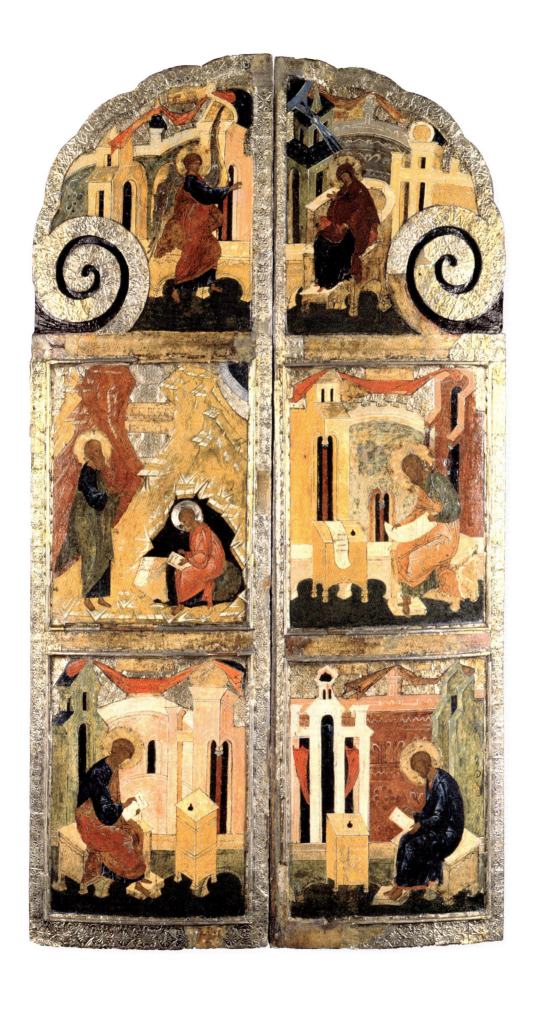

36 Königstür

Russland, Ende 16. Jahrhundert
Eitempera auf Holz, 176 x 71,5 cm
Privatbesitz

Diese Königstür ist der vorigen in Aufbau und Form sehr ähnlich, obwohl sie ungewöhnlich schmal ist. Die Unterschiede bestehen darin, dass Maria den Erzengel nicht thronend, sondern stehend empfängt, und dass den Evangelisten in großen roten Himmelssegmenten am oberen Bildrand jeweils ihr Symbol hinzugefügt ist, und zwar nach der Zuordnung durch Irenäus von Lyon (ca. 130–um 202).

Der Evangelist Johannes mit dem Schreiber Prochoros sitzt in einer kleinteilig gemalten Felsenlandschaft, während die anderen Evangelisten vor einer differenziert dargestellten Architekturkulisse an ihren Schreibpulten sitzen und aufgeschlagene Bücher auf ihrem Schoß halten, in denen sie lesen. Schriftrollen oder Bücher liegen vor ihnen auf Lesepulten.

Johannes ist mit dem Löwen als Symbol wiedergegeben, da Christus bei der Auferstehung nach Auffassung des Irenäus zum Löwen wurde. Dem Evangelisten Matthäus (rechts oben) ist der Engel zugeordnet, da er die Menschwerdung Christi betont, der Stier ist Lukas (links unten) beigegeben (Christus war Opferstier im Tode) und der Adler dem Evangelisten Markus, da Christus bei der Himmelfahrt wie ein Adler war.

37 Darstellung einer Ikonostase

Russland (Palech), Anfang 19. Jahrhundert
Eitempera auf Zypressenholz, 35,7 x 30,1 cm
Sammlung P. F.

In der russischen Ikonenmalerei des 19. Jahrhunderts kommen Ikonen auf, die eine vollständige Kirchenikonostase abbilden, meist mit fünf Rängen (Reihen) von Ikonen übereinander, manchmal auch mit sieben.

Die Ikone ist streng symmetrisch aufgebaut. Die Mittelachse ist durch breitere und mehrfigurige Kompositionen hervorgehoben. Unterhalb des angedeuteten Dachs einer Kirche mit sieben Kuppeln sind acht Passionsszenen sowie die Kreuzigung in runden und viereckigen Feldern gemalt.

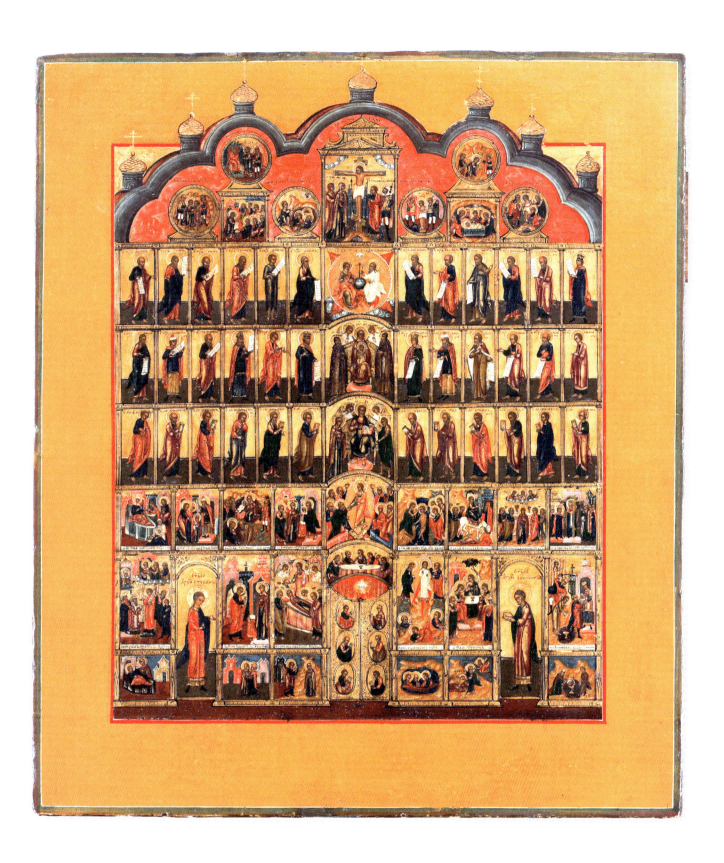

Unterhalb der Kreuzigung im Zentrum der obersten Reihe nimmt die Darstellung der Dreifaltigkeit im neutestamentlichen Typus die Mitte des Vorväterranges ein. Dann folgt die Muttergottes vom Kiewer Höhlenkloster zwischen den heiligen Antonij und Feodosij zwischen den Propheten. Christus zwischen der Muttergottes, Johannes dem Täufer und den Engeln bildet das Zentrum der aus Aposteln bestehenden Deesis-Reihe. Die Hadesfahrt Christi als wichtigstes Fest der Ostkirche befindet sich im Zentrum der aus acht weiteren Kirchenfesten gebildeten Festtagsreihe über der Königstür. Die Königstür zeigt die üblichen Darstellungen der Verkündigung an Maria und der vier Evangelisten, darüber den Heiligen Geist und das Letzte Abendmahl.

Weitere größere Bildfelder befinden sich in der Örtlichen Reihe, jeweils kombiniert mit kleineren Feldern in der Sockelzone, die ihnen thematisch zugeordnet sind. Die seitlichen Türen zeigen die Diakone Stephanos (links) und Laurentios (rechts). Links von Stephanos befindet sich eine Ikone mit der Darstellung des Festes „Muttergottes Schutz und Fürbitte" (Pokrov), darunter im kleinen Feld „Die Muttergottes erscheint dem hl. Romanos im Schlaf". Es folgen nach rechts die Verkündigung an die Muttergottes (darunter Mariä Heimsuchung), das Entschlafen der Muttergottes mit der Verkündigung am Brunnen in der Sockelzone darunter. Rechts von der Königstür ist die Verklärung auf dem Berg Tabor mit dem Reichen Fischfang auf dem See Genezareth darunter platziert. Die beiden Ikonen des „Entschlafens der Muttergottes" und der „Verklärung Christi" ersetzen in diesem Fall die Ikonen der Muttergottes und Christi, die sich gewöhnlich neben der Königstür befinden. Auf der rechten Seite folgt die Ikone der Heiligen Dreifaltigkeit (Besuch der drei Engel bei Abraham und Sara) und darunter die Opferung Isaaks. Ganz außen rechts sind die Enthauptung Johannes des Täufers und die Auffindung seines Hauptes in der Sockelzone zu sehen.

38 Gottvater Sabaoth

Russland (Moskau?), um 1900
Eitempera auf Holz, 21 x 35,2 cm
Privatsammlung

Auf der halbkreisförmigen Ikone ist Gottvater („Herr Sabaoth") in halber Figur mit nach beiden Seiten segnend ausgebreiteten Armen dargestellt. Er trägt ein Gewand in hellen, pastellfarbenen Tönen: ein hellblaues Untergewand und ein hellgrünes Obergewand. Auch der leuchtend gelbe Hintergrund mit den von Gottvater ausgehenden Strahlen und die hellen, kugelförmigen Wölkchen im unteren Bereich der Ikone tragen zu dem überirdisch hellen, strahlenden Eindruck der Ikone bei. Nur das Inkarnat Gottvaters bringt einen dunkleren Ton, aber die ausdrucksvollen Gesichtszüge sind genauso fein und detailreich ausgeführt wie die Gewänder, Bart und Haare. Diese stilistischen Charakteristika sprechen für die Entstehung der Ikone in einer sehr guten Moskauer Werkstatt, die hellen Farbtöne zudem für eine Datierung in das Ende des 19. Jahrhunderts bzw. die Jahrhundertwende. Wahrscheinlich diente sie als zentrale Ikone der Vorväterreihe einer Ikonostase.

Die Darstellung Gottvaters in menschlicher Gestalt war in der byzantinischen und russischen Kirche verboten, denn das 2. Gebot Mose war hier eindeutig: „Du sollst Dir kein Gottesbild machen ..." Nach Auffassung der orthodoxen Kirche gibt es nur ein authentisches Gottesbild, nämlich das des Eingeborenen Sohnes Gottes, Jesu Christi, von dem Johannes sagte: „Wer ihn sieht, der sieht den Vater" (Jh 14,9). Trotz des auf mehreren Synoden der russischen Kirche wiederholten Verbotes wurden Darstellungen Gottvaters als „Alter der Tage" mit langem weißem Bart in den Kirchenkuppeln und auf Ikonen der Dreifaltigkeit (in der sogenannten neutestamentlichen Form oder als „Vaterschaft") immer wieder gemalt. Ikonen, auf denen nur Gottvater dargestellt ist, kommen jedoch erst in späterer Zeit auf.

Literatur:
Frankfurt 2005, Kat. Nr. 36, S. 206

39 Neutestamentliche Dreifaltigkeit mit Engelscharen

Russland (Vetka), 1. Viertel 19. Jahrhundert
Eitempera auf Holz, 30,7 x 26 x 3,4 cm
Sammlung W.

Die Hausikone stellt ein bekanntes Thema dar, das von den altgläubigen Ikonenmalern in Vetka (am Fluss Sož im Gebiet Gomel in Weißrussland) entwickelt wurde. Der kirchenslawische Titulus auf dem oberen Rand lautet „Bild der Dreihypostatischen Gottheit" und bezieht sich auf die Darstellung der Neutestamentlichen Dreifaltigkeit. Gottvater und Christus thronen über drei feurigen Cherubim in hellrosa Wolken. Über ihnen schwebt der Heilige Geist als weiße Taube in einem achtzackigen Stern. Ein dunkelblauer Kreis mit Seraphim und Sternen umgibt die zentrale Darstellung. Außerhalb des Kreises sind in den Diagonalen, ebenfalls auf rosa Wolken, die Evangelistensymbole (Tetramorph) dargestellt: Matthäus (Engel), Markus (Adler), Johannes (Löwe) und Stier (Lukas). Links und rechts stehen die Muttergottes und Johannes der Täufer, die beide gekrönt sind, und wenden sich mit ihren auf Schriftrollen geschriebenen Gebeten an die Dreifaltigkeit. In den oberen Ecken sind noch einmal paarweise feurige Cherubim und blaue Seraphim gemalt. In der Mitte befindet sich die frontale Darstellung des Erzengels Seaphiel als Brustbild, flankiert von je zwei „Engeln des Herrn", denen auf den Seiten

weitere „Engel des Herrn" und Erzengel folgen.
Die sieben Erzengel, die in ihren Nimben namentlich bezeichnet sind, halten verschiedene Attribute in den Händen, die z. T. mit den üblichen vertauscht sind. Michael ist als Krieger dargestellt und hält in der Rechten eine Sphaira mit dem Christusmonogramm, Gabriel trägt eine Laterne und einen Jaspisspiegel, Selaphiel hält die Hände vor seiner Brust gekreuzt, Jegudiel hat eine Geißel in der Hand, Varachiel Blumen, Raphael führt Tobias an der Hand und hält eine Arzneibüchse, Uriel ist mit einem Schwert abgebildet.

Ganz unten befinden sich die vier geflügelten Räder, auf denen nach Ezechiel (Kap. 1) Gott thront. Neun Beischriften in roten Kartuschen am Rand erklären die Aufgaben der Erzengel und Engel.

Die sehr qualitätvolle Malerei wird durch die reiche Vergoldung, die den Ikonen der Altgläubigen in Vetka eigen ist, noch hervorgehoben. Die Inkarnate (Gesichter und Hände) sind fein modelliert, die reichen Faltenwürfe der Gewänder zieren sehr feine Chrysographien aus Pudergold, und den Rand schmücken punzierte vegetabile Motive auf Blattgold.

Die Ikone gehört zu den schönsten Beispielen der Ikonenmalerei aus Vetka.

(Ivan Bentchev)

40 Triptychon (Dreifaltigkeit und Heilige)

Russland, 18. Jahrhundert
Eitempera auf Holz, Messingrahmen, 6,2 x 18 cm
Privatbesitz

Der mittlere Flügel des Triptychons zeigt das Thema der Alttestamentlichen Dreifaltigkeit, das durch den Besuch der drei Engel bei Abraham und Sara im Hain Mamre wiedergegeben wird.

Auf den beiden Außenflügeln werden jeweils sieben Heilige gezeigt, die sich der Trinitätsdarstellung im Mittelfeld zuwenden. Auf der linken Tafel sind heilige Märtyrer dargestellt. In der unteren Reihe folgen von links nach rechts: Demetrios von Thessaloniki, der hl. Georg, Boris und Gleb. Hinter ihnen schließen sich der hl. Theodor Tiron sowie die heiligen Ärzte Kosmas und Damian an. Bei den Märtyrern in der vorderen Reihe des rechten Flügels handelt es sich um die Heiligen Adrianos von Nikomedien, Artemios, Menas und Onesiphoros (?) (von links nach rechts). Dahinter steht in der Mitte der heilige Laurentios, die beiden anderen können nicht identifiziert werden.

Die miniaturhaft kleinen Figuren auf allen drei Tafeln sind überaus sorgfältig gemalt. Beeindruckend ist vor allem die detailverliebte Wiedergabe der Rüstungen. Bei der Auswahl der Heiligen dominiert ganz offensichtlich die Präsentation von Kriegerheiligen, was darauf hinweisen könnte, dass die Reiseikone für ein Mitglied des russischen Militärs gemalt wurde.

Literatur: Frankfurt 2007, Kat. Nr. 87

41 Alttestamentliche Dreifaltigkeit mit zwölf Szenen aus der Vita Abrahams

Russland (Malerdörfer bei Vladimir),
letztes Viertel 19. Jahrhundert
Eitempera auf Holz, 44 x 36,5 cm, Privatbesitz

Im Mittelfeld der Ikonentafel ist die Alttestamentliche Dreifaltigkeit dargestellt, die in der ostkirchlichen Kunst durch den Besuch der drei Wanderer beim Patriarchen Abraham und seiner Frau Sara im Hain Mamre symbolisch wiedergegeben wurde (Gen 18,1–15). Abraham erkennt die drei herannahenden Männer als Engel Gottes, bittet sie zu Rast und Fußwaschung unter seinen Baum (die Eiche vom Hain Mamre), lässt eine Mahlzeit bereiten – und sie prophezeien ihm die Geburt seines Sohnes Isaak. Schon früh wurden die drei Engel als Trinität gedeutet: Gottvater, Christus und Heiliger Geist. In Russland hat der bedeutendste Ikonenmaler Andrej Rublev die berühmte Dreifaltigkeitsikone für das Dreifaltigkeits-Sergij-Kloster um 1425–1427 gemalt, die im 16. Jahrhundert von der russischen Kirche zum kanonisierten ikonographischen Vorbild erklärt wurde. Mit dieser Ikone wurde zum ersten Mal in Russland, nicht zuletzt als Antwort auf zeitgenössische antitrinitarische Häresien, die Wesensgleichheit der drei Hypostasen bildhaft dargestellt, denn seit dem 13. Jahrhundert wurde in der russischen Kunst der mittlere Engel durch einen Kreuznimbus ausdrücklich als Christus bezeichnet.

Auf dieser Ikone sitzen die drei Engel an einem ovalen Tisch, auf dem drei goldene Kelche stehen und Tischbesteck liegt. Im Hintergrund, zwischen dem Hain (rechts dargestellt als mächtiger bizarrer Felsen mit dunkler Höhle) und dem palastartigen Haus Abrahams (links), ragt dekorativ die grüne Eiche empor. Unten links und rechts im Bild stehen Abraham und Sara, die Speisen in goldenen Gefäßen darbringend. Zwischen ihnen sieht man, wie ein junger Knecht ein Kalb schlachtet. Über dem mittleren Bild steht der kirchenslawische Titel der Darstellung „Heilige Dreifaltigkeit.“

Die zwölf Szenen beginnen chronologisch oben links und stellen folgende Begebenheiten dar: 1.) Abrahams Berufung durch Gott (Gen 12); 2.) und 3.) Abraham zieht mit Sara und seinem Neffen Lot nach Kanaan (Gen 12); 4.) Abraham baut dem Herrn einen Altar (Gen 12,7); der Pharao lässt ihn fortgehen (Gen 12,18–20); 5.) Abraham ruft den Herrn an der Stelle des früheren Altars (Gen 13,2–4); 6.) Sara bietet ihre Magd Hagar dem Abraham an (Gen 16,1–2); der Engel erscheint Hagar (Gen 16,7–13); Ismaels Geburt (Gen 16, 15); 7.) der Herr erscheint Abraham (Gen 17,1–21); 8.) die Heilige Dreifaltigkeit erscheint Abraham bei der Eiche von Mamre (Gen 18,1–3); 9.) Fußwaschung zur Begrüßung (Gen 18,4); 10.) Das Gericht über Sodom und die Rettung Lots und seiner Töchter; Lots Frau erstarrt zu einer Salzsäule (Gen 19,23); 11.) der Vertrag Abrahams mit Abimalech (Gen 21,22–24); Gott spricht zu Abraham (Gen 22,1–2); 12.) Abrahams Opfer; Abraham zieht mit Isaak fort (Gen 22,10–13).

Die Ikone besaß einmal einen Metallrahmen (Oklad), auf dem sich die erklärenden Beischriften zu den zwölf Szenen befanden. Die rückseitige Beischrift von der Hand des Ikonenmalers besagt: „Dreifaltigkeit mit Vita. Von der Vita[ikone in] der Nikolaus[-Kirche].“ Demnach diente als Vorbild für diese Ikone eine Ikone in einer unbekannten Nikolaus-Kirche. Die Wahl der Vita-Szenen ist unüblich, auch die Thematisierung Lots und die Beischrift „Anna“ (= Hanna) im Nimbus der Sara in der ersten Szene.

Der ausgezeichnete Miniaturmalstil und die schöne Farbigkeit der Ikone, verbunden mit der reichen Verwendung von Blatt- und Pudergold für die eleganten Faltenwürfe der Gewänder weisen auf einen sehr guten Maler des ausgehenden 19. Jahrhunderts hin, der mit seiner Farbigkeit älteren stilistischen Konventionen folgt. Der Stil ist sehr traditionell und folgt Vorbildern des 17. Jahrhunderts, was für die Ikonenmaler in den Malerdörfern bei Vladimir charakteristisch ist.

(Nach einer Expertise von Ivan Bentchev)

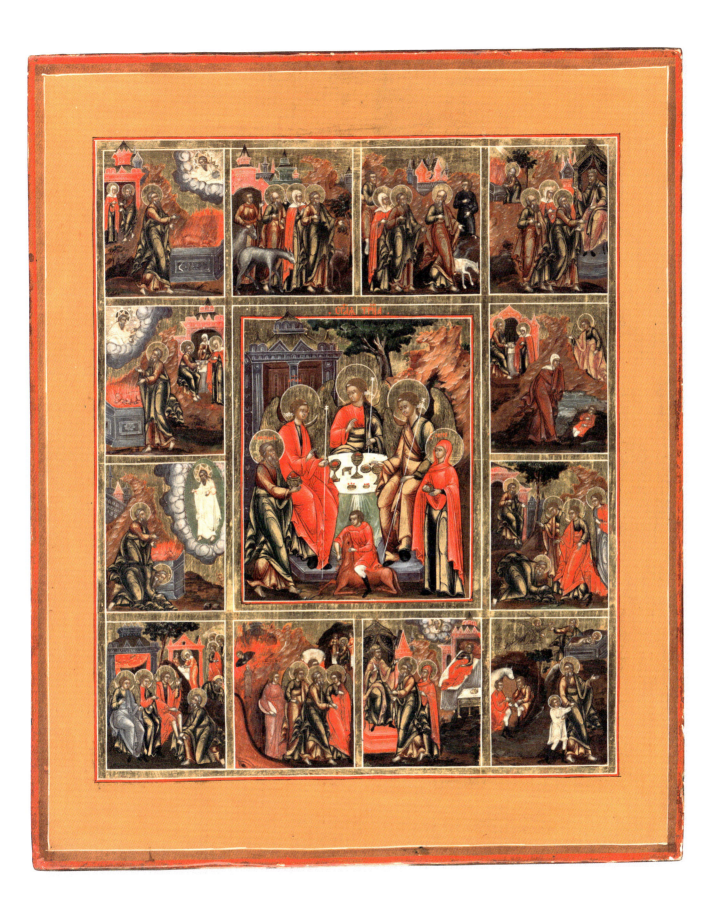

Bruders des Herrn, / unter der frommen Herrschaft / des Zartums des Gebieters, des Zaren und Großfürsten Aleksij Michajlovič / Selbstherrschers von ganz Russland, zur Ehre und zum Ruhm des Allherrschers / Gott und aller Heiligen, die [Gott] wohlgefielen von / Anfang. Amen."

Auf dem unteren Rand ist eine weitere Inschrift zu lesen: „Dein Glaube hat dich gerettet, gehe hin in Frieden" (vgl. Mk 5,34; Lk 8,48).

Der relativ selten dargestellte Typus des stehenden Christus mit nach unten ausgestreckter Segenshand wird „Erlöser von Smolensk" genannt und ist z. B. auf der bedeutenden Ikone in der Kirche des Propheten Elija in Jaroslavl' zu sehen, die in die Zeit um 1660 datiert werden kann (Felmy 2004, Abb. 23 auf S. 32).

Das angegebene Datum entspricht dem Jahr 1654 nach Christi Geburt. In jenem Jahr nahm Zar Aleksij am 23. September während des Polnisch-Russischen Krieges die Stadt Smolensk nach einer viermonatigen Belagerung ein. Dass das Gnadenbild, das diese um 1900 entstandene Ikone kopiert, genau einen Monat später gemalt wurde, dürfte kein Zufall sein (Hinweis von Ivan Bentchev).

42 Christus von Smolensk

Russland, um 1900
Eitempera auf Holz, 30,5 x 26,5 cm
Privatbesitz

Christus steht fontal vor einem vergoldeten und mit Ornamenten geschmückten Hintergrund. Er hält die rechte Hand gesenkt und trägt in der linken ein aufgeschlagenes Evangelienbuch. Sein Oberkörper ist durch einen großen goldenen Kragen mit gemalten Perlen und Edelsteinen verdeckt, die Außenkonturen der Figur werden durch gemalte Perlen vom Goldgrund abgesetzt. Da auch das rote Untergewand und das blaue Obergewand großflächig durch Goldhöhungen geschmückt sind, bestimmt die goldene Farbe die gesamte Ikone. Einen kräftigen Kontrast bilden nur die weißen Medaillons mit dem Kürzel für „Jesus Christus", das Evangelienbuch in der Hand Christi, ein vierpassförmiges Ornament und eine Schriftkartusche zu Füßen Christi sowie zwei größere Schriftfelder zuseiten seiner Füße, die eine ausführliche Inschrift besitzen. Diese springt jeweils von einem Medaillon zum anderen über und lautet: „Begonnen ward / gemalt zu werden diese Ikone, das Bildnis unseres / Jesus Christus in der gottgegründeten Stadt Vologda im Jahre 1763 / im Monat Oktober am 23. Tag, am Gedächtnis des heiligen Apostels Jakobus, des

43 Christus segnet die Kinder

Russland, 1901/02
Eitempera/Öl auf Holz, 35,5 x 31 cm
Privatsammlung

Die Ikone ist auf dem unteren Rand mit dem kirchenslawischen Titulus „Segnung der Kinder" bezeichnet. Christus sitzt in der Mitte vor einem Baum, der den Baum des Lebens symbolisiert, der aus Christus hervorgeht. Er breitet seine Hände nach beiden Seiten aus und segnet die um ihn versammelten Kinder. Die Kinder im Vordergrund knien vor ihm, ein Kind schmiegt seinen Kopf an seinen Schoß. Auf der linken Seite steht eine Mutter mit einem kleinen Kind auf dem Arm. Auf der rechten Seite stehen zwei Jünger, die ihre Hände gestikulierend erhoben haben und als „Apostel des Herrn" bezeichnet sind. Zwei weitere sind nur durch ihre Heiligenscheine angedeutet. Auf beiden Seiten erheben sich hellblaue Berge, und links sind einige orientalisch anmutende Gebäude zu sehen.

Dieses in der evangelischen Bildkunst (Lucas Cranach und Werkstatt) beliebte, aber in der Ikonenmalerei äußerst selten dargestellte Sujet ist die bildliche Umsetzung der von den Evangelisten geschilderten Szene: „Da wurden die

Kinder zu ihm gebracht, dass er die Hände auf sie legte und betete. Die Jünger aber fuhren sie an. Aber Jesus sprach zu ihm: Lasset die Kinder zu mir kommen und wehret ihnen nicht; denn solcher ist das Himmelreich. Und er legte die Hände auf sie und zog von dannen" (Mt 19,13–15; siehe auch Mk 10,13–16; Lk 18,15–17).

Auf der Rückseite befinden sich verschiedene handschriftliche Angaben: (Gabe an die) „Vozmosalminsker Kirchengemeindeschule" (die Gemeinde Vozmosalmi befindet sich im Gouvernement Olonec am See Voze etwa 130 km nordwestlich von Vologda).

Ein zweiter, sehr verwischter Text enthält die Angaben „I. I. Krylov 1901 17. Dezember", und darüber steht: „Vom Kurator der Schule, dem Kaufmann von Povenec (Kreisstadt im Gouvernement Olonec), Ivan Ivanovič Krylov, 21. Januar 1902" und „Der Vorsitzende der Sektion, Protoierej (Pfarrer) I. Ščegolev".

Literatur:
Frankfurt 2005, Kat. Nr. 14, S. 195

44 Das Wort ward Fleisch

Russland, Mitte bis 2. Hälfte 18. Jahrhundert
Eitempera auf Holz, 43 x 36 cm
Privatsammlung

Die Ikone ist mit dem goldenen Titulus „Das Wort ward Fleisch" bezeichnet und illustriert somit einen Vers aus dem Johannesevangelium: „Und das Wort ward Fleisch und wohnte unter uns, und wir sahen seine Herrlichkeit, eine Herrlichkeit als des eingeborenen Sohnes vom Vater, voller Gnade und Wahrheit" (Jh 1, 14).

Diese Darstellung ist auf Ikonen extrem selten. Im Zentrum steht der jugendliche, nur mit einem Lendenschurz bekleidete Christus in einer Strahlenmandorla. Er scheint aus ihr hervorzutreten und sich der Menschheit zu präsentieren, so wie es in dem Vers zum Ausdruck kommt: „... und wir sahen seine Herrlichkeit ..." Christus ist auf beiden Seiten von je drei adorierenden Engeln sowie von Cherubim und Seraphim unter seinen Füßen umgeben. Am oberen Bildrand ist Gottvater in weißem Gewand und mit beiden Händen segnend als „Alter der Tage" dargestellt. Auf einem von ihm ausgehenden Lichtstrahl fliegt die Taube des Heiligen Geistes auf Christus hinab.

Die Ikone geht sowohl stilistisch als auch thematisch auf abendländische, barocke Vorbilder zurück. Dies bezeugen die sehr bewegt dargestellten Gewänder mit ihren Faltenkaskaden, die Wolken und kleinen Engel, mit denen der Hintergrund übersät ist, und auch der ornamentierte Rand in der Art des barocken Bandelwerks. Dieses Stilelement, das in der Zeit zwischen 1710 und 1740 als ein für die Régence charakteristischer Zierat zu finden ist, kommt in Russland hauptsächlich in der zweiten Hälfte des 18. Jahrhunderts vor.

(Nach einer Expertise von Rosemarie und Kurt Eberhard)

45 Der Gekreuzigte Seraph

Russland, um 1800
Eitempera auf Holz, 31,8 x 26,5 cm
Privatsammlung

Die äußerst seltene Darstellung des gekreuzigten Seraph ist von einem breiten, rautenförmigen Band aus Engeln eingerahmt, das unten vom Berg Golgatha ausgeht und oben in einem Strahlenkranz mit der Taube des Heiligen Geistes endet.

In der Mitte der Ikone steht Gottvater, dessen achtzackiger, aus zwei übereinandergelegten Quadraten roter und blaugrüner Farbe gebildeter Heiligenschein Himmel und

Erde symbolisiert. Seine rechte, weiße Hand hat er erhoben, in seiner linken, schwarzen Hand hält er ein Schwert. Vor seiner Brust sitzt Christus in Kriegerrüstung mit einem Gewehr (einem Vorderlader, an dessen Mündung eine kleine Rauchwolke zu sehen ist!) auf dem kleinen Querbalken des Kreuzes, das auf dem Berg Golgatha steht. Unterhalb von Christus ist der an den Händen und Füßen ans Kreuz genagelte weiße Seraph dargestellt, umgeben von den Symbolen der vier Evangelisten an den Kreuzbalken. Neben dem Kreuzesstamm stehen der Speer und der Stab mit dem Essigschwamm, und in einer Höhle darunter ruht der Schädel Adams.

Der ockerfarbene Rand ist über und über mit Inschriften bedeckt, die Fragen und Erklärungen zu dieser Darstellung wiedergeben.

Oben:
„Frage: Was stellt jene Hand des Herrn dar, die in die Höhe gereckt und mit Licht erfüllt ist?

Erklärung: Das ist im 2. Gesetz (Dtn 32,40) geschrieben; ich bewege den Himmel mit meiner Hand und schwöre mit meiner Rechten. Ich lebe in Ewigkeit.

Frage: In der Linken hält er ein Schwert.

Erklärung: Darüber schreibt das 2. Gesetz: Ich werde wie mit einem Blitz schärfen mein Schwert. Meine Hand wird das Recht nehmen und den dämonischen Feinden Rache geben. Im Bild Davids: Er war anfangs König und sein Königreich ist nicht mehr (vgl. Dtn 32,41)."

Links:
„Frage: Was ist der ganz weiße, mit Augen bedeckte Seraph in der Mitte des Kreuzes?

Erklärung: Das ist seine heilige, weiße Seele, weil er keine Sünde begangen hat und kein Falsch in seinen Lippen gefunden wurde (vgl. 1 Petr 2,22 bzw. Jes 53,9).

Frage: Auf beiden Seiten sind purpurne Cherubim.

Erklärung: Das ist das Wort ,Verstand'."

Die linke helle untere Ecke, die mit Pflanzen und Blumen gefüllt ist, ist mit „Paradies" bezeichnet; ihre Entsprechung ist rechts die rote Ecke mit Feuerflammen für „Qual" (Leiden). Die goldenen oberen Ecken bedeuten die himmlische Sphäre.

Rechts:
„Frage: Was bedeutet an der linken Hand der eiserne Handschuh?

Erklärung: Das ist: Sein heftiger Zorn wird am Gerichtstag nicht weichen werden, wie das Eisen nicht weich wird.

Frage: Was sind die ausgestreckten Hände und die ausgedehnten Füße des Seraphen auf dem Kreuz?

Erklärung: Weil Christus im Fleische litt und seine Gottheit ohne Leiden war."

Unten:
„Frage: Was ist unter dem Kreuz das Haupt Adams?

Erklärung: Jener schreibt im Synaxar: Als der ersterschaffene Adam gestorben war, wurde er in Eden begraben. Und als die allgemeine (Sint-)Flut kam, wurde das Haupt Adams wie durch ein gewisses Wunder oder durch Engelskraft vom Flutwasser getragen. Und König Salomon fand es und verehrte es als Schöpfer und begrub es ehrenvoll auf einem hohen Berg, der Golgatha heißt, was die Schädelstätte ist."

Alle Einzelheiten der Ikone weisen auf eine Entstehung im strengen Milieu der priesterlosen Altgläubigen hin, hauptsächlich das Frage- und Antwortspiel auf dem Rand. Auch der Hinweis auf das Paradies und die Qualen der Hölle gehen in dieselbe Richtung.

(Übersetzung der Inschriften: Jürgen Plähn, Berlin; nach einer Expertise von Rosemarie und Kurt Eberhard)

46 Das alles sehende Auge Gottes

Zentralrussland (Palech?), um 1800
Eitempera auf Holz, vergoldeter Silberrahmen von 1857,
27 x 22,5 cm
Privatbesitz

I konen mit dem Thema des „Alles sehenden Auges Gottes" wurden relativ selten dargestellt. Die Ikonographie ist erst seit dem Anfang des 18. Jahrhunderts (Ikone aus dem Kirill Novozerskij-Kloster bei Vologda) nachweisbar, welche die Berufungsvisionen der Propheten Jesaja und Ezechiel (Jes 6; Ez 1) mit dem „Auge Gottes" kombiniert (Rybakov 1995, Kat. Nr. 46). Sie weist damit auf weit ältere

Darstellungen zurück, wobei sich der Traditionsbogen von dem Mosaik mit der Ezechielsvision in Hosios David in Thessaloniki aus dem 5. Jahrhundert über die doppelseitige Ikone des 14. Jahrhunderts in der Nationalgalerie in Sofia zu einer nordrussischen Ikone vom Solovki-Kloster aus der 2. Hälfte des 16. Jahrhunderts spannt, die heute in den Museen des Moskauer Kreml' aufbewahrt wird (Vatikan 1999, Kat. Nr. 113, S. 338).

In den Ecken der Ikone sind die vier Evangelisten dargestellt, wobei nur Matthäus sein Attribut, der Engel, beigegeben wurde. Oben in der Mitte thront in einem Himmelssegment Gottvater als „Alter der Tage" auf einem Regenbogen über einem roten Seraphen. Im Zentrum der Ikone wird in einer kleinen Rundaureole Christus Emmanuel gezeigt, darüber die Muttergottes in der Haltung einer Orantin. Christus Emmanuel ist umgeben von einem roten Kreis, in dem vier Augen, eine Nase und ein Mund zu erkennen sind. Vier Strahlen gehen von ihm aus mit den Worten: „Meine Augen ruhen auf den Gläubigen der Erde" (rechts oben), „Die Augen des Herrn sehen immerdar" (Ps 100,6 LXX; rechts unten), „Auf die gläubigen Menschen" (links unten), „Zu siegen mit dir!" (links oben). Das rote Kreisfeld ist von einem Schriftband umgeben, das Passagen aus dem Lobpreis an die Muttergottes und dem Hymnus der Chrysostomos-Liturgie zitiert: „Hochpreise meine Seele den Herrn, und es freue sich mein Geist über Gott, meinen Heiland. Ehrwürdiger als die Cherubim und in Wahrheit ruhmreicher als die Seraphim!" Der äußere blaue Kreis ist mit sechsflügeligen Seraphim und Sternen besetzt. Das umlaufende Schriftband lautet: „Der Geist Gottes, des Herrn, ruht auf mir, denn der Herr hat mich gesalbt (Jes 61,1). Und in Freude freuet euch. Und siehe, dieser Jesaja sagt: Herr Sabaoth, es freue sich Ägypten, aus dessen Land er mit mir kam."

Um die Komposition schweben auf dem Goldgrund der Ikone vier ebenfalls goldene Engel mit den Beischriften: „Das vor Äonen verborgene und den Engeln nicht kundgemachte Mysterium ist durch dich, Gottesgebärerin, den Irdischen offenbar geworden: Gott!" Die beiden unteren Engel weisen auf eine runde Kartusche am unteren Bildrand, die von den Leidenswerkzeugen bekrönt ist. In ihr stehen die Worte: „Gott ist ja unser König, der vor den Äonen ist und geschaffen hat das Heil inmitten der Erden!"

Die fein und detailreich ausgeführte Malerei lässt vermuten, dass die Ikone im Vladimir-Suzdaler Gebiet, wahrscheinlich in Palech, gefertigt wurde.

Der vergoldete Silberrahmen wurde später hinzugefügt. Er besitzt folgende Silbermarken: Silberstempel 84, Stadtmarke von St. Petersburg, Meister V. Matvej (Hoflieferant) und Beschaumeister Eduard Brandenburg 1857 (nachgewiesen von 1850 bis 1866).

Literatur:
Frankfurt 2007, Kat. Nr. 26; Schweinfurt 2008, S. 80, Abb. S. 181

47 Das alles sehende Auge Gottes

Russland, um 1900
Eitempera auf Holz, 26,8 x 22,4 cm
Privatbesitz Dortmund

Die Ikone ist streng geometrisch aufgebaut und besteht aus vier konzentrischen Kreisen, denen in den Diagonalen sowie oben weitere Rundmedaillons zugeordnet sind. Um alle Kreise legen sich ringförmig kirchenslawische Inschriften auf weißem Grund. Ganz im Zentrum ist vor einem hellgrünen Hintergrund Christus Emmanuel in einem goldenen Gewand zu sehen, der mit beiden Händen segnet. Er ist umgeben von einem weißen Ring mit der Inschrift: „Meine Augen (suchen) die Treuen im Land; sie sollen bei mir wohnen" (Ps 100,6 LXX).

Von dem zentralen Medaillon gehen vier orangefarbene Spitzen in diagonaler Richtung aus und weisen auf die Medaillons in den Bildecken mit Evangelistensymbolen. Hinter dem Medaillon mit der Emmanueldarstellung liegt eine rötliche, an eine Sonne erinnernde Scheibe, auf der unten eine Nasenspitze und ein Mund, oben zwei Augen und rechts und links jeweils ein weiteres Auge zu sehen sind. Die Scheibe ist mit einem Schriftband umgeben, das folgenden Text trägt: „Meine Seele preist die Größe des Herrn, und mein Geist jubelt über Gott, meinen Retter" (Lk 1,46).

Dieser Text bezieht sich auf die in halber Figur dargestellte Muttergottes mit betend erhobenen Armen, die am Scheitelpunkt der nächsten Scheibe wiedergegeben ist. Den äußeren Rahmen dieses mit einem Sternenmuster auf dunkelblauem Grund geschmückten Kreises bildet folgender Text, welcher den Irmos des 2. Tons der 5. Ode des Freitagskanons zu Ehren des Ehrwürdigen und Leben spendenden Kreuzes des Oktoechos zitiert: „Die Sonne erschien aus dem jungfräulichen Schoß. Die Kohle des Jesaja erleuchtet in der Dunkelheit die Verirrten mit Deiner Gotteserkenntnis."

Der nächste Kreis nimmt die gesamte Breite des Bildfeldes ein. In ihn sind in den Diagonalen, also gegen die Bildecken der Ikone hin, vier rötliche Medaillons eingeschoben sowie – die beiden oberen überschneidend – ein grünliches. Auf den sichtbaren Flächen der großen Scheibe sind drei goldene Cherubim auf hellgrünem Grund gemalt, einer unten und je einer links und rechts. Die diese Kreissegmente begleitenden Inschriften lauten:

Rechts: „Der Seraph preist Gott."
Links: „Der Cherub preist Gott im Himmel."
Unten: „Sein Himmelreich sei gepriesen."

Das oben in der Mitte gelegene, in seinem unteren Drittel von dem dunkelblauen Ring überschnittene, hellgrüne Kreissegment besteht aus zwei konzentrischen Ringen, die jeweils von einem weißen Schriftband begrenzt werden. Im mittleren ist Gottvater wiedergegeben, der beide Hände segnend ausgebreitet hat. Er ist in einen rosafarbenen Chiton und ein hellgrünes Himation gekleidet. In seinen Nimbus ist ein achtzackiger Stern eingeschrieben, bei dem eine blaue Raute über einer rosafarbenen liegt. Er ist von einem Ring mit drei ebenfalls grünen Seraphim oder Cherubim umgeben.

Der Text des inneren Ringes lautet: „Gott wurde ohne Samen geboren aus Deinem Geist", der des äußeren: „Heilig, heilig, heilig ist der Herr. Von seiner Herrlichkeit ist die ganze Erde erfüllt" (Jes 6,3). Schließlich sind in den Kreis-

segmenten in den Bildecken, die im gleichen roten Farbton gehalten sind wie das zentrale Feld mit den vier Augen,
die Symbole der Evangelisten dargestellt. Die nach Irenäus
zugeordneten Symbole sind Ton in Ton in ganzer Figur auf
dem mit Gestirnen übersäten Hintergrund dargestellt, mit
goldenen Nimben, chrysographierten Flügeln und einem
ebenfalls mit feinen Goldschraffuren verzierten Evangelienbuch.

Rechts oben ist der Adler für Markus mit dem rah-
menden Textband zu sehen: „Markus ist als Adler beschrieben, weil er die Himmelfahrt erläutert hat." Rechts unten
ist der Stier des Lukas wiedergegeben, mit folgendem Text:
„Lukas ist als Stier beschrieben, weil er die Welt erläutert
hat." Links unten steht der Löwe für Johannes und ist von
folgendem Text umgeben: „Johannes ist als Löwe beschrieben, weil er die Grablegung erläutert hat." Links oben
schließlich ist der Engel des Matthäus zu sehen und folgendermaßen beschriftet: „Matthäus ist als Engel beschrieben,
weil er den Herrn erläutert hat."

Der Rand und der Hintergrund der Ikone sind vergoldet. Während der Hintergrund ein mit einem kleinen
Stempel hergestelltes, schuppenartiges Muster aufweist, ist
der Rand mit feinen Ranken verziert, deren Blätter in Rosa,
Türkis, Grün und Schwarz gefärbt sind. Diese Ranke bildet
sowohl in ihrem Kolorit als auch in ihren vegetabilen Formen einen Kontrast zu den geometrischen Figuren auf dem
Innenfeld der Ikone. Oben in der Mitte des Rahmens ist ein
kleines Feld ausgespart, das den Titel der Ikone trägt: „Das
alles sehende Auge (Gottes)." Sowohl die Kante zwischen
Bildfeld und Rand der Ikone als auch die Außenseite des
Randes sind mit einer aus kleinen weißen Tupfen bestehenden Bordüre geschmückt, die Perlen nachahmen. Ganz
außen schließt die Ikone mit einer hell- und einer mittel-
blauen Linie ab.

Die vier Augen und die vier Strahlen bedeuten die vier
Seiten der Welt, die von der Sonne beleuchtet werden. Denn
wie die Sonne alles sieht und beleuchtet, so erleuchtet auch
Christus mit dem Licht des von ihm verkündeten Evangeliums die ganze Welt und sieht alles. Neben dem auf der
Ikone zitierten Psalm 100,6 sind es noch weitere Bibelstellen,
in denen von den (stets sieben) Augen Gottes gesprochen wird: Ps 11 (12),4: „Seine Augen schauen herab, seine
Blicke prüfen die Menschen"; Sach 3,10: „Das sind die sieben Augen des Herrn, die über die ganze Erde schweifen",
oder Offb 5,6, wo vom Lamm gesagt wird, dass es sieben
Hörner und sieben Augen habe, „die Augen sind die sieben
Geister Gottes, die über die ganze Erde ausgesandt sind".
Der Malstil, die Pastelltöne und insbesondere die Gestaltung des Hintergrundes und des Randes sind charakteris-

tisch für den Malstil am Ende des 19. oder zu Beginn des
20. Jahrhunderts.

Literatur:
Felmy 2004, Abb. 18 auf S. 159 (zum Thema S. 156–158);
Felmy 2007, Abb. 17 auf S. 157 (zum Thema S. 155–158)

48 Das Glaubensbekenntnis

Russland, 2. Hälfte 19. Jahrhundert
Eitempera auf Holz, 53 x 45,5 cm
Privatsammlung

Auf der Ikone ist das Glaubensbekenntnis von Nikaia-
Konstantinopel in fünf Bildreihen mit einer betonten
Mittelachse bildlich umgesetzt, wobei jeder Szene der
entsprechende Teil des kirchenslawischen Textes des Glaubensbekenntnisses auf dem Rand oder im Bildfeld zugeordnet ist.

1. Reihe:
Links oben:
Gottvater sitzt in einer Aureole segnend auf einem Cherubimthron, umgeben von „Engeln des Herrn", die in
weiteren Sphären dargestellt sind. In den roten Dreiecken
sind die Evangelistensymbole für Matthäus (Engel) und
Markus (Adler) gemalt. Darunter ist das Paradies mit der
Erschaffung Adams und Evas und dem Sündenfall (Schlange) dargestellt – „Ich glaube an den einen Gott, den Vater,
den Allmächtigen, der alles geschaffen hat, Himmel und
Erde, die sichtbare und unsichtbare Welt."

Mitte:
Gottvater sitzt in einer Aureole mit Christus auf seinem
Schoß. Beide haben ihre Hände segnend ausgebreitet. In
dem blauen Sternenkranz, der Gottvater umfängt, sind
Erzengel und Engel des Herrn dargestellt. In den vier roten
Zacken, die in alle Himmelsrichtungen zeigen, sind die vier
Evangelistensymbole aufgemalt. Die untere Zone zeigt das
erste Konzil von Nikaia mit dem verurteilten Arius. – „Und
an den einen Herrn Jesus Christus, Gottes eingeborenen
Sohn, aus dem Vater geboren vor aller Zeit: Licht vom
Licht."

Oben rechts:

Diese Darstellung ist die Fortsetzung der linken Seite, denn hier sind die anderen zwei Evangelistensymbole mit dem Löwen für Johannes und dem Stier für Lukas dargestellt.

Im unteren Teil des Bildes sieht man die Vertreibung aus dem Paradies – „Wahrer Gott vom wahren Gott, gezeugt, nicht geschaffen, eines Wesens mit dem Vater; durch ihn ist alles geschaffen".

2. Reihe:

Links außen:

Verkündigung des Erzengels Gabriel an Maria – „Für uns Menschen und zu unserm Heil ist Er vom Himmel gekommen, hat Fleisch angenommen durch den Heiligen Geist".

Daneben:

Geburt Christi mit der Anbetung der Weisen – „Von der Jungfrau Maria und ist Mensch geworden".

rechts der Mitte:

Kreuzigung Christi – „Er wurde für uns gekreuzigt".

Mitte:

Christus vor Pilatus und Geißelung – „Unter Pontius Pilatus".

Rechts außen:

Kreuzabnahme und Grablegung Christi – „Hat gelitten und ist begraben worden".

3. Reihe:

Links außen:

Hadesfahrt Christi – „Ist am dritten Tage auferstanden nach der Schrift".

Daneben:

Himmelfahrt Christi – hier fehlt der dazugehörige Text. Er wurde wahrscheinlich vergessen und müsste lauten: „Und aufgefahren in den Himmel."

Mitte:

Neutestamentliche Dreifaltigkeit – „Er sitzt zur Rechten des Vaters".

Rechte Seite:

Eine abgekürzte Darstellung des Jüngsten Gerichts mit einer Deesis, dem Apostelkollegium und Petrus vor der Paradiesestür; wartend stehen die, über die noch nicht entschieden ist.

„Und wird wiederkommen in Herrlichkeit, zu richten die Lebenden und die Toten; Seiner Herrschaft wird kein Ende sein".

4. Reihe:

Mitte:

Engel des Herrn umgeben die Dreifaltigkeit. Unten schweben zwei Cherubim und ein Seraph – „Ich glaube an den Heiligen Geist, der Herr ist und lebendig macht, der aus dem Vater hervorgeht, der mit dem Vater und dem Sohn angebetet ..."

Links:

Christus als Bischof zwischen der Muttergottes, Johannes und zwei Engeln oberhalb von Propheten, Patriarchen und den Opfern des Betlehemitischen Kindermordes. Rechts daneben die Übergabe der Liturgietexte an Heilige – „[und verherrlicht wird – dieser Text fehlt] der gesprochen hat durch die Propheten".

Rechts:

Ein Bischof steht in einer Kirche am Altar und zelebriert. Von beiden Seiten kommen die Apostel und Johannes der Täufer – „und die eine, heilige, allgemeine und apostolische Kirche".

5. Reihe:

Links:

Christus sitzt links vor einer Höhle. Drei Apostel kommen auf ihn zugeschritten, unter ihnen Petrus und Paulus – „Ich bekenne die eine Taufe". Daneben sieht man drei Jünglinge im Wasser, die für die Bußtaufe stehen. Rechts davon sitzt Christus und empfängt die Apostel Petrus (hinter Christus) und Paulus und die Heiligen Floros und Lauros – „zur Vergebung der Sünden".

Mitte:

Christus thront als Weltenrichter, Engel blasen zum Jüngsten Gericht, Auferstehung der Toten – „Ich erwarte die Auferstehung der Toten".

Rechts:

Das Paradies mit allen Gruppen von Heiligen und den Urvätern Abraham, Isaak und Jakob sowie dem guten Schächer – „und das Leben der kommenden Welt, Amen".

Auf den Rändern der Ikone sind folgende Heilige gemalt: links von oben der ehrw. Sabas von Jerusalem, die Märtyrerin Akylina und die Prophetin Anna, rechts von oben die Märtyrerinnen Theodosia und Bassa und die ehrw. Matrona. Auf der Rückseite sind handschriftlich mit Tinte das Thema

der Ikone „Glaubensbekenntnis" und die Namen der Rand-
heiligen, teilweise mit Monatsangabe, vermerkt: „Sabas
Dezember, Theodosia Oktober, Akylina 13. Juni, Bassa,
Anna Prophetin, Matrona März."

Ikonen mit der Darstellung des Glaubensbekenntnisses von Nikaia sind in Russland seit dem 16. Jahrhundert
bekannt, wenngleich sie in dieser ausführlichen Wiedergabe selten sind. Die in traditionellem Stil ausgeführte
Malerei besticht durch ihre feine Malweise und ist mit
Sicherheit eine altgläubige Arbeit. Dafür spricht neben dem
Malstil auch der verwendete Segensgestus, die achtendige
Form der Kreuze und der Text des Glaubensbekenntnisses,
der an einigen Stellen vom rechtgläubigen Text abweicht.

(Nach einer Expertise von Rosemarie und Kurt Eberhard
mit Ergänzungen von Angelika Büchse)

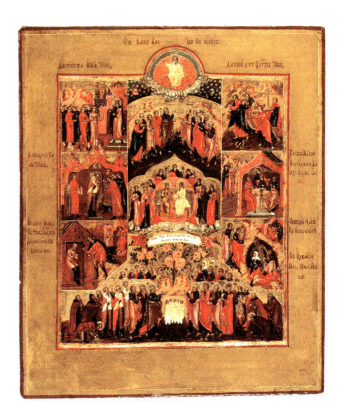

49 Vaterunser

Zentralrussland (Malerdörfer bei Vladimir), um 1800
Eitempera auf Holz, 31 x 26,5 cm
Privatbesitz

In der zweiten Hälfte des 16. und zu Anfang des 17. Jahrhunderts wurden in Russland zahlreiche neue Themen mit
liturgischen und mystisch-didaktischen Inhalten kreiert.
Vor allem bei den Altgläubigen erfreuten sich solche Themen mit ihren Hinweisen auf heilsgeschichtliche Zusam-
menhänge großer Beliebtheit, und nach 1700 entstanden
die meisten dieser überaus detailreich gemalten Ikonen in
ihren Werkstätten.

Obwohl das „Vaterunser" als das von Christus seinen Jüngern empfohlene Gebet das älteste und wichtigste
christliche Gebet (Mt 6,9–13; Lk 11,2–4) ist, fand es erst im
17. Jahrhundert unter dem Einfluss westlicher, vor allem
auch protestantischer Auffassungen Eingang in die russische Ikonen- und Monumentalmalerei. Seine szenen-
reiche Darstellung ist auf dieser Ikone in drei vertikale
und vier horizontale Bereiche unterteilt. Der zugehörige
kirchenslawische Text des „Vaterunser" ist auf die ockerfarbenen Ränder der Ikone geschrieben. Den einzelnen Sätzen
des Gebetes entsprechen folgende Bilder:

„Vater unser, der Du bist im Himmel" (obere Bildmitte):
Gott Sabaoth im Himmelssegment.

„Geheiligt werde Dein Name" (oben links): Das Gleichnis
der fünf klugen und fünf törichten Jungfrauen nach
Mt 25,1.

„Dein Reich komme" (oben rechts): Die Aufforderung zur
Kreuzesnachfolge.

„Dein Wille geschehe" (Mitte links): Die Eucharistiefeier.

„Wie im Himmel, so auf Erden" und „Unser täglich Brot gib
uns heute" (Mitte rechts): Links weisen zwei Personen zum
Himmel, während drei Männer, die den drei Lebensaltern
zugeordnet sind, mit einem Engel in einem Haus ein Mahl
einnehmen (geistiges und „irdisches" Brot).

„Und vergib uns unsere Schuld" und „Wie auch wir verge-
ben unseren Schuldigern" (unten links): Das Gleichnis vom
unbarmherzigen Knecht (Mt 18,23–35).

„Und führe uns nicht in Versuchung, sondern erlöse uns
von dem Bösen"(unten rechts): Zwei Männer werden hinten
rechts in einem Haus vom Teufel gepackt. Im Vordergrund
befreien zwei Engel einen Mann und eine Frau aus den
Klauen des Teufels.

„Denn Dein ist das Reich und die Kraft und die Herrlichkeit in Ewigkeit. Amen!" (Mitte unten): In den unteren Rei-

hen sind die Heiligen und die weiß gekleideten, unschuldig ermordeten Kinder von Bethlehem versammelt. Aus ihrer Mitte wächst ein Rosenstrauch empor, dessen Blüten als Symbol für die edle Frucht ihrer Gottestaten verstanden werden kann. Die Heiligen blicken auf zu Gottvater und Christus, die in der Bildmitte in einem Medaillon auf einem Thron sitzen, umgeben von der Muttergottes und Johannes dem Täufer sowie einer Engelsschar. Über ihnen stehen die zwölf Apostel und lobpreisen Gottvater, der über ihnen im Himmelssegment thront.

(Expertisen von Nikolaus Thon von 1992 und der Galerie Arete, Zürich, von 1992; Ergänzungen von Angelika Büchse)

Literatur:
Frankfurt 2007, Kat. Nr. 27; Schweinfurt 2008, S. 122, Abb. S. 123

50 Eingeborener Sohn, Wort Gottes

Zentralrussland, 18. Jahrhundert
Eitempera auf Holz, 26,3 x 31 cm
Privatbesitz

Die Ikone zeigt ein relativ seltenes Motiv, das zu jenen im 16./17. Jahrhundert entwickelten Bildtypen gehört, welche bekannte liturgische Hymnen zu illustrieren suchen. Hier wird ein in der eucharistischen Liturgie nach der 2. Antiphon gesungener Hymnus bildlich umgesetzt, der folgenden, auf dem oberen Bildrand der Ikone in voller Länge aufgeschriebenen Wortlaut hat: „Du einziggeborener Sohn und Wort Gottes, der du unsterblich bist und um unseres Heiles willen dich herabgelassen hast, Fleisch anzunehmen aus der heiligen Gottesgebärerin und Immerjungfrau Maria. Mensch geworden, ohne dich zu verändern, ans Kreuz geschlagen, Christus, Gott, den Tod durch den Tod hast du vernichtet. Du Einer aus der Heiligen Dreieinigkeit, gleichverherrlicht mit dem Vater und dem Heiligen Geiste, rette uns!"

Die Ikonographie war wegen ihrer eigenwilligen Motivwahl (z. B. des in Gestalt eines Kriegers in Rüstung auf dem Kreuz sitzenden „Siegers über den Tod" Christus) in Russland zu ihrer Entstehungszeit sehr umstritten, blieb dann aber – einerseits gerade auch wegen der Ablehnung durch die Staatskirche, andererseits wegen der Symbolfülle – eines

der beliebten Ikonenmotive der Altgläubigen, aus deren Kreis auch dieses Werk stammt.

In der Bildmitte oben ist Gottvater Sabaoth als der weiß gekleidete „Alte der Tage" nach der Vision des Propheten Ezechiel über den Wolken dargestellt und vor ihm in einem kleinen Kreissegment der Heilige Geist in Gestalt der Taube. Zusammen mit dem Logos, der in Gestalt des jugendlichen Christus Emmanuel in der Mitte der Gesamtikone abgebildet wird, haben wir hier also eine erste Darstellung der Göttlichen Dreifaltigkeit vor uns. Zwischen dem Herrn Sabaoth bzw. dem Heiligen Geist und dem Logos ist eine weitere Darstellung der Dreieinigkeit platziert, und zwar in der Gestalt des Besuchs der drei Engel beim Stammvater Abraham (vgl. Gen 18,1–22), der als eine erste Manifestation der drei trinitarischen Personen gedeutet worden ist.

In der mittleren Bildfolge darunter ist noch einmal Christus dargestellt, in einer Ikonographie, die sich nur in der russischen Malerei findet und ihren Namen von einem in der Karwoche gesungenen liturgischen Hymnus herleitet: „Weine nicht über mich, Mutter" (Irmos der 9. Ode zum Morgengottesdienst am Karsamstag).

Dieser zentralen Bildfolge sind zwei weitere auf den beiden Seiten der Tafel beigeordnet: Zur Rechten Gottvaters tragen zwei – ebenfalls auf Wolken schwebende – Engel die rote Scheibe der Sonne, ihnen gegenüber zwei weitere

Engel den dunkelgrünen Mond. Dahinter stehen oben zwei bzw. drei weitere Engel jeweils vor einem reich gestalteten Architekturelement, welches wohl das Himmlische Jerusalem symbolisieren soll. Der entsprechende Text auf dem Rand der Tafel lautet: „Von Sion ging Gott aus und erschien den Menschen!" Der Text auf der gegenüberliegenden Seite lautet: „Der Becher des Zornes des Herrn, der nie gepflanzte Wein erfüllte das Gepflanzte mit Mildherzigkeit!"

In der Mitte der Tafel ist auf der rechten Bildseite die Kreuzigung Christi vor den Mauern Jerusalems dargestellt. Der Randtext gibt hier noch einmal den entsprechenden Teil des Hymnus wieder. Gegenüber ist in einem grün-blauen, mit einem Wolkenrand und goldenen Sternen als Himmelsfirmament gekennzeichneten Kreis, der von zwei Engeln getragen wird, die Muttergottes als Orantin mit hocherhobenen Händen mit dem Christus Emmanuel in einem Kreis vor ihrem Schoß dargestellt, ein Bild des aus der Jungfrau Fleisch annehmenden Logos.

Die beiden letzten Szenen in den unteren Bildecken links und rechts zeigen das Wirken des Todes als des Bedrängers der Menschheit und den Sieg Christi, des strahlenden Kriegers, über den Tod am Kreuze. Beide Szenen sind ikonographisch in einigen Details fast parallel gearbeitet, einander gegenübergestellt und in schwarze Höhlen innerhalb von Bergmassiven gesetzt, um so anzudeuten, dass der Kampf um das Leben der Menschen im Hades, in der Unterwelt, erfolgt.

In der linken Ecke des Bildes reitet der apokalyptische Tod auf einem löwenähnlichen Untier über die niedergeworfenen Menschen hinweg, an denen andere wilde Tiere und Vögel fressen. Der nackte, mumienartige Tod trägt auf seinem Rücken einen goldenen Köcher mit Pfeilen, die er auf die Menschen zu ihrem Verderben senden kann. Der Randtext, der sich teilweise auf dem äußeren linken Rand der Tafel, teilweise auf ihrem unteren Rand befindet, lautet: „Alles wird vorübergehen, aber die Herrlichkeit Gottes vermag nicht zu vergehen!" „Ihr Vögel des Himmels und ihr wilden Tiere kommet zu verzehren die Leiber der Toten!" „Erde (bist du) und wieder zur Erde kehrst du zurück. Wenn erwecket Gott alle von den Toten, und vergilt einem Jeden nach (seinen) Taten!"

Gegenüber, also in der unteren rechten Ecke des Bildes, ist die schon mehrfach erwähnte Darstellung Christi als des Siegers auf dem Kreuze zu sehen: Darunter werfen Engel die Dämonen nieder und binden sie. Der erklärende Randtext lautet: „Zertreten hast du die Widersacher, ergriffen die Waffen wider die Feinde." Der Text am unteren Rande wird gleichsam den überwundenen Dämonen in den Mund gelegt: „O Freunde, meine Kraft ist hinweggenommen,

siehe Mariens Sohn hat uns verwundet im Herzen mit dem Holze!"

(Nach einer Expertise von Nikolaus Thon von 1992)

Literatur:
Frankfurt 2007, Kat. Nr. 25

51 Das Band der Liebe

Russland (Nevjansk), 2. Hälfte 19. Jahrhundert
Eitempera auf Holz, 31,2 x 27,3 cm
Privatsammlung

Die Ikone zeigt die sehr seltene Darstellung eines Apostel-Hymnus mit dem Titulus: „(Mit dem) Band der Liebe."

Die Raute im Zentrum der Ikone umschließt die Muttergottes mit einem Zepter in der rechten Hand. Die linke hat sie um das Christuskind gelegt, das neben ihr auf einem Altar steht. Mit seiner rechten, erhobenen Hand fasst Christus an die Krone auf dem Haupt seiner Mutter, in der linken hält er den Globus mit den Passionszeichen. In roter Schrift steht über ihnen: „Erblicke in Demut." Ebenfalls in Rautenform sind um sie herum die zwölf Apostel in Halbfigur und in diagonaler Richtung die Symbole der vier Evangelisten angeordnet. Sie werden alle kunstvoll von einem schmalen Band umschlungen, das mit dem Text des Hymnus „Durch das Band der Liebe verbunden, gaben die Apostel sich Christus hin, dem Herrscher über das All, und ließen die erhabenen Füße sich waschen, aller Welt den Frieden verkündend" beschriftet ist.

Durch die ausgeklügelte Umschlingung entstehen um die Apostel weitere kleine Rauten und an den vier Ecken Kreissegmente, in denen die Evangelistensymbole abgebildet sind. Der Hymnus beginnt unterhalb von Gottvater, der am oberen Bildrand über Wolken dargestellt ist. Die Apostel sind von oben beginnend im Uhrzeigersinn: Bartholomäus, Simon, Paulus, Philippus, Matthäus, Thaddäus, Jakobus (der Jüngere), Andreas, Judas, Thomas, Petrus, Jakobus (der Ältere). Die Evangelistensymbole sind nach Irenäus von Lyon († 202) zugeordnet: Matthäus (Mensch) oben links, Markus (Adler) oben rechts, Johannes (Löwe) unten links und Lukas (Stier) unten rechts.

In den Ecken der Ikone sind in großen kreisförmigen Medaillons weitere Heilige dargestellt, und zwar: links oben der Bischofsmärtyrer Antipas von Pergamon, unten links der Großmärtyrer Artemios, oben rechts Sisoes der Große und unten rechts die Märtyrerinnen Irene und Theodosia.

Die Malerei ist auf Silbergrund mit Goldfirnis ausgeführt. Die Gestalten innerhalb des verschlungenen Bandes heben sich von einem leuchtend türkisblauen Hintergrund ab. Eine – auch stilistisch – ähnliche Darstellung (mit Christus Pantokrator im Zentrum) ist auf einer Dreifelderikone aus Nevjansk zu finden (Rojzman 1997, Abb. 147 auf S. 174).

Literatur: Frankfurt 2005, Kat. Nr. 74, S. 229

52 „Lobet den Herrn" und die Himmelsleiter des Johannes Klimakos

Russland (Vetka), rückseitig dat. 1888
Eitempera auf Holz, 106 x 70,5 cm
Privatsammlung

Die Ikone zeigt die sehr seltene bildliche Umsetzung des Psalms 148, dessen Anfang als Titulus auf den oberen Rand geschrieben ist: „Lobet den Herrn im Himmel, lobet ihn in der Höhe!"

Die nur auf den ersten Blick etwas verwirrend erscheinende Komposition ist streng axial und in mehrere Reihen gegliedert. Der größere obere Teil ist der himmlischen Sphäre vorbehalten, der untere mit der in die linke untere Ecke eingefügten Darstellung der Himmelsleiter des Johannes Klimakos zeigt den irdischen Bereich.

Oben in der Mitte thront Gottvater in einer Aureole, umgeben von Seraphim und Cherubim. Der ihm zugeordnete Psalmvers über Gottvater lautet: „Lobet ihn in der Höhe." Mit einem leuchtend blauen, mit Sternen übersäten Bogen sind die „sieben Himmel" gemeint, unter denen Sonne und Mond gemalt sind und die Inschrift „Lobet ihn, Sonne und Mond". Das Blau in den oberen Ecken symbolisiert das Wasser: „Lobet ihn ihr Himmel allenthalben und die Wasser, die oben am Himmel sind!" Unterhalb von Gottvater ist eine zweite Aureole wiedergegeben, in deren äußerem Ring die Evangelistensymbole wiedergegeben sind. In der Aureole sieht man die Deesis mit Christus als Hohepriester, flankiert von der Muttergottes und Johannes dem Täufer. Über Christus stehen die ersten Worte des Psalms: „Lobet den Herrn im Himmel." Zwischen Gottvater und Christus sieht man die Taube des Heiligen Geistes, sodass in der vertikalen Achse die Neutestamentliche Dreifaltigkeit abgebildet ist. Zu beiden Seiten der Aureole sind in jeweils drei Gruppen die himmlischen Mächte dargestellt, die von einem Erzengel angeführt werden. Weiter außen folgen Gruppen von Heiligen, die sich zur Deesis-Darstellung im Zentrum wenden. Den drei Propheten Jesaja, Daniel und Naum links oben ist der Text zugeordnet: „Sein Lob geht, soweit Himmel und Erde ist", den Aposteln Andreas, Paulus und Petrus darunter: „Denn sein Name allein ist hoch", den sechs Bischöfen Theodosios, Paisios, Methodios (?), Athanasios, Blasios und Kyrillos: „Und er erhöht das Horn (= die Kraft) seines Volkes." In der untersten Gruppe sind einfache Menschen ohne namentliche Bezeichnung und die Herrscher Alexander, Leo, Helena und Konstantin mit der Textpassage „Ihr Könige auf Erden und alle Völker" gemalt.

Der Text „Alle seine Heiligen sollen loben die Kinder Israels" auf der rechten Seite oben ist den drei Vorvätern Abraham, Isaak und Jakob zugeordnet, während die Gruppe mit Fürsten und Bischöfen darunter Vladimir, Olga, Andrej Bogoljubskij, Sabbas und Basilios mit „Fürsten und alle Richter auf Erden" beschriftet ist. Schließlich folgt eine Gruppe von Märtyrern mit der Zeile „Jünglinge und Jungfrauen" sowie eine Gruppe von Menschen ohne Heiligenschein, die von vier Heiligen angeführt wird: „Alte mit den Jungen! Die sollen loben den Namen des Herrn."

Auf einem großen Schriftband unterhalb der Aureole mit der Deesis steht geschrieben: „Denn er gebot, da wurden sie geschaffen. Er hält sie immer und ewiglich; er ord-

net sie, dass sie nicht anders gehen dürfen." Direkt darunter fallen aus Wolken unterhalb von zwei Posaune blasenden Engeln Schnee, Hagel und Regen, und ein Schriftband erläutert: „Hagel, Schnee und Dampf, Sturmwinde, die sein Wort ausrichten." Im unteren, irdischen Bereich sind Bäume, Säugetiere, Schlangen und Vögel in einer Landschaft zu sehen. Sogar Bienen und Insekten sind auf zwei Bäumen angedeutet. In der Mitte ist ganz unten die alle anderen Figuren auf der Ikone durch ihre Größe überragende Gestalt des Erzengels Michael mit einer langen Lanze wiedergegeben. Er schwebt auf einer Wolke über dem Höllenfeuer und symbolisiert den Kampf gegen das Böse.

In der linken unteren Ecke ist eine Darstellung eingefügt, die mit dem Psalm nicht in direktem Zusammenhang steht und die Tiere und Figurengruppen des Hauptthemas überschneidet. Sie ist auf dem Rand darunter als „Darstellung des Johannes des Verfassers der Leiter" bezeichnet. Damit ist Johannes Klimakos (vor 579–um 649) gemeint, der als Abt des Katharinenklosters auf dem Berg Sinai ein für das Mönchtum fundamentales Werk verfasste, nämlich die sogenannte Klimax oder Himmelsleiter. Johannes beschreibt darin, wie die Mönche auf dreißig Stufen zur Vollkommenheit gelangen sollen. Auf der Ikone steht deshalb die Leiter im Mittelpunkt, auf die Johannes eine rechts vor einem Kirchengebäude stehende Gruppe von drei Mönchen hinweist. Der Text auf seiner Schriftrolle lautet: „Sehet Brüder diesen engen, schmalen Weg, der führt zum Paradies, der, welcher aber weit und breit ist, in die Hölle." Zwei Mönche steigen die Leiter hinan, wobei der obere, von einem Engel geleitet, bereits mit einem Nimbus ausgezeichnet ist und von Christus empfangen wird, während der andere noch gegen die Teufel kämpfen muss, die ihre Fallstricke ausbreiten und versuchen, ihn in das Feuer der Hölle zu ziehen, in das bereits zwei Mönche kopfüber gestürzt sind. Unten links im Höllenrachen sitzt Hades mit Judas auf seinem Schoß. Ganz oben erscheinen die Wohnungen der Seligen, die an gedeckten Tischen sitzen. Dieses aus Darstellungen des Jüngsten Gerichts bekannte Motiv ist auf Ikonen der „Himmelsleiter" ungewöhnlich.

Beide Darstellungen, jene des Psalms 148 und die „Himmelsleiter", sind in der Ikonenmalerei sehr selten zu finden. Die Kombination beider ist sicherlich einmalig und dürfte auf einen Wunsch der Gemeinde zurückgehen. Die sehr traditionell ausgeführte Malerei und die Themenauswahl deuten darauf hin, dass die Ikone für eine Gemeinde von priesterlosen Altgläubigen gemalt worden war, in deren Morgengottesdienst der 148. Psalm gesungen wurde und deren Gemeindemitglieder durch den Hinweis auf die Schrift des Johannes Klimakos zu einem tugendhaften

Leben angehalten werden sollten.
Die Ikone ist auf der Rückseite in das Jahr 1888 datiert.

Literatur:
Frankfurt 2005, Kat. Nr .116, S. 256–258; Schweinfurt 2008, S. 214, Abb. S. 215

53 Die Reine Seele

Russland, Mitte 19. Jahrhundert
Eitempera auf Holz, 33,8 x 27,2 cm
Privatbesitz Dortmund

Die „Reine Seele" ist ein nur in der russischen Ikonenmalerei seit dem 17. Jahrhundert vertretenes, sehr selten dargestelltes und recht komplexes Sujet, das auch auf volkstümlichen Holzschnitten (lubki) zu finden ist. Die Überschrift der Ikone auf dem oberen Rand lautet: „Ikone der reinen Jungfrau, die höher steht als die Sonne und den Mond unter den Füßen hat." Diese Worte erinnern an das apokalyptische Weib aus der Johannes-Offenbarung, welches das vielköpfige Ungeheuer besiegt hat: „Eine Frau, mit der Sonne bekleidet; der Mond war unter ihren Füßen …" (Apk 12,1).

Auf der ausschließlich in warmen Ocker-, Braun- und Rottönen gemalten Ikone steht in einer felsigen Landschaft auf der linken Seite eine als „reine Jungfrau" beschriftete und in kaiserliche Gewänder gekleidete Frau mit Krone und Heiligenschein auf einem Mond mit Menschengesicht. Sie hält in der rechten Hand einen Blumenstrauß und in der linken einen Kelch. Aus den Beischriften einiger anderer Ikonen erfahren wir, dass sie mit Tränen, die sie aus dem Kelch gießt, die Leiden der sündigen Seele löscht, die durch das Feuer unterhalb des Kelchs symbolisiert werden. In der nach rechts ansteigenden Felslandschaft kauert in der rechten unteren Ecke eine nackte Figur, welche die unreine Seele personifiziert, in einer Höhle, auf der ein roter Drache sitzt, über dem wiederum ein geflügelter dunkler Teufel schwebt. Vor der Höhle sitzt ein Löwe mit erhobenen Tatzen, den die reine Jungfrau an einer Leine hält. Diese Tiere, die an die in Psalm 90 (91),13 erwähnten Löwen und Drachen oder an den Teufel, der wie ein brüllender Löwe umhergeht (1 Petr 5,8), erinnern, sind Symbole der von der reinen Seele unterworfenen sündhaften Triebe. Die Mitte der Ikone nimmt eine rote Sonne ein. In einem großen Himmelssegment am oberen Bildrand ist zwischen

den geöffneten Himmelspforten der thronende Christus zwischen der reinen Jungfrau links und einem Engel des Herrn dargestellt.

Die Bedeutung der Darstellung wird auf einigen anderen Ikonen erklärt, die teilweise sehr ausführliche erläuternde Inschriften tragen wie eine Ikone aus dem Anfang des 17. Jahrhunderts im Kunsthistorischen Museum zu Wien (Inv. Nr. 233). Dort heißt es: „Die reine Seele als Jungfrau mit allen Blumen geschmückt, steht vor der Sonne, und der Mond liegt unter ihren Füßen. Aus ihrem Mund kommt flammenartig ein Gebet und geht bis zum Himmel und über den Himmel hinaus. Mit ihren Tränen löscht sie die Sünden der Welt, bändigt den Löwen, besänftigt den Drachen mit ihrer Güte. Der Teufel unterwirft sich ihr und kann die menschliche Güte nicht ertragen" (Wien 1981, Kat. Nr. 18). Auch die „sinodiki", in denen es um die Totenmessen geht, haben dieses Thema beeinflusst, denn „die Reine Seele ist der ideale Fürbitter für die Verstorbenen, denn Totenklage (Träne) und Totenmesse (Fürbitte; das Gebet aus ihrem Munde) werden bei ihr eines. Insofern ist die Reine Seele nicht nur das Symbol eines gerechten Menschen, sondern vielmehr auch die Identifikationsfigur des über einen Verstorbenen Trauernden" (Daiber 1997, S. 264).

Literatur zum Thema:
Daiber 1997, S. 256–264

54 Der Erzengel Gabriel

Russland (Moskau), Anfang 17. Jahrhundert
Eitempera auf Holz, 89,2 x 50,5 cm
Privatbesitz

Der in ein kaiserliches rotes Gewand mit einer dunkelgrünen Chlamys gekleidete Erzengel Gabriel in Halbfigur stammt aus der Deesis-Reihe einer Ikonostase. In der rechten Hand hält er eine transparente Sphaira mit dem zweiten Teil des Christusmonogramms, XC, und in der linken den Botenstab, dessen oberes Ende übermalt ist. Als sein Pendant wandte sich von links der Erzengel Michael der zentralen Dreiergruppe der Deesis zu, die aus Christus Pantokrator mit den fürbittenden Gestalten der Muttergottes und Johannes des Täufers besteht.

Literatur:
Recklinghausen 1979, Kat. Nr. 15

55 Der Schutzengel beschützt die menschliche Seele

Russland, Anfang 19. Jahrhundert
Tempera auf Holz, 35 x 30 cm
Privatbesitz

Der Titel der Ikone, am oberen Rand zu sehen, lautet: „Der Schutzengel beschützt die menschliche Seele." Dargestellt ist sein Beistand bei Tag und Nacht. Der Tag ist in der linken unteren Ecke als eine leuchtende Gestalt personifiziert, welche die Sonnenscheibe in der Hand hält und auf den „Thronen" steht, zwei geflügelten Rädern. Als Pendant ist rechts die Nacht als ein in Dunkelheit gehüllter schwarzer Dämon mit dem Mond in der Hand wiedergegeben, der auf einem Rad steht, das von Teufeln gedreht wird.

Zwischen Tag und Nacht wird die Vergänglichkeit des Lebens gemäß dem Memento-mori-Motiv des Einsiedlers Sisoes durch das Skelett im Grab symbolisiert: „Ich schaute in die Gräber und sah die kahlen Gebeine. Da sagte ich, wer ist nun König, wer Krieger? Wer reich, wer arm, wer gerecht, wer Sünder? Lasse Deinen Diener ruhen, Herr, mit den Gerechten ..." Der Text stammt aus der ostkirchlichen Totenfeier.

S. 109; Herzogenrath 1987, Kat. Nr. 33, Frankfurt 1988,
S. 128, Kat. Nr. 27; Brescia 1991, S. 156 und Tafel 47; Frankfurt 2007, Kat. Nr. 6; vgl. Bentchev 1999, Abb. S. 113

56 Muttergottes Hodegetria von Smolensk

Russland, 16. Jahrhundert mit Ergänzungen
aus dem 19. Jahrhundert
Eitempera auf Holz, 42 x 33 cm
Privatbesitz

Die Hodegetria von Smolensk in Weißrussland zählt
zu den vier berühmtesten wundertätigen Muttergottesikonen Russlands. Wie die russische Legende berichtet,
segnete der byzantininische Kaiser Konstantin IX. Mono-
machos vor dem Gnadenbild der Hodegetria in Konstantinopel im Jahre 1046 seine Tochter (in Wahrheit eine
Verwandte) Anna, als er sie mit dem Fürsten von Černigov
und späteren Großfürsten von Kiew Vsevolod II. Jaroslavič
vermählte. Die Ikone der Hodegetria, die Anna mit nach
Russland gebracht hatte, schenkte sie nach dem Tod ihres
Gatten ihrem Sohn Vladimir II. Vsevolodovič Monomach.
Als dieser 1097 Fürst von Smolensk wurde, überführte er
die Ikone in die 1101 bis 1103 erbaute Mariä-Entschlafen-

In der Mitte des oberen Bildfeldes ist in einem Kreis-
segment die Heilige Dreifaltigkeit in der neutestamentlichen Form dargestellt. Sie ist umgeben von den Taten der
Engel: Links tritt der in eine Rüstung gekleidete Engel des
Herrn den Teufel nieder und stößt mit dem Schwert zu.
Ihm gegenüber trägt der Schutzengel die Seelen verstor-
bener Einsiedler zur Heiligen Dreifaltigkeit empor. Die beiden Gestalten zu seinen Füßen mit den kleinen schwarzen
Dämonen sind Sünder in ihrer Todesstunde. Ihnen ist der
Text beigegeben: „Das Gefäß des Todes wird gefüllt mit den
sündigen Seelen." Im Mittelfeld links wacht ein Schutzengel über einen Mann, der in frommen Schriften liest. Rechts
beschützt er ihn im Schlaf vor dem Teufel.

Die Bezeichnungen der einzelnen Szenen wurden auf
die Bildränder geschrieben. Die Ikone ist als Bitte um
den Schutz der Boten Gottes gegen die Anfechtungen des
Lebens zu verstehen. Die Komposition teilt die Ikone in drei
Ränge: Der obere Rang zeigt die Auseinandersetzungen
der Engel zwischen Gut und Böse in der himmlischen
Welt vor dem goldenen Thron Gottes und der Dreifaltigkeit. Der mittlere Rang ist der Hilfe der Engel im täglichen
Leben frommer Menschen gewidmet, und der untere Rang
verweist auf den Lauf des Tages und damit des Lebens und
seine Vergänglichkeit.

Literatur:
Düren 1981, Kat. Nr. 41; Hoechst 1986, Kat. Nr. 183, Abb.

Kathedrale seiner Residenzstadt. Seither führt die russische Ikone der „Hodegetria" den Beinamen „Smolenskaja". Nachdem im Jahre 1239 durch ein Wunder der Ikone die Belagerung der Stadt durch die Tataren endete, wurde die „Smolenskaja" zum Gnadenbild, das bei feindlichen Angriffen mehrfach nach Moskau in Sicherheit gebracht wurde. Während der Besetzung der Stadt Smolensk durch die litauischen Truppen zu Beginn des 15. Jahrhunderts wurde die Ikone in die Moskauer Verkündigungskathedrale überführt, 1456 auf Bitten der Smolensker jedoch wieder zurückgegeben. An der Stelle, an der die Moskauer Abschied von der Ikone nahmen, wurde 1525 das Neujungfrauenkloster (Novodevičij monastyr') gegründet, dessen Kathedrale der Ikone der Smolenskaja geweiht ist. Der Moskauer Fürst Vasilij II. Vasil'evič Temnij und Metropolit Iona ließen für diesen Ort eine Kopie der Ikone „nach Maß und Ähnlichkeit" anfertigen, die sich seit 1927 in der Rüstkammer des Moskauer Kreml befindet.

Noch mehrmals „floh" die Ikone nach Moskau und anschließend nach Jaroslavl': beim polnischen Angriff 1609 ebenso wie bei dem der napoleonischen Truppen im Jahre 1812. Neben vielen anderen Wundern schrieb man ihrer Wirkung den Sieg über Napoleon bei der Schlacht von Borodino am 26. August 1812 zu, da am Vorabend die russischen Soldaten vor ihr gebetet hatten. Seit der Zerstörung von Smolensk durch die deutschen Truppen 1941 ist die Ikone verschollen.

Entsprechend der Verehrung, die die Smolenskaja aufgrund ihrer engen Beziehung zur russischen Geschichte und wegen der ihr zugeschriebenen Wunder genoss, gibt es eine unübersehbar große Zahl von Darstellungen, die das Original wiederholen. Besonders nach dem Bau der Kathedrale der Muttergottes von Smolensk im Novodevičij-Kloster 1525 nahm ihre Verbreitung stark zu.

Christus sitzt auf dem linken Arm seiner Mutter und wendet seinen Oberkörper frontal dem Betrachter zu, während die Beine leicht nach links weisen. Auch die Muttergottes schaut auf den Betrachter, hat jedoch ihr Haupt zu ihrem Kind gewandt, auf das sie mit ihrer Rechten zeigt. Christus hält in der linken Hand eine geschlossene Schriftrolle und segnet mit der rechten. Die Inschriften und Chrysographien sowie der braune Rand der Ikone wurden im 19. Jahrhundert ergänzt.

57 Muttergottes von Smolensk

Russland, 17. Jahrhundert
Eitempera auf Weichholz, 34 x 28,5 cm
Silberoklad, vergoldet, mit Niello (Ivan Michajlov,
Moskau 1733)
Privatsammlung

Für die typische nordrussische Hodegetria-Ikone des 17. Jahrhunderts ließ man etwa hundert Jahre später in Moskau einen sehr qualitätvollen Oklad anfertigen. Er wurde von Ivan Michajlov (geb. 1705) im Jahre 1733 geschaffen und von einem Beschaumeister mit den lateinischen Initialen A. S. geprüft.

Die Beischrift auf dem Oklad lautet: „Bild der Allheiligen Herrin, unserer Gottesgebärerin, der Hodegetria von Smolensk." Im gesondert aufgesetzten Nimbus der Muttergottes befindet sich eine Krone. Auf dem vergoldeten Silberoklad sind in Niello-Technik verschiedene Heilige in ovalen Medaillons wiedergegeben, wobei im bewegten Stil der Figuren und der Ornamentik barocke Einflüsse unverkennbar sind. In den Ecken sind die vier Evangelisten sowie seitlich und unten in der Mitte drei Namenspatrone der Familie zu sehen: der Erzengel Michael, Gregorios von Nazianz und die Märtyrerin Anisia von Thessaloniki.

Literatur:
Recklinghausen 2000, S. 44, Kat. Nr. 19; Frankfurt 2007,
Kat. Nr. 37

58 Muttergottes Smolenskaja-Sedmiezerskaja

Russland, um 1900
Tempera- und Ölmalerei auf Holz, 36,4 x 31,3 cm
Familie Milatz, Niederlande

Die ehemalige Prozessionsikone stellt im Mittelfeld die selten gemalte Muttergottes Smolenskaja-Sedmiezerskaja (von Smolensk und vom Kloster Semiezernaja pustyn') dar. Der Beiname Smolenskaja Semiezernaja (oder Sedmiezerskaja) hängt mit einer Kopie der alten Hodegetria von Smolensk zusammen, die 1615 als Familienikone des Mönchs Evfimij von Velikij Ustjug ins Semiezerskij-Kloster kam, das dieser an einem Ort mit sieben Seen (worauf der Name anspielt) unweit von Kazan' gründete (vgl. Bentchev 1985, Abb. 71). Dort hing das Gnadenbild in der Ikonostase der Smolenskaja-Kirche links von der Königstür und gehörte zu den außerordentlich hochverehrten Ikonen nicht nur in Kazan', sondern im ganzen Wolga-Gebiet. Ihr schrieb man die Errettung von Kazan' vor der Pest in den Jahren 1654, 1656 und 1771 zu. Seit 1658 fand eine alljährliche Prozession nach Kazan' am 25. Juni und zurück ins Kloster am 27. Juli statt.

Das markante Motiv für dieses Gnadenbild ist die erhobene rechte Hand der Muttergottes. In Russland ist diese Ikonographie erst um 1500 in Novgorod (Novgoroder Tabletka) und in der Dionisij-Werkstatt belegbar (Ikone aus der Ikonostase der Kirche der Geburt der Muttergottes des Ferapontov-Klosters, Dionisij und Werkstatt, 1502/03, heute im Russischen Museum St. Petersburg). Eine Ikone der Semiezernaja-Muttergottes, die von Istoma Savin am Ende des 16. Jahrhunderts gemalt wurde, zeigt eine Hodegetria-Darstellung mit zwei Engeln im Hintergrund, welche die Passionswerkzeuge Christi tragen. Diese und eine andere ähnliche Ikone der Stroganov-Schule von 1606 befinden sich in der Tret'jakov-Galerie in Moskau. Eine Ikone im Rublev-Museum, Moskau, aus dem Ende des 17. Jahrhunderts zeigt zwölf Szenen aus der Legende des Gnadenbildes (Moskau 1995, Kat. Nr. 23, Abb.). Eine weitere Ikone der Semiezerskaja aus dem Anfang des 18. Jahrhunderts befindet sich in der Ikonostase der Johannes-Klimakos-Kirche des Kirill-Belozerskij-Klosters in Vologda.

Die Darstellung im Mittelfeld folgt der überlieferten Ikonographie des Gnadenbildes: Die in halber Figur wiedergegebene Muttergottes wendet sich mit geneigtem Kopf leicht nach rechts, dem Christuskind zu, das auf der linken Seite ihres Schoßes sitzt. Es segnet mit der Rechten und hält in der Linken eine geschlossene weiße Schriftrolle. Maria hat ihre Rechte so erhoben, dass man die Innenfläche der Hand sieht. Die Malerei der sehr qualitätvollen Ikone zeigt eine schöne Farbigkeit und weiche Modellierung, ganz im Stil des ausgehenden 19. Jahrhunderts. Die Faltenwürfe des grünen Untergewandes, des braun-rötlichen Maphorions und der Kopfhaube sind mit äußerst feinen Chrysographien aus Pudergold gestaltet, die Säume und die Gewänder Christi sind mit leuchtenden blattgoldenen Chrysographien geschmückt. Die sehr schön modellierten Inkarnate, insbesondere die feinen und ausdrucksvollen Gesichter gehören zu den besten Werken der vorrevolutionären russischen Ikonenmalerei und sind mit Ikonen von Čirikov und Dikarev und mit Arbeiten der besten klösterlichen Werkstätten vergleichbar.

Der kirchenslawische Ikonentitulus befindet sich in einem gesonderten Feld links im Hintergrund und lautet „Smolenskija Sedmiozerskija Presv. Bdcy" (Bild der Gottesgebärerin Smolenskaja Sedmiozerskaja). Ebenso gesondert auf Gold sind die griechischen Monogramme Christi und der Muttergottes ausgeschrieben.

Sehr dekorativ gestaltet sind die Nimben, der Hintergrund und der geschwungene Rahmen mit verschiedenen punzierten und eingeritzten Ornamenten auf Blattgold. Die Nimben und der Rahmen sind farbig abgesetzt, womit ein goldener Beschlag (Oklad), ganz im Sinne des russischen Historismus, imitiert wird. Die Holztafel, die früher ohne Unterbrechung in einer ebenso verzierten kleineren Platte und einem Stab endete, ist dort heute abgesägt. Dies und das Fehlen von Querleisten zeigt, dass es sich um eine der seltenen Prozessionsikonen handelt.

(Ivan Bentchev)

Das übliche griechische Monogramm der Muttergottes ist links und rechts vom Nimbus Mariens eingraviert, während das im 17. Jahrhundert eingeführte offizielle russische Monogramm Christi links im Bild neben dem Nimbus des Jesuskindes zu erkennen ist. Zwei Cherubim-Paare befinden sich in den oberen Ecken, umrahmt von Rocaille-Ornamenten.

Die Köpfe und Hände der Muttergottes und des Kindes, der rechte Fuß des Kindes sowie die Köpfe der vier Cherubim sind sehr plastisch in Bein geschnitzt. Sie sind montiert in einer von Hand getriebenen und fein ziselierten Silberplatte, die in hohem Relief die Gestalten der Muttergottes und des Kindes wiedergibt. Der prächtige, ebenso in Treibarbeit geschaffene Rokoko-Rahmen der Silberplatte ist mit 45 eingefassten Edel- und Halbedelsteinen und Perlmutt geschmückt. Das Gewand der Muttergottes zieren 38 aufgesetzte Rosetten aus farbigem Email. Auch die gesondert gearbeiteten Silbernimben mit aufmontierten Silberkränzen sind mit kleinen gefassten Steinen und Farbemail verziert.

Die Silberplatte mit den Beinreliefs war ursprünglich in der Art der Ikonenbeschläge montiert. Wohl 1918 hat man die geknickten Ränder abgeschnitten und die Ikone in Deutschland mit vier profilierten, versilberten Holzleisten neu gerahmt. Auf der Innenseite der rückseitigen Holzplatte steht, nicht ganz leserlich, mit blauem Stift geschrieben: „Ruski kaputt / Anno ... / Made in Germania / Welt Kriegs / Jahr 1918 / Dro…. H. Ich / Vat[er?]…tod." Die Ikone ist wohl von einem deutschen Soldaten 1918 aus Russland mitgebracht worden.

(Nach einer Expertise von Ivan Bentchev)

59 Muttergottes mit dem Christuskind

Russland, letztes Drittel 18. Jahrhundert
Beinreliefs und Silbertreibarbeit, 32,4 x 28 cm;
Rahmen von 1918 (40,4 x 37,3 cm)
Privatbesitz

Die sehr ungewöhnliche russische Ikone stellt die Muttergottes vom Typus der Dexiokratousa (die das Kind auf dem rechten Arm trägt) dar, die in der linken Hand einen Globus hält und mit der rechten das Kind stützt. Nach westlichem Vorbild sind ihre Haare offen. Das Christuskind segnet mit der Rechten und hat seine Linke auf dem Globus liegen.

60 Die Muttergottes von Černigov

Russland (St. Petersburg), um 1800
Eitempera auf Holz, 44,5 x 39 cm
Privatsammlung T. M.

Im Zentrum der Ikone ist das Gnadenbild des Dreifaltigkeits-Elija-Klosters bei Černigov dargestellt. Die ursprüngliche Ikone wurde 1658 von dem Mönch Gennadij Dubenskij gemalt und wirkte bereits wenige Jahre danach etliche Wunder, von denen als Erster Metropolit Dmitrij von Rostov in seinem 1677 gedruckten Buch berichtete. Die Muttergottes ist in halber Figur mit dem auf ihrem linken Arm sitzenden Christuskind wiedergegeben. Beide

tragen aufwendig geschmückte Kronen. Christus segnet mit der rechten Hand und hält in der linken eine geschlossene Schriftrolle. Der Hintergrund des Zentralbildes und die breiten Ränder sind mit Rocaillen und mit Medaillons geschmückt, in denen symbolische und allegorische Szenen wiedergegeben sind. Außerdem sind zahlreiche ausführliche Inschriften auf rotem Grund in Kartuschen und auf Schriftbändern zu finden, welche den Zaren als Sieger über die Ungläubigen und die Muttergottes rühmen, die auf dem oberen Rand im Paradiesgarten wiedergegeben ist. Diese Ikone ist eine Kopie einer 184 x 112 cm großen Ikone der Muttergottes Černigovskaja-Il'inskaja, die 1696 als Geschenk des Archimandriten des Dreifaltigkeits-Elija-Klosters an Peter I. ging, in Zusammenhang mit dem Sieg gegen die Krimtataren und Türken und der Einnahme des Hafens Asov am Schwarzen Meer im selben Jahr. Diesen Sieg schrieb man nämlich auch der Wirkung einer Bittprozession mit der von Gennadij 1658 gemalten Muttergottesikone zu. Die 1696 gemalte Ikone, die heute im Museum für Religionsgeschichte in St. Petersburg aufbewahrt wird, besitzt in ihrem unteren Drittel eine sehr ungewöhnliche Darstellung, auf der unter anderem im Zentrum der Grundriss der Festung Asov und links ein Plan der Schlacht wiedergegeben ist (Basova 2006, Abb. 35). Darauf verzichtet die Kopie aus der Zeit um 1800, die sonst recht genau ihrem Vorbild folgt. Möglicherweise ist sie anlässlich der endgültigen Sicherung des Hafens Asov als Zugang zum Schwarzen Meer im Jahre 1774 unter Katharina II. entstanden.

Literatur:
Bornheim 2008, S. 176 und Abb. auf S. 177

den Kopf zum Christuskind, das an ihrer linken Seite aufrecht steht. Es hat die rechte Hand segnend seitlich ausgestreckt, während seine linke vom rötlichbraunen Himation (Obergewand) verdeckt ist. Das ebenfalls rotbraune Maphorion der Muttergottes ist mit silbernen Chrysographien geschmückt und von einer dunkelgelben Borte umgeben. Eine ausladende Krone verdeckt das obere Rund ihres Nimbus und erstreckt sich auf den dunkelgrünen Rand der Ikone, auf den auch zwei rechteckige Kartuschen mit dem Marienmonogramm gemalt sind.

61 Muttergottes von Kazan'

Nordrussland, letztes Drittel 17. Jahrhundert
Eitempera auf Holz, 30,6 x 26,8 cm
Privatbesitz Schweiz

Auf der Ikone ist im vertieften Mittelfeld das berühmte Gnadenbild der Muttergottes aus der russischen Stadt Kazan', von der sich ihr Beiname ableitet, dargestellt. Seit dem 8. Juli 1595 feiert die russische orthodoxe Kirche das Fest der Erscheinung der Ikone der Allheiligen Muttergottes in der Stadt Kazan' im Jahre 1579.

Die Muttergottes ist entsprechend der festgelegten Ikonographie nur bis zu den Schultern dargestellt. Sie neigt

62 Muttergottes von Kazan' mit Schutzengel und hl. Anna

Russland, Ende 19. Jahrhundert
Eitempera auf Holz, 35,7 x 31,6 cm
Privatbesitz

Ein besonders qualitätvolles Beispiel unter den zahlreichen Kopien des Kazaner Gnadenbildes ist diese Ikone mit der äußerst feinen und schönen Modellierung der Inkarnate, insbesondere der ausdrucksvollen Gesichter Christi und der Muttergottes. Das rosafarbene Obergewand (Himation) des Christuskindes, aber insbesondere die Kleider der Muttergottes sind äußerst reich chrysographiert und mit Ornamentbändern geschmückt, die mit Perlen

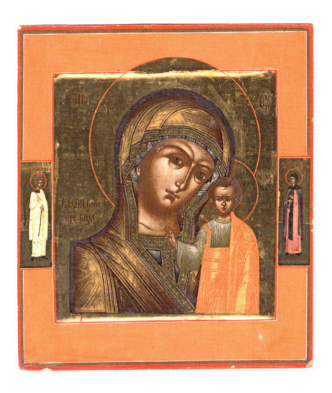

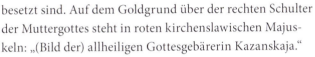

besetzt sind. Auf dem Goldgrund über der rechten Schulter der Muttergottes steht in roten kirchenslawischen Majuskeln: „(Bild der) allheiligen Gottesgebärerin Kazanskaja."

Ihre Darstellung im leicht vertieften Mittelfeld ist von einem hellockerfarbenen Rand umgeben, auf dem links in einem goldenen Feld der Schutzengel gemalt ist, ihm gegenüber auf dem rechten Rand die ehrwürdige Nonne Anna. Es handelt sich hierbei um die Namenspatronin der Auftraggeberin der Ikone.

(Nach einer Expertise von Ivan Bentchev)

63 Prozessionsikone (Muttergottes von Kazan' / Hl. Nikolaus)

Russland, letztes Drittel 19. Jahrhundert
Eitempera auf Holz, 35,7 (mit Tragestab 67 cm) x 30,5 cm
Privatbesitz

Auf der beidseitig bemalten Ikone ist auf der Vorderseite der hl. Nikolaus in halber Figur in Bischofsgewändern und mit einem geschlossenen Evangelienbuch dargestellt. Um den Hals trägt er eine Panagia. Er segnet mit dem altgläubigen Gestus. Christus und Maria sind über Wolken thronend wiedergegeben. Die stark abgeriebene Inschrift lautet: „Hl. Nikolaus der Wundertäter." Die Muttergottes

von Kazan' auf der Rückseite trägt ein feuerrotes Maphorion mit grünem Innenfutter und ein blaues Kopftuch und Untergewand. Christus ist in ein weißes Unter- und ein ockerfarbenes Obergewand gekleidet.

Der Rand der Ikone, die in leuchtenden Farben von einem akademisch geschulten Maler gestaltet wurde, ist mit Flechtbandmotiven geschmückt, wie sie im letzten Drittel des 19. Jahrhunderts beliebt waren. An der Ikone ist unten ein Tragestab angebracht, sodass sie auf Prozessionen mitgeführt werden konnte.

64 Muttergottes „Lehrerin des Kindes" (Čadoučitel'nica)

Russland (Moskau), Anfang 18. Jahrhundert
Eitempera auf Lindenholz, 32,2 x 28,3 cm
Sammlung W.

Im etwas vertieften Mittelfeld der Ikone ist auf einem graugrünen Hintergrund mit Streuwolken aus Pudergold die Muttergottes mit dem Kind auf ihrem linken Arm wiedergegeben. Maria blättert mit der rechten Hand in einem geöffneten Buch, das auf einem kleinen Brett vor ihr liegt. Auf den drei Seiten steht nach Lukas 1,46 der kirchenslawische Text: „Meine Seele preist den Herrn und (mein Geist) jubelt."

Die Darstellung der „Lehrerin des Kindes" ist in der russischen Ikonenmalerei äußerst selten und hat westeuropäische Wurzeln, etwa Martin Schongauers Madonna mit Kind, um 1489/1490, die im Getty Museum Los Angeles aufbewahrt wird, und Raffaels Madonna Conestabile von 1502 bis 1503 in der Eremitage St. Petersburg.

Am linken Rand der Ikone ist laut Beischrift der hl. Abt Gennadij Kostromskij Ljubimogradskij (Gedenktag am 23. Januar) dargestellt, rechts entsprechend eine heilige Nonne, deren Beischrift allerdings bis auf wenige Reste unleserlich ist.

Die schön modellierten Inkarnate mit weicher Schattierung sind sehr plastisch gestaltet. Die Binnenzeichnung ist äußerst fein, sogar die Wimpern sind gemalt. Die Gewänder sind sehr reich mit Perlen und Chrysographien aus Pudergold und -silber verziert, die Heiligenscheine mit Blattgold belegt. Die Ikone wurde sicherlich von einem bedeutenden Ikonenmaler der Rüstkammer des Moskauer Kreml gemalt und besaß früher einen Silberbeschlag (Oklad).

Auf der Rückseite befindet sich eine mit Tinte geschriebene Inschrift: „Dieses Bild des Gebets des Michail Sergiev Si(meon?)ov."

(Nach einer Expertise von Ivan Bentchev vom 23. Juni 2008)

65 Muttergottes „O allgepriesene Mutter" („O vsepetaja Mati")

Russland, Ende 17. Jahrhundert
Eitempera auf Lindenholz, vergoldeter Silberoklad,
32,6 x 26,3 cm
Privatbesitz BG

Die in halber Figur dargestellte Muttergottes hält das Christuskind auf ihrer linken Seite mit beiden Händen. Während auf den meisten Ikonen dieses Typs das Kind bloße Arme hat, ist es hier mit einem Hemdchen bekleidet, über dem es ein Himation trägt. Es hebt die Arme, um die Mutter zu umarmen. Ein besonderes Merkmal sind seine dem Betrachter zugewandte rechte Fußsohle und das nackte linke Bein. Das Maphorion Marias zeigt häufig, wie hier auch, drei für die im 17. Jahrhundert in Russland entstandene Ikonographie typische Merkmale, die einzeln oder zusammen auftreten können:

a) Ein Wolkenmuster als Symbol für den Himmel, wie es auch bei den Ikonen „Nicht von Menschenhand gespaltener Stein" und „Nicht verbrennender Dornbusch" zu finden ist.

b) Anstelle der üblichen drei Sterne auf dem Maphorion erscheinen drei nimbierte Engelköpfe in runden Medaillons, die ansonsten nur äußerst selten bei der Muttergottes „Nicht von Menschenhand gespaltener Stein" und den ältesten Dornbusch-Ikonen anzutreffen sind.

c) Eine Inschrift füllt den Saum des Maphorions. Hier wird die letzte, die 24. Stanze (Strophe) des 13. Kontakion des Akathistos-Hymnus auf Kirchenslawisch wiedergegeben: „O allgepriesene Mutter, die gebar allen Heiligen das Wort, das allheilige Wesen. Hab Gefallen an diesem Geschenk und verhüte alles böse Geschick. Alle erlöse von der künftigen Qual, die hier gemeinsam zu dir rufen: Alleluja, alleluja, alleluja." Daher wird die Ikone „O vsepetaja Mati" („O allgepriesene Mutter") genannt. Sie besitzt keine Beziehung zu einem verehrten Gnadenbild, sondern ihre komplizierte Ikonographie kann als symbolische Interpretation des Hymnustextes aufgefasst werden.

(Nach einer Expertise von Ivan Bentchev)

66 Hodegetria von Šuja und Smolensk

Russland (Šuja?), letztes Viertel 17. Jahrhundert
Eitempera auf Lindenholz, 91,5 × 70 cm
Privatsammlung

Die Ur-Ikone der Šujskaja wurde während einer Pestepidemie in den Jahren 1654 bis 1655 auf Wunsch der Gemeinde von dem Ikonenmaler Gerasim Tichonov Ikonnikov für die Ikonostase der Auferstehungskirche der Stadt Šuja im Gebiet Vladimir gemalt „zur Rettung von dem Unglück". Nachdem sie am 2. November 1655 links von der Königstür ihren Ehrenplatz erhalten hatte, ging die Seuche zuerst in dieser Kirchengemeinde zurück und wich bald von der ganzen Stadt. Auch die ungewöhnliche Ikonographie wird durch ein Wunder erklärt: Der Maler benutzte eine Malvorlage der Hodegetria von Smolensk, doch jedes Mal veränderte das Christuskind wunderbarerweise seine Haltung. 1667 wurden die Wunder offiziell bestätigt und ein erster Gedenktag am 2. November eingerichtet. Mit dem zweiten Feiertag, am 28. Juli, gedenkt man der Befreiung der Stadt von der Cholera am 28. Juli 1831.

Bei der großformatigen Ikonostasenikone, die sicherlich die Patronatsikone einer Kirche war, hat das Christuskind sein rechtes Bein stark nach oben gezogen und berührt mit seiner linken Hand die rechte Ferse. In der rechten Hand hält es eine geschlossene Schriftrolle senkrecht nach oben. Die in halber Figur dargestellte Muttergottes berührt den linken Fuß ihres Kindes mit ihrer Rechten. Ihr Maphorion bildet charakteristische kaskadenartige Faltenwürfe auf ihrer rechten Schulter, die differenziert mit Blattsilber und -gold gestaltet sind. In einer besonderen, sehr dekorativen Technik werden die typischen, in Zickzacklinien verlaufenden Gewandfalten und die mit Perlen und Edelsteinen besetzten Ziersäume am Maphorion Mariens wiedergegeben. Den hellgrünen, mit reichem Silberassist modellierten Chiton des Christuskindes zieren ein breiter Kragen und Manschetten, wie man sie gelegentlich bei Erzengeln sieht.

Der ockerfarbene Hintergrund war ursprünglich durch einen Oklad bedeckt, dessen Nägel Spuren hinterlassen haben.

Literatur:
Recklinghausen 2000, S. 72, Kat. Nr. 37, Abb. S. 73; Frankfurt 2007, Kat. Nr. 32

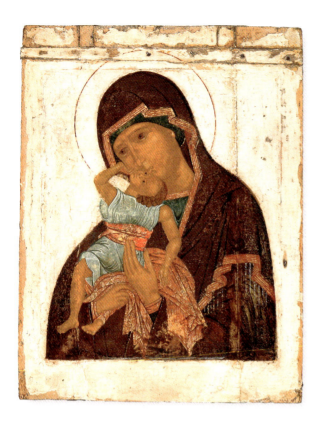

bei Prilep (Rep. Makedonien) gemalte Ikone, die sich heute im Makedonischen Museum in Skopje befindet (Popovska-Korobar 2004, Kat. Nr. und Abb. 11). Die Muttergottes neigt ihr Haupt nach links und hält mit beiden Händen das Kind, das auf ihrem rechten Arm sitzt und mit einer sehr exaltierten Bewegung mit seiner linken Hand die Wange der Mutter berührt, während der rechte Arm herabhängt. Es wendet seinen Körper der Mutter zu, als wolle es sie umarmen, und hat seinen Kopf zurückgeworfen.

Das erst 1795 erschienene russische Gnadenbild befand sich nach S. V. Bulgakov (1900) im Nikolo-Ugrešskij-Kloster bei Moskau und wird am 7. November verehrt. Es gibt nur wenige russische Ikonen dieses Typs aus dem 16./17. Jahrhundert, wobei die Ikone aus der Korin-Sammlung in Moskau, die in die erste Hälfte des 16. Jahrhunderts datiert werden kann, eine andere Variante in der Haltung von Mutter und Kind zeigt als die hier beschriebene Ikone (Antonova 1966, Kat. Nr. 53, Abb. 71).

67 Muttergottes „Spiel des Kindes" (Vzygranie rebenka)

Russland (Moskau), Ende 16. Jahrhundert
Eitempera auf Holz, 74 x 58 cm
Privatsammlung

Die russische Ikonographie der Muttergottes mit dem spielenden Kind (Vzygranie rebenka) geht auf die Muttergottes Pelagonitissa zurück, die eine Variante der Muttergottes Eleousa („der Zärtlichkeit") ist. Charakteristisch für die Pelagonitissa ist, dass das Kind dem Betracher den Rücken zukehrt. Angesichts seines zukünftigen Schicksals wird das unruhige Kind von der Mutter umsorgt, die in den meisten Fällen ihren traurigen Blick auf den Betrachter richtet, der auf der hier beschriebenen russischen Ikone jedoch ins Leere geht. Den Namen erhielt der Typus nach der Ebene von Pelagonia, da die ältesten Beispiele aus dem 14. und 15. Jahrhundert (in Staro Nagoričino, Verroia, Dečani, Prizren und dem Sinai) makedonischen Ursprungs sind.

Es gibt verschiedene Varianten dieses Typs, wobei diese russische Ikone recht genau das bekannteste Vorbild wiederholt, nämlich die von Hieromonachos Makarios 1421/22 für die Ikonostase der Verklärungskirche im Kloster Zrze

68 Muttergottes „Freude aller Leidenden"

Russland, Anfang 18. Jahrhundert
Eitempera auf Holz, 31,5 x 27,3 cm
Privatsammlung

Die Darstellung illustriert das bekannte Mariengebet: „Du meine Königin ... Freude aller Leidenden, Beschützerin der Gekränkten, beende meine Not." Das Gnadenbild mit diesem Sujet befand sich seit dem 17. Jahrhundert in der Verklärungskirche „na Ordynke" in Moskau und wurde durch ein Heilungswunder an der Schwester des russischen Patriarchen Joakim (1674–1690) berühmt. Die Originalikone ist seit der Schließung der Kirche nach der Oktoberrevolution verschollen, aber das Motiv war im 19. Jahrhundert in zahlreichen verschiedenen Variationen zu dem meistverkauften Ikonenthema in Russland geworden.

Hier steht die Muttergottes in einem sternenübersäten grünen Kleid in der Mitte auf einer Erhöhung. Sie ist als Himmelskönigin mit Krone und Zepter dargestellt und wendet sich etwas nach rechts zu Christus, der auf ihrem Arm sitzt und ebenfalls ein königliches Gewand und eine Krone trägt. Seine Rechte hat er segnend erhoben, in seiner Linken hält er einen Globus. Beide sind auf beiden Seiten von dicht gedrängt stehenden und sitzenden Bittstellern und Hilfsbedürftigen umgeben, denen Engel beistehen. Die Schriftbänder geben die Bitten der Hilfesuchenden an, die

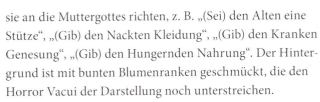

sie an die Muttergottes richten, z. B. „(Sei) den Alten eine
Stütze", „(Gib) den Nackten Kleidung", „(Gib) den Kranken
Genesung", „(Gib) den Hungernden Nahrung". Der Hinter-
grund ist mit bunten Blumenranken geschmückt, die den
Horror Vacui der Darstellung noch unterstreichen.

Auf den im 19. Jahrhundert übermalten Rändern ist
links der Schutzengel mit Kreuz und Schwert dargestellt
und rechts die Asketin Maria von Ägypten. Oben steht
der kirchenslawische Titulus der Ikone: „Das Bild aller
Betrübten Freude."

(Nach einer Expertise von Rosemarie und Kurt Eberhard)

69 Muttergottes „Freude aller Leidenden"

Russland, 1. Drittel 19. Jahrhundert
Ölmalerei auf Lindenholz, 39,9 x 29,8 cm
Sammlung P. F.

Die Muttergottes „Freude aller Leidenden" im Zentrum
der Ikone ist von zehn Darstellungen in zarten Rokoko-
Rähmchen umgeben: oben links die Geburt der Muttergottes, im Zentrum die Marienkrönung ganz in barockem Stil
und rechts die Muttergottes von Tichvin. Es folgen der Erzengel Michael und der hl. Dimitrij von Rostov, der hl. Sergij
von Radonež und die hl. Asketin Maria von Ägypten und
in der unteren Reihe die Muttergottes der Rührung (Umilenie), vier Heilige (darunter Irene und Johannes der Krieger)
sowie die Muttergottes Rudenskaja.

(Nach einer Expertise von Ivan Bentchev)

70 Der Erzengel Michael und Heilige / Die Auffindung der Ikone der Muttergottes Feodorovskaja-Kostromskaja

Zentralrussland (Palech ?), um 1800
Tempera auf Holz, 29,5 x 22 cm (oval)
Privatbesitz

Die Vorderseite der ovalen Ikone zeigt den Erzengel Michael in Kriegerrüstung und mit ausgebreiteten Flügeln zwischen sechs in ganzer Figur wiedergegebenen Heiligen. Neben ihm stehen links Johannes der Täufer und der hl. Märtyrer Alexios von Edessa sowie über (hinter) ihnen der hl. Andreas Stratelates. Rechts wenden sich die Apostel Petrus und Paulus dem Erzengel zu, über ihnen der hl. Michail, Fürst von Černigov. Nur der Erzengel als himmlisches Wesen schwebt auf einer kleinen Wolke, die anderen Heiligen stehen auf der Erde. Über Wolken am oberen Rand erscheint der segnende Christus Pantokrator.

Die Rückseite zeigt ausführlich das Auffinden der Ikone der Muttergottes Feodorovskaja in einem Baum. Der Legende nach war die Ikone erstmals von dem hl. Großfürsten Jurij Vsevolodovič († 1238) in einer hölzernen Kapelle gefunden worden. Er ließ an dieser Stelle später ein Kloster und die Stadt Gorodec (bei Nižnij Novgorod) errichten. Das Kloster wurde beim Tatarensturm zerstört, doch die Ikone blieb auf wundersame Weise unversehrt. Wie die Legende weiter berichtet, wurde sie am 16. August 1239 durch Fürst Vasilij Jaroslavič von Kostroma in einem Baum wiederentdeckt, als er mit einer Jagdgesellschaft durch die Wälder ritt. Diese Begebenheit ist auf der Ikone dargestellt. Rechts sieht man die Jagdgesellschaft. Ein Diener hält das Pferd des Fürsten, der zweimal dargestellt ist. Im Vordergrund liegt er in tiefer Verneigung vor der in einem Baum hängenden Muttergottesikone auf dem Boden. Seine rote Fürstenmütze hat er abgenommen und neben sich gelegt. Als er das Bild vom Baum herabnehmen und in die Stadt bringen will, lässt sich die Ikone nicht ergreifen (links). Die Inschrift am oberen Rand der Ikone lautet dementsprechend: „Und es entdeckte der Großfürst Vasilij das Bild der allheiligen Gottesgebärerin und vermochte es nicht in die Stadt zu bringen." Die Legende berichtet weiter, dass der Fürst zurück in die Stadt ritt, um mit dem Klerus in einer feierlichen Prozession wiederzukommen. Dieses Mal gelang es, die Ikone abzunehmen und in die Kathedrale von Kostroma zu bringen. 1260 soll die Ikone einen Angriff der Tataren vereitelt haben, weil von ihr ausgehende Strahlen die Angreifer blendeten.

Der Tatarensturm, in dessen Folge das Gnadenbild zuerst verloren ging und dann wieder aufgefunden wurde, spielte auch im Leben des auf der Vorderseite der Ikone abgebildeten hl. Fürsten Michail von Černigov eine große Rolle. Um dem Vorrücken der Tataren Einhalt zu gebieten, die auch seine Ländereien 1239 teilweise verwüstet hatten, versuchte er vergeblich, Papst und Kaiser zu einem Kreuzzug gegen die Feinde zu bewegen. 1246 wurde er ermordet, weil er nicht bereit war, heidnische Gebräuche anzunehmen.

Die Ereignisse dieser Legende sind mit großer Erzählfreude und sehr detailreich dargestellt. Die sehr qualitätvolle Malerei könnte aus Palech stammen und ist ein gutes Beispiel für die Weiterführung des Stils der Stroganov-Schule im 18. und 19. Jahrhundert.

(Nach einer Expertise von Nikolaus Thon von 1991)

Literatur:
Frankfurt 2007, Kat. Nr. 5; Schweinfurt 2008, S. 194, Abb. S. 194 und 195

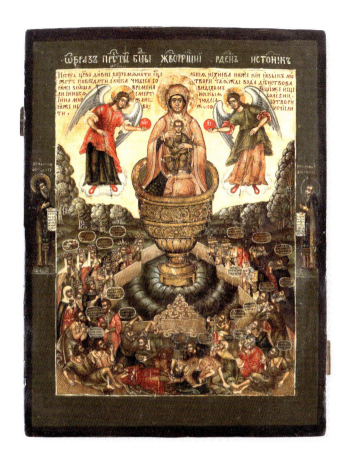

71 Muttergottes „Leben spendende Quelle"

Russland, frühes 18. Jahrhundert
Eitempera auf Holz, 51,8 x 39,2 cm
Privatsammlung

In der Mitte oben sitzt die Muttergottes mit Christus in einer vergoldeten Brunnenschale in Form eines Kelches. Sie wird von den Erzengeln Michael und Gabriel flankiert, die einen Botenstab und das Christusmonogramm für Jesus Christus in roten Medaillons halten. Um den Brunnen herum scharen sich namentlich bezeichnete Patriarchen und Könige, Fürsten und Fürstinnen. Sie waschen sich und trinken Wasser aus Gefäßen und Bechern. Links stehen u. a. die Kaiser Leo und Romanos, die Kaiserin Zoe sowie weitere Fürsten und Fürstinnen. Die rechte Seite ist der Geistlichkeit vorbehalten, unter denen ein Patriarch namens Johannes, ein Mönch Markus und ein Mönch Zacharias zu sehen sind. Viele andere, die krank und an Händen und Füßen gelähmt sind, genießen ebenfalls die Heilkraft des Wassers. Besessene werden geheilt, und über den auf der Reise zur Quelle verstorbenen Thessalier wird Wasser gegossen, worauf er wiederbelebt wird.

Der kirchenslawische, von einem Restaurator teilweise falsch ergänzte Titulus auf dem oberen Rand lautet: „Das Bild der hochheiligen Gottesgebärerin Leben spendende Quelle."

Auf den seitlichen Rändern sind die ehrwürdigen Feodosij (links) und Antonij (rechts), die Gründer des Kiewer Höhlenklosters, dargestellt. Sie könnten auf eine Entstehung der Ikone in Kiew hinweisen.

(Zum Thema siehe auch Kat. Nr. 13)

(Nach einer Expertise von Rosemarie und Kurt Eberhard)

Blachernenkirche in Konstantinopel stattgefunden haben soll. Deutlich sind ihr charakteristisches Querformat und sogar das kleine Türchen am linken Ende der Bahre, hinter dem die Reliquien verwahrt wurden, zu erkennen. Einer der Baumeister nimmt die Ikone entgegen, ein zweiter hält den Beutel mit Geld. Gleichzeitig ist aber in der linken oberen Ecke eine (zeitgenössische) Ansicht des Kiewer Höhlenklosters, sozusagen als „Vision" des zukünftigen Aufbewahrungsortes der Ikone, zu sehen. Bei dem Gewässer davor könnte es sich gleichwohl um den Dnepr als auch um das Goldene Horn handeln.

(Nach einer Beschreibung von Alfons Wohlgemuth)

73 Die Ankunft der Ikone der Muttergottes von Vladimir in Moskau

Zentralrussland, 2. Hälfte 17. Jahrhundert
Eitempera auf Holz, 75,5 x 58 cm
Privatsammlung Belgien

Als 1395 Khan Temir Aksak (Tamerlan) mit seinem mongolisch-tatarischen Heer vor Moskau stand, riefen Großfürst Vasilij Dmitrievič und Metropolit Kiprian ihr Volk zu Gebeten und Buße auf. Vasilij erinnerte sich, dass die Ikone der Muttergottes Hodegetria die Stadt Konstantinopel aus ähnlichen Bedrängnissen gerettet hatte, und befahl, die hochverehrte, wundertätige Ikone der Muttergottes aus der ca. 160 km östlich von Moskau gelegenen Stadt Vladimir nach Moskau bringen zu lassen. Sie verließ die Mariä-Entschlafen-Kathedrale in Vladimir am 15. August und erreichte Moskau am 26. August, wo die Prozession unter Gebeten und Tränen von den Moskauern empfangen wurde. Völlig unerwartet brach Tamerlan am selben Tag seinen Feldzug kampflos ab und kehrte in seine Heimat zurück. Zum Gedenken an dieses Wunder wurde 1397 an der Stelle, an der die Moskauer die Ikone empfangen hatten, das „Sretenie"-(Begegnungs-)Kloster gegründet und ein Festtag zu Ehren der Vladimirskaja am 26. August eingeführt. Wahrscheinlich wurde eine erste Ikone mit der Darstellung der „Begegnung der Ikone der Muttergottes von Vladimir" bereits zu Beginn des 15. Jahrhunderts gemalt und als Patronatsikone in die Ikonostase des Sretenie-Klosters integriert.

Nur wenige Ikonen mit diesem Thema sind erhalten. Eine 128 x 99 cm große Darstellung aus der Mitte des

72 Die Muttergottes überreicht die Ikone ihres Entschlafens

Ukraine (Kiew), Ende 19. Jahrhundert
Eitempera auf Holz, 39,2 x 30 cm
Privatbesitz

Die Ikone zeigt ein äußerst selten dargestelltes Thema, nämlich die Übergabe der Ikone des Entschlafens der Muttergottes an einen der griechischen Baumeister des Kiewer Höhlenklosters. Dorthin wurde diese Ikone am 16. April 1075 als Geschenk der byzantinischen an die russisch-orthodoxe Kirche aus Konstantinopel gebracht. Der Legende nach war die Mariä-Entschlafen-Ikone zuvor von der Muttergottes persönlich an die vier griechischen Baumeister übergeben worden, die sie für den Bau der Kirche im Kiewer Höhlenkloster ausgewählt hatte. Sie sollen von ihr außerdem mit Geld und Reliquien von Märtyrern ausgestattet worden sein und zur Verwunderung der Gründer des Höhlenklosters, der hll. Antonij und Feodosij, mit dem Auftrag, eine Kirche zu bauen, in Kiew erschienen sein.

Auf der Ikone ist die Übergabe der Mariä-Entschlafen-Ikone dargestellt, die im Beisein von zahlreichen Kriegerheiligen und des Erzengels Michael (ganz rechts) 1075 in der

17. Jahrhunderts befindet sich in der Tret'jakov-Galerie in Moskau (Moskau 1999, S. 40, Abb. S. 41; Bonn 2004, Kat. Nr. 106 auf S. 213). Sie besitzt in ihrer Komposition zahlreiche Gemeinsamkeiten mit der hier gezeigten Ikone, auf der in der unteren Hälfte eng gedrängt die Teilnehmer an der Prozession zu sehen sind. Im Hintergrund sind links hoch aufragende Felsen und rechts der Moskauer Kreml zu sehen, mit den von rosaroten Mauern und Türmen umgebenen weißen Kirchen. Aus dem Tor des Erlöser-Torturms strömen die Moskauer mit dem Metropoliten Kiprian und dem gekrönten Großfürsten Vasilij, die beide einen Heiligenschein tragen und namentlich bezeichnet sind. Die Teilnehmer an der Prozession tragen Kreuze, darunter jenes, das der Überlieferung nach Großfürst Vladimir im 10. Jahrhundert aus Cherson nach Russland gebracht hatte, Ikonen der Muttergottes des Zeichens und des hl. Nikolaus, während eine große Ikone mit dem Mandylion über der Mauer aufgestellt ist. Von links kommen die Geistlichen aus Vladimir mit der Ikone der Vladimirskaja, die sie in der Mitte der Darstellung präsentieren. Unter der Ikone hängt ein Tuch mit den Passionszeichen auf dem Kalvarienberg.

Die Ikone besitzt ein warmes Kolorit, bei dem Erdfarben wie Ocker und Grün die Palette dominieren. Akzente sind in Rosa, Gold und Silber gesetzt. Die Ikone wurde in einem zurückhaltenden Stil gemalt, wobei der Maler sowohl die Monumentalität der Komposition im Auge hatte als auch die Details der Kleidung und der Architektur fein ausarbeitete.

(Nach einer Expertise von S. G. Morsink vom Mai 2008)

74 „Über dich freuet sich die ganze Schöpfung"

Russland, 1847
Eitempera auf Holz, 44,7 x 37,5 cm
Privatsammlung

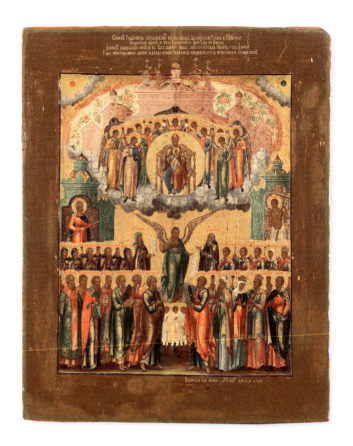

Der Darstellung liegt der Text des vom Chor in der Basiliosliturgie kurz vor der Wandlung gesungenen Megalynarions zugrunde: „Über dich, o Gnadenvolle, freuet sich die ganze Schöpfung, die Gemeinschaft der Engel und das Geschlecht der Menschen, geheiligter Tempel, geistiges Paradies, Zierde der Jungfrauen, du, von der Gott Fleisch angenommen hat; denn deinen Schoß hat er zu seinem Thron auserwählt, und deinen Leib hat er weiter gemacht,

als den Himmel. Über dich, o Gnadenvolle! freut sich die ganze Schöpfung; Ehre sei dir!"

Dieser Hymnentext ist in goldener Schrift auf dem oberen Rand der Ikone wiedergegeben.

Im oberen Bildteil ist die thronende Muttergottes mit Christus auf dem Schoß in einer von Engeln umgebenen Aureole dargestellt. Hinter dieser Gruppe ist eine rosafarbene Kirche mit goldenen Kuppeln zu sehen, die vom Paradiesgarten umgeben ist. Dieser Teil des Bildes illustriert die Passage, in der die Muttergottes als „geistiges Paradies" und „geheiligter Tempel" bezeichnet wird. In den oberen Ecken sind Sonne und Mond abgebildet.

Unterhalb der von Wolken abgetrennten himmlischen Zone stehen unter je einem grünen Gebäude links König David mit seiner Harfe (später falsch als hl. Euphrasios beschriftet) und rechts der gute Schächer. Es folgen in zwei Reihen alle Ränge der Heiligen: Mönche, Märtyrer, Propheten, Apostel, Bischöfe usw. In ihrer Mitte ist Johannes der Täufer mit Flügeln dargestellt und unterhalb von ihm die Gruppe der unschuldigen Kinder.

Die Datierung auf dem unteren Rand wurde später hinzugefügt, aber möglicherweise rekonstruiert sie die bei der Übermalung des Randes verloren gegangene ursprüng-

liche Inschrift. Sie lautet: „Gemalt wurde diese Ikone 1847
Dezember am 20. Tag." Auch der Hymnus auf dem oberen
Rand und ein Teil der Namensbeschriften der Heiligen
stammen aus späterer Zeit.

(Nach einer Expertise von Rosemarie und Kurt Eberhard)

75 Die Versammlung zu Ehren der Muttergottes

Zentralrussland, 2. Hälfte 19. Jahrhundert
Eitempera auf Holz, 44,8 x 37,3 cm
Privatsammlung

Die Ikone, die auf ihrem oberen Rand den Titel „Die
Versammlung der allheiligen Gottesgebärerin" trägt,
illustriert die einzelnen Strophen eines berühmten Weih-
nachtshymnus, der von dem Patriarchen Germanos von
Konstantinopel (Patr. 715–733) verfasst wurde. In der Mitte
thront die Muttergottes mit dem Christuskind auf dem
Schoß und von einer Aureole umgeben vor einer bizarren
Felsenlandschaft („Was sollen wir Dir darbringen, Christus und Gott, der Du um unseretwillen auf Erden wie
ein Mensch gesehen wirst? Ein jeder bringt Dir Dank dar
von dem von Dir Geschaffenen"). Über den Felsen ist der
gestirnte Himmel zu sehen („der Himmel die Sterne"), auf
dem rechts und links je drei Engel mit ehrfürchtig verhüllten Händen in Anbetungshaltung erscheinen („die
Engel den Gesang"). Sie wenden sich dem roten Himmelssegment mit dem Stern von Bethlehem in der Mitte zu, von
dem drei Strahlen auf die Muttergottes und das göttliche
Kind ausgehen. Von links kommen die Weisen mit ihren
Geschenken („die Weisen die Gaben"), während auf der
rechten Seite drei Hirten stehen und zum Stern emporbli-
cken („die Hirten das Staunen").

Unterhalb der Aureole bringen die Personifikationen
der Erde mit einem Blumenkranz („die Erde die Höhle")
und der Wüste mit einer Krippe („die Wüste die Krippe")
ihre Gaben dem Christuskind dar. Unten singt ein Chor
zu Ehren der Muttergottes und Christi den Weihnachts-
hymnus, flankiert von Johannes von Damaskus (links) und
Euthymios dem Großen (rechts). Auf der Schriftrolle des
Johannes ist sein Hymnus zu lesen: „Über dich, Gnadenvolle, freut sich die ganze Schöpfung ...", und bei Euthymios:
„Heute gebiert die Jungfrau den Überseienden, und die Erde
bringt dem Unzugänglichen eine Höhle."

Die Heiligen auf den Rändern der Ikone (links: Erzengel
Michael, Hieromärtyrer Antipas von Pergamon und Groß-
märtyrer Theodor; rechts: Schutzengel, Prophet Elija und
Märtyrerin Tatiana von Rom) dürften die Namenspatrone
der Familienangehörigen des Auftraggebers sein, die vom
Schutzengel beschützt werden sollen.

Das Fest der „Synaxis (Versammlung zu Ehren) der
Muttergottes" wird am zweiten Weihnachtstag, also am
26. Dezember, gefeiert.

(Nach einer Expertise von Rosemarie und Kurt Eberhard)

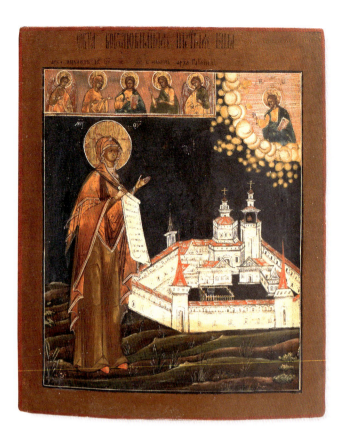

zu bringen. 1158 ließ Andrej eine der Geburt der Muttergottes geweihte Kirche und eine Fürstenresidenz an dem Ort der Erscheinung errichten, den man Bogoljubovo (von Gott geliebt) nannte. Gleichzeitig ließ er die Muttergottes so malen, wie sie ihm in der Vision erschienen war: in ganzer Gestalt, in der rechten Hand ein entrolltes Schriftblatt und die linke im Gesprächsgestus erhoben. Die Ikone der „Bogoljubskaja" wurde in der Kirche aufgestellt, die mehrfach zerstört wurde, ohne dass die Ikone Schaden nahm.

Besonders reizvoll und bemerkenswert ist die beschriebene Ikone durch die sehr detailliert wiedergegebene Ansicht des Klosters von Bogoljubovo. Über der Muttergottes ist eine aus fünf Personen bestehende halbfigurige Deesis gemalt, deren Namen auf dem oberen Rand der Ikone genannt sind: Erzengel Michael, Muttergottes, Jesus Christus, Johannes (der Täufer), Erzengel Gabriel.

76 Muttergottes Bogoljubskaja

Russland, Anfang 19. Jahrhundert
Eitempera auf Holz, 31,3 x 27 cm
Privatsammlung

Auf der linken Seite ist die stehende Muttergottes dargestellt, die in der rechten Hand eine Schriftrolle mit dem Gebet „Mildreichster Herr, Herr Jesus Christus ..." hält und ihre linke fürbittend erhoben hat. Mit diesen Worten wendet sie sich an ihren Sohn, der in der rechten oberen Ecke segnend in einem von Wolken umgebenen Himmelssegment erscheint. Auf dem oberen Rand ist die Darstellung als „Das Bild der allheiligen Muttergottes Bogoljubskaja" bezeichnet. Ihr Name geht auf eine Begebenheit zurück, die mit der Legende der Ikone der Vladimirskaja verbunden ist. Fürst Andrej Jur'evič Bogoljubov († 1175) führte die aus Byzanz stammende Ikone mit sich, als er von Vyšgorod bei Kiew ins Suzdaler Land übersiedelte. Ungefähr elf km von der Stadt Vladimir entfernt, unweit der Mündung der Kljazma in den Nerl, weigerten sich die Pferde, die den Schrein mit der Ikone zogen, weiterzugehen. Am nächsten Morgen, dem 18. Juni 1155, erschien dem Fürsten die Muttergottes und beauftragte ihn, an dieser Stelle eine Kirche erbauen zu lassen und die mitgeführte Ikone nach Vladimir

77 Mariä Schutz und Fürbitte (Pokrov)

Russland (Malerdörfer bei Vladimir), Ende 18. Jahrhundert
Eitempera auf Holz, 34 x 28 cm
Privatbesitz Duisburg

Das Fest „Mariä Schutz und Fürbitte" (russ.: Pokrov) ist russischer Herkunft und wurde um 1165 in den kirchlichen Kalender aufgenommen. Sein Thema ist die Vision des hl. Andreas († 936), eines „Narren in Christo", die diesem in Begleitung seines Schülers Epiphanias bei dem sonntäglichen Gottesdienst am 1. Oktober 911 in der Blachernenkirche in Konstantinopel zuteilwurde. Er sah plötzlich die Muttergottes mit einem großen Gefolge von Heiligen aus der Tür der Ikonostase hervortreten und ihren Schleier, der als Reliquie in dieser Kirche aufbewahrt wurde, schützend über die Gemeinde breiten.

Mit der Darstellung dieses Schleierwunders wird gewöhnlich die des hl. Romanos verknüpft, dessen Gedenktag ebenfalls auf den 1. Oktober fällt. Romanos war der Verfasser berühmter Hymnen und lebte im 6. Jahrhundert in Konstantinopel. Ein Wunder, das den Heiligen aus einer unangenehmen Lage befreite, ist im unteren Teil der Ikone dargestellt. Romanos soll während seiner Zeit als Diakon an der Blachernenkirche gezwungen worden sein, trotz seiner sehr mäßigen stimmlichen Begabung ausgerechnet am Weihnachtstag in Anwesenheit des kaiserlichen Hofes und des Patriarchen seinen Hymnus vorzutragen. In seiner großen Verlegenheit wandte er sich an die Muttergottes. In

der Nacht, als Romanos schlief, erschien sie ihm im Traum und ließ ihn eine Schriftrolle schlucken. Am nächsten Tag bestieg er während des feierlichen Weihnachtsgottesdienstes den Ambo und entzückte alle Zuhörer durch seinen unvergleichlich schönen Gesang.

In der unteren Hälfte der Ikone sehen wir in der Mitte Romanos in einem prächtigen, geblümten Gewand auf dem dreistufigen Ambo stehen. Er hält ein Schriftblatt mit den Anfangsworten des Gebets zum Fest („Die Jungfrau heute den Überseienden gebiert …") und wendet sich an den Patriarchen und den Kaiser Leo, die seinem Vortrag lauschen. Oberhalb des Kaisers in der Frauenempore steht die Kaiserin Zoe. Die spärlich bekleidete, bärtige Gestalt rechts von Romanos ist der hl. Andreas, der mit hocherhobenem Arm seinen Schüler Epiphanias auf die Erscheinung in der oberen Bildhälfte hinweist. Vor der Silhouette eines mit goldenen Kuppeln bekrönten rosaroten Kirchenbaues wendet sich die Muttergottes, gefolgt von Johannes dem Täufer und zahlreichen anderen Heiligen (Johannes Evangelist, Petrus, […], den Kirchenvätern Basilios, Gregorios und Johannes Chrysostomos und Antipas von Pergamon) und Engeln, an ihren Sohn, der in einem von Wolken umgebenen Himmelssegment in der linken oberen Bildecke erscheint, um ihre Fürbitte entgegenzunehmen. Über ihre betend erhobenen Arme ist ihr Schleier gebreitet. In der rechten unteren Ecke ist der schlafende Romanos wiedergegeben, dem die Muttergottes die Schriftrolle in den Mund steckt.

Die Inschrift auf dem ockerfarbenen Rand oben gibt den Titel der Ikone wieder: „Bild des Pokrov der allheiligen Gottesgebärerin."

Die Ikone ist äußerst fein und detailreich auf Goldgrund gemalt und dürfte in einem der Malerdörfer bei Vladimir, wahrscheinlich in Palech, entstanden sein.

78 Mariä Schutz und Fürbitte (Pokrov)

Russland (Moskau),
Mitte 17. Jahrhundert, in eine neue Tafel eingesetzt
Eitempera auf Holz, vergoldete Silberriza (19. Jahrhundert),
31 x 26 cm
Privatsammlung Belgien

Auf der Ikone steht in der Mitte die Muttergottes mit erhobenen Händen unterhalb einer hellgrünen Kirche mit fünf goldenen Kuppeln. Zwei Engel halten das rote Schleiertuch über sie. Über Maria erscheint Christus in einem

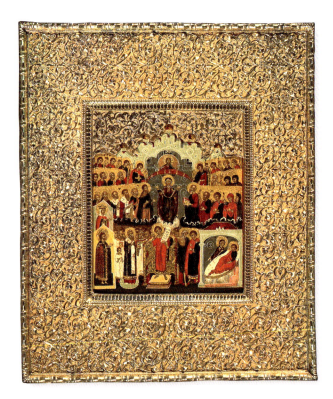

Medaillon, von links und rechts wenden sich ihr Engel und Heilige zu. Direkt neben ihr stehen Johannes der Täufer und Johannes der Evangelist.

Ihnen folgen Petrus und Paulus. Links hinter Petrus stehen der Kirchenvater Basilios der Große, der hl. Nikolaus und zwei Mönche, rechts hinter Paulus sind der hl. Georg und hinter ihm verdeckt wohl Demetrios von Thessaloniki zu erkennen, gefolgt von der hl. Paraskeva in rotem Gewand und einer weiteren Märtyrerin.

In der Reihe darüber befinden sich links alttestamentliche Propheten und rechts zwei Nonnen und zwei Asketen. Die oberste Reihe wird von einer Engelsgarde eingenommen.

Im unteren Teil der Ikone steht in der Mitte Romanos der Melode auf dem goldenen Ambo mit dem Text seines Hymnus in der Hand. Rechts von ihm weist der „Narr in Christo" Andreas seinen Schüler Epiphanias auf die Erscheinung der Muttergottes hin. Links außen sieht man Kaiser Leo, oberhalb von ihm Kaiserin Zoe und vor ihm Patriarch Tarasios, umgeben von Diakonen und Chorsängern. Ganz rechts ist das Wunder der Muttergottes an Romanos gemalt, als sie ihm im Schlaf erschienen war.

Die Ikone ist in leuchtenden Farben gemalt, wobei Ocker, Rot, Dunkelblau und Grün dominieren.

Die Malerei ist äußerst fein ausgeführt, wobei vor allem die Gesichter sehr detailliert ausgearbeitet sind. Im 19. Jahrhundert wurde die Ikone in einen neuen Bildträger eingesetzt und erhielt eine prächtige vergoldete Silberriza. Sie bedeckt den Hintergrund der Malerei und zeigt auf dem

breiten Rand schön ausgearbeitete, feine Rankenmuster.
(Nach einer Expertise von Simon Morsink vom Juni 2004)

Literatur:
De Savitsch Collection 1956, Nr. 34 auf S. 22, Tafel X

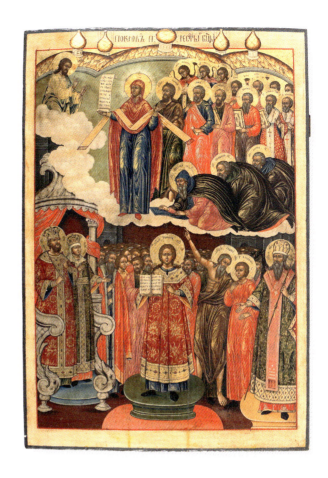

79 Mariä Schutz und Fürbitte (Pokrov)

Russland, Ende 18. Jahrhundert
Eitempera auf Holz, Oklad aus Messing, versilbert,
Nimben feuervergoldet, 123 x 85 cm
Sammlung W.

Auch diese Ikone ist durch ein Wolkenband in zwei
horizontale Hälften geteilt, wobei über den nach links
emporsteigenden Wolken der mit beiden Händen segnende
Christus erscheint. Vor ihm steht die Muttergottes, die
ihren einem Omophorion gleichenden Schleier über ihre
Arme gebreitet hat und ein Schriftblatt emporhält, das den
Text enthält: „Himmlischer König, nimm einen jeden Menschen an, der Dich preist und Deinen allheiligen Namen
anruft." Hinter ihr stehen Engel und Heilige, geführt von
Johannes dem Täufer, hinter dem vier Apostel, ein Bischof
oder Patriarch namens Johannes und Nikolaus stehen. Die
Klostergründer Antonij und Feodosij vom Kiewer Höhlenkloster sowie Sergij von Radonež haben sich ihr zu Füßen
geworfen.

Im Zentrum des unteren Bereichs steht Romanos
der Melode in kostbaren Diakonsgewändern mit einem
geöffneten Buch in seiner Hand, in dem der Anfang seines berühmten Weihnachtskontakions zu lesen ist: „Die
Jungfrau heute den Überseienden gebiert, und die Erde
die Höhle dem Unnahbaren darbringt. Die Engel ..." Um
Romanos drängt sich die Gemeinde. Rechts von ihm ist der
zur Darstellung des Schleierwunders im oberen Bereich
gehörende hl. „Narr in Christo" Andreas zu sehen, der
seinen Schüler Epiphanias auf die Erscheinung hinweist.
Außen rechts nimmt Patriarch Tarasios an der Weihnachts-
liturgie teil und links das Kaiserpaar Leo und Zoe, die vor
einem prunkvollen Thron stehen. Goldene Dächer mit fünf
auf den oberen Rand der Ikone gemalten kleinen Kuppeln
deuten die Blachernenkirche an, in der sich beide Wunder
zutrugen.

Literatur:
Bentchev 2007, Abb. S. 320

80 Magnifikat („Meine Seele preiset den Herrn")

Russland, Ende 19. Jahrhundert
Eitempera auf Holz, 53,5 x 44,8 cm
Privatsammlung

Die Darstellung auf der Ikone ist die bildliche Umsetzung des Lobgesangs der Maria aus dem Lukasevangelium Kapitel 1, Vers 46–55, den man nach den Anfangsworten des Textes in lateinischer Sprache „Magnificat anima mea dominum" („Meine Seele preiset den Herrn") auch „Magnifikat" nennt. Die ersten beiden Verse sind in kirchenslawischer Sprache auf den oberen Rand der Ikone geschrieben: „Meine Seele preiset den Herrn, und mein Geist frohlockt in Gott, meinem Heiland" (Lk 1,46–47).

Die Komposition ist durch ein aus verschiedenen Elementen, vor allem Medaillons, zusammengesetztes Kreuz gegliedert, über welches das dunkelblaue Himmelsband mit den Gestirnen und Gottvater in einer Aureole gebreitet ist. Darunter folgt eine Gruppe von Engeln mit den Versen 49 und 50 zu beiden Seiten. „Denn große Dinge hat der Mächtige an mir getan, und heilig ist sein Name; und seine Barmherzigkeit ist von Geschlecht zu Geschlecht über die, welche ihn fürchten."

Unter den Engeln sieht man in drei Kreissegmenten den segnenden Christus mit Cherubim und Seraphim. Der danebenstehende Text gibt Vers 48 wieder:
„Denn er hat herabgeschaut auf die Niedrigkeit seiner Magd, siehe, von nun an werden mich selig preisen alle Geschlechter."

Den Schnittpunkt der Kreuzbalken und gleichzeitig den Mittelpunkt der Darstellung bildet eine Aureole mit der Muttergottes mit Christus auf ihrem Schoß, die von zwei Engeln flankiert wird. Nach links und rechts folgen jeweils zwei Kreissegmente, in denen verschiedene Heiligengruppen stehen: links die „Gruppe der Ehrwürdigen (Mönche)" und die „Gruppe der Propheten", rechts die „Gruppe der Apostel" und die „Gruppe der Könige". Unter den Aposteln und Königen ist der Text der Verse 54 b und 55 wiedergegeben: „des Erbarmens zu gedenken, wie er zu unseren Vätern gesprochen hatte, zu Abraham und seinem Samen in Ewigkeit." Drei weitere Engel stehen unterhalb der Muttergottes, und unter ihnen sieht man zwei große Thronsessel, von denen Engel mit einem Dreizack zwei Menschen stoßen. Dies illustriert Vers 52 a: „Er hat Mächtige von Thronen hinabgestoßen."

In der linken oberen Ecke sitzen Heilige im Paradies und darunter schweben zwei Mönche nach oben. Auf sie bezieht sich der zweite Teil des Verses 52, „und Niedrige erhöht." Zwei weitere Mönche sitzen auf der linken Seite unterhalb des „Querbalkens." In der linken unteren Ecke thront ein ebenfalls unbezeichneter Heiliger, der jedoch der Evangelist Lukas sein dürfte, der Autor des Magnifikats. Der Text neben den beiden Mönchen lautet: „Hungrige sättigte er mit Gütern" (Vers 53 a), und derjenige neben dem Evangelisten: „und Reiche leer fortgeschickt" (Vers 53 b).

Rechts oben sitzt Maria im Tempel und erwartet den Engel, der ihr Nahrung bringt. Sie personifiziert hier offensichtlich Israel, denn der über ihr stehende Vers 54 a lautet: „Er nahm sich an Israels, seines Kindes."

Rechts unten stehen zwei Teufel über dem Höllenfeuer, in dem man zwei Mönche ohne Heiligenschein sieht. Der Text bei den Teufeln lautet: „Er tat Gewaltiges mit seinem Arm, zersprengte die in der Gesinnung ihres Herzens übermütig sind" (Vers 51).

Auf den Rändern der Ikone sind zahlreiche Heilige dargestellt, und zwar links von oben nach unten: Antipas von Pergamon, Charalampos, Sadoth von Seleukia, Sergij von Radonež, Alexios der Gottesmann und Paisios. Rechts sind der Prophet Zacharias, Artemios, Konon der Isaurer, Eugraphos von Alexandrien, Konstantin von Ephesos (?) und die Fürstin Olga zu sehen. Auf dem oberen und unteren Rand sind weibliche Heilige gemalt, nämlich Maria von Ägypten und Anna von Kašin oben und Anastasia und Olympias von Konstantinopel unten.

Literatur:
Frankfurt 2005, Kat. Nr. 70, S. 227–228

81 Das Gleichnis vom verlorenen Sohn

Russland (Vetka), 2. Hälfte 19. Jahrhundert
Eitempera auf Holz, 35 x 30,2 cm
Privatsammlung

D ie Ikone zeigt die äußerst selten dargestellte Illustration eines Gleichnisses, nämlich der Geschichte vom verlorenen Sohn, die im Lukasevangelium (15,11–32) geschildert wird. Christus hatte dieses Gleichnis erzählt, als ihm von den Pharisäern und Schriftgelehrten vorgeworfen wurde, dass er sich mit Zöllnern, die als unrein betrachtet wurden, und mit Sündern abgebe und sogar mit ihnen esse.

Auf der Ikone sind folgende Szenen des Gleichnisses dargestellt: Unten links sieht man den verlorenen Sohn, der das Erbteil seines Vaters verschleudert hatte, beim Schweinehüten. Oben in der Mitte umarmt der Vater seinen zurückgekehrten Sohn, während rechts die Diener mit Stiefeln und Gewändern in den Händen bereitstehen, um

den Sohn anzukleiden. Unten rechts schlachtet ein Knecht das Mastkalb, das zur Feier des Festes anlässlich der Heimkehr des verlorenen Sohnes aufgetischt werden soll (oben rechts). In der Mitte links kehrt der ältere Sohn zurück, der sich bei seinem Vater beklagt, dass dieser ihm noch nie ein Fest ausgerichtet habe, obwohl er immer nach dessen Willen gehandelt habe. Darauf antwortete ihm sein Vater: „Mein Kind, du bist immer bei mir, und alles, was mein ist, ist auch dein. Aber jetzt müssen wir uns doch freuen und ein Fest feiern; denn dein Bruder war tot und lebt wieder; er war verloren und ist wiedergefunden worden.“

Oben ist über Wolken der segnende Gottvater Sabaoth mit einem Globus in der linken Hand dargestellt. Der Titulus auf dem oberen Rand lautet: „Botschaft der Heimkehr des verlorenen Sohnes.“

In der orthodoxen Kirche wird das Gleichnis am 9. Sonntag vor Ostern, dem „Sonntag des verlorenen Sohnes“, gelesen.

(Nach einer Expertise von Rosemarie und Kurt Eberhard)

82 Festtagsikone

Zentralrussland (Malerdörfer bei Vladimir, wahrscheinlich Palech), 1. Drittel 19. Jahrhundert
Eitempera auf Zypressenholz, 31,3 x 26,3 cm
Privatbesitz

A uf der Hausikone sind die zwölf Hochfeste und Hohen Feiertage der orthodoxen Kirche dargestellt, die dem griechischen Dodekaort(i)on (= zwölf Feste) entsprechen. Diese Szenen rahmen die viermal größere zentrale Szene der Auferstehung Christi, welche die Höllenfahrt Christi, das wichtigste Auferstehungsthema der byzantinischen Kunst, thematisiert: Der vor einer rosaroten Mandorla auf den zerbrochenen Hadespforten stehende Erlöser hebt den Urvater Adam aus dem Grab. Im Vordergrund beugt sich Eva vor Christus. Mehrere alttestamentliche Heilige, die summarisch als „Vorväter“ bezeichnet sind und von Johannes dem Täufer angeführt werden, bilden den Zug ins Paradies, das in der oberen rechten Ecke gemalt ist. Vor der Paradiespforte und noch einmal im Paradiesesgarten vor Elija und Henoch steht der gute Schächer, zu dem Christus bei der Kreuzigung sagte: „Heute wirst du mit mir im Paradies sein (Lk 23,43).“ Unten rechts befindet sich die Szene der Auferstehung Christi mit den schlafenden Solda-

Die sehr schöne und feine Miniaturmalerei stammt von einem erstklassigen zentralrussischen Maler aus Palech, einem der berühmten Malerdörfer bei Vladimir, und weist eine erlesene und stimmige Farbgebung auf. Alle Hintergründe, Nimben, Innenrahmen und einige Details sind mit Blattgold belegt. Feinste, sehr reiche pudergoldene Chrysographien zieren die Gewänder. Auf der Rückseite der Ikone ist eine alte russische Notiz zu lesen: „Die Malerei von der Hand des Vaters Chochlovs, Ch. M." Sie besagt, dass ein Ikonenmaler aus der berühmten Palecher Malerfamilie Chochlov diese Ikone gemalt hat.

(Nach einer Expertise von Ivan Bentchev)

83 Festtagsikone mit Passionsszenen

Russland (Palech), 1. Hälfte 19. Jahrhundert
Eitempera auf Holz, 53,2 x 44,4 cm
Privatbesitz Duisburg

Im Mittelfeld der Ikone ist das Hauptfest der orthodoxen Kirche, Ostern, dargestellt. Zwölf Darstellungen von Passionsszenen und 16 Festtagsbilder rahmen die zentrale Auferstehung Christi und die Hadesfahrt.

Bei den Passionsszenen handelt es sich um:
1.) Das letzte Abendmahl
2.) Die Fußwaschung
3.) Das Gebet Christi in Gethsemane
4.) Der Handel des Judas Ischariot mit dem Hohen Rat
5.) Der Verrat des Judas an Christus (Judaskuss)
6.) Die Vorführung Christi vor dem Hohepriester Kaiphas
7.) Die Geißelung Christi
8.) Die Dornenkrönung
9.) Die Kreuztragung
10.) Die Kreuzigung Christi
11.) Die Kreuzabnahme
12.) Die Grablegung

Die Festtagsszenen sind:
1.) Die Geburt Mariä
2.) Die Einführung Mariä in den Tempel
3.) Die Alttestamentliche Dreifaltigkeit
4.) Die Verkündigung an Maria
5.) Die Geburt Christi
6.) Die Darstellung Christi im Tempel

ten am Grab. Die Szene in der linken Ecke gegenüber zeigt zwei Engel des Herrn, die den Teufel für tausend Jahre binden und in den Hades werfen.

In den zwölf kleinen Feldern dargestellt sind (von oben links der Reihe nach) folgende Feste des orthodoxen Kirchenjahres: 1.) Die Geburt der Muttergottes (8. September); 2.) Die Einführung der Muttergottes in den Tempel (21. November); 3.) Die Verkündigung des Erzengels Gabriel an Maria (25. März); 4.) Die Geburt des Herrn und Anbetung der Drei Könige (25. Dezember); 5.) Die Darstellung Christi im Tempel (2. Februar); 6.) Die Taufe Christi durch Johannes im Jordan (6. Januar); 7.) Der Einzug Christi in Jerusalem (Palmsonntag); 8.) Die Verklärung Christi auf dem Berg Tabor (6. August); 9.) Die Himmelfahrt des Herrn (40. Tag nach Ostern); 10.) Die Alttestamentliche Dreifaltigkeit (Erscheinung der drei Engel bei Abraham und Sara – Pfingsten); 11.) Das Entschlafen der Muttergottes zu Ephesos (15. August); 12.) Kreuzerhöhung (14. September).

In den Ecken der Ikone sind die vier Evangelisten sitzend und mit ihren Symbolen dargestellt, und zwar nach der Zuordnung durch Irenäus von Lyon († um 202): oben Johannes mit Prochoros auf Patmos (Löwe) und Matthäus (Engel), unten Markus (Adler) und Lukas (Stier).

Der ockerfarbene Rand wurde im späten 19. Jahrhundert übermalt und mit neuen kirchenslawischen Inschriften versehen, welche die Festtage bezeichnen.

7.) Die Taufe Christi

8.) Christi Einzug in Jerusalem

9.) Die Verklärung Christi auf dem Berg Tabor

10.) Die Himmelfahrt Christi

11.) Das Entschlafen der Muttergottes

12.) Die Auferweckung des Lazarus

13.) Die Enthauptung Johannes des Täufers

14.) Die Feurige Himmelfahrt des Propheten Elija

15.) Maria Schutz und Fürbitte (Pokrov)

16.) Kreuzerhöhung

In den Ecken der Ikone sind die vier Evangelisten in geschweiften Feldern gemalt, links oben Johannes mit seinem Schreiber Prochoros, rechts Matthäus, rechts unten Lukas und schließlich links unten Markus. Die Szenen sind miniaturhaft fein gemalt und sehr detailreich, teils mit Nebenszenen, dargestellt und auf den schmalen gemalten Rähmchen darüber oder auf den ockerfarbenen Rändern der Ikone beschriftet.

(Nach einer Expertise der Ikonen-Galerie Lehmann)

84 Festtagsikone

Russland (Velikij Rostov), um 1850; Rahmen: Jaroslavl', 1856
Emailmalerei, Silber, vergoldet, 44,3 x 35 cm
Privatbesitz

In einen prächtigen barocken Rahmen aus vergoldetem Silber mit üppigem Rankendekor sind 13 hochrechteckige Emailikonen eingelassen. Dabei ist die zentrale, viermal größere Emailtafel von zwölf kleineren Ikonen umgeben. Die Anordnung folgt dabei den bekannten gemalten Festtagsikonen mit dem Bild der Auferstehung Christi in der Mitte. Es schließen sich von links nach rechts und von oben nach unten folgende Festtagsbilder an: die Geburt Christi, die Erscheinung der drei Engel bei Abraham (Alttestamentliche Dreifaltigkeit), die Verkündigung an Maria, die Geburt der Muttergottes, die Darstellung Christi im Tempel, die Taufe Christi, der Einzug in Jerusalem, die Einführung Mariä in den Tempel, Christi Himmelfahrt, das Entschlafen der Muttergottes, die Verklärung Christi auf dem Berg Tabor und die Kreuzerhöhung.

Wie die Gestaltung des Rahmens zeigt sich auch die Emailmalerei deutlich vom Stil des westeuropäischen Barock inspiriert, was unter anderem an den Haltungen der Figuren, den Architekturdarstellungen und der Wiedergabe der Landschaft zu erkennen ist. Auch hinsichtlich der Ikonographie griff der Emailmaler auf barocke Vorbilder zurück, wie sich etwa an der zentralen Tafel ablesen lässt. Mit ihr wird nicht das traditionelle orthodoxe Osterbild der Hadesfahrt Christi gezeigt, sondern die Auferstehung Christi aus dem Grabe nach westlichem Vorbild, kombiniert mit der – in Wirklichkeit nicht gleichzeitigen – Szene der drei Frauen, denen der Engel das leere Grab zeigt.

Den Rahmen schuf 1856 ein Silberschmied mit den Initialen A. D., der Prüfmeister war Aleksandr Stepanovič Kudrin (1850–1857).

Literatur: Frankfurt 2007, Kat. Nr. 117

85 Die Geburt der Muttergottes

Russland (Novgorod), Anfang 16. Jahrhundert
Eitempera auf Holz, 54 x 40,4 cm
Privatbesitz

Lukas erwähnt zwar, dass Maria aus dem Hause David stammt (Lk 1,27), aber ausführlichere Berichte über ihre Geburt geben nur die apokryphen Evangelien des Jakobus und Pseudo-Matthäus.

In einem durch drei Gebäude und ein darüberliegendes rotes Velum im Hintergrund abgeschlossenen Raum liegt auf einem großen, weiß bezogenen Bett auf der linken Seite die hl. Anna, halb aufgerichtet und sich auf eine Dienerin stützend, die ihr einen goldenen Becher reicht. Zwei weitere Frauen im Mittelgrund bringen ihr weitere goldene Gefäße, die sie auf einem Tisch neben dem Bett abstellen. In der rechten unteren Ecke baden zwei Frauen die neugeborene Maria. Eine in eine weiße Bluse und einen langen braunen Rock gekleidete Hebamme mit einer weißen Kopfbedeckung hält das halbnackte Kind auf ihrem Schoß. Gleichzeitig prüft sie mit ihrer rechten Hand das Wasser, das eine rot gewandete Frau in das Becken gießt. Joachim schaut aus einem Dachfenster über einem hohen Hauseingang der Szene zu.

Die kräftigen Farben, vor allem der Kontrast zwischen dem leuchtenden Zinnoberrot und dem Weiß und dem Dunkelgrün, sind charakteristisch für Ikonen aus Novgorod.

Literatur:
Recklinghausen 1979, Kat. Nr. 1; Hoechst 1986, Kat. Nr. 63

86 Die Verkündigung an Maria

Russland (Moskau), um 1600
Eitempera auf Holz, Riza aus vergoldetem, ornamentiertem
Silberblech, 28,5 x 21 cm
Privatbesitz

87 Die Verkündigung an Maria und Anbetung Christi

Russland, Ende 19. Jahrhundert
Ölhaltige Eitempera auf Holz, 35,2 x 59,6 cm
Privatbesitz

Die Ikone zeigt die Verkündigung an Maria in ihrer „klassischen" Form: Von links schreitet der Erzengel Gabriel auf Maria zu, die rechts auf einem Thronsessel sitzt und ihr Haupt demutsvoll beugt. Der Engel trägt einen olivfarbenen Mantel über einem dunkelblauen Untergewand. Die thronende Maria hält eine Spindel und den Purpurfaden, denn nach der Überlieferung des apokryphen Jakobusevangeliums gehörte sie zu den Jungfrauen, die auserwählt waren, den Vorhang für den Tempel in Jerusalem zu weben. Hinter Gabriel und Maria erheben sich zwei Gebäude, die durch ein rotes Tuch verbunden sind und somit einen Innenraum bedeuten. Aus einem kleinen Himmelssegment kommt ein dunkelgrüner Strahl, der auf die Jungfrau herniedergeht und auf dem der Heilige Geist in Form einer Taube dargestellt ist.

Die in elegantem, höfischem Stil gemalte Ikone ist mit einer vergoldeten Silberbasma verziert. Auch die Nimben waren ursprünglich mit Silber geschmückt.

Die Ikone stammt aus der Festtagsreihe der Ikonostase einer russischen Kirche und stellt zwei Hauptfeste der orthodoxen Kirche dar – die Verkündigung an die Muttergottes, die am 25. März gefeiert wird, und die Anbetung der Heiligen Drei Könige, die für die Geburt Christi (25. Dezember) steht.

Die Ikonographie der traditionell gemalten Szene der Verkündigung folgt den Stellen im Lukasevangelium (1,28–38) und im sogenannten Protoevangelium des Jakobus: Vor dem Hintergrund einer palastartigen Architektur (ein Vorhang rechts deutet einen Innenraum als Ort des Geschehens an) schreitet der links im Bild dargestellte geflügelte Erzengel Gabriel in dynamischer Bewegung nach rechts, auf Maria zu, und verkündet ihr die frohe Botschaft mit der im Redegestus erhobenen Rechten. In seiner Linken hält Gabriel nicht wie gewöhnlich seinen Botenstab, sondern nach westlicher Manier einen blühenden Zweig. Maria steht rechts im Bild auf einem flachen Postament vor einer vergoldeten Bank, auf der ein rotes Kissen liegt. Links davon steht ein mit einem langen weißen Tuch bedeckter Tisch, auf dem ein Buch liegt. Auf der aufgeschlagenen Stelle wird der Text nach Matthäus 1,23 zitiert: „Seht, die Jungfrau wird einen Sohn empfangen, und man wird ihm den Namen (Immanuel) geben." Maria kreuzt in Demutsgeste beide Hände vor ihrer Brust und neigt etwas den Kopf. Über sie ergießt sich aus den Wolken der Heilige Geist als Lichtstrahl, in dem eine weiße Taube schwebt. Der kirchenslawische Ikonentitulus in der oberen linken Ecke bezeichnet diese Darstellung in schönen goldenen Majuskeln als „Verkündigung an die allheilige Gottesgebärerin."

Die Anbetung des Christuskindes, die auf dem oberen Rand als „Geburt Christi" bezeichnet ist, nimmt die rechte Hälfte der Ikone ein. Das Christuskind liegt in der Krippe im Stall von Bethlehem, der teils aus gemauerten, teils aus gezimmerten Teilen besteht und sogar die Basis einer großen grauen Säule umfasst. Hinter der Krippe stehen Ochs und Esel. Die Darstellung dieser beiden Tiere geht auf die Weissagung des Propheten Jesaja (1,3) zurück: „Ein Ochse kennt seinen Herrn und ein Esel die Krippe seines Besitzers, aber Israel kennt es nicht, und sein Volk vernimmt es nicht." Rechts neben der Krippe sitzt Maria, die das Betttuch, auf dem das Kind liegt, mit beiden Händen anhebt. Rechts hinter ihr sitzt der greise hl. Joseph und stützt sich auf seinen Stab. Drei weiße Strahlen vom Stern von Bethlehem im goldenen Himmel oben links fallen auf das Gesicht des Christuskindes. Die drei Weisen, die ihre Gaben in den Händen halten, bilden links im Bild eine geschlossene Gruppe: Vorne kniet vor dem Kind der älteste König. Er ist in einen prachtvollen Brokatmantel gekleidet, der mit Hermelinpelz gefüttert ist. Dahinter verbeugt sich der jüngste König, links steht der Weise mittleren Alters. Hinter den Weisen sind eine rosafarbene Palastruine und eine Landschaft mit Pflanzen und stilisierten Bäumen gemalt.

Die sehr qualitätvolle Malerei in schöner Farbigkeit und mit ihren reichen Faltenwürfen besitzt in ikonographischer Hinsicht zahlreiche Einflüsse der barocken Malerei des Westens.

(Nach einer Expertise von Ivan Bentchev)

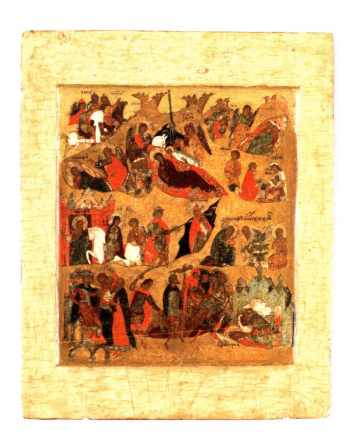

88 Die Geburt Christi

Russland, ca. 1600–1620
Eitempera auf Holz, in eine neue Tafel eingesetzt,
31,3 x 26,1 cm
Privatsammlung Belgien

Anfangs wurde das Fest der Geburt Christi am Epiphanias-Tag, dem 6. Januar, gefeiert, dann aber im Jahre 354 in Rom auf den 25. Dezember verlegt, den Tag der Wintersonnenwende. Wie im Römischen Reich an diesem Tag die Geburt des Sonnengottes, des „sol invictus", als Beginn neuen Lebens gefeiert wurde, so wird am christlichen Weihnachtsfest die Ankunft des Gottessohnes verherrlicht, der die Menschheit vom Tode erlösen und das ewige Leben bringen wird.

Im Zentrum liegt die Muttergottes auf einem roten Kissen neben dem neugeborenen Kind, das von Engeln flankiert wird. Rechts davon ist das Bad des Kindes dargestellt. Mit dem Rücken zum Geschehen sitzt der an der jungfräulichen Geburt zweifelnde Joseph im Gespräch mit einem Hirten bzw. dem Schriftgelehrten Annas, und rechts von dieser Szene ist der in Windeln gewickelte Nathanael zu sehen, den seine Mutter unter einem Feigenbaum verbirgt.

Links oben kommen die drei Weisen auf ihren Pferden, dem Stern von Bethlehem folgend, auf der Suche nach dem Königskind, dem sie ihre Geschenke darbringen. Engel spielen eine große Rolle auf dieser Darstellung. Sie warnen die drei Weisen davor, Herodes Bericht zu erstatten, sie wecken Joseph, damit er nach Ägypten fliehen soll (links). Ein anderer Engel rät Elisabeth mit dem kleinen Johannes zur Flucht vor den Soldaten. Anschaulich ist der Kindermord von Bethlehem geschildert (unten) und unten rechts die Ermordung des Zacharias im Tempel, der den Aufenthaltsort seiner Frau Elisabeth nicht preisgeben wollte. Die Ikone wurde später in eine neue Tafel eingesetzt, deren Ränder freigelegt sind. Auch die Inschriften auf der Ikone sind erneuert.

Eine Ikone mit übereinstimmender Ikonographie ist abgebildet bei Stichel 1990, Taf. 25.

(Nach einer Expertise der Ikonengalerie Tóth, Amsterdam)

Literatur:
Tóth 2004, S. 84

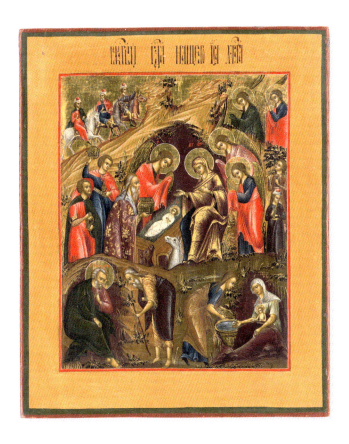

89 Die Geburt Christi

Russland, um 1860
Eitempera auf Zypressenholz, 26,7 x 21,8 cm
Privatbesitz

Auf dem oberen ockerfarbenen Rand steht der kirchenslawische Ikonentitulus in braunen Ziermajuskeln: „Die Geburt unseres Herrn Jesu Christi."

Die Ikone zeigt im etwas vertieften Mittelfeld verschiedene Szenen der Geschehnisse um die Geburt Christi, die der nachmittelalterlichen russischen Ikonographie folgen. Sie sind auf dem Hintergrund bizarrer Felsenformationen wiedergegeben, die in hellem Ocker mit weißen Lichtreflexen gemalt sind. Zentrales Thema ist die Anbetung der Weisen. In der Mitte, vor einer dunklen Felsengrotte, liegt das Christuskind in der Krippe, dem sich die sitzende Muttergottes, drei Engel und die drei Weisen zuwenden. Letztere halten ihre Gaben in goldenen Gefäßen – Gold, Weihrauch und Myrrhe. Die Weisen stellen die drei Altersstufen dar: Der Greis mit langem grauem Bart befindet sich im Vordergrund, gefolgt von dem Weisen mittleren Alters. Dahinter steht der junge bartlose König, der seine Krone in der Hand hält. Vor der Krippe recken Ochs und Esel ihre Hälse nach oben zum göttlichen Kind hin, denn: „Ein Ochse kennt seinen Herrn und ein Esel die Krippe seines Besitzers, aber Israel kennt es nicht, und sein Volk vernimmt es nicht" (Jes 1,3). Ungewöhnlich stark betont sind hier die Engelmotive. Weitere zwei Engel in der oberen rechten Ecke vervollständigen die Szene. Unter ihnen stehen zwei Flöte spielende Hirten, und in der oberen linken Ecke sind die drei Weisen als Reiter zu sehen. Im unteren Bereich sind zwei traditionelle Szenen dargestellt: Dem rechts vor einer dunklen Grotte sitzenden Joseph wendet sich ein bärtiger Greis mit einem Stock in der Hand zu. Dieser wird entweder als einer der drei Hirten gedeutet oder als der im Protoevangelium des Jakobus erwähnte Schriftgelehrte Annas, der Maria und Joseph beim Hohepriester wegen Marias Schwangerschaft anklagt. Unten rechts wird das Christuskind von der älteren Hebamme Salome gebadet. Sie prüft die Temperatur des Wassers, das ihr eine Dienerin auf die Hand gießt.

Die Ikone ist von einem hervorragenden russischen Ikonenmaler äußerst fein und in ausgezeichneter Farbigkeit gemalt worden. Die Hintergründe, Nimben und andere Details sind mit poliertem Blattgold belegt, feine pudergoldene Chrysographien zieren Gewänder, Pflanzen und andere Motive.

(Nach einer Expertise von Ivan Bentchev)

90 Die Geburt Christi

Russland (Jaroslavl'), um 1700
Eitempera auf Holz, 35,3 x 30,7 cm
Privatbesitz BG

Auf der Weihnachtsikone sind um die eigentliche Geburtsszene zahlreiche weitere Einzeldarstellungen gruppiert, die auf die Geburt Christi bezogene biblische und apokryphe Ereignisse wiedergeben. Die in der Überschrift genannte „Geburt Christi" ist weder durch ihre Größe noch durch ihre zentrale Position auf der Ikone hervorgehoben, sondern befindet sich oberhalb der Mitte. Maria sitzt hinter der Krippe und schaut auf das darin liegende gewickelte Kind, dem sich von der rechten Seite auch drei Engel verehrend zuneigen. Links von dieser Szene baden zwei Dienerinnen das Neugeborene. Darunter spricht der an der jungfräulichen Geburt zweifelnde Joseph mit einem Hirten im Fellgewand.

Die Darstellung der Geburt ist von dem sich in vier Einzelszenen entwickelnden Thema der Anbetung der Magier umgeben. Links oben machen sich die drei Magier auf ihren Pferden auf die Reise und weisen auf den Stern von Bethlehem, den ein Engel trägt (oben in der Mitte). Sie bringen dem Neugeborenen auf dem Schoß der Muttergottes ihre Gaben dar (weiter unten links), werden dann im Traum davor gewarnt, Herodes Bericht zu erstatten, und reiten schließlich (in der Szene in der rechten oberen Ecke) unbehelligt direkt in ihre Heimat zurück. Der Verkündigung der Geburt Christi lauschen zwei Hirten, die im Gebüsch zwischen einem Schaf und einem Ziegenbock zum Himmel schauen. Ein Engel erscheint dem schlafenden Joseph (links, unterhalb der Anbetung) und befiehlt ihm, nach Ägypten zu fliehen. Die Flucht ist als Pendant zum Traum des Joseph auf der rechten Seite wiedergegeben.

Weiter unten in der Mitte ist die Flucht der Elisabeth mit dem Johannesknaben im Arm geschildert, die sich vor einem sie verfolgenden Soldaten in einer Felsspalte versteckt halten. Die untere Hälfte der Ikone ist der ausführlichen Schilderung des Bethlehemitischen Kindermordes vorbehalten. Links befragt Herodes in seinem Palast die Schriftgelehrten nach dem Geburtsort Christi. In der Mitte unten schlachten Soldaten die unter zweijährigen Kinder vor den Augen ihrer verzweifelten Mütter ab. In der rechten unteren Ecke erschlägt ein Soldat den Hohepriester Zacharias im Tempel vor dem Altar, da dieser das Versteck seines Sohnes Johannes nicht preisgeben wollte.

Die komplexe Ikonographie basiert auf unterschiedlichen Quellen, vor allem den Evangelien (Mt 1,18–2, 18; Lk 2,1–20)

und apokryphen Texten wie dem Protoevangelium des Jakobus (Kap. 17–24). Ikonen, welche die Szenen nicht mehr in abgetrennten Feldern um ein Zentralbild gruppieren, sondern sie meist sehr detailreich vor einem einheitlichen Landschaftshintergrund anordnen, sind in der russischen Ikonenmalerei seit dem 17. Jahrhundert bekannt.

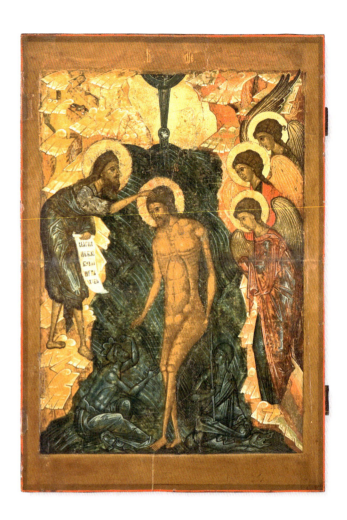

91 Die Taufe Christi

Russland (Moskau), 1. Hälfte 16. Jahrhundert
Eitempera auf Holz, 77 x 53 cm
Privatbesitz

Alle vier Evangelien berichten von der Taufe Christi im Jordan durch Johannes, bei der der Heilige Geist in Gestalt einer Taube erschien und eine Stimme vom Himmel herab die Worte sprach: „Dies ist mein lieber Sohn, an dem ich Wohlgefallen habe." In diesen Worten sah die Kirche die erste Offenbarung des göttlichen Wesens Christi; deshalb nennt man das Fest der Taufe am 6. Januar „Theophanie", die Erscheinung Gottes.

90 Die Geburt Christi

Die Ikone folgt dem traditionellen Schema der Darstellung, die gewöhnlich in drei vertikale Streifen gegliedert ist. Die Mitte nimmt der Jordanfluss ein, in dem die nackte Gestalt Christi steht. Der sich weit vorbeugende Johannes tauft Christus vom linken Flussufer durch Handauflegen und hält in der linken Hand eine Schriftrolle mit dem kirchenslawischen Text: „Siehe, dies ist das Lamm Gottes, das die Sünden der Welt hinwegnimmt ..."(Joh 1,29). Am rechten Ufer stehen drei Engel. Aus dem Kreissegment des Himmels geht ein dunkelgrüner Strahl auf Christus herab. Er umschließt ein Rundmedaillon mit der Taube als Symbol des Heiligen Geistes und verläuft dann in drei Spitzen weiter auf Christus zu. Seine Farbe wird von den Wasserfluten des Jordan aufgegriffen, deren Bewegung rhythmische weiße und schwarze Wellenlinien akzentuieren. In das Wasser des Jordan hat der Maler nicht nur zwei Fische hineingemalt, sondern hat zu Füßen Christi auf der linken Seite den Flussgott Jordan dargestellt und auf der anderen Seite die Personifizierung des Meeres in einer Frauengestalt, die von einem Fisch getragen wird und ein Stechruder in der rechten Hand hält. Die Frau schaut sich zu Christus um und entfernt sich von ihm. Die beiden Gestalten erklären sich aus Psalm 114,3: „Das Meer sah es und floh; der Jordan wandte sich zurück" und Psalm 77,17: „Es haben dich die Wasser gesehen, o Gott, sie haben dich gesehen und fürchten sich."

Die in zurückhaltenden Farben gemalte Ikone hat vermutlich ihr ikonographisches Vorbild in einer Novgoro-der Ikone der 1560er Jahre, die aus der Festtagsreihe der Christi-Geburt-Kathedrale des dortigen Antoniosklosters stammt (Bentchev 2005, Abb. S. 156).

Literatur: Recklinghausen 1979, Kat. Nr. 9; Gerhard 1980, S. 163–169, Farbtaf. XXII; Schmidt-Voigt 1980, Abb. 128 b auf S. 145

92 Bogenfeld über einer Königstür

Russland (Jaroslavl'?), Ende 17. Jahrhundert
Eitempera auf Holz, 58 x 109,5 cm
Privatsammlung

Bei dieser Ikone handelt es sich um das Bogenfeld über der Königstür einer Ikonostase. Da die Königstüren oft einen bogenförmigen Abschluss besaßen, wurde die darüber angebrachte Tafel dieser Form angepasst.

In der Regel wurde auf den Ikonen über der Königstür die Apostelkommunion, kombiniert mit der Alttestamentlichen Dreifaltigkeit (Gastmahl des Abraham), dargestellt bzw. seit dem 18. Jahrhundert das Letzte Abendmahl.

Bei dieser Ikonentafel handelt es sich um eine seltene Variante, auf der die Apostelkommunion einen untergeordneten Platz einnimmt und im Zentrum Szenen aus dem Leben Christi stehen. Die Apostelkommunion ist wie üblich in zwei Darstellungen aufgeteilt und am linken und rechten Rand in ovalen Bildfeldern wiedergegeben, die nach barocker Art von üppigen Blumenkränzen umgeben sind. Links empfängt Petrus mit weiteren fünf Aposteln das Brot, wobei die nur noch fragmentarisch lesbare Beschriftung wohl Mk 14,22 zitiert: „Und indem sie aßen, nahm Jesus das Brot, dankte und brach's und gab's ihnen und sprach: Nehmet; das ist mein Leib." Dieser Szene entspricht auf der rechten Seite die Austeilung des Weins an die zweite Apostelgruppe unter Führung von Paulus, beschriftet mit der Fortsetzung des Textes von Mk 14,24: „Und er sprach zu ihnen: Das ist mein Blut des neuen Testaments, das für viele vergossen wird."

In sehr viel größerem Maßstab als die Apostelkommunion sind in der Mitte der Tafel die Taufe Christi im Jordan und Christi Einzug in Jerusalem gemalt und zwischen diesen beiden Festtagen wieder in kleinerem Maßstab die Predigt Christi zum Volk mit dem kirchenslawischen Titel nach Mt 4,17: „Seit der Zeit fing Jesus an zu predigen und zu sagen: Tut Buße, denn das Himmelreich ist nahe herbeigekommen!"

Die verschiedenen Darstellungen sind in eine abwechslungsreiche Landschaft mit Gebäuden, Bergen, Bäumen und Blumen eingebettet.

Die an dieser Stelle sehr ungewöhnlichen Festtagsszenen könnten auf die Lehrtätigkeit Christi anspielen, die in die Zeit zwischen der Taufe im Jordan und dem Einzug in Jerusalem fällt. Sie beginnt mit der von Matthäus geschilderten Predigt Christi, die zwar klein, aber an zentraler Stelle auf der Ikone wiedergegeben ist. Die Darstellungen könnten sich somit an den Priester richten, der während der Liturgie mehrfach unter diesem Bogen hindurchgeht und Christi Worte in der Kirche verkündet.

(Nach einer Expertise von Rosemarie und Kurt Eberhard)

93 Die Verklärung Christi

Nordrussland, 2. Hälfte 17. Jahrhundert
Eitempera auf Holz, 54,4 x 34,5 cm
Privatbesitz

Zu den ältesten Kirchenfesten des christlichen Ostens gehört die Verklärung Christi auf dem Berg Tabor, die nach dem Ikonoklasmus Teil des Festbildzyklus wurde und am 6. August gefeiert wird. Die von den Evangelisten Matthäus (17,1–9), Markus (9,2–10) und Lukas (9,28–36) beschriebene Verklärung, in der wie bei der Taufe die Göttlichkeit Christi aufscheint, weist auf die Auferstehung und auf die Wiederkehr des Herrn in Herrlichkeit am Ende der Zeiten hin. Der Berg Tabor, auf dem nach Kyrill von Jerusalem die Verklärung des Herrn erfolgte, war bereits im 4. Jahrhundert ein viel besuchtes Pilgerziel.

Schon im Jahr 565 wurde dieses Fest auf dem Apsismosaik des Katharinenklosters auf dem Sinai in der Ikonographie wiedergegeben, die auch in der Folgezeit verbindlich blieb: Der verklärte Christus steht in einer Aureole zwischen dem Propheten Elija und Moses, während sich die drei erstberufenen Apostel Petrus, Johannes und Jakobus erschreckt und vom überirdischen Licht geblendet zu Boden werfen.

Dieselbe Anordnung ist auf dieser Ikone zu sehen, deren Bildtitel oben im Innenfeld der Ikone steht. Auf einer schroffen Felsenspitze steht der mit der Rechten segnende Christus in einem weißen Gewand, wie es die Evangelien beschreiben (Mk 9,3). Er wird flankiert von den beiden alttestamentlichen Zeugen Elija (links) und Moses (rechts), die sich ihm ehrfürchtig zuneigen. Christus ist umgeben von einer grünen Mandorla, vor der ein hellgrüner achtzackiger Stern aus zwei versetzten Vierecken erscheint. Von dem Herrn gehen drei rote spitze Strahlen auf die Erde aus und blenden die Jünger, die ihn begleitet hatten. Ganz links blickt Petrus zu Christus auf. Er ist auf die Knie gesunken, Johannes und Jakobus daneben sind zu Boden gestürzt und wenden sich von dem übernatürlichen Licht ab. In der Landschaft sind die felsigen Stufen der drei gleich hohen Berggipfel deutlich markiert, die Vegetation besteht aus wenigen kärglichen Pflanzen.

Dem Stil der Malerei nach ist die Ikone eine Arbeit aus einer Werkstatt des nördlichen Mittelrussland. Das Kolorit ist auf wenige Farben – Grün, Dunkel- und Hellrot und Ocker reduziert.

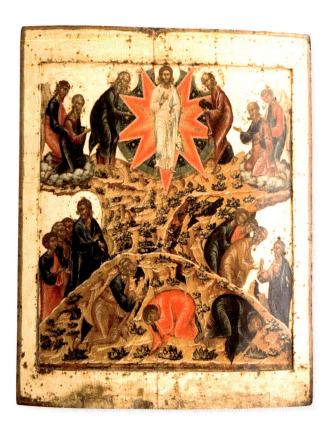

94 Die Verklärung Christi

Russland (Palech), 1. Hälfte 18. Jahrhundert
Eitempera auf Holz, 89 x 73 cm
Privatsammlung Belgien

Dem Grundschema der Darstellung des Festes sind auf dieser Ikone vier weitere Szenen hinzugefügt, die zeitlich vor und nach der Verklärung liegen. Oben bringt jeweils ein Engel den Propheten Elija bzw. Moses auf einer Wolke kniend auf das weit ausladende Bergplateau, sodass sie dort jeweils zwei Mal dargestellt sind. Im mittleren Feld steigt Christus links mit den drei Jüngern den Berg hinauf, rechts folgt der Abstieg, auf dem Christus mit erhobenem Zeigefinger die ihm aufmerksam lauschenden Jünger ermahnt: „Erzählt niemand von dem, was ihr gesehen habt, bis der Menschensohn von den Toten auferstanden ist (Mt 17,9)." Die Texte auf den Rändern zitieren Mt 17,6–7 und Mt 17,4.

Die sehr bizarr gestalteten Berge sind über und über mit kleinen Büschen übersät, die mit Goldschraffuren verziert sind. Christus erscheint oben frontal in weißen Gewändern vor einem roten Stern, der sich von einer runden, grünen Aureole abhebt. Der Hintergrund und die Ränder der Ikone sind freigelegt und waren ursprünglich mit einer Riza bedeckt, wie die zahlreichen Nagellöcher belegen.

(Nach einer Expertise der Ikonengalerie Tóth, Amsterdam)

Literatur:
Tóth 2006, S. 9

95 Die Verklärung Christi

Russland, um 1800
Eitempera auf Holz, 31,5 x 26 cm
Privatbesitz

Noch weiter ausgesponnen ist die Darstellung auf dieser Ikone. Von den Evangelientexten zu diesem Geschehen scheint der Maler besonders Mt 17,1–9 zugrunde gelegt zu haben. Auf dem oberen Bildrand ist in einem von Wolken umsäumten Himmelsfeld Gottvater in halber Figur gemalt. Er segnet mit der rechten und hält mit der linken Hand die Kugel des Kosmos. Unter ihm ist zwischen den Wolken der Heilige Geist im Symbol der Taube dargestellt. Der Bildtitel zu beiden Seiten des Himmelsfeldes lautet: „Bild der Verklärung unseres Herrn Jesu Christi."

Oben links und rechts führen Engel auf Wolken Elija und Moses zum Berg Tabor, auf dem sie dann nochmals neben Christus auf Wolken stehend gemalt sind. Der Herr in hellem Gewand scheint über dem Gipfel des Berges zu schweben. Von ihm verlaufen drei rote spitze Strahlen senkrecht abwärts auf die drei Jünger Petrus, Jakobus und Johannes zu, die Jesus mit sich genommen hatte. Hier ist Vers 4 illustriert, als Petrus (links) dem Herrn vorschlägt,

an dieser Stelle drei Hütten zu bauen. Diese Szene wird auf Ikoncn genauso selten wiedergegeben wie die im unteren Bereich, wo sich Christus zu den Jüngern beugt, die sich vom Licht geblendet und der Stimme Gottes geängstigt auf den Boden gestürzt haben. „Da trat Jesus zu ihnen, fasste sie an und sagte: Steht auf, habt keine Angst!" (Mt 17,7). In der mittleren Bildzone ist links der Aufstieg zum Berg mit den Jüngern dargestellt und rechts der Abstieg vom Berge, bei dem Jesus ihnen sagt, sie sollten dieses Gesicht niemandem sagen, bis des Menschen Sohn von den Toten auferstanden ist.

Auf den Seitenrändern sind zwei heilige Frauen gemalt, links die Prophetin Anna, die Tochter Phanuels, die bei der Darstellung Christi im Tempel anwesend war, und rechts die Märtyrerin Juliana, die in Nikomedien um das Jahr 305 getötet wurde.

96 Der Einzug Christi in Jerusalem

Nordrussland, Mitte 18. Jahrhundert
Eitempera auf Holz, 58 x 56 cm
Privatsammlung

Das am Sonntag vor Ostern begangene Fest des Einzugs Christi in Jerusalem wurde schon in frühchristlicher Zeit von Prozessionen begleitet, bei denen die Teilnehmer Palmwedel trugen (daher die Bezeichnung „Palmsonntag"), um den triumphalen Empfang Christi in Jerusalem nach dem vorangegangenen Wunder der Auferweckung des toten Lazarus zu feiern.

Im Zentrum der Ikone reitet Christus, gefolgt von Petrus und den anderen Jüngern, auf einem weißen Esel auf das Stadttor von Jerusalem zu, vor dem ihn eine Gruppe Männer und Frauen erwartet. Christus hat seine rechte Hand im Segensgestus erhoben und hält in der linken eine Schriftrolle. Hinter Christus ist die von Zinnen bekrönte Stadtmauer von Jerusalem zu sehen und im Zentrum der Palmbaum, jedoch ohne die Kinder, die ihn gewöhnlich erklimmen, um Zweige abzuschneiden. Unter den Hufen des Esels liegen ein blaues und ein rotes Gewand, aber auch hier fehlen die Kinder, die sie ausgebreitet haben.

Der auf den oberen Rand geschriebene Titulus „Einzug in Jerusalem unseres Herrn Jesu Christi" ist oben abgeschnitten. Ursprünglich war die aus einer Ikonostase stammende Ikone zweiteilig, und über der Festtagsdarstellung war ein Heiliger aus dem Deesisrang gemalt. Im Ikonen-

Museum Recklinghausen befindet sich eine Ikone mit der „Beschneidung Christi", die aus demselben Festtagsrang stammt (Lyon 2006, Abb. 6 auf S. 34).

Das Buch, das Petrus in der Hand hält, ist eine spätere Hinzufügung, die eine Fehlstelle verdeckt.

(Nach einer Expertise von Rosemarie Eberhard)

97 Die Verleugnung des Apostels Petrus

Russland, Mitte 18. Jahrhundert
Eitempera auf Holz, 43,8 x 62,1 cm
Privatsammlung

Die querformatige Ikone illustriert sehr genau die Szene aus der Leidensgeschichte Christi, als nach der Gefangennahme Christi Petrus sich unter die Soldaten mischt, die sich an einem Feuer im Hof wärmen. Erst erkennt ihn eine Magd, und später sprechen ihn zwei Soldaten darauf an, dass sie ihn bei Christus gesehen haben. Jedes Mal weist er dies vehement von sich, bis beim dritten Mal der Hahn kräht. Da erinnert sich Petrus an Christi Worte: „Ehe der Hahn heute kräht, wirst du mich dreimal verleugnen", geht und weint bitterlich (Lk 22,54–62; Mt 26,69–75; Mk 14,66–72 und Jh 18,15–18, 25–27).

Die sehr bewegt gestaltete Szene spielt sich vor einem graublauen Palast in klassizistischem Stil im Hintergrund rund um ein Feuer ab. Links neben dem Feuer steht die Magd, die Petrus mit ausdrucksvollen Gesten anspricht. Petrus, der von zwei Soldaten flankiert wird, die ihn fragend anschauen, steht mit abwehrend erhobenen Händen da. Seine ganze Haltung drückt seine Furcht vor der für ihn unangenehmen und gefährlichen Situation aus. Rechts von dem Feuer sind zwei weitere Soldaten in prächtigen Rüstungen zu sehen. Einer sitzt auf einem Steinblock und hat die Hand im Redegestus erhoben, der zweite ist als Rückenfigur wiedergegeben und hält eine lange Lanze, die das Gegengewicht zu der schmalen Pyramide auf einem Sockel bildet, die das Bild auf der linken Seite begrenzt und auf welcher der Hahn sitzt. Dieser ist genauso grau wie die Pyramide wiedergegeben und wirkt daher wie ein steinernes Denkmal. Die weiße Inschrift auf dem dunkelbraunen Grund nennt den Titel der Ikone, „Die Verleugnung des Apostels Petrus".

Die Darstellung dieser Episode ist in der Ostkirche sehr selten. Die sehr gekonnt gemalte Ikone gehörte ursprünglich zum Passionszyklus einer großen Ikonostase. Deutlich zu erkennen ist der Einfluss westeuropäischer Bibelillustrationen, wie er seit dem Ende des 17. Jahrhunderts z. B. in den Fresken der Kirchen in Jaroslavl' und Kostroma zu beobachten ist.

(Nach einer Expertise von Rosemarie und Kurt Eberhard)

98 Ecce Homo

Russland, 19. Jahrhundert
Eitempera auf Holz, 38,6 x 26,7 cm
Privatsammlung

Schon in frühmittelalterlicher Zeit wurde das Bild Christi mit Dornenkrone und Purpurmantel und den Merkmalen der vorangegangenen Geißelung aus dem szenischen Zusammenhang herausgelöst und als Andachtsbild wiedergegeben. Es geht auf die Zurschaustellung Christi mit den Worten „Sehet, welch ein Mensch" (lat.: ecce homo) durch

Das mittlere Feld zeigt sechs Cherubim und Seraphim, von denen die vier mittleren möglicherweise eine Hostie in Form eines Dornenkranzes in ihrer Mitte halten, eine Form, die bei den frühen Christen üblich war.

(Nach einer Expertise von Rosemarie und Kurt Eberhard)

99 Staurothekikone

Russland (Palech?), Ende 18. Jahrhundert
Eitempera auf Holz, Messing, 33,2 x 27,9 cm
Privatbesitz

In die Ikonentafel ist ein Hauskreuz aus Messing eingelassen, das im 18. Jahrhundert in der altgläubigen Gieße-rei in Guslicy bei Moskau hergestellt wurde, für welche die Seraphim charakteristisch sind, die das Kreuz bekrö-nen. Die Grundform des achtendigen Kreuzes ist erweitert durch zwei parallel zum Kreuzesstamm angebrachte hoch-rechteckige Platten, die an der unteren Kante des mittleren Querbalkens und an den Außenkanten des schräg gestell-ten unteren Balkens anschließen. Sie sind dazu bestimmt, die Zeugen des Kalvarienberges aufzunehmen. Das linke Ansatzstück zeigt die trauernden Gestalten der hl. Martha und der Muttergottes, das rechte den Apostel Johannes und den Hauptmann Longinus. Mit Gesten der Trauer wenden sie sich dem Gekreuzigten zu.

Im oberen Feld des eigentlichen Kreuzes ist ganz oben Gottvater als „Herr Sabaoth" abgebildet. Darunter schwe-ben zwei als „Engel des Herrn" gekennzeichnete Engel mit verhüllten Händen auf Christus am Kreuz herab. Die Inschrift unter ihnen rühmt Christus als den „König der Herrlichkeit". In der Mitte über dem Haupt Christi ist das INRI-Schild angebracht und zuseiten des Kreuzbalkens das Monogramm IC XC für „Jesus Christus". Neben dem Kreuzesstamm stehen links die Lanze und rechts der Stab. Unterhalb des Kreuzstammes ist die Höhle mit dem „Schä-del Adams" dargestellt.

Die Festtagsdarstellungen auf den rechteckigen Feldern sind im Uhrzeigersinn: die Darstellung Christi im Tempel, der Einzug in Jerusalem, die Hadesfahrt Christi, die Him-melfahrt Christi und die Heilige Dreifaltigkeit in alttesta-mentlicher Form (Pfingsten).

Das Metallkreuz ist in eine Holzikone eingelassen, auf der oben in abgetrennten Bildfeldern links die Muttergottes von Kazan' und rechts die Muttergottes des Zeichens von

Pilatus vor dem Gerichtsgebäude zurück, wie sie im Johan-nesevangelium 19,4–5 geschildert wird. In der russischen Ikonenmalerei ist das Thema hingegen äußerst selten und erst in später Zeit dargestellt worden.

Auf der im 19. Jahrhundert gemalten Ikone ist Chris-tus in der Mitte des größeren unteren Bildfeldes in ganzer Figur wiedergegeben. Er ist mit dem purpurnen Spottman-tel bekleidet und hält die Hände vor seinem Körper. Das Haupt mit der Dornenkrone hat er leicht gesenkt und blickt traurig nach unten. Er wird flankiert von zwei knienden Engeln mit den Leidenswerkzeugen als Hinweis auf die kommende Kreuzigung sowie zwei schwebenden Engeln, welche die Hände vor der Brust gekreuzt halten. Neben seinem Haupt sind außerdem ein Cherub und ein Seraph zu sehen. Der gesamte Hintergrund des unteren, durch ein Bogensegment abschließenden Feldes ist mit Sternen auf blauem Grund übersät und soll den Himmel symbolisieren. Die vielen brennenden Lampen am oberen Bogen erinnern stark an das Innere der Grabeskirche in Jerusalem.

Die obere Bildzone über dem Bogen ist in drei Felder eingeteilt, wobei die beiden äußeren auf dem Hintergrund eines dunklen Sternenhimmels gemalt sind. Links ist die „Kreuzigung unseres Herrn Jesu Christi" und rechts sein Gebet im Garten Gethsemane wiedergegeben. Der Titel dieser Szene lautet „Gebet um den Kelch unseres Herrn Jesu Christi" und bezieht sich auf Mt 26,36 ff.

Russland, 18. Jahrhundert
Eitempera auf Holz, 34,5 x 28,5 cm
Privatsammlung

Die Darstellung auf der Ikone illustriert geistliche Verse, die das Leiden Christi und seine Früchte – die Gründung der Kirche, die Entmachtung der Unterwelt und die Öffnung des Paradieses – auf mystisch-didaktische Weise ausdrücken.

Der kirchenslawische Titulus auf dem oberen Rand lautet: „Kreuzigung unseres Herrn und Gottes Jesu Christi." Ähnliche Darstellungen tragen auch häufig die Titel „Früchte der Leiden Christi" oder „Lebendes Kreuz".

Aus dem Kreuz, an dem Christus angenagelt ist, sprießen Zweige, die in Blüten oder Blütenkelchen enden, und das so den Baum des Lebens symbolisiert. Aus einer Blüte oberhalb des Hauptes Christi streckt sich eine Hand mit einem Schlüssel empor, um die Pforte des Paradieses aufzuschließen: „Durch das Holz (des Kreuzes) wird die Himmelstür geöffnet." Das Paradies ist von rosafarbenen Mauern umgeben, die von „Engeln des Herrn" bewacht werden. Darüber ist am oberen Bildrand der segnende Gottvater über Wolken dargestellt.

Auch die acht Engel, die über dem Querbalken des Kreuzes in Blumenkelchen erscheinen und große runde Scheiben tragen, sind in diesen als „Engel des Herrn" bezeichnet. Aus dem schräg gestellten Fußbrett des Kreuzes entwachsen Zweige mit Blüten, in denen zwei Engel stehen und den Gekreuzigten flankieren. Der Engel auf der linken Seite fängt mit einem Kelch das Blut aus der Seitenwunde Christi auf. Dies wird durch die beiden Schriftblätter erläutert, die unter den Händen Christi im Wind zu flattern scheinen: „Aus den Wunden rinnt in Strömen das Blut, wäscht die gläubigen Menschen rein von den Sünden."

Auf der linken Bildseite stehen unten die vier Evangelisten in einem Kirchengebäude mit fünf Kuppeln, über das eine Hand, die aus einem vom Querbalken ausgehenden Blütenzweig hervorkommt, eine Krone hält. Die Hand, die auf der rechten Seite aus dem Querbalken entspießt, vernichtet mit einem Schwert den als Skelett wiedergegebenen Tod, der mit einer Sense auf einem weißen Pferd sitzt. Eine weitere Hand, die vom Schrägbalken ausgeht, schlägt mit einer Axt auf den in Ketten gebundenen und geflügelten Satan im Höllenrachen rechts unten ein. Er hält den Verräter Judas im Schoß. Dies bezieht sich auf den liturgischen Text: „Vom Kreuzesholz her ward Satan gebun-

Novgorod dargestellt sind. Links und rechts des Kreuzes sind Mond (rot) und Sonne (blau) wiedergegeben.

In drei Reihen hintereinander wenden sich je drei bzw. zwei Heilige dem Kreuz zu. Es sind links unten: Metropolit Petr von Moskau, die Propheten Habakuk und Elija, in der Mitte Kosmas und Damian sowie Theodor Tiron und oben der Märtyrer Valerian und Ephraim der Syrer. Rechts stehen unten die drei griechischen Kirchenväter Basilios der Große, Johannes Chrysostomos und Gregorios der Große, in der Mitte Prokopij von Ustjug, Sergij von Radonež und die apostelgleiche Nina. Oben sind Eudokia und Antonina von Nikaia dargestellt.

Unterhalb des Kreuzstammes ist in einem gerahmten Feld das Kondakion zum Ostersonntag im 8. Ton wiedergegeben: „Obschon Du ins Grab hinabstiegst, Unsterblicher, hast Du dennoch die Macht des Totenreichs gebrochen. Als Sieger bist Du erstanden, Christus, Gott. Freuet Euch!"

Die Ikone ist von einem hervorragenden Ikonenmaler, vielleicht aus dem Malerdorf Palech gemalt worden. Er verwendet feine goldene Verzierungen auf den Gewändern und ein sehr erlesenes Kolorit, in dem auch Rosa-, Pink- und Violetttöne vorkommen.

100 Die Früchte der Passion Christi

den, seine üble Bosheit und List niedergemacht." Links vom Kreuzesstamm steigen die Toten aus ihren Gräbern. Diese Szene geht auf Mt 27,52 zurück. Die Schriftblätter und die gerahmten Schrifttafeln enthalten geistliche Verse, welche die Früchte des Leidens thematisieren und auf Hymnen der Väterzeit und auf Bibelstellen basieren. In den beiden ovalen Kartuschen links und rechts oben steht: „Gott Vater der Allbarmherzige gab den Menschen ein festes Pfand. In Seiner Liebe sandte er Christus in die Welt, Seinen einzigen Sohn, uns zum Heil. Am Kreuz erduldete der Sohn das Leiden und erlöste diese Welt vom Übel. Der Sohn Jesus verzehrte sich als Gott. Er erschien uns als Mensch. Durch Seine Liebe wird jeder Gläubige gerettet und in den Himmel emporgehoben. Christus öffnete das Paradies mit Seinem Werk, geht hinein in Rechtschaffenheit."

Der Text in der Mitte links bezieht sich auf die Darstellung darunter: „Aus dem Holz des Kreuzes wächst die Krone. Er gibt sie denen, die in der Kirche harren. Wer über das Kreuzesleiden nachdenkt, der empfängt die Krone des ewigen Lebens."

Als Pendant ist auf der rechten Seite zu lesen: „Der Sündentod ist jetzt beseitigt worden, durch das aufgekeimte Holz vernichtet worden. Seid bestrebt, Tugenden zu verrichten, so wird euch die Bosheit der Sünde nicht schaden."

Das Thema, das die Grundelemente des christlichen Glaubens zusammenfasst, ist sehr selten auf Ikonen dargestellt worden und geht auf einen Stich von Vasilij Andreev zurück, den dieser 1690 für das Solovki-Kloster nach westlichen Vorlagen geschaffen hatte. Dieser Stich dürfte die meisten Ikonen mit diesem Thema und ein Fresko in der Kirche Johannes des Täufers in Jaroslavl' von 1694/95 inspiriert haben (siehe Füglister 1964, S. 98–104, Abb. XXVII und XXIX).

(Nach einer Expertise von Rosemarie und Kurt Eberhard; Übersetzungen der Texte: Jürgen Plähn)

101 Vierfelderikone mit Kreuzigung Christi

Nordrussland, 2. Hälfte 18. Jahrhundert
Eitempera auf Holz, 52,5 x 43 cm
Privatsammlung

Die Ikone ist durch ein Kreuz mit der Darstellung der Kreuzigung Christi in vier gleich große Felder aufgeteilt, in denen drei Muttergottes-Gnadenbilder und eine weitere Szene zu sehen sind: oben links die Muttergottes „Freude aller Leidenden", oben rechts die Muttergottes „Leben spendende Quelle" mit den Heiligen Antipas von Pergamon und Artemios neben den die Muttergottes flankierenden Engeln, unten links die Muttergottes Bogoljubskaja und rechts die Siebenschläfer von Ephesos mit weiteren Heiligen. Diese sind oberhalb der Höhle mit den schlafenden Kindern in Bewegung auf Christus zu gemalt, der links oben in einem Himmelssegment erscheint und sie segnet. Die Heiligen sind Johannes der Täufer, gefolgt von drei heiligen Narren, wobei der letzte als Vasilij Blažennyj von Moskau zu identifizieren ist. Außerdem ist eine weitere Figur zu sehen, die schreibend oder lesend in einer Höhle sitzt, deren Namensbeischrift aber nicht mehr erhalten ist.

Auf dem mittleren Kreuz sind außer der Kreuzigung weitere Szenen und Heilige zu sehen. Neben dem Querbalken stehen links die Muttergottes und rechts der Evangelist Johannes, und in den vier Kreuzenden sind Passionsdarstellungen in barocken Kartuschen gemalt.

Im senkrechten Kreuzbalken sieht man oben Gottvater und unter ihm das Gebet im Garten Gethsemane und Christus im Gefängnis. Am unteren Ende des Kreuzbalkens ist die Geißelung Christi dargestellt, am Querbalken links die Kreuztragung und rechts die Grablegung Christi.

Die doppelte Beschriftung der oberen Darstellungen und Farbreste zeigen, dass die Ikone im 19. Jahrhun-

dert vollständig übermalt war. Diese Übermalung wurde
außer auf dem Rand fast vollständig entfernt, sodass die
ursprüngliche Malerei wieder sichtbar wurde.

Die Ikone ist ikonographisch sehr ungewöhnlich und
entstand in einer sehr guten Werkstatt im Norden Russlands, möglicherweise auf der Insel Solovki.

(Nach einer Expertise von Rosemarie und Kurt Eberhard)

102 Die drei Frauen unter dem Kreuz Christi

Russland, um 1800
Eitempera auf Holz, 89,5 x 39,8 cm
Privatbesitz Duisburg

Die große Ikone in einem schmalen Hochformat war
ursprünglich Teil einer Kreuzigungsgruppe, auf deren rechter Seite der Evangelist Johannes und Hauptmann Longinus dargestellt waren. Vor einem olivgrünen Hintergrund
sind die drei Frauen mit trauernden Gebärden wiedergegeben. Sie sind durch kirchenslawische Inschriften auf dem
Hintergrund bezeichnet: rechts (also am nächsten zum
Gekreuzigten) die Muttergottes in dem üblichen dunkelroten Maphorion über einem dunkelblauen Untergewand,
links die hl. Martha in einem leuchtend roten Gewand und
zwischen den beiden, sie überragend, Maria Magdalena in
einem rotbraunen Mantel. Solche monumentalen Tafeln der
Zeugen der Kreuzigung sind sehr selten.

103 Die Kreuzabnahme Christi

Russland, 1. Drittel 19. Jahrhundert
Eitempera auf Lindenholz, 49 x 42,5 cm
Privatbesitz BG

Die auf dem oberen Rand als „Die Kreuzabnahme
unseres Herrn Jesu Christi" bezeichnete Ikone zeigt vor
dem Hintergrund der von einer rosaroten Stadtmauer
umgebenen Stadt Jerusalem drei hölzerne Kreuze. Vor
dem größeren im Zentrum lehnen zwei Leitern, auf denen
Joseph von Arimathäa und ein junger Mann stehen und
mithilfe eines langen weißen Tuches den Leichnam Christi
vom Kreuz herabnehmen. Johannes steht vor dem Kreuzesstamm und hält die Beine Christi fest, während der hinter der rechten Leiter stehende Nikodemus das Ende des
Tuches, das um den Oberkörper Christi und den oberen Kreuzbalken geschlungen ist, festhält. Noch einmal
kommt Nikodemus mit einem Salbgefäß von rechts, wie es
zu Beginn der Perikope des Johannesevangeliums (19,39)
heißt. Das Salbgefäß steht nun auf einem kleinen Tisch auf
der rechten Seite neben dem leeren Sarkophag mit dem Leichentuch, der den Vordergrund einnimmt. Der abgenom-
mene Sargdeckel liegt schräg im Vordergrund links, vom
unteren Bildrand überschnitten. Auf der linken Seite stehen

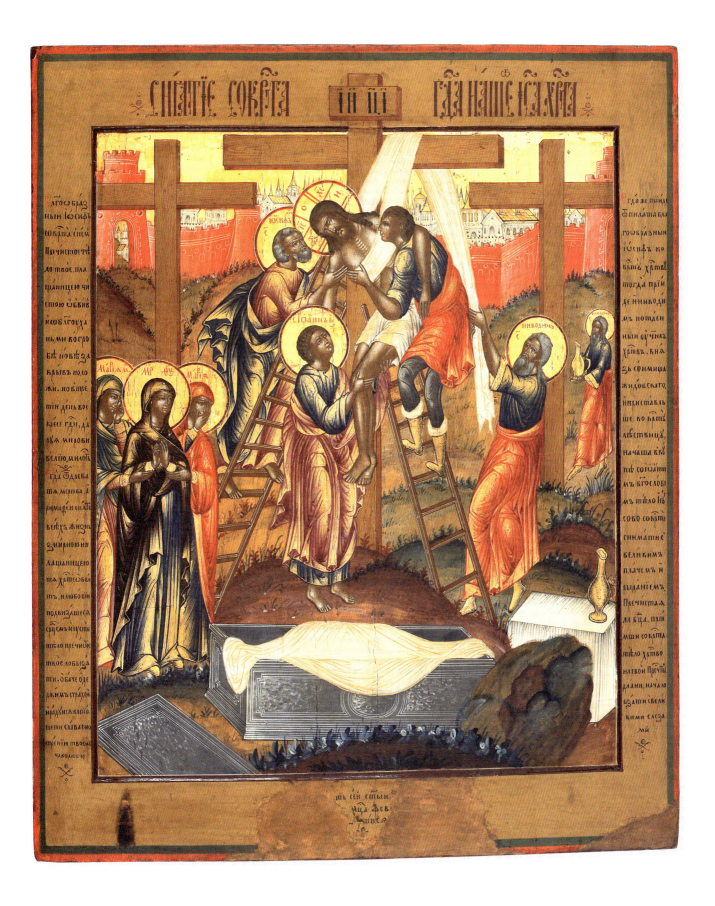

die drei Frauen, die in ihren Nimben namentlich bezeichnet sind. Von links nach rechts sind es Maria M(agdalena), die Muttergottes und Maria (des Kleophas).

Die beiden seitlichen Ränder sind gänzlich mit fein geschriebenen Inschriften bedeckt. Links ist das Troparion zum Ostersamstag im 2. Ton wiedergegeben: „Der edle Joseph nahm ab vom Kreuzesholz Deinen allreinen Leib, hüllte ihn in reines Linnen, bedeckte ihn mit wohlriechenden Kräutern und legte ihn in ein neues Grab. Aber am dritten Tag auferstand der Herr und gab dadurch der Welt große Gnade." Es folgt ein Lied zum Karfreitag im 2. Ton: „Als der Arimathäer Dich tot vom Holz abnahm, Dich, der Du das Leben aller bist, hat er Dich, Christe, in ein Leinentuch (Epitaphios) mit Myrrhe gewickelt, und sein Herz war erfüllt mit Liebe, und mit dem Mund küsste er Deinen allreinen Körper. Doch obwohl er von Angst erfüllt war, freute er sich und rief: Es ist eine Ehre, Dich, Menschenfreund, anzusehen."

Auf dem rechten Rand steht folgender Text: „Als der gütige Joseph von Pilatus her zum Bruder Christi kam, da kam auch Nikodemus, ein heimlicher Jünger Christi (und) Fürst des jüdischen Rats, und er lehnte eine Leiter ans Kreuz, fing an zusammen mit Johannes dem Theologen den Körper Christi vom Kreuz mit vielem Weinen und Jammern abzunehmen. Die allreine Gottesgebärerin aber, die vom Kreuz den Körper Christi auf ihre allreinen Hände erhielt, fing an (ihn) zu küssen unter großen Tränen."

Die Inschrift des Malers am unteren Rand ist nur teilweise erhalten und lautet: „Dieses heilige (Bild) / im Monat Februar / wurde fertig."

(Ivan Bentchev)

104 „Weine nicht über mich"

Russland (Moskau), 16. Jahrhundert
Eitempera auf Holz, 50 x 120 cm
A. Dünnwald

Christus steht mit einem Lendenschurz bekleidet und mit über den Hüften gekreuzten Händen in einem offenen Sarkophag. Das Haupt mit den geschlossenen Augen ist auf die rechte Schulter gesunken. Das Kreuz als Symbol für seinen Opfertod ist nur durch den oberen Querbalken angedeutet, der hinter seinem Haupt sichtbar ist. Zwei kleine trauernde Engel schweben neben ihm. Christus wird auf der linken Seite von seiner Mutter und zwei anderen Frauen (die mit den blonden, unter der Haube sichtbaren Haaren dürfte Maria Magdalena sein) und von dem Jünger Johannes und zwei weiteren Aposteln auf der rechten Seite flankiert. Die Mutter Christi und Johannes sind mit trauernden Gesten dargestellt und weisen mit einer Hand auf ihn hin. Den Hintergrund nimmt die Stadtmauer von Jerusalem ein.

Die Bezeichnung der Ikone basiert auf einem liturgischen Gesang des 7. Jahrhunderts, der im Morgengottesdienst des Karsamstags (Hirmos der 9. Ode) gesungen wird. Er lautet: „Weine nicht über mich, Mutter, wenn du mich im Grabe erblickst, den du als Sohn im Mutterschoß ohne Samen empfingst; denn ich werde auferstehen und verherrlicht werden, und in den Himmel auffahren in Herrlichkeit, unaufhörlich als Gott, im Glauben und mit Liebe dich preisend." Das zentrale Motiv der querformatigen Ikone, nämlich die Darstellung des toten Christus als Halbfigur im Grabe, ist aus der Kreuzabnahme, der Beweinung oder der Grablegung abgeleitet und in der byzantinischen Kunst bereits seit dem 12. Jahrhundert bekannt. Sie gehört in den Zusammenhang der Liturgie der Karwoche, aber auch in den der Eucharistie, die als mystische Schlachtung des Opferlammes, d. h. als Kreuzigung, gedeutet wurde. Deshalb ist das Thema des im Grabe stehenden Christus oft in der Prothesis, dem linken Altarraum, byzantinischer Kirchen zu finden, in der die heilige Eucharistie zubereitet wird. Seit ungefähr 1300 wird Christus mit gekreuzten Händen dargestellt, wie es der Bestattungsritus vorschreibt. So ist er auf der berühmten, nur 19 x 13 cm großen byzantinischen Mosaikikone aus Santa Croce in Gerusalemme in Rom zu sehen, die in diese Zeit datiert wird und 1385/86 nach Rom gelangte (Köln 2005, Kat. Nr. 32).

In Russland bildete sich im 16. Jahrhundert ein Typus heraus, der besonders im 19. Jahrhundert eine große Popularität erreichte und bei dem die Muttergottes hinter Christus steht und ihn stützt (Recklinghausen 2000, Kat. Nr. 86 und 87 auf S. 142 und Abb. auf S. 143). Sehr viel seltener ist die Darstellung mit den Christus flankierenden trauernden Gestalten. Man findet das Motiv in Kombination mit der Darstellung des „Nicht von Menschenhand gemachten Bildes Christi", dem Mandylion, auf einer Ikone in der Staatlichen Eremitage in St. Petersburg, die in das 15. oder 16. Jahrhundert datiert und der Tverer Schule zugeschrieben wird (Koscova 1992, Kat. Nr. 45 auf S. 350/351, Abb. auf S. 144). Während Christus im Grabe dort nur von seiner Mutter und Johannes betrauert wird, sieht man auf einer in den 1570er Jahren entstandenen Ikone im Museum von Kolomenskoe Christus wie auf der hier beschriebenen Ikone zwischen den drei Marien und drei Jüngern (Poljakova 1999, Kat. Nr. 6 auf S. 155–157) – ebenfalls in Kombination mit dem Mandylion.

Die hervorragend gemalte Ikone zeichnet sich durch warme und helle Farben aus, welche die melancholische Stimmung, die in den Gesichtern liegt und die dem Thema angemessen ist, etwas mildern. Die Gewänder und die ockerfarbenen Inkarnate sind mit hellen Lichtern modelliert. Im Stil ähnelt die Ikone einigen 1497 entstandenen Werken aus der Ikonostase der Mariä-Entschlafen-Kathedrale des Kirill-Belozerskij-Klosters, z. B. der Patronatsikone (Lazarev 1997, Kat. Nr. 116, S. 317–319). Ihre härtere Malweise weist jedoch auf eine etwas spätere Entstehungszeit, bereits im 16. Jahrhundert, hin.

Literatur:
Rutz 1973, S. 153

105 Die Versiegelung des Grabes Christi

Russland, Ende 19. Jahrhundert
Eitempera auf Holz, 31 x 26,5 cm
Privatsammlung

Die Ikone zeigt ein in der ostkirchlichen Kunst äußerst selten dargestelltes Thema, nämlich „Die Versiegelung des Grabes Jesu Christi", wie der Titel auf dem unteren Rand der Ikone lautet.

In einer südlichen, mit Palmen bestandenen Landschaft ist links der von einer schwarzen Tür verschlossene Eingang zu einer großen Höhle zu sehen. Vor dem Tor steht ein Pharisäer mit Siegellack und Petschaft, um den Eingang des Höhlengrabes zu versiegeln, das von zwei römischen Soldaten bewacht wird, die auf der rechten und linken Seite auf dem felsigen Boden sitzen. Ein weiterer Pharisäer wendet sich dem rechten Wächter zu und zeigt mit der Hand auf das Grab.

Der Rand, der sich oben in einem Rundbogen um die Szene legt, ist mit einem vergoldeten und rosa und grün bemalten Ornament verziert. Diese Schmuckformen, die ein emailliertes Basma nachahmen, waren gegen Ende des 19. Jahrhunderts sehr beliebt.

Die Darstellung illustriert den von Matthäus in Kapitel 27 geschilderten Besuch der Hohepriester und Pharisäer bei Pilatus. Sie kommen mit folgender Bitte: „Herr, es fiel uns ein, dass dieser Betrüger, als er noch lebte, behauptet hat: Ich werde nach drei Tagen auferstehen. Gib also den Befehl, dass das Grab bis zum dritten Tag sicher bewacht wird. Sonst könnten seine Jünger kommen, ihn stehlen und dem Volk sagen: Er ist von den Toten auferstanden. Und dieser letzte Betrug wäre noch schlimmer als alles zuvor. Pilatus antwortete ihnen: Ihr sollt eine Wache haben. Geht und sichert das Grab, so gut ihr könnt. Darauf gingen sie, um das Grab zu sichern. Sie versiegelten den Eingang und ließen die Wache dort.“

Literatur:
Frankfurt 2005, Kat. Nr. 133, S. 270

106 Die Frauen am Grab Christi

Russland (Pskov), 1. Hälfte 16. Jahrhundert
Eitempera auf Holz, 83,8 x 57,5 cm
Sammlung W.

Die großformatige Ikone stammt aus der Ikonostase einer der den „Myrrhe tragenden Frauen“ gewidmeten Kirche, wo sie als Patronatsikone in der unteren Reihe angebracht war. Bekannt sind russische Kirchen dieses Patroziniums aus dem 16. Jahrhundert in Pskov (Cerkov' Žen Mironosic, 1537 zuerst aus Holz, dann 1547 in Stein erbaut), ferner die gleichnamige Kirche in Vologda. Die Ikonographie scheint um 1500/Anfang des 16. Jahrhunderts entwickelt worden zu sein und war noch im 17. Jahrhundert populär, wie eine Ikone aus dem Rublev-Museum in Moskau aus den 1660er Jahren belegt (Saltykov 1981, Abb. 178). Die nächsten ikonographischen Parallelen zu der hier beschriebenen Ikone stammen aus Pskov (Ikone der Festtagsreihe aus der Erzengelkirche von Gorodec im Pskover Museum aus der 1. Hälfte des 16. Jahrhunderts, siehe: Alpatov 1991, Kat. Nr. 90 S. 307 f.) und Novgorod (Ikone aus der Festtagsreihe der Kirche im Nikola Gostinopol'skij-Kloster von Novgorod aus der Zeit um 1475, heute in der Tret'jakov-Galerie in Moskau, siehe Lazarev 1969, S. 37, Abb. 56).

Die Hauptszene im unteren Bereich zeigt die drei Frauen am Grab Christi, in dem nur die weißen Leichentücher liegen. Nach dem Bericht des Evangelisten Markus (16,1–7), gingen die Frauen sehr früh am Morgen des dritten Tages zum Grab Jesu und fanden es leer. Es waren Maria

Magdalena, Maria, die Mutter des Jakobus, und Salome, denen der Engel am leeren Grab Christi erschien. Im Evangelium des Matthäus sind es zwei Frauen – Maria Magdalena und „eine andere Maria“. Bei Lukas ist wieder von drei Frauen die Rede, allerdings nicht von einer Salome, dafür von einer Johanna. Bei Lukas ist das Grab bereits geöffnet, als die Frauen ans Grab treten. Bei Matthäus ist es noch verschlossen. Erst ein Erdbeben öffnet es.

Die Szene auf der Ikone folgt im Prinzip Johannes 20,12: „Da sah sie zwei Engel in weißen Gewändern sitzen, den einen dort, wo der Kopf, den anderen dort, wo die Füße des Leichnams Jesu gelegen hatten.“ Der hinweisenden Gebärde des rechten Engels, der sich an die sich weinend niederbeugende Maria Magdalena wendet, entsprechen die Worte „Sehet, er ist auferstanden“. Hinter dieser Szene erhebt sich ein mächtiger Felsen, der von links unten nach rechts oben aufsteigt und hinter dem eine zweite Szene in kleinerem Maßstab dargestellt ist. Vor dem Hintergrund der roten Stadtmauer und Gebäuden der Stadt Jerusalem bezieht sie sich auch auf den Anfang der Ostererzählung im Johannesevangelium: Am dritten Tag nach dem Tod Christi kommt Maria Magdalena, um nach dem Grab von Jesus

zu sehen. Johannes berichtet, dass sie dort traurig saß, als
ihr ein Mann begegnet, den sie erst erkennt, als Jesus ihren
Namen ruft. Jesus gebietet ihr: „Berühre mich nicht –
noli me tangere."

Die vorliegende Ikone zeigt die erlesene, pastellartige
Farbigkeit der russischen Ikonenmalerei der Zeit um 1500.
Es handelt sich um das Werk eines bedeutenden nordrussischen Ikonenmalers aus der ersten Hälfte des 16. Jahrhunderts, der wahrscheinlich aus Pskov stammte.

(Nach einer Expertise von Ivan Bentchev vom
25. Juni 2008)

107 Die Frauen am Grab Christi

Nordrussland, um 1700
Eitempera auf Holz, 37,6 x 30,7 cm
Privatsammlung Belgien

Auf dieser Ikone sind es sogar vier Frauen, die von der
linken Seite mit ihren Salbgefäßen zu dem roten, schräg im
Bild stehenden Sarkophag kommen. Vor dem geöffneten
Sarg sitzt auf der rechten Seite ein weiß gekleideter Engel
auf einem großen runden Stein und weist die Frauen auf
den leeren Sarg hin, in dem nur noch die Leichentücher
liegen. Oberhalb dieser Darstellung erscheint zwischen weißen, zerklüfteten Felsen die von einer roten Mauer umgebene Stadt Jerusalem mit bunten Gebäuden.

Die gedrungenen Figuren und dunklen Gesichter in
Kombination mit der Verwendung leuchtender Farben
(Rot, Gelb, Grün) weisen auf die Entstehung der Ikone im
Norden Russlands hin.

Ursprünglich besaß die Ikone einen Oklad.

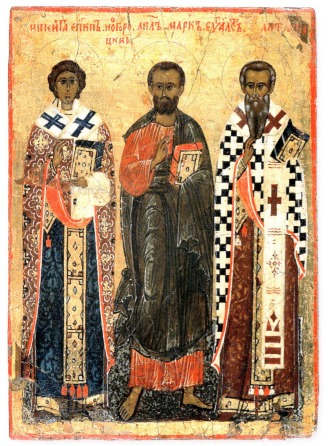

108 Die Hadesfahrt Christi / Drei Heilige

Russland (Novgorod), 2. Hälfte 16. Jahrhundert
Eitempera auf Leinwand (zweiseitig bemalt), 22 x 16,2 cm
Privatbesitz Dortmund

Die Ikone ist auf doppelseitig grundierter Leinwand gemalt und zeigt auf der Vorderseite das orthodoxe Osterbild (die Hadesfahrt Christi) und auf der Rückseite drei Heilige. Ikonen in dieser Technik wurden nur in Russland seit dem 15. Jahrhundert hergestellt und „tabletka" genannt.

Die Hadesfahrt zeigt den Abstieg Christi in den Hades nach seinem Tod am Kreuz. Christus steht in einem goldenen Gewand vor einer olivgrünen Aureole mit Wolkenmotiven auf den herausgerissenen und über Kreuz gelegten Höllenpforten und packt den Urvater Adam am Handgelenk, um ihn der Unterwelt zu entreißen. Hinter Adam stehen David und Salomon, Johannes der Täufer und einige Propheten. Auf der rechten Seite warten Eva, Moses mit den Gesetzestafeln in den Händen und viele weitere Vorväter auf ihre Erlösung.

Auf der Rückseite sind drei frontal stehende Heilige gemalt: Bischof Nikita von Novgorod († 1108), der Apostel und Evangelist Markus und der Priestermärtyrer Antipas von Pergamon. Alle drei Heiligen haben ihren Gedenktag im April, in dem auch meistens Ostern gefeiert wird: Antipas am 11., Markus am 25. April, und die Überführung der Reliquien des Nikita von Novgorod wird am 30. April gefeiert. Die Ikone war somit Teil einer mindestens zwölf „tabletki" umfassenden Serie mit den wichtigsten Kirchenfesten auf der Vorderseite und Heiligendarstellungen auf der Rückseite, die zu den jeweiligen Gedenktagen zur Verehrung durch die Gläubigen auf ein Pult vor die Ikonostase gelegt wurden.

Die Ikone muss nach der Auffindung der Reliquien des Bischofs Nikita am 30. April 1558 entstanden sein, und zwar in Novgorod, wo Nikita fast ausschließlich verehrt wurde. Für die Zuschreibung an einen Novgoroder Maler sprechen auch die kompakten Figuren, die dichte Malweise und die leuchtenden Farben. Möglicherweise ist diese Ikone ein frühes Zeugnis für die Verehrung der Reliquie des hl. Nikita in der Novgoroder Sophienkathedrale. Sie könnte als Ergänzung der dortigen, aus dem Ende des 15. Jahrhunderts stammenden Serie von „tabletki" nach seiner Heiligsprechung gemalt worden sein.

Literatur: Haustein-Bartsch 2003, S. 47–58; Lyon 2006, Abb. 14 auf S. 38 und 39 sowie Titelbild. Bentchev 2007, S. 155

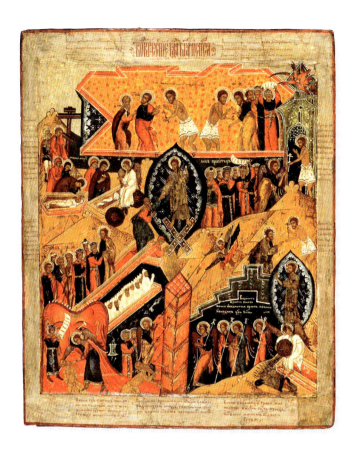

109 Die Hadesfahrt Christi

Nordrussland, 1. Hälfte 17. Jahrhundert
Eitempera auf Holz, 78 x 63,5 cm
Privatsammlung Belgien

Der Titel der Ikone „Auferstehung unseres Herrn Gottes und Heilands Jesu Christi" ist in roten kyrillischen Buchstaben auf den oberen Rand der Ikone geschrieben. Im sogenannten „kontinuierenden Stil" sind alle mit dem Ostergeschehen verbundenen Szenen in eine von ockerfarbenen Felsen dominierte Landschaft gemalt. Im Zentrum steht Christus in goldenen Gewändern und umgeben von einer dunkelblauen Mandorla mit Wolkenrand auf den herausgerissenen und über Kreuz gelegten Pforten der Hölle. Mit seiner rechten Hand ergreift er Adam und zieht ihn aus einem langen schmalen Sarkophag, der in diagonaler Richtung bis in den Höllenrachen in der linken unteren Ecke hineinreicht. Eva beugt sich aus einem kleineren Grab mit bittend erhobenen Händen vor Christus. Dem Höllenrachen entsteigen Johannes der Täufer und weitere Gerechte des Alten Testaments (David, Salomon, Moses, Daniel u. a.) und ziehen in dem langen Sarkophag nach oben in Richtung auf Christus. Parallel dazu steht ein weiterer Sarg mit zahl

reichen auferstehenden weißen „Seelen". Links oben stehen der Evangelist Johannes und der Hauptmann Longinus vor dem leeren Kreuz, und darunter beugen sich die Muttergottes, Maria Magdalena und Martha weinend zu dem im Grab in seinen Leichentüchern liegenden Christus. Rechts davon stehen sie wieder vor dem Grab, das jetzt leer ist und vor dem der weiß gekleidete Engel sitzt und ihnen die Botschaft von dem Auferstandenen überbringt.

In der linken unteren Ecke schlägt ein Engel den Satan, den er am Bart festhält und fesselt, während neben ihm Salomon mit einer Schriftrolle steht. Zwei Engel treiben mit langen Lanzen die Teufel zurück in die Unterwelt hinter einen hohen roten Turm im Zentrum des unteren Bereichs der Ikone; Johannes der Täufer, David und Salomon beobachten diese Szene.

Rechts hebt ein Engel den Stein von Christi Grab hinweg, und Christus entschwebt in einer Mandorla, während die römischen Soldaten schlafen. Links davon schreiten vier Engel mit Lanzen in Richtung auf den Hades. Die Inschrift über ihnen sagt: „Herr, öffne deine Türen, sodass die auf ewig verschlossenen Pforten entfernt werden können, weil der König der Herrlichkeit einziehen wird." Direkt über der Auferstehungsszene begrüßt Christus den guten Schächer, der sein Kreuz in der Hand hält. Darüber empfängt der gute Schächer eine Gruppe von Vorvätern unter Führung von Johannes dem Täufer vor dem Paradiesestor, das von einem Cherub bewacht wird. In dem von einer Mauer umgebenen, mit stilisierten roten Blumen auf goldenem Grund geschmückten Paradies, welches das obere Drittel der Ikone einnimmt, ist der gute Schächer noch zwei Mal zu sehen. Rechts begrüßt er Johannes den Täufer und die Gruppe der Vorväter und links Henoch und Elija, die nach der Tradition nicht starben, sondern lebend ins Paradies einzogen.

Die in Nordrussland gemalte Ikone besitzt ein warmes Kolorit, in dem Rot und Ocker dominieren und von schwarzen und weißen Akzenten kontrastiert werden. Die Ikone zeigt einige recht ungewöhnliche ikonographische Details.

Literatur:
Antwerpen 1988, Kat. Nr. 94, S. 121; Morsink 2006, S. 130–133
(Text: Edmond Voordeckers)

110 Christi Auferstehung und Höllenfahrt

Russland, Mitte 17. Jahrhundert
Eitempera auf Holz, 88,5 × 74 cm
Privatbesitz

Die Ikone repräsentiert das Osterfest, an dem die Überwindung des Todes und die Errettung der ganzen Menschheit durch den Opfertod Christi gefeiert werden. Der Bedeutung dieses Festes als Höhepunkt des liturgischen Jahres gemäß kam auch dem Osterbild ein zentraler Platz in der Ausschmückung der Kirchen mit Fresken und Mosaiken und in den Festtagsreihen der Ikonostasen zu.

Zum eigentlichen Auferstehungsbild der Ostkirche wurde schon früh der Abstieg Christi in den Hades (Anastasis) mit der auf dem apokryphen Nikodemosevangelium basierenden Darstellung der Befreiung von Adam und Eva und weiterer Gerechter des Alten Testaments. Erst seit der Mitte des 16. Jahrhunderts wurde der Hadesfahrt die Darstellung der Auferstehung Christi aus dem Grabe hinzugefügt, und gegen Ende des Jahrhunderts wurde das ursprünglich auf wenige Personen beschränkte Thema durch zahlreiche Nebenszenen erweitert und zu einer figurenreichen und komplexen Komposition ausgestattet.

Auf der in der Mitte des 17. Jahrhunderts gemalten Ikone ist in der mittleren Bildachse der auferstehende Christus zweimal übereinander dargestellt. Er schwebt jeweils in goldenen Gewändern vor einer grünen Mandorla mit Goldschraffuren und ist mit seinem Namenskürzel IC XC in roter Farbe bezeichnet. In der unteren Bildhälfte steht er – leicht aus der Achse nach links verschoben – auf den herausgerissenen und über Kreuz gelegten Pforten der Hölle, die nach abendländischen Vorbildern in Form eines weit aufgerissenen Höllenrachens mit spitzen Zähnen in der linken unteren Bildecke erscheint. Dem Rachen entreißt Christus Adam, den er am Handgelenk zu sich emporzieht und ihm mit seiner Linken den Weg zum Paradies weist. Eva in roten Gewändern und eine dunkelblau gekleidete Frau knien zu Füßen des Erlösers. Eine lange Reihe von Gerechten des Alten Testaments zieht hinter der Mandorla Christi vorbei in einem Bogen nach rechts oben ins Paradies, wo sie von dem reuigen Schächer vor der Paradiesestür erwartet werden. Hinter Adam stehen sein Sohn Abel und Moses mit den Gesetzestafeln. Rechts von der Mandorla Christi sieht man Noah mit der Arche. Hinter einem Engel folgt die Gruppe der Propheten, unter denen sich die Könige David und Salomon befinden. David trägt eine Schriftrolle mit dem Psalm „Dies ist der Tag, den der Herr

gemacht hat; wir wollen jubeln und uns an ihm freuen" (Ps 117 [118],24). Vor dem Engel sehen wir das jugendliche Gesicht des Propheten Daniel und ihm zugewandt den Propheten Jesaja, der eine Schriftrolle emporhält mit der Prophezeiung „Seht, die Jungfrau wird ein Kind empfangen. Sie wird einen Sohn gebären und sie wird ihm (den Namen Immanuel) geben" (Jes 7,14). Angeführt wird die Gruppe von Johannes dem Täufer, dem letzten der Propheten des Alten Bundes und Vorläufer Christi. Auf seiner Schriftrolle ist zu lesen: „Seht das Lamm Gottes, das die Sünde der Welt hinwegnimmt" (Joh 1,29). Er wird von zwei Engeln flankiert. Unter dem Tor des Paradieses, das von einem roten Cherub (vgl. Gen 3,24) bewacht wird, steht der gute Schächer, dem Christus am Kreuz versprochen hatte, dass er noch am selben Tag mit ihm im Paradies sein werde (Lk 23,43). Er ist nur mit einem Lendenschurz bekleidet und begrüßt die Ankommenden mit einem roten achtendigen Kreuz in der Hand. Links von dem grünen Torbau ist das von einer Mauer umgebene Paradies in Gestalt eines Gartens dargestellt, in dem auf der linken Seite noch einmal der gute Schächer mit seinem Kreuz erscheint. Er wird von Henoch und Elija, die direkt Aufnahme in das Paradies gefunden hatten (vgl. Gen 5,24; Sir 44,16 u. Hebr 11,5 sowie 2 Kön 2,11 f.), willkommen geheißen. Auf der rechten Seite ist er noch einmal in Zwiesprache mit Christus dargestellt.

Im oberen Bildfeld sehen wir als zentrale Darstellung die Auferstehung Christi aus einem offenen, roten Sarkophag, in dem noch die Leichentücher liegen. Vor dem Sarkophag liegt der Stein, mit dem die Grabstätte verschlossen war. Auf der rechten Seite liegen mehrere mit Speeren bewaffnete und mit Helmen geschützte Wächter in tiefem Schlaf (Mt 28,4), während links eine lange Reihe von Engeln mit Botenstäben in den Händen auf die Pforten des Hades zuschreitet, die ein weiterer Engel bereits aus den Angeln gerissen hat. Er schlägt auf mehrere dunkelbraune Teufel ein, die sich an die Höllenpforte klammern. In dem schwarzen Höllenschlund sind die herausgerissenen Angeln, Schlüssel und Schlösser der Höllenpforten zu sehen sowie ein großes gleichschenkliges rotes Kreuz, vor dem Salomon, der hier zum zweiten Mal dargestellt ist, eine Schriftrolle in die Höhe hält, auf der zu lesen ist: „Auferstehe, Herr, mein Gott, vergiss nicht Deine Verlorenen." Im Höllenbereich rechts von Christus binden zwei Engel mit einer großen goldenen Kette den Satan.

Das eigentliche Ostergeschehen ist auf dieser großformatigen Ikone durch zahlreiche Ereignisse bereichert, die den Zeitraum von der Kreuzigung bis zur Himmelfahrt Christi umspannen. Rechts im Mittelgrund folgen mehrere Szenen, die sich am Ostermorgen abspielten. Direkt über

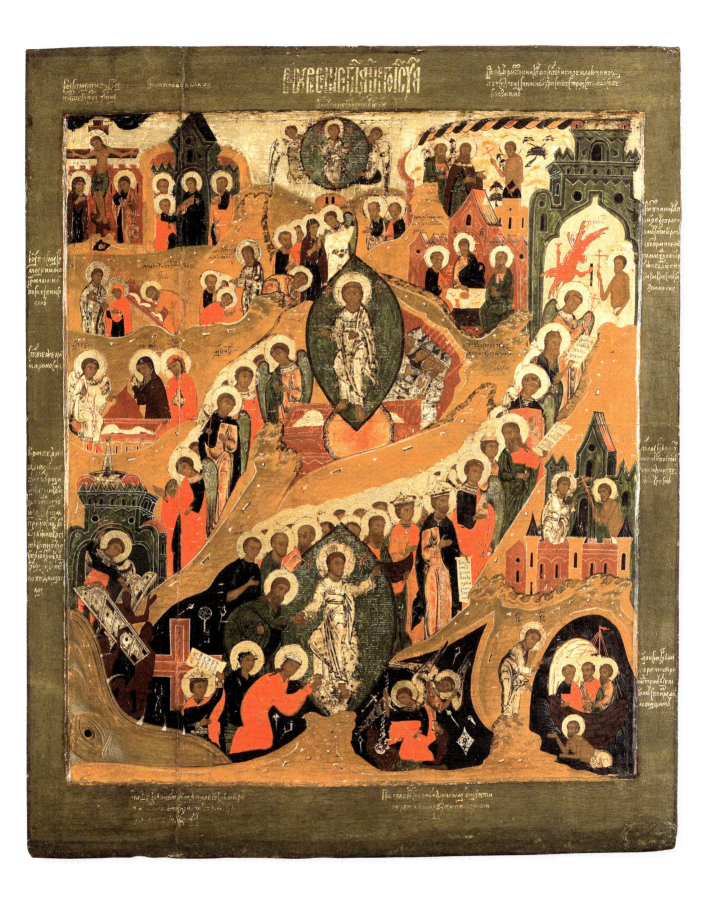

dem grünen Turm, der den Eingang zur Hölle bezeichnet, ist die von den Evangelisten (Mt 28, Mk 16 und Lk 24) geschilderte Szene dargestellt, in der die Muttergottes und Martha mit Ölgefäßen zum Grab Christi kamen und ihnen ein weiß gekleideter Engel verkündete, dass Jesus auferstanden sei. Über dieser Szene beugt sich Petrus über das leere Grab (Lk 24,12; Joh 20,6 ff.), in dem er die Leichentücher findet, und links daneben erscheint Christus Maria Magdalena (Mk 16,9 und Joh 20,14–18). Des Weiteren hat der Maler alle Szenen in die Darstellung einbezogen, in denen sich der Auferstandene seinen Jüngern offenbarte: Links von der Mandorla des auferstehenden Christus erscheint er den Aposteln Petrus, Jakobus und Johannes, rechts segnet er in Gegenwart der Apostel Lukas und Kleophas das Brot bei ihrem gemeinsamen Mahl in Emmaus (Lk 24,13–33). Ganz oben, rechts neben der Kreuzigungsdarstellung, prüft der ungläubige Jünger Thomas die Seitenwunde Christi (Joh 20,24–29). Auch diese Szene, die ein Geschehen wiedergibt, das acht Tage nach Ostern stattfand, ist auf wenige Protagonisten beschränkt – zwei Apostel vertreten die zwölf. Zum dritten Mal erscheint Christus den Jüngern am Ufer des Sees von Tiberias (Szene in der rechten Ecke unten) und befiehlt den Jüngern, die gerade von einem erfolglosen Fischzug zurückkehren, das Netz auf der rechten Seite des Bootes auszuwerfen, woraufhin sie 153 große Fische fangen. Als Petrus in ihm Jesus erkennt, springt er in den See und schwimmt zu ihm hin (Joh 21).

Abgerundet wird die Folge verschiedener Szenen durch die Darstellung des Gekreuzigten zwischen der Muttergottes und dem Evangelisten Johannes in der linken oberen Ecke sowie der Himmelfahrt Christi oben in der Mitte. Ein weiß gekleideter Engel zeigt den namentlich bezeichneten Jüngern Petrus, Johannes sowie der Muttergottes, Paulus und Thomas den auferstandenen Christus, der von zwei Engeln in einer runden Aureole emporgetragen wird.

Die vielen Szenen sind auf dem Bildfeld der Ikone recht übersichtlich gruppiert, wenngleich sie nicht in einer bestimmten Reihenfolge zu lesen sind. Die einheitliche Berglandschaft in einem warmen Ockerton fasst die verschiedenen Geschehnisse zu einer Einheit zusammen. Besonders ein dunkles Grün setzt kontrastreiche Akzente, die ausgewogen über das Bildfeld verteilt sind. Das Grün betont in Form der beiden Mandorlen und der Gloriole die mittlere Achse sowie durch die Torbauten der Hölle und des Paradieses die linke untere und rechte obere Ecke. Insgesamt besticht die Ikone durch ihre warmen Farbtöne, zu denen auch ein Sienabraun und das Gold der Nimben und der Gewänder Christi gehören. Der in einem schönen Olivton gehaltene Rand schließt die Komposition zusam-

men. Auf ihm sind in goldener Kursivschrift und in kirchenslawischer Sprache die einzelnen Szenen erläutert. In der sogenannten vjaz-Schrift, die sich durch verschlungen geschriebene Zierbuchstaben auszeichnet, ist in der Mitte des oberen Randes der Titel der Ikone wiedergegeben: „Auferstehung unseres Herrn Jesu Christi." Weitere erläuternde Inschriften und die Namensbeischriften befinden sich im eigentlichen Bildfeld.

Literatur: Hoechst 1986, Kat. Nr. 137; EIKON-Weihnachtskarte 2004 (Text: Eva Haustein-Bartsch)

111 Hadesfahrt und Auferstehung Christi

Russland, Mitte bis 2. Hälfte 17. Jahrhundert
Eitempera auf Holz, 31,6 x 27,8 cm
Privatsammlung

Diese sehr fein und detailliert gemalte Auferstehungsikone zeigt neben dem Ostergeschehen sehr ausführlich die Leidensgeschichte von der Kreuztragung bis zur Himmelfahrt. Die wichtigsten Szenen sind auf der dominierenden Mittelachse dargestellt, nämlich Hadesfahrt, Auferstehung und Himmelfahrt Christi. Ausführliche Inschriften auf den ockerfarbenen Rändern der Ikone erläutern die Szenen. Die Hadesfahrt Christi mit dem Zug der Engel zum Kampf

gegen die Unterwelt ist in der Mitte links und im unteren Teil des Bildfeldes dargestellt. Ein Engel kämpft mit einem Teufel gleich am Eingang der Hölle, zwei andere haben Satan bereits gebunden und in einen Sarg gelegt.

Unten in der Mitte steht Christus in einer Mandorla auf der herausgerissenen Hadestür und reicht Adam die Hand, um ihn als Ersten des Alten Bundes aus der Vorhölle zu erlösen. Unter ihm sieht man die in ein rotes Gewand gekleidete und sich verneigende Eva ihrem Sarg entsteigen. Rechts und links von Christus ziehen Vorväter und Propheten sowie Engel mit den Passionszeichen hinter Johannes dem Täufer in Richtung Paradies, um dort aufgenommen zu werden.

In der Mitte rechts gibt Christus dem guten Schächer das Kreuz, damit er Einlass ins Paradies findet, dessen Pforte von einem Cherub bewacht wird. Im Paradies oben rechts sieht man Henoch und Elija, vor denen der gute Schächer mit seinem Kreuz steht.

Über der Hadesfahrt ist die Auferstehung Christi aus dem Grab mit den schlafenden Wächtern dargestellt sowie in der Mittelachse darüber die Himmelfahrt Christi. In derselben Achse ist auf dem oberen Rand der Ikone die von einer großen Engelschar flankierte Neutestamentliche Dreifaltigkeit zu sehen.

Um die Mittelachse sind weitere Szenen der Ostergeschichte dargestellt: links oben die Kreuztragung Christi, daneben die Kreuzigung und darunter die Grablegung Christi. Unter ihr sind die Myron tragenden Frauen am leeren Grab und schräg darüber Petrus, ebenfalls am leeren Grab, zu sehen. Unten rechts ist der Fischfang im See Tiberias gemalt, bei dem sich Christus seinen Jüngern offenbarte.

(Nach einer Expertise von Rosemarie und Kurt Eberhard)

112 Triptychon mit Festtagsbildern

Russland, 2. Hälfte 18. Jahrhundert
Eitempera auf Holz, Messingrahmen, 13 x 20 cm
Privatbesitz

Die Reise-Ikone ist als Triptychon mit kielbogenförmigen Aufsatzfeldern gestaltet. Im Mittelteil ist die Hadesfahrt und Auferstehung Christi, das Osterbild der Ostkirche, gemalt. Darüber schließt sich im Bogenfeld die Neutestamentliche Dreifaltigkeit an. Gottvater, Sohn und

die Taube als Symbol des Heiligen Geistes werden flankiert von der Muttergottes und Johannes dem Täufer sowie von Engeln und Seraphim.

Im linken Flügel ist unten die Darstellung „Muttergottes Schutz und Fürbitte" (Pokrov) und darüber wieder die Dreifaltigkeit, dieses Mal in der alttestamentlichen Form, wiedergegeben.

Auf dem rechten Flügel ist im kielbogenförmigen Aufsatzfeld die Szene der Einführung Mariä in den Tempel gemalt, während das Thema auf der Haupttafel die in der ostkirchlichen Kunst sehr selten dargestellte Marienkrönung ist, die erst im 16. Jahrhundert Eingang in die russische Ikonenmalerei fand. Im oberen Bereich steht die Muttergottes auf einem Wolkenband und wird von Gottvater und Christus gekrönt. Die Taube als Symbol des Heiligen Geistes fliegt auf sie herab. Der Krönungsszene wohnen auf beiden Seiten zwei Engel bei.

Unter den nur teilweise zu identifizierenden Heiligen im unteren Bildfeld befinden sich die Heiligen Georg, Katharina, der Prophet Elija, Maria von Ägypten, Sergij von Radonež sowie Julitta und ihr Sohn Kyrikos.

Literatur:
Hoechst 1986, Kat. Nr. 177; Frankfurt 1988, S. 180, Kat. Nr. 143 und Abb. 142; Frankfurt 2007, Kat. Nr. 88

113 Triptychon

Russland, Anfang 18. Jahrhundert
Eitempera auf Holz, Messingrahmen, 10,5 x 26 cm
Privatbesitz

Der zentrale Flügel des Triptychons gibt die Hadesfahrt und Auferstehung Christi wieder, das Osterbild der orthodoxen Kirche. Auf dem linken Flügel des Triptychons findet sich die „Leben spendende Quelle". Die Muttergottes thront mit Christus auf ihrem Schoß in einer prächtigen, kelchförmigen Brunnenschale, aus der Wasser in ein polygonales Becken läuft. Neben ihr schweben zwei Engel auf Wolken. Um den Brunnen drängen sich Kranke, Lahme, Blinde jeglichen Alters und sozialen Standes, um mit Krügen und Bechern das heilende Wasser zu schöpfen.

Der rechte Flügel zeigt die Darstellung „Maria Schutz und Fürbitte" (russ.: Pokrov), dessen Thema die Vision des hl. Andreas († 936), eines „Narren in Christo", ist, die diesem in Begleitung seines Schülers Epiphanias bei dem sonntäglichen Gottesdienst am 1. Oktober 911 in der Blachernenkirche in Konstantinopel zuteilwurde. Mit der Darstellung dieses Schleierwunders wird die des hl. Romanos verknüpft, dessen Gedenktag ebenfalls auf den 1. Oktober fällt.

Die Szenen sind äußerst fein und differenziert gemalt, wobei die leuchtenden Farben harmonisch aufeinander abgestimmt sind.

Literatur: Hoechst 1986, Kat. Nr. 182; Frankfurt 1988, Kat. Nr. 491; Frankfurt 2007, Kat. Nr. 86

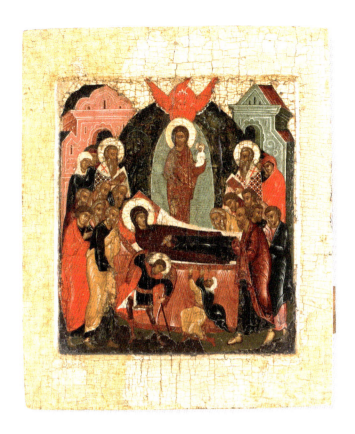

114 Das Entschlafen der Muttergottes

Russland (Moskau), 16. Jahrhundert
Eitempera auf Holz, 31,6 x 27,5 cm
Privatsammlung Belgien

Das Fest des Entschlafens der Muttergottes ist das bedeutendste Marienfest der Ostkirche, obwohl es sich nicht auf Berichte der Evangelien stützen kann. Zuerst wurde es unter wechselnden Daten gefeiert, bis der Termin von Kaiser Maurikios um das Jahr 600 für das ganze Byzantinische Reich endgültig auf den 15. August festgesetzt wurde. Quellen für das Fest und seine bildliche Ausgestaltung sind apokryphe Erzählungen und Homilien, unter denen die Predigt des Erzbischofs Johannes von Thessaloniki (610–649) über den Tod der Muttergottes den größten Einfluss auf die Ikonographie hatte.

Da die orthodoxe Kirche der Vorstellung von der leiblichen Himmelfahrt Mariä distanziert gegenübersteht, liegt das Schwergewicht auf der Darstellung von der Aufnahme der Seele der Muttergottes in den Himmel. Nach dem Ikonoklasmus entwickelte sich im 10. und 11. Jahrhundert ein Kompositionsschema, das weitgehend beibehalten und später nur noch wenig variiert bzw. durch Hinzufügen weiterer Szenen bereichert wurde.

Die entschlafene Muttergottes liegt auf einem bildparallel angeordneten Bett ausgestreckt, die Beine sind wie gewöhnlich nach rechts gerichtet, die Arme vor der Brust gekreuzt. Die Apostel umstehen in zwei Gruppen das Kopf- und das Fußende des Bettes. Die linke Gruppe wird von Petrus angeführt, die rechte von Paulus. Außer den zwölf Aposteln befinden sich zwei Bischöfe und Frauen im Haus der Muttergottes, das durch ein rosafarbenes und ein grünes Gebäude im Hintergrund angedeutet ist. Da Namensbeischriften fehlen, sind sie nicht eindeutig zu identifizieren.

Im Zentrum erscheint Christus hinter dem Bett in einer schmalen hellgrünen, von einem Cherub gekrönten Mandorla, hinter der sich eine dunkelblaue Gloriole mit blauen Engeln befindet. Auf seinem Arm hält Christus die in Form eines kleinen Wickelkindes mit Heiligenschein dargestellte Seele seiner Mutter, um sie den Engeln zu übergeben.

Vor dem roten Vorhang, der vom Lager der Muttergottes herabfällt, ist eine dramatische Szene gemalt, die ebenfalls einer Legende entnommen ist. Wie dort berichtet wird, war ein Jude namens Jephonias herangeeilt, um das Bett der Muttergottes umzuwerfen und die Trauerfeierlichkeiten zu stören. In diesem Moment erschien ein Engel und schlug ihm mit einem Schwert beide Hände ab. Erst als Jephonias auf den Rat von Petrus hin ein Gebet an die Muttergottes richtete, fügten sich seine Hände auf wundersame Weise wieder den Armen an.

Die Ikone ist in warmen, harmonisch verteilten Farben gemalt, bei denen Grün und verschiedene Rottöne dominieren.

(Nach einer Expertise von Ingrid Zoetmulder 2002)

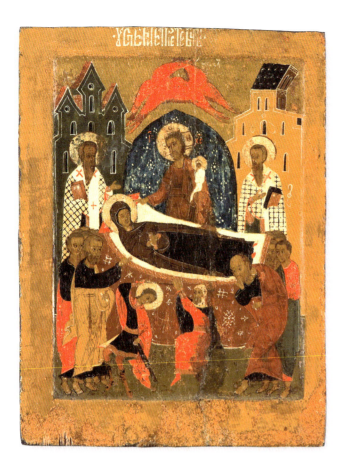

115 Das Entschlafen der Muttergottes

Nordrussland, 17. Jahrhundert
Eitempera auf Holz, 51,5 x 38,3 cm
Privatbesitz

Christus steht in einer mit Punktmustern verzierten grünblauen Mandorla hinter seiner toten Mutter und richtet seine rechte Hand segnend auf sie. Vor zwei Gebäuden im Hintergrund stehend flankieren ihn zwei namentlich nicht näher bezeichnete Bischöfe, während sich die beiden Apostelgruppen mit Petrus und Paulus im Vordergrund um das Bett Mariens versammelt haben. In der Mitte schlägt der flügellose Erzengel Michael dem Frevler Jephonias mit einem Schwert die Hände ab.

116 Das Entschlafen und die Himmelfahrt der Muttergottes

Russland (Nevjansk), Mitte 19. Jahrhundert
Eitempera auf Holz, 53,2 x 43,3 cm
Privatsammlung

Die Ikone mit dem Titel „Das Bild des Entschlafens der hochheiligen Gottesgebärerin"auf dem fein gravierten Rand zeigt das Geschehen in einer sehr ausführlichen und szenenreichen Darstellung. In der Mitte liegt die Muttergottes auf einer Bahre, umgeben von weinenden Frauen (rechts) und den Aposteln, die von ihr Abschied nehmen. Auf der linken Seite sind es Philippus, Jakobus, Andreas, Judas, Sohn des Jakobus, Petrus und Johannes. Rechts stehen Paulus, Markus, Bartholomäus, Simon und Matthäus, dahinter Thomas, der sich, wie auch verschiedene andere Apostel, die Tränen abwischt. Direkt hinter der Bahre sieht man einen Bischof mit Weihrauchfass, wobei es sich um den Apostel Jakobus, den Bruder des Herrn und ersten Bischof von Jerusalem, handelt. Die anderen drei Bischöfe sind links hinter den Aposteln Bischof Ierotheos und Bischof Dionysios und auf der rechten Seite Bischof Thimotheos von Jerusalem.

Hinter der Bahre erscheint Christus in einer Mandorla, die von den Erzengeln Michael, Raphael, Jehudiel, Salathiel, Uriel, Barachiel und Gabriel umgeben ist. Christus wendet sich seiner Mutter zu und segnet sie. Auf seinem Arm trägt er bereits die weiß gekleidete Seele Mariens. Vor der Bahre ist die Legende des jüdischen Priesters Jephonias dargestellt, der die Trauerfeierlichkeiten stören will und dem ein Engel die Hände abschlägt. Oben ist die selten dargestellte „Herbeiholung der Apostel", die von Engeln auf wunderbare Weise von den Orten ihrer Mission am Sterbeort der Muttergottes zusammengeführt wurden, abgebildet und über dem Gebäude die Himmelfahrt Mariens. Die auf einem Thron sitzende Muttergottes wird von Engeln nach oben getragen, wo sie von weiteren Engeln mit brennenden Kerzen vor dem goldenen Tor zum Paradies erwartet wird, auf dem die Dreifaltigkeit thront.

(Nach einer Expertise von Rosemarie und Kurt Eberhard)

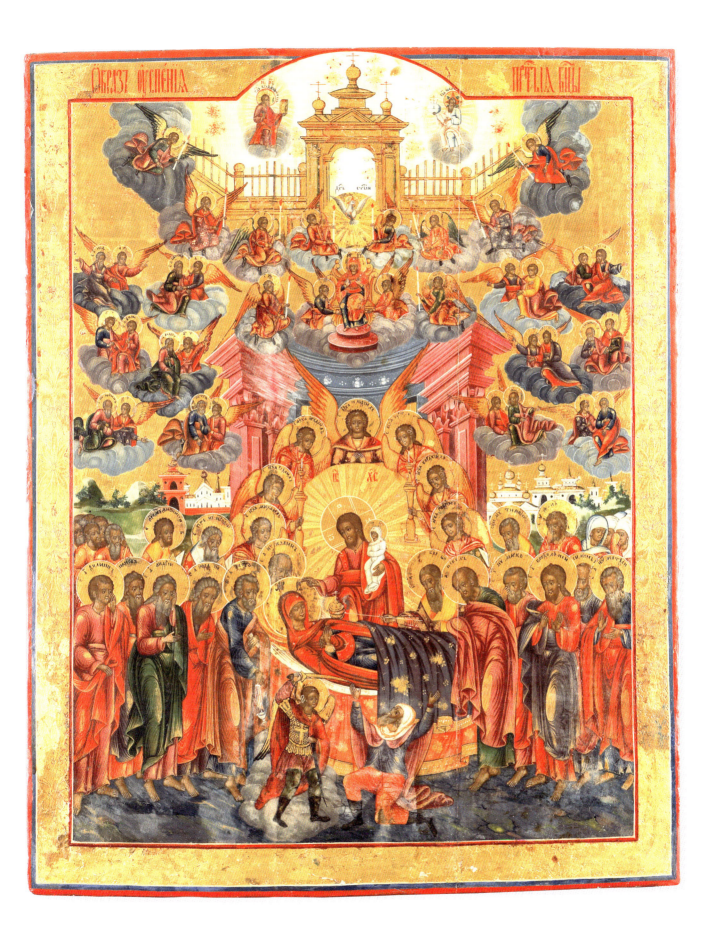

beiden Seiten Prozessionen, die jeweils vom Klerus angeführt werden. In der linken Gruppe sieht man das byzantinische Kaiserpaar mit seinem Hofstaat. Eine als große Ikone auf Goldgrund gemalte Deesis am oberen Bildrand weist auf das Fassadenbild der Kapelle bei der Quelle hin.

Vom Brunnen, an dem an einer Kette ein Eimer hängt, fließt das heilende Wasser nach unten, wobei sich der Strom verbreitert und schließlich in zwei Arme teilt. An beiden Seiten des Wassers sieht man Kranke, die dort Heilung zu finden hoffen. Links trägt ein Mann ein Kind auf seinem Rücken, während seine Frau mit bittend erhobenen Händen hinter ihm sitzt. Ein weiterer kniet am linken Ufer und schöpft mit einem Gefäß Wasser. Ein alter Mann steht links unten betend im Wasser und schaut nach oben, rechts sieht man einen lahmen Jüngling herankriechen.

(Nach einer Expertise von Rosemarie und Kurt Eberhard)

117 Die Austragung des ehrwürdigen und lebendig machenden Kreuzes des Herrn

Zentralrussland, Ende 18. Jahrhundert
Eitempera auf Holz, 40 x 34,3 cm
Privatsammlung

Das sehr selten dargestellte Thema der Ikone lässt sich auf ein altes Fest in Konstantinopel zurückführen, an dem alljährlich am Vorabend des 1. August die hochverehrte Kreuzreliquie aus der Hofkapelle des byzantinischen Kaisers in festlicher Prozession in die Hagia Sophia getragen wurde. Dort fand dann eine Wasserweihe statt. Vom 1. August an trug man dieses Heiligtum zwei Wochen lang durch die Straßen und über öffentliche Plätze von Konstantinopel, um die Stätten zu heiligen und Krankheiten auszutreiben. Die Prozession endete an einer Quelle vor den Mauern der Stadt, neben der sich eine Kirche mit einer Deesisdarstellung an der Fassade befand.

Die Ikone zeigt sehr ausführlich und mit vielen liebevollen Details das oben erwähnte Geschehen.

Fast im Zentrum der Ikone ist ein kreuzförmiger Brunnen dargestellt, über dem ein Engel schwebt und mit einem Stab das Wasser segnet. Aus der sehr detailreich und farbenfroh wiedergegebenen Stadt im Hintergrund kommen von

118 Das Jüngste Gericht

Russland, 18. Jahrhundert
Eitempera auf Holz, 108 x 88 cm
Privatbesitz

Der Titel der Ikone auf dem oberen Rand fasst ihren Inhalt kurz zusammen: „Die zweite und schreckliche Wiederkunft unseres Herrn Jesu Christi, zu richten die Lebenden und die Toten." Die Komposition folgt traditionellen Vorbildern, welche das sehr komplexe und detailreiche Thema in mehreren horizontalen, leicht bogenförmigen Rängen und einer durch eine deutliche Mittelachse geteilten „Seite der Gerechten" (links vom Betrachter bzw. rechts von Christus aus gesehen) und einer „Seite der Verdammten" wiedergibt.

Am oberen Rand des Bildfeldes rollen zwei Engel den bestirnten Himmel mit Sonne und Mond auf (Jes 34,4; Apok. 6,14). In der darunterliegenden Reihe ist rechts der Sturz der gefallenen Engel dargestellt, daneben die Übergabe des Gerichts vom Vater an den Sohn (Joh 5,22). In der Mitte der Reihe sitzt die Dreifaltigkeit, umgeben von Engelschören, in einer Gloriole. Die linke Seite nimmt das Himmlische Jerusalem mit den Gerechten ein, die in Dreiergruppen an Tischen sitzen. Am linken Bildrand fliegen – als Pendant zum Engelsturz rechts – drei Mönche mit Engelsflügeln zum Himmlischen Jerusalem empor, wo sie von einem Engel empfangen werden.

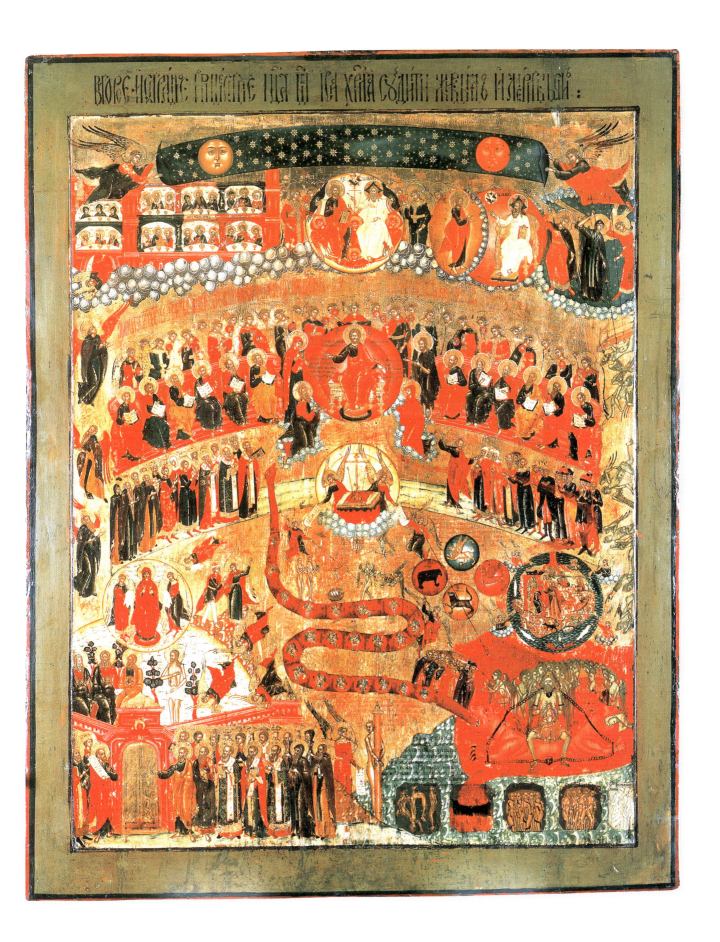

Unterhalb eines Wolkenbandes thront Christus als Weltenherrscher und Richter in der Mitte. Die Muttergottes und Johannes der Täufer flankieren ihn als Fürbitter für die Menschheit, welche durch die zu Füßen Christi knienden Gestalten von Adam und Eva personifiziert ist. Zu beiden Seiten der Deesis sitzen die Apostel mit aufgeschlagenen Büchern (Mt 19,28), und hinter ihnen drängt sich die Vielzahl der Engel (Dan 7,10 und Offb 5,11). An Adams Ferse ist der Kopf der Schlange zu sehen, des Sündenwurms, in dessen Leib Medaillons mit Sünden und kleinen Teufeln eingeschrieben sind. Er entwindet sich dem Rachen eines doppelköpfigen Löwen in der Hölle, die unten rechts wiedergegeben ist. Unterhalb des Weltenrichters platzierte der Maler den bereiteten Thron, die Hetoimasia (Ps 9,8 f.), mit den Leidenswerkzeugen Christi. Auch hier bildet die Kreisform das Zentrum einer Reihe. Von links kommen die Gerechten, von rechts die Verdammten auf den Thron Christi zu. Aus den Wolken unterhalb des Throns ragt die Hand Gottes hervor, die die Seelenwaage hält (Dan 5,27; Ijob 31,6), von der Engel die Teufel abwehren. Unterhalb der Reihe der Gerechten weist ein Engel den Propheten Daniel auf die vier Reiche hin (Dan 2,36 ff.), die auf der rechten Seite durch Fabeltiere in Medaillons wiedergegeben werden. Neben dem Engel mit Daniel und unter ihnen liegt das Paradies: Oben thront die Muttergottes zwischen zwei Engeln, und darunter öffnet sich hinter einer rosafarbenen Mauer das Paradies mit dem guten Schächer und den drei Vorvätern Abraham, Isaak und Jakob, in deren Schoß die Seligen sitzen. Vor dem goldenen Tor zum Paradies stehen die Gerechten mit Petrus an ihrer Spitze.

Neben den vier Weltreichen des Daniel ist die Erweckung der Toten der Erde und des Meeres in einem weiteren Medaillon dargestellt und darunter der Höllenbezirk mit dem ewigen Feuer. Der Fürst der Hölle sitzt breitbeinig auf einem doppelköpfigen Ungeheuer und hält die Seele des Judas auf seinem brennenden Schoß. Die vier Bilder unterhalb des Satans zeigen die verschiedenen Höllenstrafen. Zwischen diesen Höllenstrafen und dem letzten Gerechten, der auf das Paradies zuschreitet, sehen wir eine nackte Gestalt, die an eine Säule gefesselt ist und zum Paradies hinüberschaut. Über diese Seele ist noch nicht entschieden. Der Engel neben ihm hält ein entrolltes Schriftband mit folgenden Worten: „Was stöhnst du, Mensch, und blickst sowohl ins Paradies wie in die Höllenqualen? Deine Hurerei hat dich um das Paradies, deine Mildtätigkeit um die ewigen Qualen gebracht."

Die großformatige Ikone ist von beeindruckendem Detailreichtum und sehr ausgewogener, lebhafter Komposition und Farbgebung.

Literatur:
Düren 1981, Kat. Nr. 58; Hoechst 1986, Kat. Nr. 180, Abb. S. 108; Herzogenrath 1987, Kat. Nr. 40; Frankfurt 2007, Kat. Nr. 16

119 Jahreskalenderikone mit Gnadenbildern der Muttergottes

Russland, Ende 19. Jahrhundert
Eitempera auf Holz, 35,5 x 30,8 cm
Privatsammlung

Vor allem im 19. Jahrhundert wurden Ikonen beliebt, die auf einer einzigen Tafel die wichtigsten Festtage und alle Heiligen des gesamten Kirchenjahres mit unzähligen Gnadenbildern der Muttergottes kombinierten – alles angeordnet in mehreren Reihen um das zentrale Osterbild mit der Darstellung der Hadesfahrt und Auferstehung Christi. Gemalt sind solche Ikonen in miniaturhaft feiner Weise.

Auch auf dieser Ikone ist das Zentrum dem Osterbild mit dem Abstieg Christi in den Hades und der Auferstehung aus dem Grabe vorbehalten, umgeben von zwölf Bildfeldern, vorwiegend mit Szenen der Passion: die Auferweckung des Lazarus, der Einzug in Jerusalem, Christi Himmelfahrt, die Heilige Dreifaltigkeit (alttestamentlicher Typus), das Letzte Abendmahl, die Fußwaschung, die Geißelung Christi, die Dornenkrönung, die Kreuztragung, die Kreuzigung Christi, die Kreuzabnahme und die Grablegung.

Um die Festtagsszenen legt sich ein weiterer Kranz von zwölf hochrechteckigen Feldern mit je vier Reihen von Heiligen. Es sind dies die zwölf Monate des Kirchenjahres alten Stils, d. h. mit dem Beginn im September, der rechts oben wiedergegeben ist. Ihm folgen die anderen Monate jeweils von links nach rechts und von oben nach unten. Die einzelnen Heiligen sind mit dem Datum ihres Gedenktages und ihrem Namen bezeichnet.

Auf den äußeren beiden Randstreifen der Ikone sind achtzig Muttergottesdarstellungen angeordnet, jeweils in der Mitte der Bildachsen, unterbrochen von einem Bildfeld vierfacher Größe. Im oberen ist die Marienkrönung, links die Muttergottes „Freude aller Leidenden", rechts die Muttergottes „Nicht verbrennender Dornbusch" und unten die Muttergottes „Unerwartete Freude" zu sehen. Die Namen der Festtage und der kleinen Marienikonen stehen jeweils auf weißen Schriftbändern am unteren Rand des entspre-

chenden Bildfeldes, wobei die Beschriftung durch eine spätere Restaurierung in vielen Fällen verfälscht wurde.

Eine von der Anordnung der Szenen und Marienbilder weitestgehend übereinstimmende Ikone befindet sich in der Professor Dr. Idelberger und Frau-Ikonen-Stiftung (siehe Haustein-Bartsch 1995 a, Kat. Nr. 26, S. 58–60).

Literatur:
Frankfurt 2005, Kat. Nr. 69, S. 225–226 (mit Aufzählung aller Marienbilder); Bentchev 2007, S. 27

120 Kalenderikone der Monate März bis August

Russland, Mitte 19. Jahrhundert
Eitempera auf Holz, 88,7 x 71,4 cm
Brenske Gallery München

Auch auf dieser Ikone nimmt das Zentrum die Osterikone mit der Hadesfahrt und Auferstehung Christi ein. Über und unter dieser Darstellung sind jeweils in drei Reihen je drei Gnadenbilder der Muttergottes zu sehen, deren Namen in einem weißen Band unter ihnen stehen. Die rechte und die linke Seite der Ikone ist je drei Monatsikonen vorbehalten, welche in jeweils vier Reihen die Heiligen und Feste der zweiten Jahreshälfte nach dem alten, am 1. September beginnenden Kalender zeigen, nämlich von März bis August. Die „Monatsikonen" sind mit goldenen Rähmchen voneinander getrennt, auf denen oben die Monatsnamen stehen. Alle Heiligen sind mit ihrem Namen und dem Datum in kleinen roten Medaillons über ihnen bezeichnet. Die Zählung beginnt mit dem März oben links, es folgt der April oben rechts, der Mai in der Mitte links und so weiter bis zum August unten rechts. Zusammengefasst werden die vielfigurigen Darstellungen durch einen „Rahmen" aus 48 weiteren Gnadenbildern der Muttergottes und einem olivgrünen Rand. Die klare Gliederung der aus so vielen verschiedenen Einzelbildern komponierten Ikone und die farbenfrohe, sich kontrastreich vom hellgrünen Grund abhebende Wiedergabe der fein gemalten Figuren machen den Reiz dieser Ikone aus.

Literatur:
Brenske Gallery 2007, Kat. Nr. 9

121 Monatsikone Januar

Russland, 1. Hälfte 19. Jahrhundert
Eitempera auf Holz, 52,5 x 43,2 cm
Privatsammlung

In fünf Reihen sind die Heiligen und Feste des Monats Januar wiedergegeben. In weißen kyrillischen Buchstaben sind das jeweilige Datum, in dunkler Schrift die Namen der Heiligen und Feste angegeben.

1. Reihe:
1.) Die Beschneidung Christi, Basilios der Große, Märt. Basilios von Ankara
2.) Papst Silvester von Rom
3.) Prophet Malachias, Märt. Gordios
4.) Synaxis der hl. 70 Apostel, Abt Theoktistos von Sizilien
5.) Märt. Theopemptos und Theonas, ehrw. Apollinaria, ehrw. Synkletika, ehrw. Menas vom Sinai

2. Reihe:
6.) Taufe Christi im Jordan
7.) Synaxis des hl. Johannes des Vorläufers – Taufe des Volkes

120 Kalenderikone der Monate März bis August

8.) Märtyrer, Domnika, Mönch, Georgios der Chozebit

9.) Metropolit Filipp von Moskau, Märt. Polyeuktos, Bischof Peter von Sebaste in Armenien

10.) Bischof Gregorios von Nyssa, ehrw. Pavel von Obnora, ehrw. Markianos

11.) Theodosios der Coenobiarch, Michail Klopskij von Novgorod

3. Reihe:

12.) Märt. Tatiana von Rom, Erzbischof Sabbas

13.) Märt. Ermylios und Stratonikos

14.) Die ehrw. Väter, die auf dem Sinai und zu Raitho getötet wurden, Erzbischof Sava von Serbien, ehrw. Theodulos

15.) Johannes der Kalybit, Paulos von Theben

16.) Verehrung der Kette des Apostels Petrus

17.) Antonios der Große, ehrw. Antonij

18.) Bischöfe Athanasios und Kyrillos von Alexandria

4. Reihe:

19.) Makarij vom Kiewer Höhlenkloster, Märtyrin Agnija, Makarios von Ägypten

20.) Ehrw. Euthymios der Große

21.) Maximos der Bekenner, Maksim Grek, Märt. Neophytos

22.) Apostel Timotheus, Märt. Anastasios der Perser, Märtyrerbischof Georgij und Märt. Petr von Bulgarien

23.) Bischof Klemens von Ankyra, Märt. Agathangelos

24.) Ehrw. Xenia, Märt. Ioann von Kazan'

25.) Erzbischof Gregorios der Theologe von Konstantinopel, Erzbischof Moisej von Novgorod

26.) Abt Theodoros vom Studion-Kloster

5. Reihe:

26.) Ehrw. Xenophon, seine Gemahlin Maria und ihre Söhne Arkadios und Johannes, Erzbischof Joseph von Thessaloniki

27.) Übertragung der Reliquien des Johannes Chrysostomos

28.) Ehrw. Ephraim der Syrer, Archimandrit Efrem vom Boris- und Gleb-Kloster

29.) Märt. Ignatios der Gottesträger

30.) Märt. Hippolyt von Rom, die drei hl. Kirchenväter Basilios der Große, Johannes Chrysostomus und Gregorios der Theologe

31.) Erzbischof Nikita von Novgorod, Kyros und Johannes

Die Ikone gehörte in eine Serie von ursprünglich zwölf Monatsikonen, die für eine Kirche gemalt wurden. Sie zeigt zu fast jedem Tag mehrere Heilige. Ungewöhnlich ist die Darstellung der drei kappadokischen Kirchenväter, die nicht wie gewöhnlich nebeneinanderstehen, sondern innerhalb eines Bildfeldes vor dem Hintergrund einer Berglandschaft jeweils vor einer Kirche sitzen und Gruppen von Gläubigen empfangen.

(Identifizierung der Heiligen und Feste: Rosemarie und Kurt Eberhard)

122 Monatsikone März

Russland (Mstera), letztes Drittel 19. Jahrhundert
Eitempera auf Holz, 31,2 x 26,8 cm
Privatsammlung

Die Ikone ist auf dem oberen Rand bezeichnet als „Monat März – hat 31 Tage". Sie zeigt in vier Reihen in genauer Datenfolge Heilige und Feste dieses Monats, die jeweils mit ihrem Namen sowie mit dem Datum in roten kyrillischen Buchstaben bezeichnet sind, welche als Zahlzeichen dienen. Häufig sind für einen Tag mehrere Heilige abgebildet.

1. Reihe:

1.) Märt. Eudokia von Heliopolis

2.) Theodotos, Bischof von Kyrenia, Arsenij, Bischof von Tver'

3.) Märt. Eutropios, Kleonikos und Basiliskos

4.) Ehrw. Gerasimos vom Jordan mit seinem Löwen

5.) Märt. Konon von Isaurien, Fürst Feodor von Smolensk und Jaroslavl' mit seinen Söhnen David und Konstantin

6.) Märt. Aethios, Konstantinos und Theodoros (42 Märtyrer von Amorion)

7.) Drei Bischofsmärtyrer von Cherson: Kapiton, Basilios, Eugenios

8.) Bischof Theophylaktos von Nikomedia

9.) 40 Märtyrer von Sebaste

2. Reihe:

10.) Kodratos (stellvertretend für die Märtyrer, die 258 in Korinth starben)

11.) Bischof Evfimij von Novgorod, Patriarch Sophronios von Jerusalem

12.) Ehrw. Theophanes der Bekenner, Papst Gregor

13.) Übertragung der Reliquien des Erzbischofs Nikephoros von Konstantinopel

14.) Ehrw. Benedikt von Nursia

15.) Märt. Alexander und Agapios und weitere sieben Märtyrer, die 304 in Caesarea in Palästina enthauptet wurden
16.) Märt. Sabinos der Ägypter
17.) Alexios der Gottesmann, ehrw. Makarij von Kaljazin
18.) Bischof Kyrillos von Jerusalem
19.) Märt. Chrysanthos und Darios

3. Reihe:
20.) Ehrw. Väter Sabbas, Niketas, Sergios und Johannes und die übrigen, die mit ihnen im Kloster des hl. Sabbas erschlagen wurden; Erzbischof Nikita der Bekenner von Apollonia, Märt. Photina
21.) Bischof Jakobus der Bekenner von Catania
22.) Märt. Basileios, Priester von Ankyra
23.) Abt Nikon vom Höhlenkloster in Kiew, Märt. Philetos und sein Sohn Makedonos, Mönchsmärtyrer Nikon und seine 199 Jünger
24.) Bischof Artemon von Seleukia in Pisidien, Jakob der Bekenner, Zacharias der Einsiedler
25.) Verkündigung an Maria durch den Erzengel Gabriel

4. Reihe:
26.) Synaxis des Erzengels Gabriel
27.) Märt. Matrona von Thessaloniki, Märt. Manuel
28.) Ehrw. Hilarion der Jüngere, ehrw. Evstratij vom Kiewer Höhlenkloster
29.) Bischof Markos von Arethusia, Diakon Kyrillos

30.) Ehrw. Johannes Klimakos
31.) Metropolit Iona von Kiew und ganz Russland, Bischof Hypatios von Gangra

(Nach einer Expertise von Rosemarie und Kurt Eberhard)

123 Monatsikone April

Russland, um 1700
Eitempera auf beidseitig grundierter Leinwand,
22,6 x 18,5 cm
Privatbesitz Dortmund

Auf beiden Seiten bemalte Täfelchen (russ.: tabletki), die ausschließlich in Russland entstanden, dienten zur Auflage auf Pulten vor der Ikonostase, wo sie von den Gläubigen verehrt wurden. Seit dem 15. Jahrhundert sind Darstellungen der wichtigsten Kirchenfeste und von Heiligen bekannt, im 17. Jahrhundert folgten „tabletki", auf denen alle Feste und Heilige eines gesamten Monats in mehreren Reihen und in genauer Datenfolge zusammengefasst waren.

Auf der Ikone sind auf der Vorderseite die Heiligen vom 1. bis 14. April und auf der Rückseite jene der zweiten Monatshälfte in jeweils drei Reihen wiedergegeben. Auf der Vorderseite sind in der 1. Reihe dargestellt:

1.) Maria von Ägypten und Abt Zosimas, Euthymius von Suzdal
2.) Titos der Wundertäter
3.) Niketas der Bekenner
4.) Joseph der Hymnograph und Georgios von Malea

2. Reihe:
5.) Theodoulos und Agathopodios
6.) Eutychios von Konstantinopel
7.) Georgios von Melitene
8.) Die Apostel Asynkretos, Rufus, Phlegon, ..., Agabus; Nifont von Novgorod
9.) Eupsychios von Cäsarea

3. Reihe:
10.) Terentios, Maximos, Pompeios
11.) Antipas von Pergamon
12.) Basileios von Parion
13.) Artemon
14.) Papst Martin von Rom, Eusthatios, Antonios und Ioannes

Rückseite, 1. Reihe:

15.) Apostel Aristarchos, Pudes, Trophimos

16.) Irene, Agape, Chionia

17.) Symeon der Perser, Akakios von Melitene,
Zosima von Solovki

18.) Johannes, Schüler des hl. Gregorios Dekapolites

2. Reihe:

19.) Joannes Palaiolaurites

20.) Theodoros Trichinas

21.) Januarios, Theodoros aus Perge, Kaiserin Alexandra

22.) Theodor Sykeotes

23.) Georgios

24.) Elisabeth die Wundertäterin, Sabbas der Gote

25.) Apostel Markus

3. Reihe:

26.) Basilios von Amasia, Stefan von Perm

27.) Bischof Simeon von Jerusalem

28.) Apostel Jason und Sosipater, Maximos

29.) Neun Märtyrer von Kyzikos,
Memnon der Wundertäter

30.) Apostel Jakobus

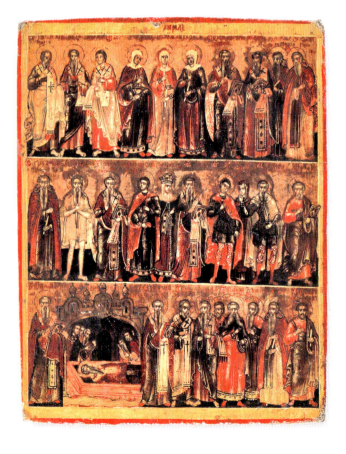

124 Monatsikone Mai

Russland (Vetka), Ende 18. bis 1. Drittel 19. Jahrhundert
Eitempera auf Holz, 44,9 x 37,3 cm
Privatbesitz Schweiz

Die Ikone stellt in fünf Reihen die 31 orthodoxen Festtage des Monats Mai dar. Die entsprechenden Feste und die
einzelnen Heiligen sind mit roten kirchenslawischen Buchstaben, die Zahlen entsprechen, und schwarzen kirchenslawischen Beischriften über den einzelnen Feldern bezeichnet.
Insgesamt sind 68 Heilige und sechs Szenen gemalt.

1. Reihe:

1.) Prophet Jeremia, ehrw. Pafnutij Borovskij

2.) Hll. Boris und Gleb, dazwischen ehrw. Athanasios der
Große, Erzbischof von Alexandrien

3.) Märtt. Timotheos und Maura, Entschlafen des
ehrw. Feodosij Pečerskij

4.) Märt. Pelagia von Taros,
ehrw. Hilarius (?) der Wundertäter

5.) Großmärt. Irene

6.) Gerechter Ijob der Vieldulder, Märt. Barbaros

2. Reihe:

7.) Das Wunderzeichen des Kreuzes zu Jerusalem (Szene mit Christus, der den schlafenden Kaiser Konstantin segnet), Märt. Akakios der Hauptmann, ehrw. Antonij Pečerskij

8.) Apostel und Evangelist Johannes, ehrw. Arsenios der Große

9.) Prophet Jesaja, Märt. Christophoros Kynokephalos, Überführung der Reliquien des hl. Nikolaus von Myra nach Bari

10.) Apostel Simon der Zelote

11.) Märt. Mocius der Priester

12.) Bischof Epiphanios von Zypern, Patriarch Germanos von Konstantinopel

3. Reihe:

13.) Märt. Glykeria

14.) Märt. Isidoros von Chios, „Narr in Christo" Isidor von Rostov

15.) Ehrw. Pachomios der Große, Bischof Isaja von Rostov, ehrw. Evfrosin von Pskov, Zarewitsch Dimitrij von Uglič und Moskau

16.) Bischof Georgios von Mytilene, ehrw. Theodoros der Geweihte, ehrw. Efrem Perekomskij von Novgorod

17.) Apostel Andronikos aus der Schar der 70

18.) Die 7 hll. Jungfrauen, Märt. Thekusa und Märt. Theodotos von Ankyra, Märtt. Petros und Dionysios

19.) Bischof Patrikios von Prusa, ehrw. Kornilij vom Komel'skij Kloster

4. Reihe:

20.) Märt. Thalaleas, Auffindung der Gebeine des Metropoliten Aleksij von Moskau

21.) Kaiserin Helena und Kaiser Konstantin, hl. Fürst Konstantin und seine Söhne Michail und Feodor von Murom

22.) Märt. Basilikos

23.) Bischof Michael der Bekenner von Synada, Auffindung der Gebeine des Bischofs Leontij von Rostov

24.) Ehrw. Simeon der Säulensteher vom Wunderbaren Berge und Nikita der Säulensteher von Perejaslavl'

5. Reihe:

25.) Die 3. Auffindung des Hauptes Johannes des Täufers

26.) Ehrw. Gavriil, Apostel Karpos aus der Schar der 70, Abt Makarij Koljazinskij

27.) Bischof Therapontos von Sardes, die Moskauer Metropoliten Fotij, Kiprian und Iona, ehrw. Ferapont vom Weißen See

28.) Bischof Niketas der Bekenner von Chalkedon, Bischof Ignatij von Rostov

29.) Märt. Theodosia von Tyros, „Narr in Christo" Ioann von Ustjug

30.) Abt Isaakios der Bekenner vom Dalmatos-Kloster

31.) Apostel Hermas aus der Schar der 70, Märt. Hermias von Comana

Der kirchenslawische Ikonentitulus „Monat Mai" am oberen vergoldeten Rand befindet sich in einem roten ovalen Feld, das von einer punzierten Kartusche mit barockem Blattwerk gerahmt ist. Die dekorative, farbenfrohe Malerei aus dem ersten Drittel des 19. Jahrhunderts wird besonders durch die großflächige Blattgoldvergoldung auf rotem Bolus im Hintergrund und auf dem Rand hervorgehoben. Zusammen mit der bunten Farbigkeit der mannigfaltig verzierten Gewänder und der verschnörkelten Architektur- und Ausstattungsdetails, die dem spätbarocken bzw. Rokoko-Stil verpflichtet sind, weist sie den Stil der altgläubigen Ikonenmaler von Vetka auf. Die Siedlung Vetka am Fluss Sož in Weißrussland, an der Grenze zur Ukraine, wurde Ende des 17. Jahrhunderts von Altgläubigen gegründet, die aus dem russischen Kerngebiet geflohen waren. Von dort aus wurden viele Altgläubigen gezwungen, in den Ural zu emigrieren, wo einige Ikonenmalschulen entstanden, von denen diejenige in Nev'jansk am bekanntesten ist.

(Ivan Bentchev)

125 Monatsikone Juli

Russland (Malerdörfer bei Vladimir), um 1850
Eitempera auf Lindenholz, 44,2 x 37,5 cm
Familie Milatz, Niederlande

In fünf Reihen geordnet und in einzelnen Feldern dargestellt sind die 31 orthodoxen Festtage des Monats Juli. In der Mitte des oberen ockerfarbenen Randes steht der kirchenslawische Titulus „Monat Juli", darüber klein „Auferstehung Christi" als Titel der zentralen Szene; auf dem unteren Rand ergänzt um eine weitere Inschrift: „besitzt 31 Tage."

Die Daten stehen als weiße kirchenslawische Buchstaben in dunkelroten Medaillons in der linken oberen Ecke jeden Feldes. Die Feste und die einzelnen Heiligen bzw.

14.) Apostel Akilas aus der Schar der 70
15.) Märt. Kyrikos und Julitta, Großfürst Vladimir
16.) Bischof Athenogenes; Gedächtnis der sechs Ökumenischen Kirchenkonzile (Szenen in sechs hintereinanderfolgenden Feldern): 1. im Jahre 325 in Nikaia, 2. im Jahre 387 in Konstantinopel, 3. im Jahre 431 in Ephesos, 4. im Jahre 451 in Chalkedon, 5. im Jahre 553 in Konstantinopel, 6. im Jahre 680 in Konstantinopel und Konzil im Jahre 691 in Trulla

4. Reihe:
17.) Großmärt. Marina
18.) Märt. Iakindos und Emilianos der Krieger
19.) Makrina, Schwester Basilios des Großen,
und ehrw. Dios
20.) Prophet Elija
21.) Prophet Hesekiel, ehrw. Simeon, Narr in Christo,
und sein Gefährte Johannes vom Kloster am Toten Meer
22.) Maria Magdalena und Hieromärtyrer Phokas
23.) Märt. Trophimos und Theophilos

5. Reihe:
24.) Märt. Christina und Märt. und Fürsten Boris und Gleb
25.) Anna, Mutter der Muttergottes, Diakonissin Olympias und Eupraxia, ehrw. Makarij Želtovodskij von Unža
26.) Hieromärtyrer Hermolaos von Nikomedien und Märt. Paraskeva
27.) Großmärtyrer und Arzt Panteleimon
28.) Apostel und Diakone aus der Schar der 70: Prochoros, Nikanor, Timon und Parmenas
29.) Märt. Kalinikos
30.) Apostel Silas und Silvanos aus der Schar der 70
31.) Ehrw. Eudokimos der Kappadokier

Die farbenfrohe, sehr feine Miniaturmalerei auf blattgoldenem Hintergrund mit pudergoldenen Chrysographien in den Gewändern weist allerbeste Qualität auf. Die Ikone hat ein ausgezeichneter Ikonenmaler aus einem der Malerdörfer im Gebiet Vladimir, Palech oder Mstera um 1850 gemalt.

(Ivan Bentchev)

Szenen sind mit kirchenslawischen Beischriften oben auf dem blattgoldenen Hintergrund in Schwarz bezeichnet.

1. Reihe:
1.) Hll. Ärzte Kosmas und Damian
2.) Niederlegung des Gewandes der Muttergottes im Blachernenpalast
3.) Märt. Hyakinthos und Metropolit Filipp von Moskau; Auferstehung Christi (Szene außerhalb der Monatsfeste in der Mitte der obersten Reihe)
4.) Erzbischof Andreas von Kreta und Martha, die Mutter Simeons des Säulenstehers
5.) Erhebung der Gebeine des hl. Sergij von Radonež

2. Reihe:
6.) Sisoes der Große
7.) Thomas vom Berge Maleon und Akakios vom Sinai
8.) Großmärtyrer Prokopios und Prokopij, „Narr in Christo" von Novgorod
9.) Hieromärtyrer Bischof Pankratius
10.) Die 45 Märtyrer in Nikopolis (Armenien) und Antonij vom Kiewer Höhlenkloster
11.) Großmärtyrerin Euphemia und Großfürstin Olga
12.) Märt. Proklos und Hylarion, ehrw. Michael Maleinos

3. Reihe:
13.) Synaxis des Erzengels Gabriel und Stephanos der Sabbait

Die wichtigsten Feste sind in der 1. Reihe am 1. Oktober: Muttergottes „Schutz und Fürbitte" (Pokrov) und in der 2. Reihe am 11. Oktober das Gedächtnis des 7. Ökumenischen Konzils von Nikaia im Jahre 787.

Die Feinheit der Malerei und das charakteristische Ornamentband um das Mittelfeld sprechen für die Entstehung der Ikone in einem der zentralrussischen Malerdörfer, wahrscheinlich in Mstera.

(Nach einer Expertise von Rosemarie und Kurt Eberhard)

127 / 128 Zwei Ikonen mit Festtagen und Heiligen

Russland, 1. Hälfte 17. Jahrhundert
Eitempera auf Holz, in neue Tafeln eingesetzt,
je 31,2 x 24,7 cm
Privatsammlung Belgien

Jede der beiden zusammengehörigen Ikonen ist in sechs horizontale Reihen gegliedert mit insgesamt 196 stehenden, sich auf der ersten Tafel nach rechts, auf der zweiten nach links wendenden Heiligen in der obersten und den drei unteren Reihen. In der zweiten und dritten Reihe sind jeweils fünf Kirchenfeste dargestellt. Mit Sicherheit gehörte zu dem Ensemble ursprünglich eine dritte, mittlere Tafel, da wichtige Feste auf den beiden Ikonen fehlen.

Die ersten Feste sind in der üblichen Reihenfolge dargestellt: Auf der ersten Tafel in Reihe 2: Die Heilige Dreifaltigkeit (alttestamentliche Form), die Geburt der Muttergottes, Mariä Tempelgang, Verkündigung an Maria und Geburt Christi. Dann fehlen einige wichtige Feste wie die Darstellung im Tempel, die Taufe Christi, die Auferweckung des Lazarus und der Einzug in Jerusalem, die sich wahrscheinlich auf der mittleren Tafel befanden. Der Zyklus setzt sich mit der Passion Christi auf der zweiten Tafel fort: Das letzte Abendmahl, Fußwaschung, Verklärung auf dem Berg Tabor, Gefangennahme Christi (Judaskuss) und Christus vor Pilatus. Die Reihe wird fortgeführt in der 3. Reihe der 1. Tafel mit der Verspottung Christi, Kreuztragung, Christus wird an das Kreuz genagelt, Christus am Kreuz, Nikodemus und Joseph von Arimathäa vor Pilatus. Wieder fehlen einige wichtige Szenen wie die Kreuzabnahme, die Grablegung, die Frauen am Grab Christi und die Hadesfahrt Christi, und die Reihe endet auf der zweiten Tafel mit der Himmelfahrt Christi, der Herabkunft des Heiligen

126 Monatsikone Oktober

Russland, (Mstera?), Mitte 19. Jahrhundert
Eitempera auf Holz, 45 x 38 cm
Privatsammlung

Die Ikone zeigt in fünf Reihen fast sämtliche in der russischen orthodoxen Kirche verehrten Heiligen und Feste des Monats Oktober in einer nur selten zu findenden Ausführlichkeit. Alle Heiligen sind in schwarzer Schrift namentlich bezeichnet, und am Beginn eines Tages ist in einem roten Kreis das Datum in kyrillischen Zahlzeichen angegeben. Die Ikone ist auf dem oberen Rand mit „Monat Oktober" überschrieben, auf dem unteren Rand ist angegeben: „Oktober 31 Tage."

Einige Heilige sind nicht nur als Einzelfigur, sondern mit einer Szene wiedergegeben, so z. B. der hl. Demetrios (26. Oktober), der hoch zu Ross den Bulgarenkönig besiegt und von einem Engel mit der Märtyrerkrone belohnt wird. Die Siebenschläfer von Ephesos (22. Oktober) werden mit dem sie verehrenden Statthalter und seinem Gefolge gezeigt, und die Muttergottesgnadenbilder (Korsunskaja am 9. Oktober, Jachromskaja am 14. Oktober, Kazanskaja am 22. Oktober und „Freude aller Leidenden" am 24. Oktober) werden von Heiligen getragen.

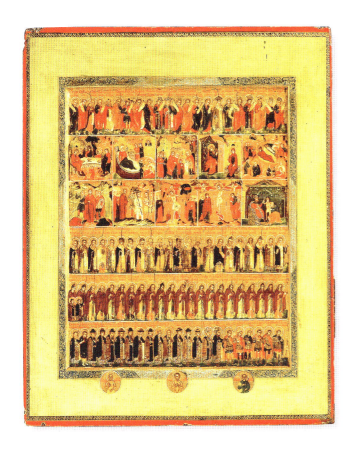
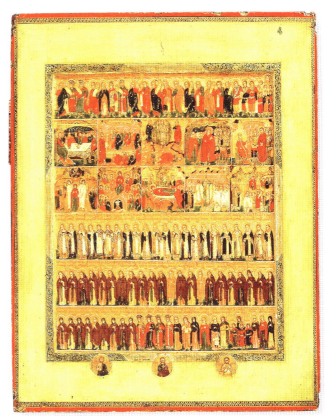

Geistes (Pfingsten), dem Entschlafen der Muttergottes, der Kreuzerhöhung und Maria Schutz und Fürbitte (Pokrov).

Die Heiligen in den vier übrigen Reihen sind nach „Kategorien" eingeteilt und jeweils mit ihrem Namen bezeichnet. In der obersten Reihe beider Ikonen sind Propheten wiedergegeben, denen ganz rechts die drei Jünglinge im Feuerofen und der hl. Eleazar mit den Sieben Makkabäern folgen. In der 4. Reihe sind Bischöfe abgebildet, darunter auf der linken Ikone die Wundertäter von Novgorod, Rostov und Moskau und auf der rechten zwei Diakone. Die 5. Reihe ist Mönchen vorbehalten, die 6. Reihe umfasst auf der ersten Ikone Fürsten und Kriegerheilige, auf der zweiten ausschließlich heilige Frauen: Nonnen, Fürstinnen und Märtyrerinnen.

Die zwei Ikonen wurden in der ersten Hälfte des 17. Jahrhunderts gemalt. Die ungewöhnliche Zusammenstellung von Festen und Heiligen auf kleinen Tafeln und in Miniaturmalerei spricht für einen privaten, vermögenden Auftraggeber und lässt an Ikonen aus dem Umkreis der reichen Handelsfamilie Stroganov denken.

Im 19. Jahrhundert wurden die beiden Ikonen in neue Tafeln eingesetzt, wobei die Namensbeischriften der Heiligen erneuert und der Rand neu bemalt wurden. Aus dieser Zeit stammen auch die jeweils drei Medaillons mit den Bildnissen von „Narren in Christo" auf dem unteren Rand.

Die Kante (Luzga) zwischen der Ikone und dem Rand wurde mit einem prächtigen Ornament in Gold, Hell- und Dunkelblau verziert, was ein Charakteristikum für Ikonen aus dem berühmten Malerdorf Palech ist. Die Maler von Palech bewunderten die feine Malerei der Stroganov-Maler und versuchten diese Tradition fortzusetzen.

(Nach einer Expertise von Simon Morsink und Désirée M. D. Krikhaar)

Russland (Palech, Ivan L'vov Sofonov), 1863
Eitempera auf Holz, 34,2 x 30,1 cm
Privatbesitz Dortmund

Die Ikone stammt aus dem berühmten Malerdorf Palech, das im ehemaligen Gebiet von Vladimir-Suzdal' gelegen ist, und besitzt auf der Rückseite ein Medaillon, das den Meister dieser Ikone, den Auftraggeber und das Entstehungsjahr nennt: „Gemalt wurde diese heilige Ikone im Jahr 7371 nach der Erschaffung der Welt; nach der Geburt [Christi] aber, der Fleischwerdung des göttlichen Logos, 1863, im August [am] 24. Tag im Dorf Palech vom Meister Ivan L'vov Sofonov durch den Fleiß des sündhaften Dieners Gottes Nikolaj Ivanovič Prochorov."

Der Familie Sofonov (auch: Safonov) gehörte seit der Mitte des 19. Jahrhunderts die größte und bedeutendste Ikonenwerkstatt in Palech. Sie waren einst Leibeigene der Familie Buturlin, die bis 1861 die Herren des Dorfes waren, und beschäftigten sich seit dem Ende des 18. oder dem Beginn des 19. Jahrhunderts mit der Ikonenmalerei. Zur Entstehungszeit dieser Ikone stand die Sofonov-Werkstatt vermutlich unter der Leitung des Nikolaj L'vovič Sofonov, der möglicherweise ein Bruder Ivan L'vov Sofonovs war. Der Name des Künstlers ist in den Quellen leider bisher nicht genannt worden; weitere Ikonen aus seiner Hand sind ebenfalls nicht bekannt.

Die Ikone ist sehr qualitätvoll gearbeitet. Die Gewänder sind detailreich, mit feinsten Verzierungen gemalt, die Gesichter und Haare der Heiligen sind in dem Maße ausgearbeitet, dass sich zwar einzelne Typen wiederholen, sich dennoch die in den Musterbüchern beschriebenen Merkmale der einzelnen Heiligen genau beobachten lassen. Die Köpfe wirken im Vergleich zu den Körpern relativ klein, da diese proportional überlängt dargestellt sind, ein für Palech typisches Stilmerkmal, das seinen Ursprung wohl in der Anlehnung an die Stroganov-Schule des 16. Jahrhunderts hat. Die Farbauswahl setzt sich aus gedeckten Tönen zusammen, durch die das Gold des Hintergrundes und teilweise, in feinsten Linien, der Gewänder geheimnisvoll zu schimmern scheint. All diese Merkmale fügen sich zu einem Bild zusammen, das trotz des aufzählenden Charakters dieser Ikone abwechslungsreich komponiert ist.

Die Vorderseite der Ikone zeigt ein Thema, das für das Russland des 18./19. Jahrhunderts typisch ist und nur dort vorkommt. Es wird in dem Titulus am oberen Rand genannt: „Bildnis von Heiligen, welchen von Gott die Gabe zu heilen gegeben ist." Ikonen dieser Gruppe wurden im Volksmund auch „domasnjaja apteka" (Hausapotheke) genannt und zeugen von einer Welt, in der der Glaube an die Wirkung der wissenschaftlich fundierten Medizin allein noch nicht verankert war.

Die Ikone zeigt in ihrem Mittelfeld einzelne Heilige und wundertätige Ikonen der Muttergottes, die, in verschieden große, rechteckige Felder aufgeteilt, in vier horizontalen Registern positioniert sind. Die Beschriftungen unter den einzelnen Heiligengruppen geben genaue Auskunft darüber, welche Heilfunktion den jeweiligen Heiligen zugeschrieben wird, und sie sind nach dieser Funktion in Gruppen zusammengefasst.

Das obere Register, das in fünf Rechtecke geteilt ist, zeigt vier Ikonen der Muttergottes (Kazanskaja, Feodorovskaja, Nicht verbrennender Dornbusch, Tichvinskaja) und das Bildnis des hl. Nikolaus des Wundertäters, der bekanntlich der beliebteste Heilige der Russen und zudem der Namenspatron des Auftraggebers ist. Die Mariengnadenbilder helfen – in gleicher Reihenfolge aufgezählt – bei der Erblindung der Augen, einer schweren Geburt, Feuersbrunst und Blitz, der Gesundheit von Säuglingen und Kleinkindern und bei Überschwemmungen und anderen Unglücksfällen. Dieses Register ist in seiner Bedeutung das wichtigste der gesamten Ikone.

Die Heiligen der drei unteren Register helfen nicht nur bei Krankheit von Mensch und Tier sowie Unglücksfällen und Verfluchungen, sondern sollen auch bei der Aneignung bestimmter Fähigkeiten, z. B. des Lesens, unterstützend wirken. Da sich die Auswahl der Heiligen auf anderen Ikonen dieses Typs wiederholt, können auch die zerstörten

Inschriften rekonstruiert und die betreffenden Heiligen identifiziert werden. So zeigt z. B. das dritte Register, von links nach rechts gelesen:

- den Kriegerheiligen Nikita, der Säuglinge von Kinderkrämpfen erlöst;

- den hl. Märtyrer Konon von Isaurien, der Säuglinge und Kleinkinder von den Pocken heilt;

- die hll. Kosmas und Damian zur Erleuchtung des Verstandes und Hilfe beim Erlernen der Lese- und Schreibkunst;

- den Evangelisten Johannes für das Erlernen der Ikonenmalerei;

- den hl. Sadoth, die Großmärtyrerin Barbara, den Asketenheiligen Onouphrios und den Bischof Charalampios zur Bewahrung vor einem plötzlichen Tod ohne vorhergehende Buße;

- den Mönchsheiligen Paisios den Großen zur Erlösung von der Qual, ohne Buße zu sterben;

- die hll. Marouthas und Niphon von Constantiana, die von Mensch und Tier böse Geister verjagen;

- den Mönchsheiligen Moses den Ungarn, den Asketen Johannes den Leidgeprüften und die hl. Thomais zur Erlösung von unzüchtiger Leidenschaft;

- den hl. Nikita von Novgorod, der – worauf drei rote Sternchen verweisen – dasselbe bewirkt wie die Muttergottes „Nicht verbrennender Dornbusch", die vor Feuersbrunst und Blitz bewahrt.

Das Thema der „Heiligen, welchen von Gott die Gabe des Heilens" gegeben ist, taucht (vermutlich zuerst) etwa Ende des 18. Jahrhunderts auf den Volksbilderbögen, den „lubki", auf, welche als Holzschnitt oder Kupferstich, seltener von Hand gemalt, die dem Volke ganz eigenen Ideen und Vorstellungen wiedergaben. Sie standen einerseits unter dem Einfluss der Ikonenmalerei, konnten aber auch, wie dieses Beispiel bezeugt, wiederum auf diese zurückwirken und neue Bildthemen liefern. Der Charakter dieser religiösen „lubki" drückt die praktischen Bedürfnisse der Menschen im Alltag aus und setzt sie in erbaulicher Weise um. Ein von D. Rovinskij im Jahr 1881 publizierter „lubok" aus den

1820er bis 1830er Jahren trägt denselben Titel wie die vorliegende Ikone und listet dieselben Heiligen auf; ferner werden ihnen die nämlichen gottgegebenen Gaben zugeschrieben und ihr Gedenktag vermerkt.

Die Struktur der Komposition dieser Ikonengruppe ist von den Menologien herzuleiten, doch erfolgt die Gruppierung der Heiligen hier nicht nach Monat und Datum des Gedenktages des jeweiligen Heiligen, sondern nach seiner Funktion. Diese leitet sich in den meisten Fällen aus ihren Viten und den Legenden ab, die sich um sie ranken. Zudem besitzen die Ikonen dieser Gruppe eine Verwandtschaft mit der Deesis im Sinne der Fürbitte für die Gläubigen. Vergleichsbeispiele aus der Sammlung der Banca Intesa in Vicenza (Pirovano 2003, Bd. III, Kat. Nr. 272 und 339) und aus dem Museum für Religionsgeschichte in St. Petersburg (Tarasov 2002, S. 109) unterstreichen diesen Gedanken durch die Abbildung einer (erweiterten) Deesis.

Der Ikonenrand zeigt oben in einem Medaillon die Neutestamentliche Dreifaltigkeit, links einen Schutzengel und den Kirchenvater Gregorios von Nazianz, den Theologen; rechts sind die zwei anderen Kirchenväter Basilios der Große und Johannes Chrysostomos beigefügt. Die Kirchenväter rahmen die Ikone, als würden sie die thaumaturgischen Funktionen der Heiligen und der Muttergottesikonen theologisch bekräftigen; vermutlich waren sie für den Auftraggeber, Nikolaj Ivanovič Prochorov, von besonderer Bedeutung. Der Schutzengel scheint die helfende Wirkung der Heiligen zu unterstreichen und dem Auftraggeber als zusätzlicher Beschützer zur Seite zu stehen.

(Ana Faye Fegg)

130 Die Gerechten in Abrahams Schoß

Russland (Pomor'e-Gebiet), 1897
Eitempera auf Holz, 40,8 x 23,8 cm
Privatsammlung

Um einen mit einem weißen Tuch bedeckten Tisch, auf dem zwei große Kelche und kleine Becher stehen und viele Blumenzweige und Früchte liegen, sitzen die heiligen Vorväter Isaak, Abraham und Jakob. Sie sind von Bäumen umgeben, welche das Paradies symbolisieren. Abraham in der Mitte hält in seinen ausgebreiteten Händen je einen Zweig, Isaak und Jakob halten jeweils ein Kind in weißem Gewand auf dem Schoß. Es sind die Seelen der Gerechten,

unten (der rechte ergänzt) ist sehr ungewöhnlich. Gegen eine Vortrageikone spricht, dass die Rückseite nicht bemalt ist, sondern folgende Inschrift trägt:

„Gemalt wurde diese heilige Ikone nach der Erschaffung der Welt im Jahr 7405 und nach der Geburt Christi 1897 im Monat Mai am 24. Tag. Gemalt (hat) Semen Fedorovič Morosov." Der Text ist im Bereich der Signatur in einer von Altgläubigen verwendeten Geheimschrift geschrieben.

Die Ikone ist vermutlich in einer Werkstatt etwas nördlich des Onega-Sees im Pomor'e-Gebiet entstanden. Nach 1873 wurden die altgläubigen Maler dort verfolgt, wenn sie ihre Ikonen mit ihrem Namen signierten. Aus diesem Grund hat der Maler dieser Ikone seinen Namen in verschlüsselter Form geschrieben.

Literatur: Frankfurt 2005, Kat. Nr.111, S. 252–253; Schweinfurt 2008, S. 66, Abb. S. 67

die in Gestalt von kleinen Kindern dargestellt sind. Weitere Kinder sind auf Bäume geklettert, um dort die roten Äpfel zu pflücken, die bereits in der Genesis als Früchte des Lebens bezeichnet wurden; andere stehen mit Zweigen in den Händen vor dem Tisch oder an den Seiten. Sie tragen jedoch nicht wie üblich nur weiße, sondern verschiedenfarbige Gewänder.

Oben sind über Wolken Gottvater und Christus auf einem Cherubimthron segnend dargestellt. In ihrer Mitte ist der Globus mit Leidenssymbolen abgebildet und darüber schwebt der Heilige Geist in Gestalt einer Taube.

Das dargestellte Motiv „Die Gerechten in Abrahams Schoß", das sich auf Mt 8,11–12 und Lk 16,22–23 bezieht, kommt in der ostkirchlichen Ikonen- und Wandmalerei häufig in Zusammenhang mit dem Jüngsten Gericht vor, wo es für das Paradies steht, ist als eigenständiges Thema jedoch äußerst selten.

Auch die Form der Ikone mit dem wellenförmigen, in einer Spitze endenden oberen Abschluss und drei Ansätzen

131 König David

Russland, Ende 19. Jahrhundert
Eitempera auf Holz, Durchmesser 23 cm
Privatsammlung

Die runde Ikone zeigt den auf dem bläulichen Hintergrund als „Heiliger König (Zar) David" bezeichneten David in halber Figur, mit Krone und kaiserlichen Gewändern. In

seiner Linken hält er eine Schriftrolle mit folgendem Text: „Brich auf, Herr, an Deinen Ruheort ...“ (Ps 132,8; LXX Ps 131,8). Die Tondoform der Ikone spricht dafür, dass sie für die Prophetenreihe einer Ikonostase gemalt wurde, wo die beiden Könige und Vorfahren Christi, David und Salomon, die Ikone der Muttergottes des Zeichens in der Mitte der Reihe flankierten.

Die sehr fein und gekonnt gemalte Ikone in traditionellem Stil ist in einer sehr guten Werkstatt in Zentralrussland entstanden.

Literatur:
Frankfurt 2005, Kat. Nr. 87, S. 238

132 Prophet Daniel

Russland, 1. Hälfte 17. Jahrhundert
Eitempera auf Holz, 112,5 x 47 cm
Privatsammlung Belgien

Die Ikone war ursprünglich Teil des Prophetenrangs einer Ikonostase. Die Schriftrolle, die sich rund um den Nimbus des Propheten legt, trägt einen Text, der auf Daniel 2,34 basiert. Dort ist von einem Stein die Rede, der sich ohne menschliches Zutun vom Felsen löst. Dieser Stein wurde später zu einem der zahlreichen Symbole für die Muttergottes, denn so wie sich der Stein ohne menschliches Zutun löste, so gebar die Muttergottes ohne das Eingreifen eines Menschen den Gottessohn.

Das reiche Gewand des Propheten und seine manieristische Haltung lassen an späte Stroganov-Ikonen denken. Auf dem Kopf trägt er die für Propheten typische weiße Mütze mit rotem Pompon.

Literatur:
Antwerpen 1997, Kat. Nr. 107, S. 108

133 Der Prophet Jonas mit dem Walfisch

Russland, Mitte 19. Jahrhundert
Eitempera auf Holz, 30,7 x 26 cm
Privatsammlung

Das Alte Testament berichtet im Buch Jona über die Entsendung des Propheten Jona nach Ninive, über dessen Ungehorsam und Gottes Strafe. Jona, Sohn des Amitthais und einer der zwölf kleinen Propheten, lebte um 820 v. Chr.

Auf der als „Bild des heiligen Propheten Jona" bezeichneten Ikone sind drei Szenen aus dem Leben des Propheten zu sehen; nicht in abgetrennten Bildfeldern, sondern in der sogenannten kontinuierenden Erzählweise vor dem Hintergrund einer einheitlichen Landschaft. Links oben wird geschildert, wie der vor Gottes Auftrag fliehende Jona bei einem schweren Sturm vom Schiff ins Meer geworfen und von einem Walfisch verschlungen wird. Drei Tage und drei Nächte flehte er im Bauch des Wals den Herrn an, da spie ihn dieser an Land (Szene im Vordergrund). Als Jona noch einmal denselben Auftrag erhielt, gehorchte er und verkündete der Stadt Ninive den Untergang (rechts oben). Doch der König und die Bewohner von Ninive zeigten Reue, taten Buße und fasteten, woraufhin Gott das Übel abwendete und sie verschonte. Dies wird durch die Darstellung des

segnenden Christus in einem Himmelssegment am oberen Bildrand ausgedrückt.

Die Jonasgeschichte wurde bereits in frühchristlicher Zeit auf Sarkophagen und in Katakomben wiedergegeben, da man in der Rettung des Propheten aus dem Bauch des Wals nach drei Tagen eine Parallele zur Auferstehung Christi sah. In der russischen Ikonenmalerei ist sie jedoch äußerst selten zu finden.

(Nach einer Expertise von Rosemarie und Kurt Eberhard)

134 Tobias fängt den Fisch

Russland, 1899
Eitempera auf Holz, 36,5 x 30 cm
Privatsammlung

Auf der Ikone ist ein Thema aus den Apokryphen des Alten Testaments (Tob 6,1–5) dargestellt, das extrem selten gemalt wurde.

In der Mitte kniet Tobias an einem Fluss (Tigris) und zieht einen sonderbar aussehenden Fisch heraus. Hinter ihm steht der Erzengel Raphael mit einem Botenstab in der

Linken und hält schützend seine Hand über ihn. Oben in der Mitte erscheint in einem von grauen Wolken von der irdischen Sphäre abgesonderten Himmelssegment Gottvater und segnet die Szene.

Der Schutzengel auf der rechten Seite und die drei heiligen Märtyrer Samonas, Gurias und Abibo von Edessa, die während der Christenverfolgungen unter Diokletian bzw. Licinius ihr Martyrium erlitten, besitzen keinerlei inhaltliche Beziehung zur Tobias-Szene und sind wohl auf Wunsch des Auftraggebers nicht wie üblich auf den Rand gemalt, sondern in das Bildfeld integriert worden.

In der unteren rechten Ecke ist die Ikone mit der Jahreszahl 1899 datiert.

Frankfurt 2005, Kat. Nr. 72

135 Die Feurige Himmelfahrt des Propheten Elija

Russland (Novgorod), 2. Hälfte bis Ende 15. Jahrhundert
Eitempera auf Holz, 66 x 49 cm
Privatbesitz

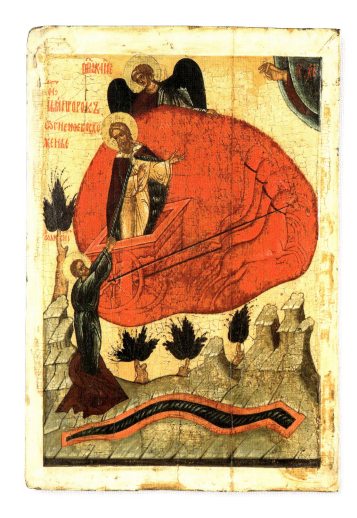

Von allen Propheten wurde Elija in der Ostkirche am meisten verehrt, wobei seine Popularität nicht zuletzt der Tatsache zu verdanken ist, dass er der für das Wetter zuständige Heilige ist – hatte er doch in Israel als Strafe für die Einführung des Baalkults eine große Dürre und nach seinem Sieg über die Baalpriester den wieder einsetzenden Regen verkündet. Außerdem ist er der Schutzpatron gegen Feuergefahr und Blitzschlag, da er durch seine feurige Himmelfahrt seine Macht über dieses Element bewiesen hatte.

Eine Elija-Grotte wurde am Berg Horeb Ziel vieler Wallfahrer. Kirchen wurden dem Propheten in Kiew, Jaroslavl', Zadar (Kroatien) und an anderen Orten geweiht, und in Griechenland tragen zahlreiche Berge seinen Namen.

In der ostkirchlichen Kunst wird Elija, der in der Mitte des 9. Jahrhunderts v. Chr. lebte, als alter Mann in einem Mantel aus Schaffell charakterisiert. Schon in frühchristlicher Zeit war die „Feurige Himmelfahrt des Propheten Elija" ein beliebtes Thema, insbesondere in der Katakombenmalerei, auf Sarkophagen sowie auf der Holztür von Santa Sabina in Rom (432), wo sie der Himmelfahrt Christi typologisch gegenübergestellt ist. Die Szene ist deutlich von antiken Darstellungen des Sonnengottes Helios beeinflusst, der auf einer Quadriga gen Himmel fährt. Auf den meisten

Ikonen ist die Entrückung des Elija in einem von vier Pferden gezogenen Wagen verbunden mit der Mantelübergabe an Elischa, mit der er ihn zu seinem Nachfolger bestimmt. Auf dieser Ikone wirft Elija seinen Mantel nicht Elischa zu, sondern dieser streckt die Hände nach dem Mantel seines Meisters aus, wie man es auf vielen russischen Ikonen des 15. und 16. Jahrhunderts sehen kann. Die Pferde und Elija in seinem zweirädrigen Wagen sind von einer großen roten Feuerwolke umgeben, die ein Engel festzuhalten scheint. Aus einem Himmelssegment in der rechten oberen Ecke der Ikone ragt die segnende Hand Christi hervor. Den unteren Abschluss der Ikone bildet der sehr abstrakt als schlangenartiges Wellenband mit roten Ufern dargestellte Jordan.

Die Ikone, die aus der Ikonostase einer nordrussischen Kirche stammt, hat große ikonographische und stilistische Ähnlichkeiten mit einer Novgoroder Ikone des Russischen Museums in St. Petersburg (siehe Laurina/Pushkariov 1980, Abb. u. Kat. Nr. 132, S. 308) und kann wie diese in die 2. Hälfte des 15. Jahrhunderts datiert werden. Zwei weitere Ikonen mit sehr ähnlicher Ikonographie sind abgebildet in: Recklinghausen 1979, Kat. Nr. 10 und 11. Ihre Wirkung bezieht sie durch ihre für die Novgoroder Provenienz charakteristische klare Komposition und das Vorherrschen reiner, leuchtender Farben, wobei das Zinnoberrot des Feuerballs den beherrschenden Akzent bildet.

Literatur:
Hoechst 1986, Kat. Nr. 62, Abb. S. 71

136 Die Feurige Himmelfahrt des Propheten Elija mit 20 Szenen aus seinem Leben

Russland (Jaroslavl'), 2. Hälfte 17. Jahrhundert
Eitempera auf Holz, 113 x 91 cm
Privatbesitz

Die großformatige Ikone war wohl ursprünglich die Patronatsikone einer dem Propheten Elija geweihten Kirche, dessen Leben sie auf zwanzig kleinen Feldern und einem großen Zentralbild illustriert. Das Mittelfeld zeigt in der oberen Hälfte seine Feurige Himmelfahrt, die in ihrem leuchtenden Rot die ganze, ansonsten in warmen Erdfarben gehaltene Ikone dominiert. Unter der Himmelfahrt ist rechts die Mantelübergabe an Elijas Schüler Elischa, links davon die Durchquerung des Jordan und die Stärkung Elijas durch den Engel gemalt. Das Zentralfeld ist von einem breiten, ornamentierten Rahmen umgeben, den die Flammen des Feuerballs oben überschneiden. Die nicht immer chronologisch angeordneten Szenen aus dem Leben des Propheten, die auf dem relativ schmalen ockerfarbenen Rand durch Inschriften erläutert sind, basieren auf dem Buch der Könige und apokrypher Literatur. Sie geben von links nach rechts und von oben nach unten gelesen folgende Ereignisse wieder:

1.) Die Geburt des Propheten
2.) und 3.) Engel versorgen den jungen Elija
4.) Elija kommt nach Jerusalem zu den Pforten des Tempels
5.) Elija prophezeit König Ahab die Dürre
6.) König Ahab und seine Frau Jezebel reden über den Propheten
7.) Elijas Gespräch mit Gott in der Wüste
8.) Königin Jezebel sendet Soldaten aus, um Elija gefangen nehmen und töten zu lassen
9.) Auf Befehl Gottes verbirgt sich Elija in der Wüste am Bach Kerit und wird von einem Raben gespeist
10.) Elija begegnet Elischa bei der Feldarbeit
11.) Elija trifft die arme Witwe am Tor der Stadt Sarepta

12.) Die Witwe sammelt Holz, um sich und ihrem Sohn das letzte Mahl zu bereiten. Elija bittet die Witwe um ein Stück Brot
13.) Durch Elijas Gebet gehen Mehl und Öl niemals aus, und er lebt bei der Witwe und ihrem Sohn
14.) Elija disputiert mit den Anhängern des Baalkults
15.) Die Witwe trauert um ihren verstorbenen Sohn
16.) Elija bittet Gott um die Erweckung des Knaben
17.) Elija erweckt das Kind durch Gottes Kraft wieder auf
18.) Angesichts ihres lebenden Kindes sagt die Mutter: „Jetzt weiß ich, dass du ein Mann Gottes bist."
19.) Gott sendet das Feuer, das Elija von ihm erfleht hat
20.) Die Baalpriester werden getötet

Bei der Auswahl der Szenen fällt auf, dass auf die Darstellung der Geburt und der Kindheit des Elija großes Gewicht gelegt wurde sowie auf die Geschichte von der Witwe und ihrem Sohn, die alleine sieben der zwanzig Szenen einnimmt.

Literatur:
Brescia 1991, S. 164 und Tafel 51; Frankfurt 2007, Kat. Nr. 9

137 Der Prophet Elija mit Heiligen auf den Rändern

Russisch (Stroganov-Schule), 1. Hälfte 17. Jahrhundert
Eitempera auf Holz, 45 x 35,8 cm
Privatsammlung Belgien

Im mittleren Bildfeld ist der Prophet Elija vor einem goldenen Hintergrund frontal und bis zur Taille zu sehen. Mit beiden Händen hält er eine geöffnete Schriftrolle schräg vor sich, welche die Bibelstelle 1 Kg 19,10 zitiert: „Leidenschaftlich eiferte ich für den Herrn, Gott, den Allherrscher ... Elija."

Auf den leicht erhöhten, im 19. Jahrhundert dunkelgrün übermalten Rändern sind auf der linken und rechten Seite jeweils acht männliche Heilige dargestellt, die paarweise in verschiedenfarbigen, von einem Kielbogen bekrönten Feldern wiedergegeben sind und sich mit erhobenen Händen der zentralen Darstellung zuwenden. Oberhalb des Propheten, dessen goldener Nimbus etwas in den oberen Rand hineinragt, ist die Muttergottes des Wunderzeichens von Novgorod in einem halbkreisförmigen Himmelssegment gemalt. Flankiert wird sie von je zwei halbfigurigen männlichen Heiligen, die in Medaillons eingeschrieben sind und sich ihr zuwenden. Auf dem unteren Rand sind schließlich vier frontal in Halbfigur dargestellte weibliche Heilige in etwas kleineren Rundmedaillons wiedergegeben. Alle Heiligen sind mit roten Inschriften namentlich bezeichnet, die ebenfalls im 19. Jahrhundert erneuert wurden.

In den beiden Medaillons auf dem oberen Rand sind links von der Muttergottes des Zeichens Johannes Chrysostomos und Basilios der Große, rechts Gregorios der Große und der Apostel Petrus zu sehen. Die vier weiblichen Heiligen in den Medaillons auf dem unteren Rand sind die Asketin Maria von Ägypten, die Nonnen Evfrosinija von Suzdal und Eudokia von Hieropolis sowie die Kaiserin Irene von Byzanz. Auf dem linken Rand sind oben die beiden Moskauer Metropoliten Aleksij und Petr wiedergegeben, darunter die Fürsten Andrej Bogoljubskij und Vladimir von Kiew, darunter die Styliten Nikita Pereslavskij und Daniel von Konstantinopel. Unten rechts stehen die beiden unbekleideten „Narren in Christo" Vasilij und Maksim von Moskau. Bis auf den Styliten Daniel handelt es sich bei den Heiligen auf dem linken Rand also ausschließlich um russische Heilige. Einige von ihnen waren erst in der Mitte bzw. der zweiten Hälfte des 16. Jahrhunderts kanonisiert worden wie die „Narren in Christo" Maksim (1547) und Vasilij von Moskau (1588). Evfrosinija von Suzdal wurde

zwar erst am 18. September 1698 offiziell heiliggesprochen, aber ihre örtliche Verehrung ist bereits in den Jahren 1572/81 nachweisbar.

Auf dem rechten Rand sind oben der Metropolit Iona von Moskau und Johannes der Evangelist dargestellt, darunter Fürst Michail von Černigov mit seinem Bojaren Feodor. Dann folgen der Asket Euthymios der Große von Melitene und der Großmärtyrer Niketas der Gote, der wie auf der großen Ikone des frühen 17. Jahrhunderts aus der Verkündigungskathedrale in Sol'vyčegodsk nicht in Kriegerüstung, sondern mit einem langen Gewand mit aufwendigen Borten und Chlamys dargestellt ist (Moskau 1991, Kat. Nr. 18). Ganz unten schließt die Reihe mit den beiden Märtyrern und Arztheiligen Kosmas und Damian.

Während die Darstellung des Elija mit langem weißem Haar und Bart, dem über die Schultern gelegten und vorne geknoteten weißen Halstuch und dem Fellmantel ganz den traditionellen Vorgaben entspricht, besteht die Besonderheit der Ikone in den zahlreichen Heiligenbildern auf den Rändern. Es fällt auf, dass von den 24 dargestellten Heiligen immerhin elf Heilige russischer Nationalität sind und dass die Auswahl recht ungewöhnlich und ohne jeden sofort erschließbaren Zusammenhang ist. So beliebte Heilige wie Nikolaus oder Paraskeva fehlen ebenso wie Paulus, den man als Pendant zu Petrus erwarten würde, während man in der Reihe zahlreiche sonst sehr selten wiedergegebene Heilige findet. Da stilistische Elemente der Ikone auf eine Entstehung im Milieu der reichen Kaufmannsdynastie der Stroganov schließen lassen, liegt es nahe, in den ausgewählten Heiligen Namenspatrone dieser Familie zu vermuten. Nie zuvor waren so häufig die eigenen Patrone dargestellt worden wie in dieser Familie (Vilinbachova 2000, S. 11–14). Möglicherweise war eine etwas früher entstandene Ikone wie jene des hl. Nikolaus das Vorbild, auf deren Rändern die Patrone einer anderen Familie, nämlich derjenigen des Zaren Fedor Ivanovič, seiner Frau Irina Feodorovna Godunov und ihrer Tochter Feodosija dargestellt waren. Diese Ikone war um 1592 wahrscheinlich anlässlich der Geburt des lang ersehnten Kindes Feodosija gemalt worden und besitzt ähnliche Maße wie die Elija-Ikone (Morsink 1999, Kat. Nr. 24, Abb. S. 97).

Tatsächlich kommen fast sämtliche Namen der auf der Elija-Ikone dargestellten Heiligen in allen Zweigen der Familie Stroganov bis zur neunten Generation, also bis zur Mitte des 17. Jahrhunderts, mehr oder weniger häufig vor, mit Ausnahme von Iona, Euthymios (dafür mehrfach die weibliche Form Evfimija) und Damian, der hier wohl als Pendant zu Kosmas gemalt wurde. Die Namen der folgenden Generation fehlen auf der Ikone ganz. Diese

auffällige Übereinstimmung der Namen ist sicherlich kein Zufall, sodass man davon ausgehen kann, dass der Stifter der Ikone in einem Angehörigen der Stroganov-Familie zu suchen ist. Leider ist es nicht möglich, die Ikone mit einem bestimmten Familienmitglied zu verbinden, denn einen Elija, der seinen eigenen Patron im Zentrum der Ikone darstellen ließ – so wie etwa Maksim Jakovlevič Stroganov den hl. Maximos den Bekenner (Moskau 2003, Kat. Nr. 29, Abb. S. 147–149), – hat die Familie nicht aufzuweisen. Es wird sich also um eine Stiftung an eine der zahlreichen dem Propheten Elija geweihten Kirchen handeln, die vor allem im russischen Norden zu finden sind.

Auch die „Muttergottes des Zeichens" ist häufig auf dem oberen Rand von Ikonen der Stroganov zu finden und weist als Palladium Novgorods auf die Herkunft der Familie aus jener nordwestrussischen Provinz hin (siehe Bornheim 1998, S. 77, 78 und Abb. 75 u. 79).

Doch nicht nur ikonographische, sondern auch stilistische Charakteristika der Ikone sprechen für eine Entstehung im Umkreis der Stroganov. So sind die kielbogen- und medaillonförmigen Felder auf den Rändern für viele Ikonen aus dem Kreis der Stroganov charakteristisch. Gleich mehrfach finden wir mit einem Kielbogen abschließende Felder auf den Rändern von Ikonen der Muttergottes von Vladimir, die von Angehörigen der Familie gestiftet wurden. Aber auch Medaillons mit Heiligendarstellungen befinden sich meist auf den Rändern von Ikonen, die eng mit der Stroganov-Familie verbunden sind: Je 15 runde Felder rahmen eine Deesisikone und eine „Muttergottes von Vladimir" in der Hauskirche der Stroganovs, der Verkündigungskathedrale in Solvyčegodsk (Makarenko 1918, Abb. 34 und 35). Sieben Medaillons plus die Darstellung des Mandylion umgeben die Heilige Dreifaltigkeit in neutestamentlicher Form im Ikonen-Museum Recklinghausen (Bock 1997, Abb. 9).

Die Gewänder mit ihren reichen Borten sowie die Gesichtstypen stimmen weitgehend mit jenen auf der Ikone „Muttergottes von Bogoljubovo mit Heiligen" von Semën Borozdin vom Ende des 16./Anfang des 17. Jahrhunderts im Russischen Museum in St. Petersburg überein (Vilinbachova 2000, Taf. XIII).

Alle genannten Vergleichsbeispiele, die eng mit den Stroganovs verbunden sind, unterstützen die Vermutung, dass die Ikone des Propheten Elija die Stiftung eines Mitgliedes dieser Familie ist. Alle herangezogenen Ikonen sind in der Zeit zwischen den 80er Jahren des 16. Jahrhunderts und der 1. Hälfte des 17. Jahrhunderts entstanden. Zur Datierung tragen jedoch auch weitere Werke bei, die starke stilistische Ähnlichkeiten zeigen wie z. B. das Fresko des Propheten Elija in der Kirche des hl. Nikolaus Nadeina in Jaroslavl' aus dem Jahre 1640 (Fedoryceva 2003, Abb. S. 69). Aber die weitaus größte stilistische Übereinstimmung besteht zwischen den Gesichtern von Elija und Johannes dem Täufer auf einer in die erste Hälfte des 17. Jahrhunderts datierten Ikone in der Tret'jakov-Galerie in Moskau (Cardillo Azzaro 1999, Kat. Nr. 20, Abb. S. 127). In dieselbe Zeit, nämlich die erste Hälfte des 17. Jahrhunderts, lässt sich auch die Ikone des hl. Elija mit Randheiligen datieren. Diese Datierung geht konform mit der bereits erwähnten Übereinstimmung der Namen der dargestellten Heiligen mit jenen der Familie Stroganov bis in diese Zeit.

Literatur:
Morsink 2006, S. 120–123 (Text: Eva Haustein-Bartsch)
Bentchev 2007, S. 248

138 Die Geburt Johannes des Täufers

Russland (Stroganov-Schule), Anfang 17. Jahrhundert
Eitempera auf Holz, 28,7 x 24,1 cm
Privatbesitz A. H.

Dargestellt ist die von Lukas (1,57–66) geschilderte Geburt des Johannes und seine Namensgebung. Links liegt Elisabeth halb aufgerichtet auf ihrem Wochenbett und empfängt drei Besucherinnen in eleganten Gewändern und mit Diademen im Haar, die ihre mitgebrachten Gefäße auf einen Tisch neben das Bett stellen. Die rechte Frau hält einen langen Stab mit einem Fächer. In der linken unteren Ecke ist das Bad des kleinen Johannes gemalt: Eine neben dem goldenen Becken sitzende Hebamme hält das Neugeborene auf ihrem Schoß und prüft mit ihrer linken Hand die Temperatur des Wassers, das eine in ein rotes Gewand gekleidete Dienerin aus einem Krug in das Becken gießt. Rechts ist Zacharias dargestellt, wie er am Tage der Beschneidung seines Sohnes den Namen „Johannes" auf ein Täfelchen schreibt und im selben Moment von seiner Stummheit geheilt wird.

Die Szene ist von einer reichen Architektur in zarten Farbtönen hinterfangen. Die warmen Farben, die von zinnoberroten Kontrasten belebt werden, heben sich von dem ockerfarbenen Rand und Hintergrund der Ikone ab. Die Gewänder der schlanken, eleganten Gestalten waren reich mit Gold gehöht, das jedoch teilweise abgerieben ist. Die

Ikone ist im Stil der sogenannten Stroganov-Schule gemalt
und kann in den Anfang des 17. Jahrhunderts datiert werden. Der Rand war ursprünglich von einer Basma bedeckt,
wofür die engen Nagellöcher an den Kanten sprechen.

Die goldene Inschrift in dem verschlungenen vjaz-Stil
auf dem oberen Rand gibt den Titel der Darstellung wieder:
„Die Geburt des heiligen und ruhmreichen(?) Propheten
und Vorläufers ... Joh(annes)".

139 Johannes der Täufer

Russland, 17. Jahrhundert
Eitempera auf Holz, 103 x 40 cm
Privatsammlung P. F.

Johannes steht in ganzer Figur nach links gewendet und
hält in der linken Hand eine geöffnete Schriftrolle mit dem
russisch-kirchenslawischen Text: „Seht, das Lamm Gottes,
das die Sünde der Welt hinwegnimmt" (Jh 1,29). Die rechte
Hand hält er im Sprechgestus erhoben. Johannes ist wie
üblich charakterisiert durch einen langen Bart sowie durch
lange, in lockigen Strähnen auf die Schultern fallende
Haare. Er trägt ein hellbraunes Fellgewand und darüber
einen hellgrünen Mantel. Die Ikone befand sich ursprünglich rechts neben der zentralen Christusikone in der Deesis-
Reihe einer Kirchenikonostase.

Literatur: Bentchev 2007, S. 39

140 Triptychon mit Johannes dem Täufer

Russland, Mitte 17. Jahrhundert
Eitempera auf Holz, Rückseite mit Lederbezug und
schmiedeeisernen Beschlägen, 49,6 x 57,2 cm
Privatsammlung

Triptychen dieser Art wurden für die private Andacht
vermögender Auftraggeber gemalt. Da die Malerei durch das
Zuklappen der Flügel geschützt werden konnte, eigneten sie
sich auch für die Mitnahme auf Reisen. Das hier beschriebene Triptychon ist außen aufwendig mit poliertem, grün
lackiertem Leder bezogen und mit geschmiedeten Eisenbe-
schlägen verziert.

Die obere Zone des mittleren Feldes wird von einem
geschweiften Giebelfeld gebildet, das in den halb so breiten
Seitenflügeln seine Entsprechung findet. Im zentralen
Giebelfeld ist das von zwei Engeln gehaltene Mandylion, das
nicht von Menschenhand gemachte Bild Christi, abgebildet.

Der mittlere Teil des Triptychons besitzt eine Ausspa-
rung, in die eine herausnehmbare Ikone mit der Darstellung „Johannes in der Wüste" eingepasst ist. In seiner linken
Hand hält Johannes eine Schale mit dem nackten Christuskind als „Lamm Gottes" sowie eine Schriftrolle mit den
Worten „Tut Buße, denn das Himmelreich ist nahe herbeigekommen" (Mt 3,2). Johannes wird hier als Bote und Vorläufer Christi mit Flügeln dargestellt, was sich auf
Mk 1, 2 und Mt 11, 10 bezieht: „Siehe, ich sende meinen Boten
(griech.: angelos = Bote) vor dir her, der da bereite deinen
Weg." Rechts unten liegt an einem Baum eine Axt, welche
die Worte Mt 3,10 illustriert: „Es ist schon die Axt den Bäumen an die Wurzel gelegt. Darum, welcher Baum nicht gute
Frucht bringt, wird abgehauen und ins Feuer geworfen."

Auf den Seitenflügeln sind – bis auf die Darstellung der
Siebenschläfer von Ephesos rechts unten – Szenen aus der
Vita Johannes des Täufers wiedergegeben. Auf dem linken
Flügel sind dies von oben nach unten: Der Engel des Herrn
erscheint Zacharias und verkündet ihm die Geburt seines
Sohnes Johannes, die Geburt des Johannes und die Ent-

hauptung des Johannes. Auf dem rechten Flügel befindet sich die Begegnung von Zacharias und Elisabeth (Elisabeth empfängt Johannes), die Versammlung zu Ehren des Johannes des Vorläufers (die Taufe des Volkes) sowie die Heiligen Siebenschläfer von Ephesos. Diese Szene wurde wohl auf Wunsch des Auftraggebers hinzugefügt.

Literatur:
Frankfurt 1988, Kat. Nr. 141 auf S. 179

Es handelt sich von oben nach unten und links nach rechts um folgende Begebenheiten, die auf dem Rand mit kirchenslawischen Texten in goldenen Majuskeln erläutert werden:

1.) Ankündigung der Geburt des Johannes an seinen Vater Zacharias durch den Erzengel Gabriel

2.) Empfängnis Johannes des Täufers (dargestellt durch die Umarmung seiner Eltern Zacharias und Elisabeth)

3.) Geburt des Johannes

4.) Flucht der Elisabeth mit dem kleinen Johannes vor den Verfolgungen des Herodes in einen Berg

5.) Der Erzengel Uriel führt Johannes in die Wüste

6.) Die Taufe Christi durch Johannes

7.) Die Taufe des Volkes

8.) Die Ermordung des Zacharias, des Vaters Johannes des Täufers

9.) Johannes wird aufgrund seiner Vorhaltungen gegenüber Herodes gefangen genommen

10.) Das Haupt des Vorläufers wird auf einer Schüssel gebracht

11.) Die Auffindung des Hauptes Johannes des Täufers

12.) Die Enthauptung des Johannes

(Nach einer Expertise von Nikolaus Thon vom 29. November 2000)

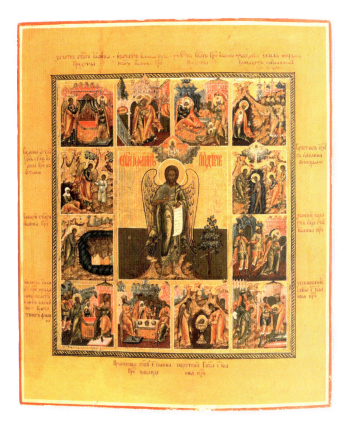

141 Johannes der Täufer mit zwölf Szenen aus seinem Leben

Russland (Choluj oder Mstera), um 1800
Eitempera auf Holz, 35,6 x 30,9 cm
Privatbesitz Duisburg

Um das Mittelfeld mit der ganzfigurigen und frontalen Darstellung des Täufers auf einem reich begrünten und stark zerklüfteten Hügel sind zwölf Szenen aus seinem Leben gruppiert. Johannes trägt eine Schriftrolle mit den Worten: „Tut Buße, denn das Himmelreich ist nahe." Er ist hier mit Flügeln dargestellt gemäß Mk 1,2, wo Johannes als Bote (griech: „angelos") bezeichnet wird.

142 Johannes der Täufer mit zwölf Szenen aus seinem Leben und Randheiligen

Russisch (Palech), Ikonenmaler I. S. S... (?), 1875
Eitempera auf Holz, 31,2 x 36,5
Privatbesitz A. H.

Im Mittelfeld der Ikone ist Johannes der Täufer frontal stehend mit ausgebreiteten goldenen Flügeln nach Mk 1,2 dargestellt. Er trägt über einem rosa Fellgewand einen dunkelblauen Mantel, segnet mit der rechten Hand und trägt in der linken einen Kelch, in dem das nackte Christuskind als „Lamm Gottes" liegt, sowie eine lang herabhängende Schriftrolle mit den Worten „Seht das Lamm Gottes, das die Sünden der Welt hinwegnimmt" (Joh 1,29). Zu seinen Füßen ist ein winziger Baum mit der Axt, die an seine Wurzel gelegt ist (Mt 3,10), zu sehen. Auf dem hellgrünen, nach links heller werdenden Hintergrund sind zu den Seiten des Täufers zwei längliche, mit filigranen Goldverzierungen gerahmte Kartuschen gemalt, die linke mit bläulichem, die rechte mit gelbem Fond, auf denen in kirchenslawischer Sprache liturgische Texte in winziger Schrift geschrieben sind: links das Troparion, 2. Ton, das am 7. Januar zu Ehren des Vorläufers gesungen wird, wenn an die Bußpredigt Johannes' vor dem Volk in der Wüste erinnert wird (Mt 3,2–10; Lk 3,3–14): „Das Gedächtnis des Gerechten wird in Lobgesängen gepriesen; dir aber, Vorläufer, genügt das Zeugnis des Herrn. Denn du hast in Wahrheit dich als ehrwürdigsten aller Propheten erwiesen, da du gewürdigt wurdest, in den Fluten den Angekündigten zu taufen. Deshalb hast du, nachdem du für die Wahrheit gelitten, voll Freude auch denen im Hades ..."

Auf der rechten Kartusche folgt zunächst die Fortsetzung dieses Textes: „... den im Fleische erschienenen Gott verkündet, der hinwegnimmt die Sünde der Welt und uns schenkt das große Erbarmen", und ab Zeile 7 das Kontakion vom 24. Juni (Geburt des hl. Johannes), 3. Ton: „Die vormals Unfruchtbare gebiert heute Christi Vorläufer, und dieser ist die Vollendung aller Weissagung: Denn er hat dem, welchen die Propheten vorhergesagt, im Jordan die Hand aufgelegt und hat sich so erwiesen als des Göttlichen Wortes Propheten, Verkünder und Vorläufer zugleich."

Um das Mittelbild sind zwölf Szenen aus dem Leben Johannes des Täufers angeordnet, die sämtlich mit russisch-kirchenslawischen Inschriften bezeichnet sind. Diese lauten von oben nach unten und von links nach rechts:

1.) „Der Erzengel Gabriel kündigt Zacharias die Geburt des Johannes an" (Lk 1,11–20)

2.) „Dic Empfängnis dcs hciligcn Johanncs dcs Vorläufcrs" (Lk 1,23)

3.) „Elisabeth begrüßt die allheilige Muttergottes" (Lk 1,40)

4.) „Die Geburt des heiligen Propheten Johannes des Vorläufers" (Lk 1,63)

5.) „Elisabeth flieht in den Berg mit Johannes. Sie ruft: Berg, Berg, nimm mich auf mit dem Kind" (Protevangelium des Jakobus, 22)

6.) „König Herodes befiehlt, Zacharias in der Kirche vor dem Altar zu töten" (Protevangelium des Jakobus, 24)

7.) „Der Engel des Herrn führt den heiligen Johannes den Vorläufer in die Wüste am Jordan"

8.) „Es war die Stimme Gottes zu Johannes, dem Sohn des Zacharias, in der Wüste"

9.) „Die Versammlung des heiligen Propheten und Vorläufers, des Täufers des Herrn, Johannes" (Mt 3,6–7)

10.) „Der heilige Johannes der Vorläufer macht König Herodes Vorhaltungen wegen seiner Unzucht" (Mk 6,18)

11.) „Das Abschlagen des ehrwürdigen Hauptes des heiligen Propheten Johannes des Vorläufers" (Mk 6,27)

12.) „Die Auffindung des Hauptes des heiligen Propheten, Vorläufers und Täufers des Herrn, Johannes"

Die Szenen aus dem Leben Johannes des Täufers sind von einer prachtvollen Rahmenleiste mit einer feinen Goldranke auf schwarzem Grund eingefasst. Auf dem erhöhten Rand der Ikone sind rechts und links je drei ganzfigurige Heilige auf unterschiedlich getönten Bildfeldern dargestellt, die sich jeweils in Dreiviertelansicht der Bildmitte zuwenden.

Auf dem linken Rand oben ist der hl. Stefan, Erzbischof von Surož, zu sehen, dessen Gedenktag, der 15. Dezember, in einer leicht geschweiften Raute über ihm angegeben ist, darunter ist der tschechische Großfürst Vjačeslav (Wenzel) dargestellt, als dessen Gedenktag der 5. März genannt ist, an dem man der Überführung seiner Gebeine in die von ihm errichtete St.-Veits-Rotunde in Prag gedenkt. Er wird äußerst selten auf russischen Ikonen dargestellt.

Unten ist der heilige Nikita, Erzbischof von Novgorod, gemalt, wobei sich das in der Beischrift erwähnte Datum seines Gedenktages (30. April) auf die Auffindung seiner Gebeine bezieht.

Rechts oben folgt „der heilige apostelgleiche Fürst Vladimir", so genannt, da er im Jahre 988 die Bewohner Kiews taufen ließ. Auch über ihm befindet sich eine Raute mit der Angabe seines Festtages, des 15. Juli. Unter ihm ist ebenfalls in fürstlichen Gewändern und mit einem Schwert in der Hand, jedoch ohne Krone der „heilige selige Nikola mit dem Kohlkopf", dessen am 26. Juli gedacht wird, dargestellt. Nikola wurde in Novgorod geboren und führte seit seiner Jugend ein wohltätiges Leben. Nachdem er einmal

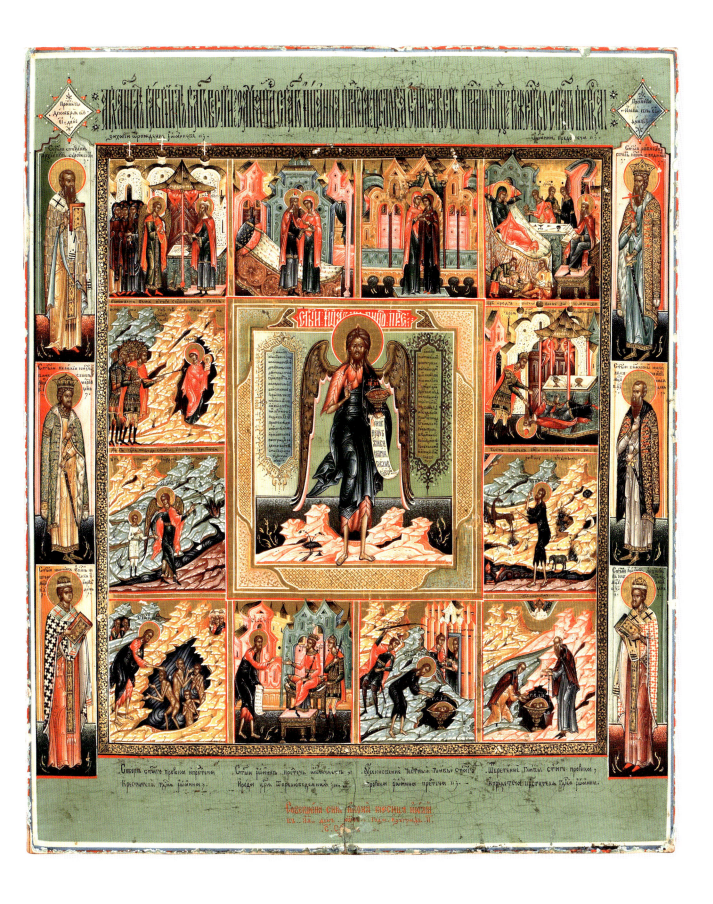

seine Wohltätigkeit preisen hörte, entschloss er sich, das Leben eines „Narren in Christo" zu führen, lief in abgerissener Kleidung durch die Stadt, ließ Prügel, Beleidigungen und Spott über sich ergehen. Als unversöhnlicher Feind eines anderen Novgoroder „Narren in Christo", des seligen Feodor, bewarf er diesen mit einem Kohlkopf, woher er dann seinen Beinamen erhielt. Schließlich folgt unten, als Pendant zu Erzbischof Nikita von Novgorod, der „hl. Ioann Erzbischof von Novgorod", dessen Gedenktag auf den 7. September fällt.

Auf dem grünen Rand trägt die Ikone unten eine dreizeilige rote Inschrift folgenden Inhalts: „Vollendet wurde diese Ikone im Monat Juli am 31. Tag des Jahres 1875. Ikonenmaler I. S. S ... [Leider ist die Signatur durch eine kleine Beschädigung nicht mehr zu entziffern].

Die höchst dekorative Ikone ist in virtuoser, außergewöhnlich feiner Maltechnik gearbeitet, wobei das erlesene Kolorit Übergänge in feinsten Farbnuancen aufweist.

(Übersetzung der Troparientexte von Jean-Paul Deschler)

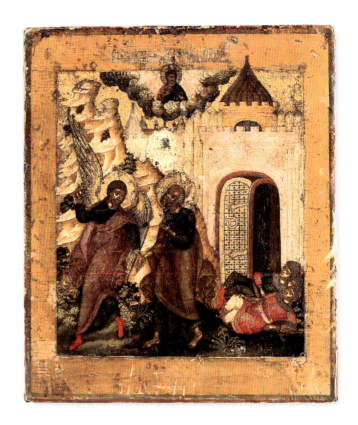

143 Die Befreiung des Apostels Petrus aus dem Kerker

Russland (Moskauer Rüstkammer), um 1700
Eitempera auf Holz, 32,4 x 27,9 cm
Privatbesitz Dortmund

Die Szene zeigt die in Kapitel 12 der Apostelgeschichte geschilderte wunderbare Befreiung des Apostels Petrus durch einen Engel aus dem Kerker, in den ihn Herodes Agrippa I. hatte werfen lassen. Am Abend, bevor Petrus dem Volk von Jerusalem vorgeführt werden sollte, erschien dem schwer bewachten und mit zwei Ketten gefesselten Apostel ein Engel und forderte ihn auf, ihm zu folgen. Nachdem sie zwei Wachen und das eiserne Tor passiert hatten, verließ ihn der Engel, und Petrus gelang es, sich im Haus seiner Anhänger zu verbergen.

Zu sehen ist auf der rechten Seite, vor einer Stadtkulisse und einem Palisadenzaun, das geöffnete Tor des Kerkers, vor dem mehrere Soldaten schlafend am Boden liegen, während ein Engel Petrus am Handgelenk gepackt hält und ihn mit sich zieht.

Der Titel der Darstellung ist auf dem oberen Rand angegeben und lautet: „Die Ikone der Verehrung der ehrwürdigen Ketten des Apostels Petrus." Er bezieht sich auf das

Kirchenfest am 16. Januar, an dem in der orthodoxen Kirche die Ketten des Apostels verehrt werden. Sie wurden in Jerusalem aufbewahrt, bis Kaiserin Eudokia, die Gemahlin des byzantinischen Kaisers Theodosios II (408–450), eine Kette im Jahre 437 nach Konstantinopel brachte. Die andere Kette schickte sie ihrer Tochter Eudoxia, der Gemahlin des Kaisers Valentinian III., nach Rom. Sie ließ auf dem Esquilin eine Kirche errichten, die Papst Sixtus III. am 1. August 432 weihte und die den Namen S. Pietro in Vincoli („zu den Ketten") erhielt.

Ikonen mit der Darstellung dieser Szene sind äußerst selten. Der Malstil mit starken Licht- und Schatten-Kontrasten auf den Gesichtern, den detailreich und naturalistisch gemalten Pflanzen und den bewegten Faltenwürfen lässt auf eine Entstehung der Ikone in der Moskauer Rüstkammer schließen, in der Maler wie Simon Ušakov (1626–1686) solche Stilelemente eingeführt hatten.

Literatur:
Lyon 2006, S. 61

144 Apostel Paulus und Maria Magdalena

Russland, um 1800
Eitempera auf Holz, 31,5 x 26,5 cm
Privatsammlung T. M.

Unterhalb des segnenden Christus in einem von Wolken gerahmten Himmelssegment stehen einander zugewandt der Apostel Paulus mit einem Codex in der linken und einem Schwert (als aus der abendländischen Kunst übernommenes Attribut) in der rechten Hand und Maria Magdalena, welche die rechte Hand erhoben hat und in der linken ein Salbgefäß trägt. Die Besonderheit der Ikone liegt jedoch in einer von Lorbeer gerahmten weißen Scheibe zwischen den beiden Heiligen, auf der eine Zarenkrone sitzt. Erst bei genauerem Hinsehen zeigt sich, dass die gesamte Scheibe von einer fortlaufenden Inschrift in mikroskopisch kleiner russischer, zeitgenössischer poluustav-Schrift in 36 konzentrischen Kreisen bedeckt ist. In einem Halbkreis über der Zarenkrone ist zu lesen: „Du, o heilige Gottesmutter, bist das Lob der Apostel Christi gewesen und der Märtyrer Ruhm und der Propheten Feste, deshalb die Gläubigen dich ..." Die anderen Texte sind dem Offizium des Festes der hll. Apostelfürsten Petrus und Paulus (29. Juni) entnommen, wobei die auf Petrus bezogenen Passagen ausgelassen und die auf beide Apostel bezogenen Pluralformen in singularische verwandelt wurden.

Der Text im aufgeschlagenen Buch des Paulus lautet: „Du hast allen Menschen die Gnade offenbar gemacht."

Die Ikone dürfte aus der Zeit des Zaren Pavel I. stammen, der 1754 in St. Petersburg als Sohn Katharinas II. geboren wurde und 1797 zum Zaren gekrönt wurde. Er wurde am 23. März 1801 bei einer Offiziersverschwörung ermordet, weil er aus der Koalition gegen Napoleon ausgeschieden war und sich mit dem revolutionären Frankreich verbündet hatte.

(Übersetzung der hier nur in Auszügen wiedergegebenen Texte: Jürgen Plähn)

145 Die Offenbarung des Johannes

Russland, 2. Hälfte 18. Jahrhundert
Eitempera auf Holz, 33,3 x 43,8 cm
Privatsammlung

Auf der thematisch und auch aufgrund ihrer Ausformung als Vierpass sehr ungewöhnlichen Ikone werden die ersten beiden Verse des 22. Kapitels der Offenbarung des Johannes illustriert. Dieser Text ist auf den rötlichen Hintergrund über die Darstellung geschrieben und lautet: „Und er zeigte mir einen Strom des lebendigen Wassers, klar wie Kristall, der ausgeht von dem Thron Gottes und des Lammes. Auf beiden Seiten des Stromes mitten auf der Gasse ein Baum des Lebens, der trägt zwölfmal Früchte und bringt seine Früchte alle Monate, und die Blätter des Baumes dienen zur Heilung der Völker."

Auf der rechten Seite steht ein Engel mit ausgebreiteten Flügeln, der seine linke Hand auf die Schulter des Johannes gelegt hat und ihn mit seiner rechten auf den Thron Gottes in Form eines roten Kastens mit Kuppel, auf den von dem Thron ausgehenden Fluss und den prächtigen Baum mit verschiedenfarbigen Früchten hinweist.

Die Ikone war wahrscheinlich in der Sockelzone einer Ikonostase angebracht.

(Teilweise nach einer Expertise von Rosemarie und Kurt Eberhard)

146 Der Evangelist Johannes mit 34 Szenen aus seinem Leben

Russland, Mitte bis 2. Hälfte 19. Jahrhundert
Eitempera auf Holz, 89,5 x 75,5 cm
Privatsammlung

Selten ist ein Heiliger von einer derart ausführlich erzählten Vita umgeben wie der Evangelist Johannes auf dieser in traditionellem Stil gemalten Ikone. Er ist im Mittelfeld in ganzer Figur unter dem segnenden Christus abgebildet. Bereits im Mittelfeld sind zu seinen Seiten zwei Szenen aus seinem Leben dargestellt, die im Folgenden unter der Nr. 33 (links) und 34 (rechts) beschrieben werden. Um dieses zentrale Feld sind in 32 rechteckigen Feldern Szenen aus seinem Leben angeordnet, die durch kirchenslawische Inschriften auf dem Rand der Ikone bzw. über der Szene erläutert werden. Da sich die Darstellungen weitgehend an die unter dem 26. September aufgeführte Lebensbeschreibung des Johannes in der „Žitija Svjatych" 1903 (Bd. 1. – September, S. 566–591) halten, konnten auch nicht mehr lesbare Stellen in den Inschriften rekonstruiert werden. In Klammern finden sich weitere Erläuterungen.

1. Reihe:

1.) „Von Romana, der Frau (des Dioskoros, die Johannes und Prochoros in ihrem Badhaus arbeiten ließ), und von der Erweckung des Sohnes von Dioskoros, Domnus, (der vom Badhaus-Dämon erwürgt worden war) durch den hl. Johannes den Theologen"
2.) „Von der Zerstörung des Götterbildes der Artemis und von der Erweckung der 200 Männer durch den hl. Johannes den Theologen"
3.) „Vom Gelähmten, den der hl. Johannes der Theologe heilte"
4.) „Von der List des Dämons und vom Einsturz des Artemis-Tempels [...] der anderer Tempel"
5.) „Von der Verbannung des hl. Johannes des Theologen auf die Insel Patmos"
6.) „Vom Knaben, den der hl. Johannes der Theologe aus dem Meer erweckte"

2. Reihe:

7.) „Vom Sturm auf dem Meer, den der hl. Johannes der Theologe durch sein Gebet beruhigte"
8.) „Vom Juden Thekoa (?), der einen Aufruhr gegen den hl. Johannes den Theologen auslöste"
9.) „Vom Widersacher [...]"

10.) „Von der Versüßung (des Meerwassers ...) hl. Johannes der Theologe"

11.) „Von Myron (Schwiegervater des Fürsten) und seinem Sohn Apollonides (der einen Wahrsage-Dämon hatte), den der hl. Johannes der Theologe austrieb"

12.) „Von Myrons Tochter Chrysippis und von ihrem Mann, dem Fürsten Laurentios"

3. Reihe:

13.) „Von [...] und dessen unfruchtbarer Frau Charita, die Johannes der Theologe von der Unfruchtbarkeit heilte"

14.) „Vom Einsturz des Apollotempels"

15.) „Vom Fürsten namens Gru [...], dessen Sohn der hl. Johannes der Theologe von [...] heilte"

16.) „Vom Gelähmten und vom Dämon [...]"

4. Reihe:

17.) „Von [...] Johannes d. Theologe [...]"

18.) „Vom Wettstreit des hl. Johannes des Theologen mit dem Zauberer Kynops und dem schließlichen Verderben des Kynops"

19.) „Vom Götzenpriester, dessen gelähmten Sohn der hl. Johannes der Theologe heilte"

20.) „Von [...]"

5. Reihe:

21.) „Von der Frau des Fürsten, die schwanger war und nicht gebären konnte, die der hl. Johannes der Theologe befreite"

22.) „Vom Dämon namens Lykos, (den) der hl. Johannes der Theologe (verjagte)"

23.) „Vom Priestersohn, der vom Dämon im Badhaus gewürgt wurde, dessen bösen Geist der hl. Johannes der Theologe verjagte"

24.) „Vom besessenen Sohn einer gewissen Witwe, den der hl. Johannes der Theologe heilte"

25.) „Vom Einsturz des Dionysostempels und vom Untergang der Götzenpriester"

26.) „Vom Zauberer Nukian, der durch seine Zauberkünste das Wasser des Flusses (in dem die Leute getauft werden sollten) in Blut verwandelte, und desssen ursprüngliche Gestalt der hl. Johannes der Theologe wiederherstellte [...]"

6. Reihe:

27.) „Von der Frau Prokliana, die ihren Sohn Sosipater zur schmutzigen Blutschande verlocken wollte und den der hl. Johannes der Theologe vor dieser Sünde rettete"

28.) „Von der Rückkehr des hl. Johannes des Theologen nach Ephesos und von der Niederschrift des Evangeliums"

29.) „Von der Blindheit des Sohnes des Zeuspriesters, den der hl. Johannes der Theologe heilte"

30.) „Von der Offenbarung des hl. Johannes des Theologen und von der Niederschrift der Apokalypse"

31.) „Vom Hinscheiden des hl. Johannes des Theologen"

32.) „Vom Jüngling, den der hl. Johannes der Theologe (vom Räuberleben) rettete"

33.) Szene im Zentralbild links: „Von einem gewissen Mann, den der hl. Johannes der Theologe vor dem Tod (Selbstmordabsicht wegen großer Verschuldung) bewahrte, in dem er Heu in reines Gold verwandelte„

34.) Szene im Zentralbild rechts: „Vom Knaben mit dem Beinamen Gänsehirt, dem der hl. Johannes der Theologe das Ikonenmalen beibrachte"

(Entzifferung und Übersetzung der Inschriften durch Jean-Paul Deschler)

Auf dem linken Rand sind oben der Schutzengel und unten Bischof Leo von Katanien, auf dem rechten oben die hl. Pelagia und unten ein nicht identifizierbarer Heiliger gemalt.

Bei dieser großformatigen Vita-Ikone dürfte es sich um eine Kirchenikone handeln, wahrscheinlich um die Patronatsikone aus dem Örtlichen Rang der Ikonostase einer Johannes dem Evangelisten geweihten Kirche.

(Nach einer Expertise von Rosemarie und Kurt Eberhard)

147 Die Steinigung des Erzdiakons Stephanos

Russland, Ende 18. Jahrhundert
Eitempera auf Holz, 31 × 27,7 cm
Privatsammlung

Die Ikone zeigt das Martyrium des heiligen Stephanos, der in der Kleidung eines Diakons kniend in der Mitte dargestellt ist und seinen Blick gen Himmel richtet. Zu seinen Seiten sind je zwei Peiniger in bewegter Gestik dargestellt, die Steine in ihren Händen halten bzw. sie vom Boden auflesen, um ihn zu steinigen.

Über einer Wolkenbank erscheint oben der segnende Christus mit einem Globus in der Hand.

Der kirchenslawische Titel lautet: „Bild der Steinigung des ersten Märtyrers und Diakons Stephanos". Am unteren Bildrand ist die Szene durch ein Zitat aus Apg 7, 59–60 erläutert: „(Stephanos) betete und sprach: ‚Herr Jesus, nimm meinen Geist auf.' Dann sank er in die Knie und

schrie laut: ‚Herr, rechne ihnen diese Sünde nicht an.‘ Nach diesen Worten starb er.“

Stephanos gehörte zu den sieben von den Jüngern Christi durch Handauflegung geweihten Diakonen. Er ist der erste Märtyrer, der den Tod um seines christlichen Glaubens willen erlitt (um das Jahr 37) und schon in der Apostelgeschichte erwähnt wird. Dort wird in Kap. 6 und 7 berichtet, wie Stephanos beim Hohen Rat verleumdet und der Gotteslästerung bezichtigt wurde. Die Richter sehen zwar sein Gesicht wie das eines Engels leuchten, halten sich jedoch bei seiner flammenden Verteidigungsrede die Ohren zu und treiben ihn erzürnt vor die Stadt, wo sie ihn steinigen. Nach der Wiederauffindung seiner Reliquien wird Stephanos in San Lorenzo fuori le mura zu Rom zusammen mit dem hl. Laurentios bestattet, der ebenfalls als Erzdiakon und Erzmärtyrer verehrt wird.

Während Stephanos und Laurentios in Russland häufig auf den Seitentüren der Ikonostase in ganzer Figur dargestellt werden, sind Ikonen mit der Darstellung des Martyriums des hl. Stephanos äußerst selten. Bei dieser Ikone hat wahrscheinlich ein Kupferstich aus einer abendländischen Bibelillustration als Vorlage gedient.

Das Gedächtnis des heiligen Erzmärtyrers Stephanos wird in der Ostkirche am 27. Dezember gefeiert.

(Teilweise nach einer Expertise von Rosemarie und Kurt Eberhard)

148 Hl. Georg und hl. Nino, die Patrone Georgiens

Russland, 2. Viertel 19. Jahrhundert
Eitempera auf Holz, Basma aus Silberblech (Moskau 1842),
31,5 x 26,5 cm
Privatbesitz

Vor einem dunklen Himmel, der oben aufreißt und vor einem lichtdurchstrahlten Grund den Blick auf die Taube des Heiligen Geistes freigibt, stehen in einer illusionistisch wiedergegebenen Landschaft der hl. Georg und die hl. Nino, die Patrone Georgiens. Georg war Soldat im römischen Heer und starb wegen seines Bekenntnisses zum Christentum nach vielen Martern den Märtyrertod im Jahre 303. Auf ihn führt Georgien seinen Namen zurück. Er hält in der rechten Hand eine Lanze und in der linken einen Palmzweig als (abendländisches) Attribut seines Märtyrertums. Links neben ihm liegt sein Helm.

Die hl. Nino oder Christiana soll in Kappadokien um 325 geboren worden sein und ging schon als junges Mädchen in den Kaukasus, wo sie sich zunächst in der Hauptstadt von Iberien (Georgien), Mzcheta, niederließ. Nachdem sie mehrere Menschen geheilt hatte, drang die Kunde davon auch zu der schwer erkrankten Gattin des Königs Mirian II., Nana, die sich nach ihrer erfolgreichen Heilung zum Christentum bekannte. Nachdem auch der König durch ein Wunder

322 bekehrt worden war, erhob er das Christentum 337 zur Staatsreligion und bat Kaiser Konstantin um die Entsendung von christlichen Priestern nach Georgien.

Nino selbst setzte in Kachetien ihre Missionsarbeit fort, wo sie in Bodbe im Jahre 361 starb. König Mirian ließ über ihrem Grab eine Kirche errichten, die das Zentrum eines orthodoxen Klosters namens Ninozminda wurde. Die georgische Kirche verehrt Nino als „Apostelgleiche und Erleuchterin Georgiens". Deshalb hält sie auf der Ikone in der linken Hand das Evangelienbuch. In der rechten trägt sie ein Weinrebenkreuz, das mit ihrem eigenen Haar zusammengebunden war. Nach der Legende hatte es ihr die Muttergottes in einer Traumvision übergeben. Diese Reliquie wird heute in der Sioni-Kathedrale in Tiflis aufbewahrt.

Die Ikone ist in westlichem, von der barocken Malerei beeinflusstem Stil gemalt und mit einer schmalen, mit Blüten und Blättern geschmückten silbernen Basma gerahmt, deren Marken ihre Entstehung in Moskau im Jahre 1842 belegen.

(Nach einer Beschreibung von Alfons Wohlgemuth)

149 Hl. Paraskeva mit Heiliger Dreifaltigkeit und neun Szenen aus ihrem Leben

Russland, 1. Hälfte 18. Jahrhundert
Eitempera auf Holz, 85 x 59 cm
Privatbesitz

U m das Mittelfeld mit der auf blauem Grund halbfigurig dargestellten Heiligen, der zwei Engel die Märtyrerkrone aufsetzen, sind zehn Randfelder angeordnet, wobei die beiden mittleren Felder oben und unten breiter sind als die anderen. Das obere, das die Breite des Mittelfeldes besitzt, zeigt die Darstellung der Heiligen Dreifaltigkeit als Besuch der drei Engel bei Abraham und Sara mit der Schlachtung des Kalbes. In den anderen neun Feldern sind Szenen aus dem Leben der hl. Paraskeva gemalt, die jeweils von links nach rechts und von oben nach unten zu lesen sind:

1.) Paraskeva heilt einen Krüppel
2.) Paraskeva bekennt ihren christlichen Glauben vor dem König
3.) Auspeitschung der hl. Paraskeva mit Ochsensehnen
4.) Paraskeva erzürnt den König, da sie sich von den falschen Göttern lossagt

5.) Paraskeva wird mit eisernen Haken gemartert
6.) Die Muttergottes erscheint der Märtyrerin mit zwei Engeln im Kerker
7.) Paraskeva wird vom König zum Tode verurteilt
8.) Martyrium mit brennenden Kerzen
9.) Die Enthauptung der hl. Paraskeva

Zur Vita der Heiligen siehe Kat. Nr. 27

150 Die hll. Julitta und ihr Sohn Kyrikos mit zehn Szenen aus ihrem Leben

Nordrussland, um 1700
Eitempera auf Holz, Silberbasma von 1773, 57 x 43,5 cm
Privatsammlung

D ie hl. Julitta war von vornehmer Herkunft und lebte in Ikonium, einer Stadt in Lykaonien. Ihr Mann starb kurz nach der Geburt ihres Sohnes Kyrikos, den sie sofort nach der Geburt taufen ließ. Während der Christenverfol-

gung unter Kaiser Diokletian wurden die beiden gefangen genommen und vor Gericht gebracht. Der Richter zerschmetterte den kleinen Jungen vor den Augen seiner Mutter, doch sie blieb trotz aller Martern standhaft und wurde im Jahre 304 enthauptet. Ihr Gedenktag ist der 15. Juli.

Im zentralen Feld der Ikone stehen die hl. Julitta und ihr Sohn Kyrikos (russ.: Kirik) auf der rechten Seite und haben ihre Hände bittend zu Christus erhoben, der in der linken oberen Ecke in einem roten, von Wolken gerahmten Himmelssegment erscheint. Die Inschrift über ihnen lautet: „Bild des heiligen Märtyrers Kyrikos und seiner Mutter Julitta."

Um dieses Mittelfeld sind zehn Szenen aus ihrem Martyrium angeordnet und jeweils auf dem breiten olivgrünen Rand über der Szene durch Inschriften erläutert.

1. Reihe:
1.) „Die Geburt des hl. Märtyrers Kyrikos"
2.) „Die Taufe des Märtyrers Kyrikos"
3.) „Der König befahl, Kyrikos und Julitta vor Gericht zu bringen; und der König sagte: Woher kommt diese Frau, und aus welcher Familie stammt sie? Julitta antwortete: Aus jener Stadt und von Dem, der dich in der Hand hält."

2. Reihe:
4.) „Der Peiniger geriet in Zorn über den Knaben und sagte:

Bringt [mir] einen hohen Baum und nagelt [sie] mit Kopf und Brust an, so daß die Nägel durchgehen in den Baum. Und so nagelte man sie an."
5.) „Und da geriet der Peiniger in Zorn über den Knaben und befahl, die Wundschwären zu schaben, und so tat man mit Kyrikos"

3. Reihe:
6.) „Und darauf sagte der Peiniger: Schneidet ihm die Zunge heraus, damit man seine Stimme nicht mehr hören kann. Die Diener nahmen ein Messer und schnitten seine Zunge heraus"
7.) „Man brachte einen Kessel, machte eine Feuerstelle und setzte die heiligen Märtyrer Kyrikos und Julitta in den Kessel"

4. Reihe:
8.) „Da geriet der Peiniger in Zorn und befahl, [?] zu scheren und [glühende] Kohle auf ihre Köpfe zu legen, [sie verwandelten sich in] Edelsteine"
9.) „Der König sprach: [Werft sie] ins Meer [?], und so wurden die Heiligen ins Meer geworfen"
10.) „Das Hinscheiden des hl. Märtyrers [Kyrikos] und seiner Mutter Julitta"

Die im Norden Russlands entstandene Ikone ist farblich auf dem leuchtenden Kontrast von Weiß, Olivgrün und Zinnoberrot aufgebaut. Später wurde sie mit einer 1773 in Moskau gearbeiteten Silberbasma gerahmt, die ursprünglich zu einer anderen Ikone gehörte.

(Übersetzung der Texte zu den Szenen: Jean-Paul Deschler; nach einer Expertise von Rosemarie und Kurt Eberhard)

151 Die hll. Julitta und Kyrikos mit zwölf Szenen aus ihrem Leben

Russland (Vetka), 19. Jahrhundert
Eitempera auf Holz, 52 x 46 cm
Privatbesitz

Die zentrale Darstellung der hl. Märtyrerin Julitta und ihres Sohnes Kyrikos ist umrahmt von einem Zyklus mit zwölf Szenen aus ihrem Leben und Martyrium. Im zentralen Bildfeld stehen beide in einer blühenden Landschaft und wenden sich nach links, wo über einigen Wolken in der oberen Bildecke der thronende Christus erscheint und sie segnet. Julitta trägt eine Schriftrolle mit dem Anfang des

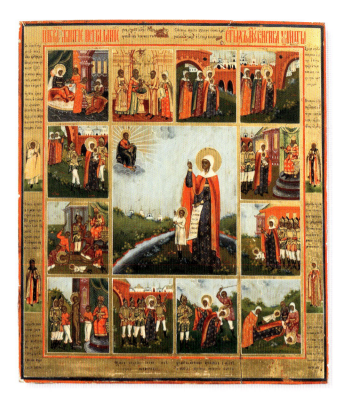

10.) „Die Soldaten führten Julitta vor die Stadt zur Enthauptung"

11.) „Julitta bat die Soldaten um ein Gebet, und nach dem Beten wurde sie enthauptet"

12.) „Die zwei Mägde kamen und nahmen den Leichnam ihrer Herrin und ihres Sohnes und bestatteten sie in der Erde"

Auf den Rändern sind der Schutzengel und drei Heilige dargestellt.

152 Hl. Maria von Ägypten mit zwölf Szenen aus ihrem Leben

Russland, 19. Jahrhundert
Eitempera auf Holz, 36,7 x 31,3 cm
Privatsammlung Belgien

Auf der sehr fein gemalten Ikone ist die Lebensgeschichte der ehemaligen Prostituierten und späteren Asketin Maria von Ägypten in zwölf Szenen dargestellt, die sich um das Mittelbild mit der frontal vor einem kleinteiligen Felsengebirge stehenden Heiligen gruppieren. Maria stammte aus Alexandrien und bekehrte sich bei einer Wallfahrt nach Jerusalem vor einer Ikone der Muttergottes, nachdem sie von unsichtbaren Kräften am Eintritt in die Grabeskirche gehindert worden war. Zur Buße lebte sie anschließend 47 Jahre als Asketin in der Wüste, bis sie der Abt Zosimas fand und ihr zum Zeichen der Vergebung die Kommunion reichte. Nach ihrem Tod wurde sie von Löwen begraben.

Die Inschriften zu den einzelnen Szenen lauten:

1.) „Die ehrw. Maria wollte mit dem Volk in die Kirche eintreten und konnte nicht hineingehen wegen ihrer Sünden, denn dies wurde ihr durch die Kraft des Herrn untersagt"

2.) „Die ehrw. Maria stand still und weinte und betete in der Vorhalle der Kirche und gab ein Versprechen"

3.) „Die ehrw. Maria gelobte dem Herrn, sich in die Wüste jenseits des Jordan zu begeben, in das unfruchtbare Land"

4.) „Die ehrw. Maria ging in die Wüste jenseits des Jordan und besaß zwei Brote"

5.) „Die ehrw. Maria kam von Kräften wegen des Hungers und des Kampfes mit den Dämonen"

6.) „Der ehrw. Zosimas erblickte in der Wüste einen nackten Menschen, der vor ihm floh"

Glaubensbekenntnisses. Der rote Titulus auf dem oberen Rand lautet: „Das Bild des Lebens und Leidens der hll. Märtyrer Kyrikos und Julitta", die Beischriften zu den Szenen (von links nach rechts und von oben nach unten):

1.) „In der Stadt Ikonium war eine junge Frau aus dem Geschlecht der früheren römischen Kaiser. Sie gebar ein Kind männlichen Geschlechts und war Witwe"

2.) „Der neugeborene Junge wurde durch die heilige Taufe auf den Namen Kyrikos getauft"

3.) „Die selige Julitta nahm Kyrikos und zwei Mägde und ging aus der Stadt nach Seleukia"

4.) „Und Julitta ging hinaus aus Seleukia und kam nach Tarsus und dort lebte sie zwischen ... Menschen"

5.) „Die Soldaten ergriffen Julitta mit ihrem Sohn, aber ihre Mägde flohen vor ihr und beobachteten von Weitem, was man mit ihr machte"

6.) „Sie wurde mit dem Jungen vor den Statthalter geführt, der befahl, ihr das Kind wegzunehmen"

7.) „Und der Statthalter nahm Kyrikos der Julitta weg und liebkoste das Kind (das sagte?): Ich bin Christ und ihm den Bart herausriss. Der Statthalter warf ihn (zu Boden) und tötete ihn"

8.) „Julitta sah ihren toten Sohn und dankte Gott, dass ihr Sohn als Märtyrer gestorben war"

9.) „Julitta wurde an den Händen gebunden und mit eisernen Kämmen gemartert ..."

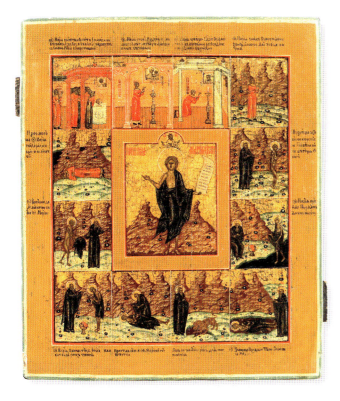

7.) „Der ehrw. Zosimas gab der ehrw. Maria seinen Mantel"

8.) „Die ehrw. Maria überquerte den Jordan wie auf dem Trockenen"

9.) „Die ehrw. Maria nahm teil an den heiligen und Leben spendenden Mysterien"

10.) „Der Tod der ehrw. Maria von Ägypten"

11.) „Ein Löwe hob das Grab für die Bestattung aus"

12.) „Der ehrw. Zosimas übergab den Leichnam der ehrw. Maria der Erde"

Die Inschrift auf der Schriftrolle, die Maria in die Höhe hält, lautet: „Ruhm, Ehre und Friede jedem, der Gutes tut ..." Die ersten drei Szenen spielen sich in Innenräumen ab, die folgenden in der von hohen, felsigen Bergen mit mehreren spitzen Gipfeln dominierten Wüste. Der sehr pronounciert dargebotene altgläubige Segensgestus der Maria im zentralen Bildfeld, die traditionelle und äußerst feine Malweise sowie das die asketische Lebensweise preisende Thema lässt keinen Zweifel daran aufkommen, dass die Ikone für einen altgläubigen Auftraggeber gemalt wurde.

153 Hl. Großmärtyrer Eustathios mit seiner Gattin Theopista und ihren Söhnen Agapios und Theopistos mit Vita

Russland, Ende 18. Jahrhundert
Eitempera auf Holz, 41,5 x 33,5 cm
Privatsammlung

In der Bildmitte sind die heiligen Eustathios, Theopista, Agapios und Theopistos in ganzer Figur dargestellt. Ihre Hände haben sie bittend zu dem thronenden Christus erhoben, der am oberen Bildrand in einem Himmelssegment über ihnen erscheint und sie segnet. Im Hintergrund ist eine Stadt zu sehen.

Der in roter Schrift geschriebene Titulus auf dem oberen Rand lautet: „Darstellung des Lebens des heiligen Großmärtyrers Placidus, in der heiligen Taufe Eustathios genannt, sowie seiner Gattin und Kinder." Der Legende nach hieß der spätere Heilige ursprünglich Placidus und war ein berühmter Feldherr unter Kaiser Trajan (98–117). Bei der Jagd erschien ihm ein Hirsch, der zwischen seinem Geweih den Gekreuzigten in einem großen Strahlenkranz trug. Placidus stürzte vom Pferd und hörte die Worte: „Warum verfolgst du mich? ... Ich bin Christus, der den Himmel und die Erde erschaffen hat, ich ließ das Licht aufgehen und teilte die Finsternis."

Daraufhin ließ Placidus sich und seine Familie taufen und erhielt den Namen Eustathios. Doch Christus erlegte Eustathios schwerste Prüfungen auf, die er demütig erduldete. Bei einer Seuche konnte er nur das nackte Leben retten und floh mit seiner Familie nach Ägypten. Unterwegs wurde ihm seine Frau von Barbaren entrissen und seine Kinder von einem Löwen und einem Wolf geraubt. Nach 15 Jahren ließ ihn Kaiser Trajan, der von Feinden bedrängt wurde, in allen Ländern suchen und holte ihn mit großen Ehren zurück. Nach dem siegreichen Feldzug fand Eustathios schließlich alle Mitglieder seiner Familie lebend wieder. Sie kehrten im Jahre 118 nach Rom zurück und wurden von Kaiser Hadrian (117–138) mit einem großen Ehrenmahl empfangen. Als sie sich jedoch weigerten, an der heidnischen Siegesfeier teilzunehmen, wurden sie einem Löwen vorgeworfen, der sich jedoch vor ihnen verneigte. Dann wurden sie in einen ehernen Stier gestoßen, unter dem Feuer brannte. Sie starben, doch man fand nach drei Tagen ihre unversehrten Leiber, die von Christen bestattet wurden. Später wurde an der Stelle ihres Todes in Rom eine dem Großmärtyrer Eustathios geweihte Kirche erbaut. Der Gedenktag ist der 20. September.

153 Hl. Großmärtyrer Eustathios mit seiner Gattin Theopista
und ihren Söhnen Agapios und Theopistos mit Vita

Vita-Ikonen des hl. Eustathios und seiner Familie wie auf dieser Ikone, wo das Leben und Leiden der Heiligen in zwölf Szenen erzählt wird, sind äußerst selten. Die Texte auf dem Rand erläutern die jeweilige Szene:

1.) „Als Placidus auf der Jagd war, erkannte er den Herrn in einer erschreckenden Vision"
2.) „Placidus und seine Gattin wurden getauft im Namen des Vaters und des Sohnes und des Heiligen Geistes"
3.) „Er kam an den Ort, wo er den Herrn gesehen, und weinte bitterlich, da er eine Offenbarung erhielt"
4.) „Das Schiff trennte ihn und die Gattin [der Kapitän nahm Theopista als Fährlohn und setzte Eustathios mit den Kindern an der afrikanischen Küste aus] und sie erhoben ein großes Wehklagen"
5.) „Auch von seinen Kindern wurde er getrennt: Das eine verschleppte ein Löwe, das andere ein Wolf in den Wald"
6.) „Er verdingte sich als Arbeiter in einem Dorf. Da wurde er von Soldaten wiedererkannt; auch er erkannte ihn und weinte sehr"
7.) „Er wurde auf ein Pferd gehoben, sie reisten nach Rom, und alle geleiteten ihn ehrerbietig"
8.) „Er trat vor den Kaiser und wurde mehr als die Großen der Barbaren geehrt"
9.) [Nach dem Tod ihrer Herren erhielt Theopista die Freiheit]
10.) [Sie findet im Heer ihren Gatten wie zuvor schon ihre beiden Söhne]
11.) „Man wollte sie zwingen, den Götzen zu opfern, sie weigerten sich und wurden dafür schwer gemartert"
12.) „Die Gläubigen bargen ihre Leiber und bestatteten sie mit großer Ehrerbietung"

(Übersetzung der Texte von Jean-Paul Deschler)

Literatur: Bentchev 2007, S. 305

154 Hl. Thekla mit 26 Szenen aus ihrem Leben

Russland, Ende 18. Jahrhundert
35,9 x 30,8 cm
Privatsammlung

Da Ikonen mit Darstellungen aus dem Leben der hl. Thekla generell äußerst selten sind, ist die Wiedergabe

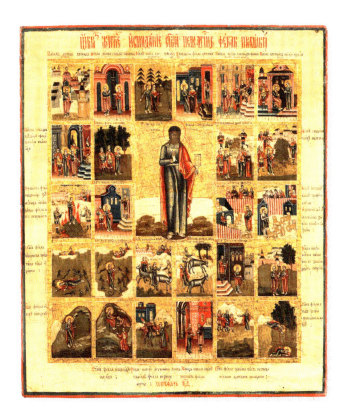

von gleich 26 Szenen aus ihrem Leben und Martyrium auf dieser Ikone umso erstaunlicher.

Der auf dem oberen Rand in roter Zierschrift geschriebene kirchenslavische Titulus lautet: „Bild des Lebens und des Leidens der hochberühmten Erstmärtyrerin Thekla." Am unteren Rand ist außerdem mit roter Farbe der Gedenktag der Heiligen vermerkt: „24. September." Thekla ist in dem relativ kleinen Hauptfeld in ganzer Figur dargestellt und von 26 Szenen aus ihrem Leben umgeben – jeweils in Doppelreihen mit Ausnahme der oberen Reihe. Die Inschriften auf dem Rand bzw. über den Szenen im Innenkranz sind jeweils von links nach rechts und von oben nach unten zu lesen:

1.) „Paulus kam in die Stadt Ikonium"
2.) „Thekla hörte die Worte des Paulus"
3.) „Die Mutter gibt Thekla dem Fomir zur Frau"
4.) „Thekla wird zu Fomir geführt"
5.) „Paulus wurde zum Fürsten Fomir vor Gericht geladen"
6.) „Paulus sitzt im Gefängnis, zu ihm kommt Thekla"
7.) „Paulus wird mit Thekla vor Gericht geführt"
8.) „Thekla wird in die Schande geführt"
9.) „Bei Thekla wird Brennholz aufgeschichtet"
10.) „Man zwingt die hochberühmte Thekla auf den Scheiterhaufen"
11.) „Thekla blieb auf dem brennenden Scheiterhaufen, und es begann zu regnen. Thekla blieb unversehrt"

12.) „Thekla kam vor Gericht"

13.) „Thekla wurde zu den wilden Tieren in die Grube geworfen"

14.) „Man ließ Thekla im Haus der Tryphena bis zum Morgen und Thekla wurde entblößt und zu den wilden Tieren geführt. Ein Tier berührte sie"

15.) „Thekla wird in die Grube geworfen. Dort sind Echsen, Drachen, Schlangen"

16.) „Thekla stand unversehrt auf"

17.) „Man führte Thekla zu den Stieren"

18.) „Sie erhitzten Eisen und stießen es auf die Stiere"

19.) „Thekla wurde freigelassen"

20.) „Thekla fand den Apostel Paulus. Er verbot ihr, mit ihm zu gehen"

21.) „Thekla ging auf den Berg in eine Höhle"

22.) „Die hl. Thekla heilte das Volk"

23.) „Thekla weilt auf dem Berg. Ein Priester greift Thekla an. Thekla reißt ihn vom Pferd"

24.) „Der Priester befahl, eine Ikone der Thekla zu malen"

25.) „Die hl. Thekla wurde durch einige Unmündige in die Berge verjagt"

26.) „Die hl. Thekla fiel herunter vom Berg und verschied zu Gott"

(Übersetzung der Texte von Jean-Paul Deschler)

Literatur: Bentchev 2007, S. 308

155 Die hll. Georg, Nikolaus und Alexandra

Russland (Ivan Ivanovič Tjulin), 1906
Eitempera auf Holz, 53,5 x 44 cm
Privatsammlung

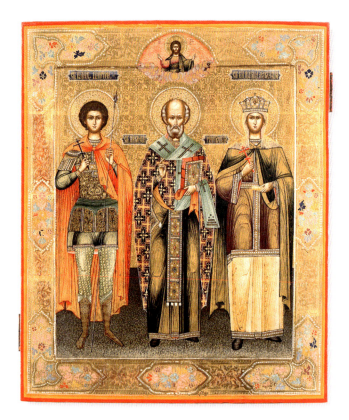

Auf der Ikone sind drei Heilige in ganzer Figur und frontaler Haltung dargestellt und auf blauen Feldern mit ihren Namen bezeichnet: „Heiliger Großmärtyrer Georg", „Heiliger Nikolaus der Wundertäter" und „Heilige Groß-märtyrerin Fürstin Alexandra". Die Großmärtyrerin Alexandra trägt eine Krone, da sie die im Geheimen zum Christentum bekehrte Frau des Kaisers Diokletian gewesen sein soll. Mit dem hl. Georg ist sie durch ihre Legende ver-bunden; denn sie soll sich beim Anblick der Standhaftigkeit des Georg selbst offen als Christin bekannt haben und von ihrem Mann im selben Jahr wie er (303) zum Tode verur-

teilt worden sein. In einem Himmelssegment in der Mitte des oberen Randes ist der mit beiden Händen segnende Christus abgebildet.

Die Heiligen sind sehr fein und gekonnt nach traditio-nellen Vorlagen gemalt. Dies und der Segensgestus des hl. Nikolaus sind typische Merkmale für eine Ikone, die für Altgläubige gemalt wurde. Der vergoldete Rand ist mit feinen floralen Ornamenten verziert, wie sie in der Zeit um 1900 unter dem Einfluss des Jugendstils beliebt waren. Jeweils an den Ecken und in der Mitte jeder Seite befinden sich Kartuschen mit farbigen Verzierungen. Auch der Hin-tergrund und die Heiligenscheine sind mit einem feinen Muster verziert. Diese Art der Rand- und Hintergrundge-staltung imitiert einen Beschlag aus vergoldetem Silber mit emaillierten Appliken.

Auf ihrer Rückseite besitzt die Ikone eine Inschrift in einem blauen Medaillon mit folgendem Wortlaut: „Im Jahre 1906 am 25. März malte diese Ikone der Ikonenmaler Ivan Ivanovič Tjulin aus dem Dorf Mstera im Gouverne-ment Vladimir." Tjulin kam aus einer großen altgläubigen Familie aus Mstera und war wie die meisten seiner Ver-wandten Ikonenmaler und Restaurator. Von 1918 bis 1935 war er als leitender Ikonenrestaurator in der Werkstatt des Russischen Museums von Leningrad beschäftigt (Bobrov 1987, S. 67 und Anm. 16 auf S. 155).

Im Mai 1906 wurde der zehnte Jahrestag der Krönung des russischen Zarenpaares Nikolaj II. und Aleksandra

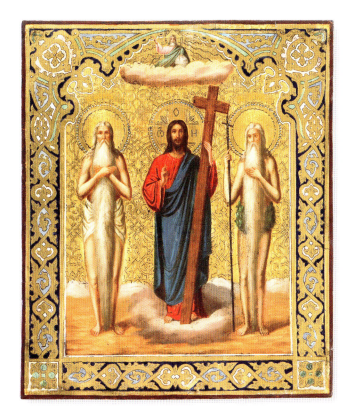

gefeiert. Georg war zum einen der Schutzpatron der Fürsten allgemein, zum anderen der Patron der Stadt Moskau. Die Auswahl der Heiligen und die sehr feine und qualitätvolle Ausführung der Ikone legen den Schluss nahe, dass sie im Zusammenhang mit diesem Jubiläum gemalt wurde.

(Nach einer Expertise von Rosemarie und Kurt Eberhard)

156 Christus mit Onuphrios dem Großen und Petrus vom Athos

Russland, Ende 19. Jahrhundert
Ölmalerei auf Holz, 35,8 x 30,5 cm
Privatsammlung

Die Ikone zeigt zwei bedeutende heilige Asketen mit Christus in ihrer Mitte. Christus steht auf Wolken, hat seine rechte Hand im Segensgestus erhoben und hält mit der linken ein großes, vierendiges Kreuz. Auf der linken Seite steht der heilige Onuphrios der Große (4./Anf. 5. Jh.) mit über der Brust gekreuzten Händen. Er ist nur mit einem Lendenschurz bekleidet und hat – wie auch Petrus vom Athos († 734) – einen bis zum Boden reichenden Bart. Petrus trägt einen Blätterschurz um die Hüften und in der

rechten Hand einen langen Kreuzstab. Oben schwebt über Wolken der segnende Gottvater mit einem Globus in der linken Hand. Der Hintergrund ist mit einem ornamentalen Muster geschmückt, das zuerst in den Kreidegrund graviert und dann vergoldet wurde. Zusammen mit dem Rand der Ikone, der ebenfalls mit gravierten, vergoldeten und bemalten Mustern verziert ist, ahmt er eine emaillierte und vergoldete Silberriza nach, wie sie in dieser Zeit sehr beliebt war.

Der Gedenktag beider Asketen ist der 12. Juni.

(Nach einer Expertise von Rosemarie und Kurt Eberhard)

157 Die Zwanzigtausend Märtyrer von Nikomedien

Russland, Anfang 19. Jahrhundert
Eitempera auf Holz, 39 x 31 cm
Privatsammlung

In dramatischer Weise ist auf der Ikone das Martyrium einer großen Zahl von Christen dargestellt, die bei einer heidnischen Siegesfeier in Nikomedien das Fest verlassen, weil sie fürchteten, mit dem Blut der Opfertiere besprengt zu werden. Darüber erzürnt ließ sie Kaiser Maximian, der ihnen außerdem einen von ihm selbst gelegten Brand im Kaiserpalast zur Last gelegt hatte, im Jahre 302 oder 303 während des Weihnachtsgottesdienstes in ihrer Kirche verbrennen.

Im unteren Bereich der Ikone ist ein lodernder Scheiterhaufen zu sehen, in dem bereits Menschen liegen oder von Soldaten in das Feuer getrieben werden. Links steht Kaiser Maximian neben einem Soldaten in goldener Rüstung und weist mit seinem Zepter auf die brennenden Christen, rechts legt ein weiß gekleideter Mann Holzscheite nach. Oben ist in der Mitte der segnende Bischof zu sehen, der in der linken Hand den Abendmahlskelch hält. Um ihn herum ist inmitten des Feuers vor einer weißen Kirche die anlässlich des Weihnachtsfestes versammelte Gemeinde gruppiert. Auf der Ikone, deren Titel auf dem oberen Rand neben dem segnenden Christus über Wolken „Die heiligen 20.000 Märtyrer, die in Nikomedien verbrannten" lautet, dominieren die Flammen und der schwarze Rauch des Feuers, in dem die Christen verbrannten.

(Nach einer Expertise von Rosemarie und Kurt Eberhard)

158 Die neun Märtyrer von Kyzikos

Russland, um 1800
Eitempera auf Holz, 31,4 x 26,6 cm
Privatsammlung

Die Ikone zeigt die recht selten dargestellten neun heiligen Märtyrer von Kyzikos vor der Kulisse einer Kirche, durch deren hohes Portal der Blick auf einen Turm fällt. Die Märtyrer sind symmetrisch angeordnet, wobei die drei in der vorderen Reihe knien. In ihren Händen halten sie Attribute, die auf ihre Martyrien hinweisen. Oben in der Mitte sieht man Christus mit den Märtyrerkronen in der Hand. Die Märtyrer sind in ihren Nimben namentlich bezeichnet, sodass oben Magnus und Feognid identifiziert werden können, in der Mitte Feodot, Feostich, Antipatros und Rufus und unten Favmasios, Artemas und Philemon.

In den beiden roten Kartuschen auf dem oberen Rand der Ikone ist der nur noch teilweise lesbare Titulus genannt, der in etwa wie folgt lautet: „Die neun Märtyrer in Christo, welche durch ihr Leiden die Märtyrerkrone erhielten. Sie wurden in (Kyzikos) verfolgt und vom Bösen bis zum Tode bedrängt." Auch die Inschriften der anderen Kartuschen

auf den Rändern, welche die Leiden der einzelnen Märtyrer angeben, sind zum Teil beschädigt.

Links oben: „Der heilige Magnus wurde durchgeschüttelt, am ganzen Leibe mit glühenden Kohlen gebrannt und sein Rücken wurde gebrochen"
Rechts oben: „Der heilige Feognid wurde mit Sehnen geschlagen und mit eisernen Ketten bis aufs Fleisch geschlagen"
Mitte links: „Der heilige Feodot wurde in einem eisernen Kessel verbrannt und musste schlimme Qualen erleiden"
Mitte rechts: „Der heilige Rufus wurde mit Ruten geschlagen und mit Kohlen gebrannt"
Links unten: „Der heilige Feostich wurde mit Scherben gepeinigt und mit stachligen Ruten geschlagen. Er musste nicht nur eine Marter erdulden"
Rechts unten: „Der heilige Antipatros wurde mit stachligen Zweigen gegeißelt und von Helfern in einen Sumpf gebracht"

Die Kartuschen auf dem unteren Rand sind weitgehend zerstört; nur auf der rechten ist noch der Name „Philemon" zu entziffern.

Die neun Märtyrer erlitten ihr Martyrium unter Diokletian in den Jahren zwischen 284 und 292 in Kyzikos auf einer Halbinsel am südlichen Ufer des Marmarameeres. Ihre Reliquien wurden schon unter Konstantin dem

Großen aufgefunden und Teile davon kamen durch den Metropoliten Adrian von Kazan' und späteren Patriarchen von Moskau und ganz Russland nach Kazan', in dessen Nähe er 1687 das Kyzikos-Kloster gründete. Seit dieser Zeit verbreitete sich der Kult der Heiligen in Russland. Dimitrij von Rostov verfasste für sie eine Liturgie, die 1691 in seinen Menäen im Druck erschien. Ihr Festtag ist der 16. April.

(Übersetzung der Texte: Jean-Paul Deschler; nach einer Expertise von Rosemarie und Kurt Eberhard)

159 Der Drachenkampf des hl. Georg

Russland, um 1600
Eitempera auf Holz, 58,5 x 52,3 cm
Sammlung W.

Die russische Ikone war ursprünglich für die Ikonostase einer Kirche gemalt worden, wo sie wahrscheinlich als Patronatsikone einer dem hl. Georg geweihten Kirche diente. Der kirchenslawische Titulus auf dem oberen Rand ist nur am Anfang lesbar: „Wunder des heiligen Georg in der Stadt Rais …"

Die Darstellung auf der Ikone folgt der bekannten Ikonographie: Vor dem Hintergrund bizarrer ockerfarbener Felsen reitet der Heilige in Kriegerrüstung und mit wehendem rotem Mantel auf einem weißen Pferd, das zum Sprung über einen geflügelten, sich aus einer Grotte herauswindenden Drachen ansetzt. Diesem stößt Georg seine Lanze in den Rachen, während von oben ein Engel herabfliegt und die Märtyrerkrone über Georgs Haupt hält.

Die rechte Seite wird von den hohen, turmartigen Mauern der Stadt eingenommen, vor deren Tor die Prinzessin in kaiserlichen Gewändern steht und den besiegten Drachen an der Leine führt. In den vier Rundbogenfenstern des rosaroten Turms erscheinen die Köpfe von vier orientalisch gekleideten und ungewöhnlicherweise im Profil wiedergegebenen Personen, die, ebenso wie das Königspaar mit zwei Höflingen unter einem Baldachin auf der oberen Plattform des Turms, das Geschehen verfolgen. Ganz oben sieht man weitere fantasievolle Gebäude in differenzierten Pastellfarben. Aus einem blauen, sternenbesetzten Himmelssegment links von diesen die Stadt darstellenden Gebäuden ragt die Hand Gottes hervor, die den Heiligen segnet.

Die sehr qualitätvolle Malerei in sehr schöner Farbgebung stammt von der Hand eines ausgezeichneten russischen Ikonenmalers der Zeit um 1600, der einen originellen Stil vertritt und viel Sinn für ungewöhnliche ikonographische Details besitzt. Die Nimben, die Rüstung des hl. Georg und die Kronen sind mit Blattgold belegt. Die Ikone besaß früher einen Silberbeschlag.

Zur Legende des hl. Georg siehe Kat. Nr. 22.

(Nach einer Expertise von Ivan Bentchev)

160 Hl. Demetrios mit zwölf Szenen aus seinem Leben

Russland, um 1800
Eitempera auf Holz, 35,7 x 31 cm
Privatsammlung

In der Bildmitte ist der hl. Großmärtyrer Demetrios († 306) in ganzer Figur als Krieger dargestellt. In seiner erhobenen rechten Hand hält er das Märtyrerkreuz, die linke, in der er eine Lanze hält, stützt er auf den Schild. Über ihm erscheint der segnende Christus in einem von kugelförmigen Wölkchen umgebenen Medaillon. Der kirchenslawische Titulus auf dem oberen Rand lautet: „Bild des heiligen Großmärtyrers Demetrios von Thessaloniki."

Um den Heiligen sind auf den beiden Seiten und unten zwölf Szenen aus seinem Leben angeordnet, die durch ausführliche Texte auf den Rändern erläutert werden. Sie geben von links nach rechts und von oben nach unten folgende Ereignisse aus seinem Leben wieder:

1.) „Die Geburt des hl. Großmärtyrers Demetrios von Thessaloniki"
2.) „Die Eltern des hl. Demetrios zeigen ihm die heiligen Ikonen am verborgenen Ort"
3.) „Die Taufe des hl. Demetrios am verborgenen Ort"

4.) „Kaiser Maximian bestimmt den hl. Demetrios zum Statthalter von Thessaloniki und befiehlt ihm, die Christen zu martern"
5.) „Der hl. Demetrios wird beschuldigt, dass er selbst Christ sei, und der Kaiser befiehlt, ihn ins Gefängnis zu werfen"
6.) „Im Gefängnis erscheint der Teufel dem hl. Demetrios als Skorpion und will ihn stechen. Aber das Zeichen des Kreuzes schützt ihn, und der Engel des Herrn erscheint und bringt ihm einen strahlenden Kranz"
7.) „Im Gefängnis kommt der hl. Märtyrer Nestor zu Demetrios und wird von ihm gesegnet für den Kampf mit Lyaios"
8.) „Als der hl. Märtyrer Nestor mit dem Gladiator Lyaios kämpfen musste und ihn mit der Lanze tötete, wurde der Kaiser darüber sehr traurig"
9.) „Der Kaiser befiehlt in seinem Schmerz, den hl. Demetrios im Gefängnis mit Lanzen zu töten. Der Diener (des hl. Demetrios) nahm heimlich dessen Gewand und Ring"
10.) „Heimliche Grablegung des hl. Demetrios durch Christen"
11.) „Die Auffindung der Gebeine des hl. Großmärtyrers Demetrios und ihre Niederlegung in der Kirche"
12.) „Das Wunder des hl. Demetrios des Großmärtyrers an den zwei gefangen genommenen Jungfrauen, die ein Bild des hl. Demetrios stickten"

(Übersetzung der Texte von Jean-Paul Deschler; nach einer Expertise von Rosemarie und Kurt Eberhard)

161 Hl. Theodor Stratelates

Russland (Kostroma), 1913
Eitempera auf Holz, 35,6 x 31 cm
Privatsammlung

Die Ikone zeigt den als „Heiligen Großmärtyrer Theodor Stratelates" bezeichneten Heiligen frontal und in ganzer Figur in einer kahlen Fluss- oder Seenlandschaft. In seiner rechten Hand hält er ein Märtyrerkreuz, in seiner linken einen Palmzweig, ebenfalls ein Symbol für sein Märtyrertum.

Oberhalb des in ein Feldherrengewand gekleideten hl. Theodor († 319) erscheint der mit beiden Händen segnende Christus über Wolken. Die Malerei ist von einem

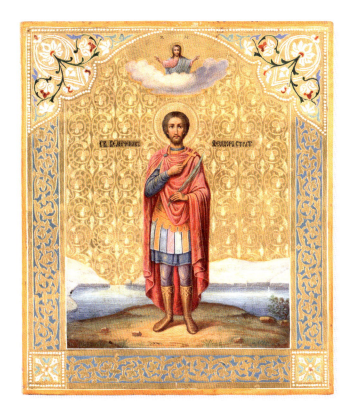

ausgezeichneten Künstler sehr fein gemalt und aufwendig
ausgeschmückt worden. Der Rand ist an drei Seiten mit
einem goldenen Ornament auf blauem Grund verziert, die
unteren Ecken wurden durch quadratische Schmuckfelder
hervorgehoben. In den oberen Ecken sind vielfarbige florale
Verzierungen in der Form von Appliken angebracht, die
das Bildfeld, das mit einem feinen, spiralförmigen Muster
überzogen ist, bogenförmig abschließen. Die Verzierungen
wurden zuerst graviert und vergoldet und dann zum Teil
bemalt, wobei sie die in dieser Zeit beliebten, mit Email
geschmückten und vergoldeten Silberbeschläge nachahmten.

Auf der Rückseite der Ikone befindet sich folgende handschriftliche Widmung:
„Diese heilige Ikone wurde in der Stadt Kostroma auf Bestel-
lung durch die Feodorovsker-Sergievsker Rechtgläubige
Bruderschaft gemalt. Übergeben wurde sie am 29. Dezember
1913. Geweiht wurde sie in der Čirecka-Kirche am 8. Februar
1914. Fedor Charitonov."

Es folgt eine zweite Inschrift: „Gelesen hat diese Aufschrift der Enkel des Fedor Charitonov Sergej Charitonov
und die Enkelin Nina Charitonova am 17. Mai 1941.
S. Charitonov. N. Charitonov."

Literatur:
Frankfurt 2005, Kat. Nr. 138

162 Die hll. Sadok und Barbara

Russland, Ende 19. Jahrhundert
Eitempera auf Lindenholz, 44 x 36,5 cm
Privatbesitz

Auf der Ikone stehen die beiden Heiligen einander
leicht zugewandt. Sie sind durch kirchenslawische Beischriften in gerahmten roten Feldern über ihren Köpfen bezeichnet als „Heiliger Priester und Märtyrer Sadok
Bischof" und „Heilige Großmärtyrerin Barbara".

Über ihnen ist in einem halbkreisförmigen Bogen der
segnende Christus Pantokrator über Wolken gemalt. Der
auf der Ikone in prächtige Bischofsgewänder gekleidete
Bischof Sadok von Persien hält vor seiner Brust mit beiden
Händen, über die er ein Tuch gelegt hat, die Heilige Schrift.
Er wurde als bekennender Christ am 19. Oktober 342 während der Herrschaft des Königs Sapor II. nach monatelan-
gem Martyrium zusammen mit 128 anderen Märtyrern
enthauptet. Seine Gedenktage in der orthodoxen Kirche
sind der 19. Oktober und der 20. Februar.

Die hl. Großmärtyrerin Barbara wird in der katholischen wie in der Ostkirche am 4. Dezember verehrt. Der
ostkirchlichen Legende nach wurde sie um 306 von ihrem
Vater Dioskuros von Nikomedien wegen ihres Glaubens
mit dem Schwert enthauptet. Im 4. oder 6. Jahrhundert

wurden ihre Reliquien in einer Kirche in Konstantinopel verehrt, seit 1108 waren sie im Zlatovercho Michajlovskij-Kloster in Kiew ausgestellt, wohin sie durch die byzantinische Prinzessin Barbara, die Tochter des Kaisers Alexios Komnenos und Gemahlin des Kiewer Großfürsten Svjatopolk Michail, gelangt waren. Die hl. Barbara trägt fürstliche Brokatgewänder mit goldenen Säumen und Manschetten, die mit Streumustern und weißen Perlen verziert sind. Außerdem trägt sie ein weißes Kopftuch und eine goldene Krone. Sie hat ihre Rechte im Zeugengestus erhoben und hält in ihrer Linken eine geöffnete Schriftrolle mit einer 18-zeiligen schwarzen Aufschrift: „Ewiger Gott, breite den Himmel wie einen Schutzmantel über die Erde und jenen auf die Gewässer; leuchte, Sonne, auf gütige wie böse (Menschen) und regne Du auf gerechte und ungerechte und auf jene, die jetzt zu Dir beten; erhöre mich, Deine Dienerin, erhöre, o König, und gib ...).“

Im Hintergrund ist auf einem felsigen Berg die Kathedrale mit sieben goldenen Kuppeln des Zlatovercho Michajlovskij-Klosters in Kiew wiedergegeben (sie wurde 1930 gesprengt und 1998 wiederaufgebaut), was auf den Ort hinweist, an dem die Reliquien der hl. Barbara bewahrt wurden.

Die vorzüglich erhaltene, äußerst qualitätvolle und prachtvolle Malerei des ausgehenden 19. Jahrhunderts gehört zu den besten Beispielen der russischen Ikonenmalerei jener Zeit.

(Nach einer Expertise von Ivan Bentchev)

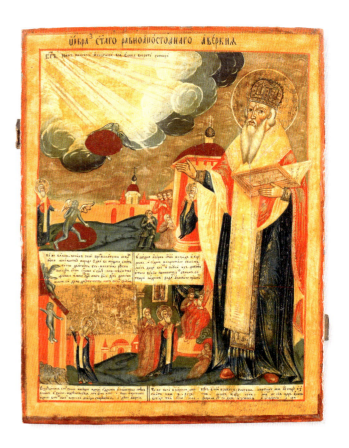

163 Hl. Bischof Aberkios von Hierapolis

Russland, 2. Hälfte 18. Jahrhundert
Eitempera auf Holz, 53 x 41 cm
Privatsammlung

Der heilige Aberkios ist auf der rechten Seite ganzfigurig im Bischofsornat dargestellt und auf dem oberen Rand mit seinem Namen bezeichnet: „Darstellung des heiligen apostelgleichen Aberkios (russ.: Averkij).“ Er zeigt mit seiner rechten Hand auf die links dargestellten Szenen und hält in seiner linken ein aufgeschlagenes Evangelienbuch, in dem zu lesen ist: „Kommet her zu mir alle, die ihr mühselig und beladen seid; ich will euch erquicken“ (Mt 11,28).

Auf der linken Seite sieht man oben ein großes, von Wolken gesäumtes und von Strahlen durchdrungenes

Himmelssegment mit einem geflügelten Teufel, der einen großen Stein hält, den er auf die Erde werfen will. Die Inschrift in der Himmelszone lautet: „Unser Gott vollbringt alles, was Er will, im Himmel und auf Erden“ (Psalm 134,6 LXX). In der darunterliegenden Szene ist der Teufel mit dem Stein bereits unten auf der Erde zu sehen. Bischof Aberkios steht hinter ihm und weist auf ihn. Der dazugehörige Text erläutert die Darstellung: „Vor dem Palast (dem Kaiserpalast in Rom) lag ein so großer Stein, dass es einer Menge Leute kaum möglich war, ihn etwas vom Platz zu bewegen. Der Heilige zeigt mit der Hand darauf und sagte zum Dämon: ‚Ich befehle dir, Teufel, im Namen unseres Herrn Jesu Christi: Trag diesen Stein in mein Heimatland in die Stadt Hierapolis.‘“

Auf der daneben dargestellten Szene sitzt Aberkios auf einem Thron, vor dem zwei Menschen knien und zu dem andere herbeieilen. Der Text zu dieser Szene lautet: „Der heilige Aberkios ging in die Stadt (Hierapolis) und in die Kirche und setzte sich auf seinen Thron. Er gab allen den Segen und lehrte sie eindringlich, und so bereitete er dem Volk durch seine Ankunft große Freude, besonders den Armen.“

In den Szenen darunter steht der Heilige vor einem herabstürzenden Götterbild, während auf der Mauer darüber der Teufel sitzt. Der dazugehörige Text sagt Folgendes: „Die Götzenpriester, die in der Nähe des (Apollo-)Tempels wohnten, hörten einen großen Lärm im Tempel und wussten nicht, was es sei; sie eilten herbei und fanden die Götterbilder auf dem Boden liegend und zertrümmert."

Rechts neben dieser Szene sitzt der Kaiser auf seinem Thron, vor dem seine Tochter liegt. Aberkios steht vor der Prinzessin und breitet betend seine Hände aus. „Einst fuhr ein Dämon in die Kaisertochter (Lucilla) und sagte: ‚Niemand kann mich von ihr austreiben außer Aberkios, der Bischof von Hierapolis.' Als der Kaiser (Mark) Aurel, der Vater dieses Mädchens, dies hörte, schickte er nach dem heiligen Aberkios, um den Dämon aus der Kaisertochter zu vertreiben."

Der hl. Aberkios († 167) war Bischof von Hierapolis in Phrygien, deren Einwohner er durch seine Wortgewalt und durch Wunder bekehrte. Außerdem verkündete er das Evangelium in Syrien, Mesopotamien und Kleinasien und wird deshalb der „Apostelgleiche" genannt.

Sein Gedächtnis wird am 22. Oktober begangen.

(Übersetzung der Texte von Jean-Paul Deschler; nach einer Expertise von Rosemarie und Kurt Eberhard)

Literatur: Bentchev 2007, S. 340

164 Hl. Andreas in Krisi mit Heiligen und zehn Szenen aus seinem Leben

Russland (Malerdörfer bei Vladimir?),
1. Hälfte 19. Jahrhundert
Eitempera auf Holz, Basma aus Silberblech,
35,8 cm x 29,2 cm
Privatsammlung

Der heilige Andreas, Märtyrermönch aus der Krisis in Konstantinopel, ist in der Mitte des zentralen Feldes der Ikone in ganzer Figur und frontal dargestellt. Rechts und links von ihm stehen je zwei weitere Heilige, die später mit unkorrekten Namensbeischriften versehen wurden, von Ivan Bentchev jedoch als Prophet Moses (vorne links) und Bischof Lazaros von Kition (Zypern) (rechts) sowie als Kosmas und Damian von Arabien (in der zweiten Reihe) identifiziert wurden. Über den fünf Heiligen befindet sich – zur Hälfte auf den von einer (ungestempelten) Silberbasma bedeckten Rand übergreifend – in einer von Wolken umgebenen Aureole die Neutestamentliche Dreifaltigkeit mit den

Evangelistensymbolen in den vier diagonal angeordneten roten Zacken.

Um das Mittelfeld der Ikone sind zu beiden Seiten und unten insgesamt zehn Szenen aus dem Leben des Heiligen gemalt, die jeweils auf dem Rand sowohl der Ikone als auch auf der Basma beschrieben sind.

Von oben nach unten und von links nach rechts sind folgende Szenen dargestellt:

1.) „Der hl. Andreas lehrt das Volk, die heiligen Ikonen zu verehren"
2.) „Der ehrwürdige Andreas erblickte (?) die Menschen in der Kirche und viel Volk"
3.) „Warum, o Kaiser, nennst du dich einen Christen, da du doch die Bilder Christi niedertrittst?"
4.) „Sogleich stürzten sich die Diener mit mordlustigen Händen auf ihn, die einen packten ihn am Kopf, die anderen an den Armen"
5.) „Der Kaiser aber wollte barmherzig erscheinen und befahl, mit den Schlägen aufzuhören"
6.) „Der Kaiser befahl, den Ehrwürdigen auszuziehen und erbarmungslos zu geißeln"
7.) „Nach langer Folterung wurde der chrw. Andreas ins Gefängnis geworfen"
8.) und 9.) „Schließlich schleifte man den ehrwürdigen Andreas, an den Füßen gebunden, auf der Erde durch die

Stadt und über den Marktplatz an den Ort für hingerichtete Verbrecher. Einer der Häretiker (hieb ihm ein Bein ab)"

10.) „Auf göttlichen Befehl holten sie den Leichnam des ehrwürdigen Andreas aus der Grube"

Der hl. Andreas wurde auf der Insel Kreta geboren, trat in ein Kloster ein und und beschloss zur Zeit des Bildersturms, sich in Konstantinopel für den Kult der heiligen Ikonen einzusetzen. Er erlitt sein Martyrium 766 unter dem ikonoklastischen Kaiser Konstantin V. Kopronymos (741–775). Wahrscheinlich wurde er im Hippodrom getötet und später an den alten, „Krisis" genannten Richtplatz gebracht, der sich im Südwesten von Konstantinopel befand. Sein Gedenktag ist der 17. Oktober.

Andreas in Krisi ist nicht mit Andreas von Kreta zu verwechseln, der Bischof von Gortyna auf Kreta war und um 720 auf der Insel Lesbos starb.

Die Ikone dürfte in einem der Malerdörfer des Vladimir-Suzdaler Bereichs oder Zentralrusslands entstanden sein.

(Übersetzung der Texte von Jean-Paul Deschler; nach einer Expertise von Rosemarie und Kurt Eberhard)

Literatur:
Bentchev 2007, S. 335

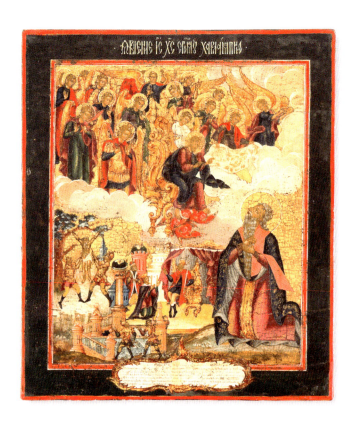

165 Christus erscheint dem hl. Charalampios

Russland, 1806
Eitempera auf Holz, 35,5 x 30,7 cm
Privatsammlung

Die mit dem erneuerten kirchenslawischen Titulus „Christus erscheint dem hl. Charalampios" auf dem schwarzen Rand überschriebene Ikone zeigt Szenen aus dem Martyrium des Heiligen. Charalampios kniet auf der rechten Seite mit betend vor der Brust erhobenen Händen und blickt zu Christus empor, der über weißen Wolken auf einem barocken goldenen Thron sitzt und sich segnend zu dem Heiligen herabbeugt. Christus wird von zahlreichen Engeln begleitet, welche die gesamte obere Hälfte der Ikone einnehmen. Zu seinen Füßen sind rote Cherubim zu sehen.

Die gemalte Szene wird in seiner Vita wie folgt beschrieben: „Der Heilige kam zur Richtstätte und sprach: ,Ich danke Dir, Herr und Gott. Gedenke meiner, Herr, in Deinem Reiche.' Und während er betete, öffneten sich die

Himmel, und der Herr kam hernieder auf einem Thron und mit ihm eine große Schar von Engeln. Als die Soldaten das sahen, liefen sie davon und berichteten es dem Kaiser. Der Kaiser staunte über dieses Wunder."

Am unteren Bildrand, links von der Mitte ist die Flucht der Soldaten illustriert, die verängstigt hinter sich schauen. Links hängt Charlampios an einem Baum, denn der Statthalter hatte befohlen, dem Geistlichen die Gewänder auszuziehen, ihn an einem Baum aufzuhängen und mit Eisenkrallen zu schaben. Die nächste Szene (in der Mitte) zeigt die Kaisertochter Galina, die vor ihrem Vater kniet und den Leichnam des Märtyrers erbittet, um ihn in reine Tücher zu wickeln und in einem goldenen Sarg zu bestatten.

Die barock gerahmte Kartusche auf dem unteren Rand beinhaltet ein Gebet an den Heiligen. Es ist nicht mehr ganz lesbar, jedoch in weiten Teilen identisch mit einem Gebet, das in den Menäen am 10. Februar im Anschluss an die liturgischen Gesänge für den heiligen Charalampios zu finden ist: „O geistliches Haupt, guter Hirte, wortgewandter Vorkämpfer für die Christenheit, Priestermärtyrer für Christus Charalampios ..."

Rechts auf dem unteren Rand ist die Ikone datiert: „Gemalt wurde dieses Bild im Jahre 1806."

Der hl. Charlampios war Bischof von Magnesia (Thessalien). Wegen der Verbreitung des Christentums unter den Heiden wurde er als Greis von 113 Jahren dem Kaiser Septimius Severus (193–211) vorgeführt und seiner priesterlichen

Gewänder entledigt. Er wurde schweren Martern unterzogen und schließlich enthauptet.

(Übersetzung der Texte von Jean-Paul Deschler; nach einer Expertise von Rosemarie und Kurt Eberhard)

Innenfeld auf den Rand hinausreicht, ist mit farbigen Ornamenten geschmückt, wie sie nur selten anzutreffen sind.

(Nach einer Expertise von Reiner Zerlin)

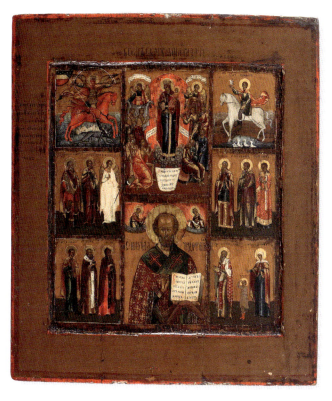

166 Hl. Nikolaus

Russland, 2. Hälfte 17. Jahrhundert
Eitempera auf Holz, 31,4 x 27,4 cm
Privatbesitz Duisburg

167 Achtfelderikone

Russland, 2. Hälfte 19. Jahrhundert
Eitempera auf Holz, 34,8 x 30,7 cm
Privatbesitz

In sehr schöner Malerei ist auf dieser Ikone das Haupt des hl. Nikolaus bis zu den Schultern mit dem goldenen, mit blauen und roten Edelsteinen und weißen Perlen geschmückten Kragen seines Bischofsgewandes und einem Teil des weißen, mit rot-blauen Kreuzen bestickten Omophorions wiedergegeben. Reste der Namensbeischrift sowie einer stehen gelassenen späteren Übermalung sind neben den Schultern zu sehen. Nikolaus ist wie üblich mit einer großen Stirn, kurzen weißen Haaren und einem kurzen weißen Vollbart gemalt, die mit feinen weißen Strichen auf dem dunkelolivfarbenen Inkarnat wiedergegeben sind. Er besitzt einen gütigen Gesichtsausdruck und eine schmale, mit Weiß gehöhte Nase. Der Nimbus, der über das vertiefte

Die Ikone ist in acht einzelne Felder aufgeteilt: zwei größere in der Mitte und je drei an den Seiten übereinander. In dem oberen Feld in der Mitte ist die Muttergottes „Freude aller Leidenden" vom Moskauer Typus, d. h. mit dem Kind auf dem Arm, dargestellt. Engel führen von beiden Seiten Leidende zu ihr, deren Bitten auf zwei Schriftblättern aufgezeichnet sind: „Gib den Nackten Kleidung" (links) und „Gib den Lahmen das Gehen" (rechts). Unter ihren Füßen steht auf einem weiteren, unten etwas eingerollten Schriftblatt: „Vor die Gottesgebärerin treten wir jetzt achtsam, wir Sünder, und demütig knien wir nieder ..." (Troparion 4. Ton; das Lied wird während der Liturgie an Muttergottes-Festtagen gesungen; Übersetzung von Ivan

Bentchev). Unter der „Freude aller Leidenden" ist der hl. Nikolaus in Halbfigur wiedergegeben. Oben links ist der Erzengel Michael als Führer der himmlischen Heerscharen und oben rechts der hl. Tryphon von Phrygien, ebenfalls auf einem Pferd, gemalt. Der Falke auf seiner Hand verweist auf eine Legende, nach der einem Falkner der Falke davongeflogen war, der dem russischen Zaren Ivan Groznyj (1530–1584) gehörte, dessen Zorn und Strafe er nun fürchtete. Nachts erschien ihm im Traum der hl. Tryphon, auf einem weißen Pferd reitend und mit einem Falken auf der Hand. Am nächsten Tag fand er den Falken an der Stelle, die ihm Tryphon im Traum gezeigt hatte. Außerdem sind in einem Teich zu den Füßen des Heiligen mehrere Gänse mit ihren Jungen zu sehen, da Tryphon ein einfacher Gänsehirt gewesen sein soll, der jedoch die Fähigkeit besaß, Kranke zu heilen und damit viele Menschen zum Christentum bekehrte.

In der Mitte links ist der Märtyrer Artemios gemalt, gefolgt von dem Märtyrer Eusignios von Antiochien und dem Schutzengel, rechts sind die hll. Gurias, Samonas und Abibo von Edessa dargestellt. Unten links sind Bonifatius, Guriij der erste Bischof von Kazan' († 1563) sowie ein Mönch und rechts Bischof Antipas von Pergamon sowie Julitta mit ihrem Sohn Kyrikos gemalt.

168 Hl. Nikolaus mit zwölf Szenen aus seinem Leben

Russland, um 1800
Eitempera auf Holz, Oklad aus feuervergoldetem Messing,
52 x 27 cm
Privatbesitz

Die in Eitempera gemalte Ikone besitzt ein ungewöhnlich fein gearbeitetes Oklad aus feuervergoldetem Messing, das in Ajourtechnik gearbeitet ist und die Vergoldung und die Farben des Untergrundes durchschimmern lässt. Es umschließt die stehende und frontale Figur des hl. Nikolaus, die kleinen Figuren der Muttergottes und Christi neben seinem Haupt und zwölf ovale hölzerne Felder auf dem Rand, die detailreich und in miniaturhaft feiner Malerei ausgeführt sind und folgende Szenen aus dem Leben des hl. Nikolaus zeigen:

1.) Die Geburt des Heiligen
2.) Die Taufe
3.) Nikolaus wird in die Klosterschule gebracht
4.) Die Geldgabe für drei Mädchen
5.) Die Bischofsweihe des hl. Nikolaus
6.) Das Teppichwunder
7.) Die Priesterweihe des hl. Nikolaus
8.) Die Rettung des Bischofs Athanasios aus Seenot
9.) Die Rettung der drei unschuldigen Männer vor dem Henker
10.) Die Rettung des Jungen aus dem Dnjepr
11.) Der Tod des hl. Nikolaus
12.) Die Überführung seiner Gebeine nach Bari

Literatur:
Köln 1986, Kat. Nr. 20 auf S. 42 und 43; Brescia 1991, S. 184 und Tafel 61; Frankfurt 2007, Kat. Nr. 43

169 Die Ikone des hl. Nikolaus vom Jaroslav-Hof und ihre Legende

Russland, Anfang 19. Jahrhundert
Eitempera auf Holz, 43,3 x 37,8 cm
Privatsammlung

Die Komposition der Ikone ist recht ungewöhnlich. Das Zentrum der Tafel nimmt ein blaues Medaillon mit dem Bild des hl. Nikolaus in Halbfigur und der Beischrift „Hl. Nikolaus der Wundertäter" ein. In den oberen Ecken der Ikone befinden sich zwei weitere ovale Medaillons mit szenischen Darstellungen sowie im unteren Bereich eine Szene, die sich über die gesamte Bildbreite ausdehnt. Über dem zentralen Nikolaus-Medaillon ist in einem von Wolken umgebenen goldenen Himmelssegment die Taube des Heiligen Geistes zu sehen. Der Goldgrund zu beiden Seiten des mittleren Medaillons und der untere Bereich der Ikone sind über und über mit kirchenslawischen Texten bedeckt, und auch das Rundbild mit dem Heiligen ist von einer roten Inschrift umgeben. Sie lautet: „Darstellung und Ebenbild der wundertätigen Ikone des heiligen Nikolaus des Wundertäters, die sich in Groß-Novgorod im Jaroslav-Hof befindet."

In zwei Medaillons in den oberen Bildecken ist links dargestellt, wie der hl. Nikolaus dem schwer erkrankten Novgoroder Fürsten Mstislav Vladimirovič (reg. 1125–1132) in einer Vision erschien. Er wies ihn an, seine verehrte Ikone, die eine runde Form besaß, aus Kiew nach Novgorod bringen zu lassen und einen Bittgottesdienst zu veranstalten. Rechts wird geschildert, wie das Schiff wegen eines Sturmes mehrere Tage auf der Insel Lipno festmachen musste und der Koch beim Wasserholen die Rundikone des hl. Nikolaus aus dem Ilmensee herausfischte, die sie in Kiew holen sollten. Unter den Medaillons befinden sich auf dem Goldgrund ausführliche Beschreibungen der beiden Szenen.

Darunter nimmt eine weitere Szene die gesamte Breite der Ikone ein. In ihr ist auf der linken Seite wiedergegeben, wie die aufgefundene Rundikone dem Fürsten Mstislav übergeben wird, der neben seinem leeren Krankenbett inmitten einer Gruppe von Klerikern und Höflingen steht. Rechts zieht eine Prozession mit der Ikone und dem kranken Fürsten, der von zwei Männern gestützt werden muss, zu einer Kirche. Die Inschrift auf dem schmalen hellen Streifen unterhalb dieser Szene berichtet von der anschließenden Heilung des Fürsten.

Eine weitere ausführliche Inschrift auf Goldgrund am unteren Rand der Ikone berichtet davon, dass Großfürst Mstislav mit seiner Frau Anna im Gedenken an die Auffin-

dung dieser Ikone im Jahre 1113 und zur Feier seines Dankes für die von ihr erhaltene Genesung auf der Insel Lipno das Nikolaus-von-Lipno-Kloster gründete. Weiter heißt es wörtlich: „In Novgorod auf der Handelsseite beim Jaroslav-Hof erbaute man eine schöne Kirche aus Stein, die auch heute noch unter dem Namen Nikolaus-Kathedrale-im-Palast (Nikolaj-Dvoriščenskij sobor) besteht."

Diese Kirche war der erste Steinbau auf der Handelsseite der Stadt Novgorod. In der Ikonostase wurde die wundertätige Nikolaus-Ikone rechts von der Königstüre neben der Christusikone angebracht. Auf der Insel Lipno, an der Stelle, wo die als wundertätig geltende Nikolaus-Ikone gefunden worden war, wurde 1292 die Nikolaus-von-Lipno-Klosterkirche unter dem Fürsten Andrej, dem Sohn Aleksandr Nevskijs, erbaut und ein Männerkloster gegründet.

Auf die Ränder der Ikone sind links der Schutzengel, Johannes der Vorläufer und die Großmärtyrerin Barbara sowie rechts die drei Kirchenväter Basilios der Große, Gregor von Nazianz und Johannes Chrysostomos gemalt.

Die einzige bisher bekannte Ikone mit einer – abgesehen von den Randheiligen – fast identischen Komposition und denselben Texten befindet sich seit 2006 im Ikonen-Museum Recklinghausen als Geschenk des Ehepaares Esther und Lothar Mikus.

Möglicherweise hängt die Entstehung dieser Ikonen mit dem Aufschwung zusammen, den die Nikolaj-Dvoriščenskij-Kirche in ihrer Bedeutung im 19. Jahrhundert erlebte. Zwischen 1810 und 1854 erhielt sie Anbauten und neue Ikonostasen in den Seitenräumen, wurde sie renoviert und neu ausgemalt. Auf besonderen Beschluss wurde 1872 jeden Mittwoch nach dem Abendgottesdienst vor der berühmten Ikone die feierliche Lesung des Akathistos zu Ehren des Heiligen Nikolaus eingeführt und am 9. Mai eine Prozession in der Kirche vor der Liturgie. Das Wiedererstarken der Bedeutung der Nikolaus-Kirche könnte die Entstehung dieser Ikonen begünstigt haben, welche den Gläubigen die mit der Gründung der Kirche zusammenhängende Legende in Erinnerung rufen und vor Augen führen wollten.

Literatur:

Eva Haustein-Bartsch, Die Ikone des hl. Nikolaus vom Jaroslav-Hof (Nikolaj Dvoriščenskij) und ihre Legende, in: Dobryj kormchij, Moskau 2009 (in Vorbereitung)

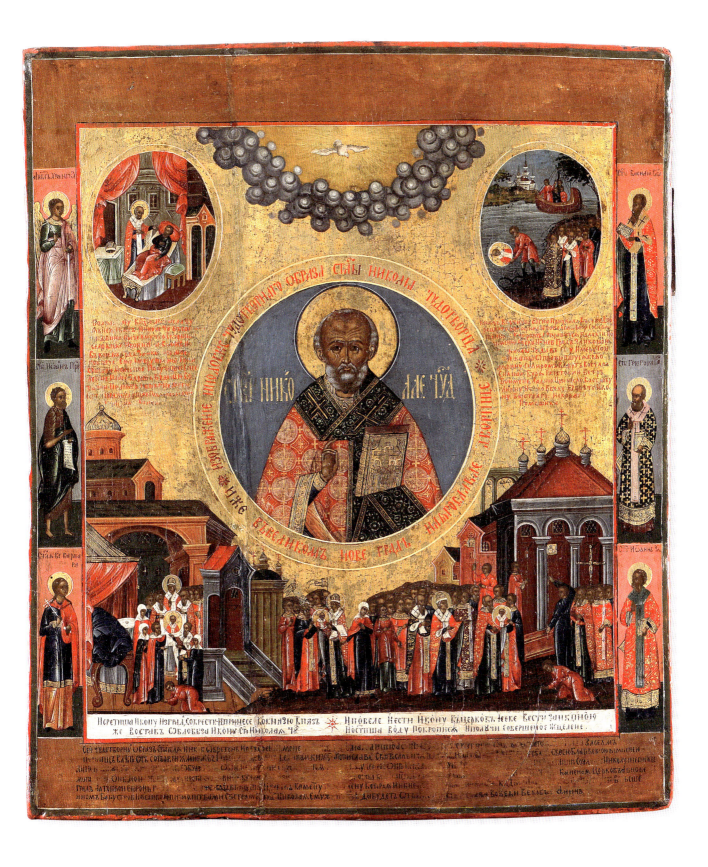

170 Hl. Alexios der Gottesmann

Russland, 1. Hälfte 18. Jahrhundert
Eitempera auf Holz, 73 x 30,5 cm
Privatsammlung

Die großformatige Ikone, deren Titel „Unser ehrwürdiger Vater Alexios Mensch Gottes" lautet, war ursprünglich in einer Ikonostase im Deesis-Rang auf der linken Seite eingefügt. Der Heilige ist in ganzer Figur und mit bittend erhobenen Händen in einer Landschaft dargestellt, die im Hintergrund eine Stadtkulisse auf einem Berg zeigt.

Alexios der Gottesmann war nach seiner zwischen 450 und 475 in Syrien verfassten Vita der Sohn reicher römischer Eltern, die – wie auch seine Braut – er am Abend seiner Hochzeit verließ, um ins Heilige Land zu gehen, wo er in Edessa nach einem langen, in Armut verbrachten Leben als Einsiedler starb. Nach späteren Erweiterungen dieser Vita kehrte er nach 17 Jahren von Edessa nach Rom zurück und lebte weitere 17 Jahre unerkannt als Bettler im Haus seiner Eltern, denen er sich erst in seiner Todesstunde zu erkennen gab. In Russland wurde Alexios sehr verehrt und besonders häufig während der langen Regierungszeit des Zaren Aleksej Michajlovič (1648–1676) dargestellt, dessen Namenspatron er war.

Die Malerei des Inkarnats zeigt Anklang an die Arbeiten der Rüstkammer im Moskauer Kreml. Alexios ist in einem einfachen hellblauen Gewand mit einem roten Kragen dargestellt, das durch die gelblichen Lichthöhungen wie von der Abendsonne beleuchtet wirkt. Da auch der Hintergrund der Ikone von einem dunklen Blau in ein helles Rotorange übergeht, besitzt die Ikone eine atmosphärische Wirkung, wie sie in traditionellen Werken nicht zu finden ist und die von abendländischen Gemälden inspiriert ist. Dies gilt auch für die fein gemalten Gebäude im Hintergrund, die den Kupferstichen der „Piscatorbibel" (Theatrum Biblicum, 1643) entlehnt sind, welche in Russland seit der zweiten Hälfte des 17. Jahrhunderts häufig als Vorlage für Fresken und Ikonen verwendet wurden.

(Nach einer Expertise von Rosemarie und Kurt Eberhard)

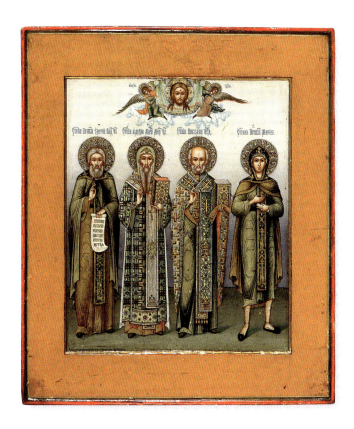

171 Vier Heilige

Russland (Moskau, Iosif Semenovič Čirikov),
Ende 19. Jahrhundert
Eitempera auf Holz, 31,2 x 26,8 cm
Privatsammlung

Auf der Ikone sind vier Heilige in frontaler Haltung dargestellt und auf dem hellen Hintergrund mit ihren Namen beschriftet. Von links nach rechts sind dies die Heiligen Sergij von Radonež, Metropolit Aleksij von Moskau, Nikolaus der Wundertäter und die Nonne Marija. Am oberen Bildrand halten zwei Engel das Tuch mit dem Abdruck des Hauptes Christi, das Mandylion.

Die Ikone ist am linken unteren Bildrand signiert: „Diese Ikone malte Iosif Čirikov in Moskau." Die von einem breiten ockerfarbenen Rand gerahmte Ikone zeigt die hohe Malqualität und den charakteristischen Stil dieses Malers, der zu den bedeutendsten seiner Zeit zählte. Čirikov wurde in der Mitte des 19. Jahrhunderts in Mstera geboren und entstammte einer alten Malerfamilie, in der er das Ikonenmalen und -restaurieren erlernte. Für Restau-

rierungsarbeiten wurde er nach Moskau gerufen, wo er 1890 eine eigene Werkstatt im Stadtteil Rogožskij gründete. Čirikov gehört zu den besten Ikonenmalern des späten 19. Jahrhunderts. Mit M. I. Dikarev und V. P. Gur'janov, die ebenfalls aus Mstera stammten, malte er u. a. die Ikonen für die Kapelle des Marmorpalastes in St. Petersburg. Čirikov war außerdem berühmt und gefürchtet für seine kaum von den Originalen zu unterscheidenden Kopien alter Ikonen. 1903 starb er in Moskau, wo seine Söhne Grigorij und Michail Osipovič Čirikov seine Arbeit als Restauratoren und Ikonenmaler fortsetzten.

Die traditionell aufgefassten Figuren sind äußerst fein gemalt und stehen auf einem grünlichen Boden, der durch die – in der Ikonenmalerei völlig ungewöhnlichen – Schatten, den die Füße der Heiligen werfen, eine reale Präsenz erhält. Gewänder und Heiligenscheine sind reich dekoriert. Der Segensgestus verweist darauf, dass die Ikone für einen altgläubigen Auftraggeber gemalt wurde. Die vier Heiligen dürften die Namenspatrone der Mitglieder seiner Familie sein. Sehr große Ähnlichkeit im Stil und der Ornamentik der Gewänder und Nimben der Heiligen besitzt die ebenfalls von Čirikov signierte und 1890 datierte Ikone mit den Moskauer Metropoliten Petr, Aleksij, Iona, Filipp und dem Großfürsten Vladimir im Staatlichen Historischen Museum in Moskau (Schleswig/Wiesbaden 1988, Kat. Nr. 207; siehe auch Kat. Nr. 215 und 216).

172 Hl. Ivan von Rila mit acht Szenen aus seinem Leben

Russland, 2. Hälfte 18. Jahrhundert
Eitempera auf Holz, 47 x 42 cm
Privatsammlung

Die Ikone zeigt den in Russland sehr selten dargestellten bulgarischen Heiligen Ivan von Rila († 946) mit Szenen aus seinem Leben. Er war der Günder des berühmten Rila-Klosters in den Rolabergen bei Sofia (Bulgarien). Geboren wurde er 876 als Sohn eines Bauern in einem Dorf bei Sofia. Ivan lebte als Eremit zuerst in einer hohlen Eiche und dann in den Bergen von Rila, wo er sich auf dem Gipfel eines Felsens in eine unzugängliche Höhle zurückzog. Aus einer kleinen Mönchsgemeinde entstand schließlich das Rila-Kloster. Die Reliquien des Heiligen, der als Patron von Bulgarien verehrt wird, wurden kurz nach seinem Tod nach Sofia gebracht, aber nach der Eroberung der Stadt durch

den ungarischen König Béla III. 1183 in die ungarische Hauptstadt Esztergom entführt. Schon vier Jahre später, 1187, kehrten sie nach Sofia zurück, wurden 1194 auf Befehl des bulgarischen Zaren Ivan Asen I. in seine Hauptstadt Veliko Trnovo gebracht und schließlich mit Erlaubnis des Sultans Murad II. 1469 zurück in das von Ivan gegründete Rila-Kloster.

Im relativ kleinen Mittelfeld der Ikone ist Ivan als Mönch mit einer Schriftrolle in der linken Hand vor dem Hintergrund einer Landschaft abgebildet, in der man rechts hinter ihm eine Kirche und in einem Bildfeld unter seinen Füßen das von ihm gegründete Kloster sieht. Über ihm erscheint der segnende Gottvater über Wolken. Auf den blauen Hintergrund ist sein Name geschrieben.

Um das Mittelbild sind in barocken Kartuschen unterschiedlicher Form acht Szenen aus dem Leben des hl. Ivan dargestellt, die auf dem Rand oder auf Schriftbändern über der entsprechenden Szene erläutert werden.

1. Reihe:
1.) Der Teufel zeigt dem Vater des Schülers Lukas den Aufenthaltsort von Ivan

2.) Das Entschlafen des hl. Ivan von Rila des Wundertäters

3.) Teufel werfen den betenden Ivan vom Felsen

2. Reihe:
4.) Der Schüler Lukas wird von einer Schlange gebissen und stirbt

5.) Der Zar besucht Ivan und sie verneigen sich voreinander

3. Reihe:
6.) Nachdem Lukas gestorben war, begrub Ivan ihn zusammen mit seinem Vater

7.) Die Schäfer kommen zum hl. Ivan in der Eiche

8.) Der hl. Ivan speist die neun Krieger mit Prosphoren

Abgesehen von dem nur selten dargestellten Thema zeichnet sich diese Ikone vor allem durch ihre barocke Ausstattung aus. Genauso viel Platz wie die sich meist in einer Landschaft und vor einem blauen Hintergrund abspielenden Szenen aus dem Leben des Heiligen beanspruchen die kräftigen goldenen Rocaillen, welche die einzelnen Bildfelder rahmen. Nur das mittlere Feld ist von rechteckiger Form. Es wird flankiert von zwei elliptischen Feldern, während die anderen vier Felder unregelmäßige Umrisse besitzen.

(Identifizierung der Szenen durch Rosemarie und Kurt Eberhard)

173 Hl. Ivan von Rila mit zwölf Szenen aus seinem Leben

Russland (Vetka), 1. Hälfte 19. Jahrhundert
Eitempera auf Holz, 54,5 x 44,7 cm
Privatsammlung

Die detailreiche Malerei ist vollkommen auf Goldgrund gemalt. Im Mittelfeld ist der Heilige in ganzer Figur und in Mönchsgewändern unter der von Wolken gerahmten Darstellung der Alttestamentlichen Dreifaltigkeit und vor dem Hintergrund seines Klosters wiedergegeben. Im Hintergrund ist die Verehrung seiner Reliquien durch den Zaren Ivan Asen I. und ihre Überführung nach Veliko Trnovo im Jahre 1194 gemalt.

Um das Mittelbild sind zwölf Szenen aus dem Leben des heiligen Ivan dargestellt, die von ausführlichen Texten auf dem Rand erläutert werden.

174 Kiewer Heilige und 16 Festtagsszenen

Russland, um 1800
Eitempera auf Holz, 49,7 x 41,8 cm
Privatsammlung

Im zentralen Feld der Ikone sind Heilige und Reliquien dargestellt, die mit Kiew und besonders mit dem Kiewer Höhlenkloster in Verbindung stehen. Im Hintergrund sieht man die Hauptkirche des Höhlenklosters, die dem Fest des Entschlafens der Muttergottes geweiht war, und darüber die von zwei Engeln gehaltene wundertätige Ikone dieses Festes, die sich über der Königstür in der Ikonostase dieser Kirche befand. Unten in der Mitte steht Großfürst Vladimir, der 988 in der Kiewer Rus' das orthodoxe Christentum als offizielle Staatsreligion einführte. Er wird flankiert von seinen Söhnen Boris und Gleb, die im Kampf um die Nachfolge ihres Vaters von ihrem Halbbruder Svatopolk ermordet und als erste russische Heilige kanonisiert wurden.

Auf beiden Seiten sind in vielen Reihen Heilige dargestellt, von denen nur die übereinandergereihten nimbierten Köpfe zu sehen sind. Über ihren Reihen sind die Myron spendenden Schädel, die in den Höhlen aufbewahrt werden, ebenfalls in mehreren Reihen übereinandergemalt.

Um das Mittelfeld sind von links nach rechts und von oben nach unten folgende Szenen aus dem Festtagszyklus angeordnet: Die Geburt der Muttergottes, Mariä Tempelgang, die Heilige Dreifaltigkeit (alttestamentlicher Typus), die Verkündigung an Maria, die Geburt Christi, die Darstellung im Tempel, die Taufe Christi, der Einzug in Jerusalem, die Verklärung auf dem Berg Tabor, die Himmelfahrt Christi, das Entschlafen der Muttergottes, die Auferweckung des Lazarus, die Enthauptung Johannes des Täufers, die Muttergottes Schutz und Fürbitte (Pokrov) und die Kreuzerhöhung.

Das Osterbild (Hadesfahrt Christi), das üblicherweise das Zentrum der Festtagsikonen einnimmt und hier durch die Darstellung der Kiewer Heiligen ersetzt wurde, ist in einem Medaillon auf dem oberen Bildrand dargestellt.

(Nach einer Expertise von Rosemarie und Kurt Eberhard)

175 Alle heiligen russischen Wundertäter

Russland (nördliches Zentralrussland),
2. Hälfte 18. Jahrhundert
Eitempera auf Holz, 53,5 x 46,5 cm
Privatsammlung

S chon früh gab es nicht nur Gedenktage zu Ehren einzelner Heiliger, sondern Feiern zum Gedenken an eine bestimmte Gruppe von Heiligen, die durch gemeinsames Wirken oder Martyrium verbunden waren. Nach der 609/610 erfolgten Weihe des zu Ehren aller römischen Götter errichteten Pantheons in Rom an die Muttergottes und alle Heiligen durch Papst Bonifatius IV. wurde das Allerheiligenfest eingeführt, das in der orthodoxen Kirche am Sonntag nach Pfingsten gefeiert wird.

Auch in Russland wurde ein spezielles, am ersten Sonntag des Peter-und-Paul-Fastens gefeiertes Fest für „alle neuen heiligen Wundertäter der Rus'" festgelegt, nachdem unter dem Metropoliten Makarij die Moskauer Synoden von 1547 und 1549 39 russische Heilige kanonisierten oder ihre örtliche Verehrung offiziell bestätigten. Die große Zahl von russischen Heiligen, die in der Mitte des 16. Jahrhunderts zu den bisher kanonisierten 22 nationalen Heiligen hinzukam, machte die Bestrebungen der Kirche deutlich, sich von der griechischen Mutterkirche unabhängig zu machen und auf eigene Traditionen zu verweisen.

Auf der Ikone mit dem Titel „Alle russischen heiligen Wundertäter" sind die russischen Heiligen in vier Gruppen zusammengefasst, die sich den drei zentralen Darstellungen der Alttestamentlichen Dreifaltigkeit (oben), der Göttlichen Weisheit in der Mitte und der Hetoimasia, dem für die zweite Ankunft Christi bereiteten Thron mit den von zwei Engeln gehaltenen Passionszeichen, zuwenden. In der Gruppe links oben finden wir vorwiegend die Hierarchen der russischen orthodoxen Kirche, aber auch einige „Narren in Christo". Die rechte Gruppe besteht hauptsächlich aus heiligen Fürsten, Nonnen und einigen Mönchen, während unten fast ausschließlich Mönche abgebildet sind.

Eine ikonographisch fast identische Ikone ist abgebildet und beschrieben in: Recklinghausen 1988, S. 145.

176 Hl. Antonios der Römer mit zwölf Szenen aus seinem Leben

Russland, um 1800/frühes 19. Jahrhundert
Eitempera auf Holz, 62 x 51,5 cm
Privatsammlung

D er Heilige ist in der Mitte in halber Figur in Mönchsgewändern dargestellt und als „Ehrwürdiger Antonios der Römer" bezeichnet.

Antonios wurde im Jahre 1065 in Rom geboren und starb am 3. August 1147. Bei Novgorod gründete er ein Kloster, das der Geburt der Muttergottes geweiht ist und in dem seine Reliquien aufbewahrt werden. Bald nach seinem Tode setzte die örtliche Verehrung ein, die allgemeine Heiligsprechung erfolgte jedoch erst im Jahr 1597.

Um das von einem breiten ockerfarbenen Rand gerahmte Mittelfeld sind zwölf Szenen aus dem Leben des Heiligen abgebildet, die auf dem äußeren Rand gleicher Farbe durch Inschriften erläutert werden.

Von oben nach unten und von links nach rechts sind folgende Szenen wiedergegeben:

1.) „Nach dem Abfall Roms vom wahren Glauben (d. i. das Schisma von 1054) nahm der hl. Antonios silbernes und goldenes Altargerät sowie Gold und Silber aus dem elterlichen Vermögen, verpackte es in ein Fass und warf es ins Meer"

8.) „Als die Leute in der Umgebung und die Einwohner der Stadt die (asketischen) Kämpfe und Mühen des hl. Antonios bemerkten, kamen sie zu ihm, um sein Gebet und seinen Segen zu erbitten"

9.) „Der hl. Antonios sagte (zu den Fischern, die das aufgefundene Fass für sich behalten wollten): ‚Brüder, gehen wir in die Stadt und legen wir den Fall den Richtern vor.' Die Fischer luden das Fass in ihr Boot, und sie fuhren zum Gericht"

10.) „Der hl. Antonios trat vor den Richter, und die Fischer begannen mit ihm zu streiten. Der Ehrwürdige sprach: ‚Meine Herren, fragt sie, was sie (ins Fass) hineingelegt haben.' Die Fischer wussten nicht, was sie darauf antworten sollten. Der Ehrwürdige sprach: ‚Das ist das Fass meiner unwürdigen Person und meiner sündigen Hände. Darin ist Altargerät sowie Gold und Silber (aus dem Besitz) meiner Eltern.' Der Richter befahl, das Fass mit dem Altargerät dem Ehrwürdigen zu geben"

11.) „Das Wunder des hl. Antonios: die Auffindung des Fasses mit dem goldenen und silbernen Altargerät sowie dem Gold und Silber seiner Eltern"

12.) „Das Hinscheiden des hl. Antonios des Römers"

Die Ikone ist ganz in Blau- und Ockertönen gehalten, die von einigen roten Akzenten belebt werden. Es dominieren vor allem die stark stilisiert wiedergegebenen Gewässer (Meer, Volchov-Fluss) und Berge.

(Übersetzung der Texte von Jean-Paul Deschler; nach einer Expertise von Rosemarie und Kurt Eberhard)

Literatur:
Bentchev 2007, S. 263

2.) „Der hl. Antonios begann an einem unzugänglichen Ort am Meeresufer zu leben, nahm große Mühen auf sich und betete zu Gott Tag und Nacht"

3.) „Am Gedenktag des Propheten Zacharias (5. September) des Jahres 6614 (1105 n. Chr.) brach ein Sturm aus wie noch nie dagewesen; die Meereswogen schlugen an den Felsen, auf dem der hl. Antonios im Gebet verharrte"

4.) „Der Stein, auf dem der hl. Antonios betete, (trieb übers Meer, die Neva, den Ladogasee und den Volchov hinauf und) blieb zur dritten Nachtwache am Ufer des Flusses Volchov stehen; in der Frühe liefen die Leute verwundert herbei"

5.) „Der hl. Antonios suchte Bischof Nikita von Novgorod auf, erhielt dessen Segen und ging wieder"

6.) „Der hl. Antonios stieg von seinem Stein, ging nach Groß-Novgorod und traf einen Mann aus Griechenland, der Lateinisch und Griechisch verstand"

7.) „Der hl. Antonios ließ Fischer das Netz auswerfen und gab ihnen eine Silbergrivna. Er überließ den Fischern die Fische, aber der übrige Fang sollte der Kirche Mariä Geburt zufallen"

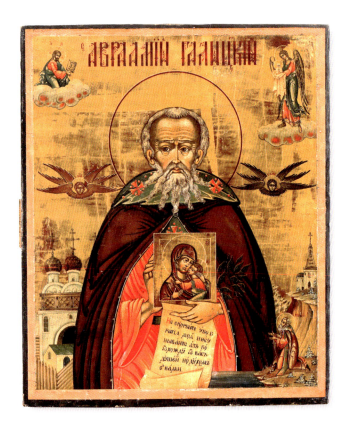

mein Geist bleibt bei Euch." Im Hintergrund ist rechts der am Ufer des Sees kniende Heilige vor einer Einsiedelei zu sehen, wahrscheinlich im Moment seiner Vision. Links ist das von einem Palisadenzaun umgebene Kloster mit der steinernen Klosterkirche gemalt. Neben den Schultern des Avraamij schwebt je ein Seraph. In der rechten oberen Ecke empfängt ein auf Wolken stehender Engel die Seele des Heiligen, die er Christus überreicht, der in der linken oberen Bildecke dargestellt ist.

(Nach einer Expertise von Nikolaus Thon vom 27. Juni 1998)

178 Hl. Anna von Kašin

Russland (Mstera, Vasilij Pavlovič Gur'janov), 1910
Eitempera auf Holz, 35,7 x 26,9 cm
Privatsammlung

Die Heilige steht im Gewand einer Nonne am Ufer eines Flusses, an dessen gegenüberliegendem Ufer ein großes weißes Kloster zu sehen ist. Ihre Hände hat sie bittend zu Christus erhoben, der segnend in einem von Wolken umgebenen rosafarbenen Himmelssegment in der linken oberen Ecke erscheint. Ihre rechte Hand zeigt sehr demonstrativ das altgläubige Zweifingerkreuz.

Der auf dem hellblauen Hintergrund in goldenen Buchstaben geschriebene Titulus lautet: „Heilige ehrwürdige rechtgläubige Großfürstin Anna Kašinskaja."

Die hl. Anna von Kašin war die Tochter des Fürsten Dimitrij Borisovič von Rostov und wurde 1294 die Gemahlin des später ebenfalls heiliggesprochenen Großfürsten Michail Jaroslavič von Tver'. Nachdem ihr Mann 1318 von den Tataren ermordet worden war, trat sie in das Sophienkloster in Tver' ein, wo sie die Nonnenweihe erhielt. Später siedelte sie in das Mariä-Entschlafen-Kloster zu Kašin über und nahm das große Schima. Sie starb im Oktober 1337. Ihre Verehrung begann Anfang des 17. Jahrhunderts, nachdem Anna während der Belagerung der Stadt Kašin im Jahre 1611 dem Küster Gerasim von der Entschlafen-Kathedrale erschienen war und ihm die Errettung der Stadt versprochen hatte.

Auf dem Konzil von 1649 wurde die allgemeine Verehrung der Heiligen beschlossen und ihr Gedenktag auf den 2. Oktober festgesetzt. Im Beisein des Zaren Aleksej Michajlovič fand am 12. Juni 1650 die Übertragung der Gebeine in die Auferstehungs-Kathedrale zu Kašin statt.

177 Hl. Avraamij von Galič

Russland, 1. Hälfte 19. Jahrhundert
Eitempera auf Holz, 31,8 x 26,6 cm
Süddeutscher Privatbesitz

Der hl. Avraamij von Galič lebte im 14. Jahrhundert im Dreifaltigkeitskloster des hl. Sergij von Radonež, dessen Schüler er wurde. Nachdem er zum Priester geweiht wurde, ging Avraamij 1350 nach Galič und lebte dort in einer Einsiedelei. Nach einer Vision fand er eine von Licht umstrahlte Ikone der Muttergottes, für die er mit finanzieller Hilfe des Fürsten Dmitrij von Galič an der Stelle der Erscheinung am Cuchloma-See ein Kloster erbaute, dessen Hauptkirche dem Entschlafen der Muttergottes geweiht war. Er gründete drei weitere Klöster in der Gegend und starb in einem von ihnen, im Pokrov-Kloster, im Jahre 1375. Sein Gedenktag wird am 20. Juli gefeiert.

Der Heilige, der durch einen besonders kunstvoll gemalten, in sieben Zipfeln endenden Bart ausgezeichnet ist, hebt sich vor einem Goldgrund in frontaler Dreivierteldarstellung ab. Er hält mit beiden Händen eine Ikone der Muttergottes Umilenie vor sich, welche auf die oben genannte Legende verweist. Außerdem trägt er eine geöffnete Schriftrolle mit dem Text: „Weint nicht, meine Brüder, und verliert nicht den Mut! Meine Seele geht von Euch, aber

über Ikonen. Viele seiner Werke weisen einen unverkennbaren Stil auf, in dem auch M. I. Dikarev und I. S. Čirikov malten, so zum Beispiel eine Ikone des Gennadij von Kostroma aus dem Jahr 1900 im Staatlichen Historischen Museum von Moskau (Schleswig/Wiesbaden 1988, Kat. Nr. 208). Auch die Ikone der hl. Anna von Kašin zeigt eine sehr feine Malerei von höchster Qualität.

Literatur:
Frankfurt 2005, Kat. Nr. 89, S. 239–240; Bentchev 2007, S. 205

Zu Gur'janov: Chudožniki narodov SSSR.
Biobibliografičeskij slovar' Bd. 3, Moskau 1976, S. 243

179 Hl. Sergij von Radonež mit zwölf Szenen aus seinem Leben

Russland, Mitte 19. Jahrhundert
Eitempera auf Holz, 45,3 x 37 cm
Privatsammlung

Der heilige Sergij ist im Mittelfeld der Ikone in halber Figur und im Mönchsgewand dargestellt und am oberen Rand als „Ehrwürdiger Sergij von Radonež der Wundertäter" bezeichnet.

Seine Rechte hat er segnend erhoben, in seiner Linken hält er eine Schriftrolle mit dem Text: „Achtet also darauf, Brüder, habt eine reine Seele." Über ihm ist die Alttestamentliche Dreifaltigkeit gemalt, der er sein Kloster geweiht hatte. Die zwölf um das Mittelfeld angeordneten Szenen geben Ereignisse aus seinem Leben wieder.

Der hl. Sergij ist der am höchsten verehrte russische Mönchsheilige und Klostergründer. Er wurde am 3. Mai 1314 als Sohn einer Bojaren-Familie in der Nähe der Stadt Rostov geboren und auf den Namen Varfolomej getauft. 1328 übersiedelte er mit seinen Eltern nach Radonež und zog sich nach deren Tod in eine Einsiedelei zurück. Am 7. Oktober 1337 wurde er von Mitrofan, dem Abt eines nahe gelegenen Klosters, zum Mönch geweiht und erhielt den Mönchsnamen Sergij. 1344 wurde er Priester und Abt des von ihm gegründeten und der Heiligen Dreifaltigkeit geweihten Klosters, das durch seine Persönlichkeit hohes Ansehen gewann. Sergij wurde in gleicher Weise von den Armen wie von hochgestellten Persönlichkeiten und Fürsten verehrt, die bei ihm Rat suchten. Mit seinem ganzen politischen und geistlichen Einfluss unterstützte er den

Nachdem Patriarch Joakim jedoch bereits 1677 die Verehrung wieder verboten hatte, da sich die Altgläubigen zu sehr auf Anna beriefen, wurde die Heilige am 12. Juni 1909 durch die Initiative des Zaren Nikolaj II. erneut kanonisiert. Schon ein Jahr danach malte der bekannte Ikonenmaler und Restaurator Vasilij Pavlovič Gur'janov diese Ikone und signierte und datierte sie rechts unten mit „V. Gur'janov 1910".

Vasilij Pavlovič Gur'janov wurde 1867 in Mstera, einem der Malerdörfer bei Vladimir, geboren, absolvierte dort seine Lehre und starb 1920. Er malte Ikonen für viele Kathedralen und Kirchen in Russland und sogar im Ausland (Buenos Aires, Andreas-Skite auf dem Berg Athos), restaurierte alte Ikonen in der Dreifaltigkeits-Sergij-Lavra (u. a. die Ikone der Heiligen Dreifaltigkeit von Rublev), der Mariä-Entschlafen- und der Verkündigungskathedrale im Moskauer Kreml und für andere Kirchen. Er gehört zu den bedeutendsten Meistern der Ikonenmalerei des ausgehenden 19. und beginnenden 20. Jahrhunderts. Seine Werke waren auf der 1. Gesamtrussischen Ausstellung für Kirchenkunst 1904, aber auch auf Ausstellungen in Paris (1904), Brüssel (1905) und St. Petersburg (1908) zu sehen. Er gehörte verschiedenen Kommissionen zur Bewahrung der alten russischen Kunst an und veröffentlichte einige Bücher

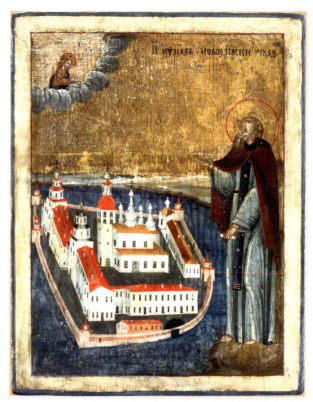

Kampf der Russen unter Dmitrij Donskoj gegen die Tataren auf dem Kulikovo-Feld im Jahre 1380, dessen siegreicher Ausgang große Bedeutung für das russische Nationalbewusstsein und den weiteren Fortgang des Befreiungskampfes gegen die Tataren hatte.

Dem schon betagten Metropoliten Aleksij gelang es nicht, Sergij zur Übernahme des Metropolitenamtes zu bewegen. Sergij zog es vor, das Klosterleben im Dreifaltigkeitskloster nach dem Vorbild des Kiewer Höhlenklosters durch die Abschaffung allen Privateigentums und der Gleichstellung aller Mönche zu reformieren.

Außer dem Dreifaltigkeitskloster, das erst 1422/23 eine steinerne Kirche erhielt, gründeten Sergej und seine Schüler zahlreiche weitere Klöster. Sergij starb am 25. September 1392 und wurde in der Dreifaltigkeitskathedrale in seinem Kloster bestattet. 1448/49 wurde er heiliggesprochen.

Seine Festtage sind der 25. September und der 5. Juli (Auffindung der Reliquien).

Auf den Rändern der Ikone sind links Fürst Aleksandr Nevskij und Andreas von Kreta sowie rechts die Märtyrerin Elisabeth und Alexios der Gottesmann dargestellt.

(Nach einer Expertise von Rosemarie und Kurt Eberhard)

180 Hl. Kirill Novoezerskij (vom Neuen See)

Russland, 1. Hälfte 19. Jahrhundert
Eitempera auf Holz, 20,8 x 16 cm
Privatsammlung

Der Heilige ist auf der rechten Seite der Ikone am Ufer des Neuen Sees (Novoe ozero) in ganzer Figur dargestellt und als „Ehrwürdiger Kirill Novoezerskij Wundertäter" bezeichnet. Mit seiner Rechten weist er auf das von ihm gegründete Kloster auf der Insel in diesem See hin, in der Linken hält er eine geschlossene Schriftrolle. Er blickt nach oben zu Christus, der in einem von Wolken gesäumten Himmelssegment erscheint und Kirill segnet.

Kirill stammte aus einer Adelsfamilie aus Galič im Gouvernement Kostroma, entschied sich jedoch schon in jungen Jahren für das Klosterleben. Im Alter von 15 Jahren verließ er heimlich sein Elternhaus und begab sich zum Kornilij-Komel'skij-Kloster, wo ihn der hl. Kornilij zum Mönch weihte. Nachdem sein Vater seinen Aufenthaltsort herausgefunden hatte, trat er ebenfalls in dieses Kloster ein, und auch seine Mutter wurde vor ihrem Tod Nonne. Nach dem Tode seines Vaters zog sich Kirill für einige Jahre in die Einöde zurück und baute sich schließlich auf der Roten Insel im Neuen See, ca. 37 km von Belozersk ent-

fernt, eine Zelle sowie zwei Kirchen zu Ehren der Auferstehung Christi und der Muttergottes Hodegetria. Bald darauf entwickelte sich an dieser Stelle ein Kloster, zu dessen Abt er gewählt wurde. Kirill starb am 4. Februar 1532 und wurde in dem von ihm gegründeten Kloster bestattet. Seine unversehrten Reliquien wurden 1649 aufgefunden und der Gedenktag für den 4. Februar festgelegt.

(Nach einer Expertise von Rosemarie und Kurt Eberhard)

181 Hl. Makarij Kaljazinskij

Russland, 18. Jahrhundert
Eitempera auf Holz, 31,6 x 26,7 cm
Privatsammlung

Der hl. Makarij gehört zu den äußerst selten dargestellten Heiligen. Er ist rechts im Bildfeld vor dem von ihm gegründeten Dreifaltigkeitskloster gemalt und über seinem Haupt als „Ehrwürdiger Makarij Koljazinskij Wundertäter" bezeichnet. In seiner Linken hält er eine Schriftrolle mit dem Text „Achtet also darauf Brüder, habt Reinheit des Geistes und ungeheuchelte Liebe". Die Ikone ist besonders reizvoll durch die sehr detailgenaue Wiedergabe des Klosters in einer zur Wolga hin abfallenden Landschaft. Auch der Himmel ist recht naturalistisch gemalt. Oben in der Mitte reißen die Wolken auf und geben den Blick frei auf ein lichtdurchflutetes Himmelssegment, in dem in barockem Stil die Neutestamentliche Heilige Dreifaltigkeit (Christus mit einem großen Kreuz, Gottvater als „Alter der Tage" mit einem Globus in der Hand und die Taube des Heiligen Geistes) dargestellt ist, der das Kloster geweiht wurde. Ein breiter Lichtstrahl geht von dort auf Makarij nieder.

Makarij wurde in dem Dorf Gribkovo bei Kašin als Sohn eines Bojaren geboren und heiratete auf Wunsch seiner Eltern eine Adlige. Nach dem Tod seiner Eltern und seiner Gattin trat er als Mönch in das Nikolaj-Klobykov-Kloster in Kašin ein. Später siedelte er sich mit sieben Mönchen dieses Klosters an einem 18 Werst (19 km) von der Stadt entfernten Ort nahe der Wolga an, auf dem Gut des Bojaren Koljaga bei Kaljazin. Dort gründete er – wahrscheinlich im Jahre 1444 – das Dreifaltigkeits-Kaljazin-Kloster, dessen erster Abt er wurde. 1483 verstarb er mit 83 Jahren. Seine Reliquien wurden am 26. Mai 1521 bei Ausgrabungsarbeiten unverwest gefunden und in der Dreifaltigkeitskirche seines Klosters beigesetzt. 1547 wurde er heiliggesprochen und sein Gedenktag auf den 17. März festgelegt.

(Nach einer Expertise von Rosemarie und Kurt Eberhard)

und einem angebauten Refektorium, welche die 1675 erbaute Mariä-Entschlafen-Kathedrale darstellt, in der die Reliquien des Heiligen bewahrt sind. Die Ikone muss auf jeden Fall nach der Errichtung dieser Kirche gemalt worden sein.

Literatur:
Recklinghausen 1988, Kat. Nr. 123 auf S. 76, SW-Abb. S. 77; Bentchev 2007, S. 86 mit Farbabb.

182 Hl. Kosma von der Jachroma

Nordrussland, Ende 17. Jahrhundert
Eitempera auf Holz, 32 x 28,5 cm
Privatbesitz

Der hl. Kosma wurde nach einer Vision am Fluss Jachroma, wo ihm eine Muttergottesikone in einem Baum erschienen war, Mönch des Kiewer Höhlenklosters. Nachdem ihm die Ikone ein zweites Mal erschien, verließ er das Kloster, um an der Jachroma, ca. 40 Werst (43 km) von Vladimir entfernt, ein Kloster zu gründen, das er dem Entschlafen der Muttergottes weihte. Nach Kosmas' Tod am 18. Februar 1492 kam es an seinem Grab in der Kathedrale des von ihm gegründeten Klosters zu zahlreichen Wunderheilungen. Sein Festtag ist wie üblich sein Todestag, der 18. Februar.

Auf der Ikone steht der Heilige im Mönchsgewand mit betend erhobenen Händen vor der Muttergottes mit Kind, die in der linken oberen Ecke über kugelförmigen Wolken in ein rotes Himmelssegment gemalt ist. Im Mittelgrund der Ikone durchquert der Fluss Jachroma das mit stilisierten Bäumen bestandene Gelände. Von ihm zweigt ein Bach ab, an dem eine Kapelle aus Holz steht. Innerhalb des von einer hölzernen Umfriedung umgebenen Klosters befindet sich eine aus weißem Stein erbaute Kirche mit fünf Kuppeln

183 Hl. Makarij von Želtye Vody und der Unža

Russland, 1. Hälfte 19. Jahrhundert
Eitempera auf Holz, 35 x 29,6 cm
Privatsammlung

Auf der rechten Seite steht der hl. Makarij vor dem von ihm gegründeten Kloster, das die ganze Breite des Bildfeldes einnimmt. Über seinem Haupt ist er bezeichnet als „Ehrwürdiger Makarij von der Unža und Želtye (Vody)". Mit seiner rechten Hand weist er auf die Alttestamentliche Dreifaltigkeit hin, die in der linken oberen Ecke der Ikone in einem leuchtenden, von realistisch dargestellten Wolken umgebenen Himmelssegment erscheint. Ihr war sein Kloster geweiht. In seiner linken Hand hält er eine Schriftrolle mit folgendem Text: „Ich hielt mich fern, indem ich floh und mich in der Wüste ansiedelte. Ich hoffte, dass Gott mich rettet ...“

Der in Nižnij Novgorod geborene Makarij trat mit zwölf Jahren heimlich in das Höhlenkloster seiner Heimatstadt ein. Erst nach drei Jahren erfuhren seine Eltern den Aufenthaltsort ihres Sohnes und versuchten vergebens, ihn zur Heimkehr zu bewegen. Da er die Einsamkeit suchte, zog er sich in eine Höhle am Ufer der Wolga zurück. Für die Schüler, die sich um ihn scharten, gründete er 1435 in der Nähe des Gelben-Wasser-Sees (Želtye Vody) das Dreifaltigkeitskloster. Nach der Zerstörung des Klosters 1439 durch die Tataren von Kazan' unter Khan Ulu Achmet siedelte sich Makarij mit seinen Brüdern in der Gegend von Galič an. Am Ufer der Unža (Gouvernement Kostroma) gründete er ein neues Kloster, in dem er am 25. Juli 1504 mit 95 Jahren starb. Seine Gebeine, die viele Wunder wirkten, wurden 1620 erhoben und sein Gedenktag auf den 25. Juli festgesetzt.

184 Hl. Nil von Stolobnoe

Russland, um 1700
Eitempera auf Holz, 33 x 28,3 cm
Privatsammlung

Der hl. Nil ist links im Bildfeld ganzfigurig dargestellt. Er steht auf einer Insel, vor ihm das zu seinen Ehren erbaute Kloster im Seliger-See. Seine Hände hat er betend zu Christus erhoben, der in der rechten oberen Ecke in einem von Wolken umgebenen Himmelssegment erscheint und den Heiligen segnet. In der Mitte oben wurde später ein Bild mit dem abgeschlagenen Haupt Johannes des Täufers auf einer Schale hinzugefügt, das als „Enthauptung des ehrwürdigen heiligen Johannes des Vorläufers“ bezeichnet ist. Auf dem oberen Rand der Ikone steht der Titel der Darstellung: „Bild des ehrwürdigen Nil von Stolobnoe (Stolbenskij).“

Nil wurde in dem Dorf Zabenskij pogost' bei Novgorod Ende des 15. Jahrhunderts als Kind von Bauern geboren. Im Jahre 1505 kam er, noch ganz jung, in das dem heiligen Johannes dem Theologen geweihte Männerkloster bei Pskov, das der hl. Savva von Krypeck 1455 gegründet hatte. Nachdem er dort zehn Jahre lang gelebt hatte, zog er sich in die Wälder der Valdaj-Hügel in der Nähe der Stadt Ostaškov zurück, wo er 13 Jahre lang ein streng asketisches Leben führte. Aufgrund einer Vision ging er auf die Insel Stolobnoe im Seliger-See, wo er 1528 eine kleine Zelle und eine Kapelle errichtete und 26 Jahre in härtester Askese lebte. Nicht einmal zum Schlafen legte er sich hin, sondern stützte sich auf zwei Krücken. In dieser Haltung starb er auch am 7. Dezember 1554.

Nil genoss sehr große Verehrung bei der benachbarten Bevölkerung und später in ganz Russland. An der Wirkungsstätte des Heiligen wurde vierzig Jahre nach seinem Tode ein Kloster gegründet, die Einsiedelei des hl. Nil (Nilova Stolobenskaja Pustyn'). Nach vielen Wundern an seinem Grab wurden seine Gebeine am 27. Mai 1667 unversehrt aufgefunden, worauf er heiliggesprochen und über seinem Grab die der Taufe Christi geweihte Hauptkirche des Klosters errichtet wurde. 1669 wurde die Allerheiligenkirche erbaut, die die Gebeine des Heiligen bis 1764 verwahrte, bis sie wieder in das Katholikon zurückgeführt wurden.

Zu dem Festtag des hl. Nil am 27. Mai kamen jedes Jahr Zehntausende von Gläubigen zum Kloster. Als Pilgerandenken wurden Holzstatuetten des Heiligen angefertigt, die ihn sitzend auf seine Krücken gestützt zeigen. Im Zeichen der Perestroika wurde das Kloster 1991 der Kirche zurückgegeben.

Der gesamte Hintergrund der Ikone wird von der detaillierten Darstellung des Klosters im Seliger-See und auf der Halbinsel Svetlica eingenommen. Bei allen Kloster-

gebäuden ist, meist kaum sichtbar, auf dem Dach der Ver-
wendungszweck angegeben. Die Darstellung des Klosters
auf der Ikone zeigt die baulichen Gegebenheiten vom Ende
des 17. Jahrhunderts, denn damals wurde das Kranken-
haus verlegt, das in dem Gebäude in der linken hinteren
Ecke untergebracht war. Auch die Lage der Heiligen Pforte
an der rechten vorderen Ecke wurde schon relativ früh
verändert. Im 18. und 19. Jahrhundert kamen wesentliche
Gebäude dazu, die auf der Ikone nicht abgebildet sind, so
zum Beispiel die 1781 errichtete und Johannes dem Täufer
und dem Schutz der Muttergottes (Pokrov) geweihte Kirche an der Stelle der vom hl. Nil ausgehobenen Höhle. Vermutlich wurde damals der Ikone das Bild mit dem Haupt
des Täufers als Hinweis auf diese Kirche hinzugefügt.

(Teilweise nach einer Expertise von Rosemarie und
Kurt Eberhard)

185 Hl. Nil von Stolobnoe

Russland, 18. Jahrhundert
Eitempera auf Holz, 33 x 25,5 cm
Privatsammlung

185

Auch hier steht der Heilige auf der linken Seite der Ikone
auf der Halbinsel Svetlica, vor dem in kleinerem Maßstab
wiedergegebenen Kloster im Seliger-See. Mit seinen erhobenen Händen deutet er einerseits auf das Kloster, andererseits weist er auf eine barocke Kartusche mit der Darstellung
der Taufe Christi im Jordan, die – von zwei Engeln getragen
– im oberen Bildfeld erscheint. Der Taufe Christi war die
1667 über seinem Grab auf Anordnung des Zaren Aleksej
Michajlovič und des Metropoliten Pitirim von Novgorod
errichtete Hauptkirche geweiht. Über dem Tor befindet sich
die Kirche des hl. Nil, und die kleine Kirche mit fünf Kuppeln ist die Krankenkapelle Allerheiligen.

    Eine ikonographisch vergleichbare Ikone aus der
1. Hälfte des 18. Jahrhundert wird in der Tret'jakov-Galerie in
Moskau bewahrt (Schleswig/Wiesbaden 1988, Kat. Nr. 193).

186

186 Adrian von Pošechonie und Sevastian von der Sochot

Russland, 1897
Eitempera auf Holz, 31,2 x 26,4 cm
Privatsammlung

Literatur:
Frankfurt 2005, Kat. Nr. 15, S. 195, 287–288; Bentchev 2007, S. 102

Auf der Ikone sind zwei Heilige in Mönchsgewändern dargestellt, die in der Gegend von Pošechonie Klöster gründeten. Sie sind über ihren Köpfen bezeichnet mit „Hl. ehrw. Sevastian von der Sochot" und „Hl. ehrw. Märtyrer Adrian von Pošechonie". Zwischen den beiden Heiligen erhebt sich ein großer Baum mit einer Ikone des Entschlafens der Muttergottes in seinen Zweigen. In einer Astgabel liegen ein Brotlaib und ein Fisch. In kleinerem Maßstab sieht man an einem Fluss unterhalb des Baumes zwei Fischer mit Netzen, die sich ebenfalls auf die Legende der Klostergründung beziehen.

Adrian Pošechonskij war ein Schüler des hl. Kornilij von der Komel', dessen Kloster er 1540 zusammen mit dem Mönch Leontij verließ. Da sie in der Einsamkeit ein Kloster zu Ehren der Muttergottes gründen wollten, nahmen sie eine von Adrian gemalte Ikone des Entschlafens der Muttergottes mit sich, die sie an einer Eiche am Ufer des Flusses Votcha bei Pošechonie befestigten, als sie sich auf die Suche nach einem Ort für ihre Einsiedelei machten. In ihrer Abwesenheit kamen Fischer und wollten die Ikone herabnehmen, was ihnen jedoch nicht gelang. Ein Fischer fiel in Ohnmacht, und als er wieder zu sich kam, erzählte er, dass ihm ein alter Mann erschienen sei und ihm verboten habe, die Ikone anzurühren. Daraufhin entschlossen sich die Fischer wegzugehen und ließen unter dem Baum Fisch und Brot zurück. Als die Einsiedler zurückkehrten, fanden sie unter dem Baum das Essen, dankten der Muttergottes und beschlossen, an diesem Ort zu bleiben. Sie gründeten ein Kloster, das dem Entschlafen der Muttergottes geweiht wurde. Am 5. März 1550 überfielen Räuber das Kloster, plünderten es und erschlugen Abt Adrian nebst mehreren Mönchen. Nachdem seine Reliquien, die in der Elija-Kirche ruhten, mehrere Wunder gewirkt hatten, wurden sie auf Anordnung des Patriarchen Filaret 1627 in sein Kloster übertragen.

Der hl. Sevastian gründete im 15. Jahrhundert ein der Verklärung Christi geweihtes Kloster am Fluss Sochot. Er starb am 18. Dezember 1500.

Eine Inschrift auf der Rückseite der Ikone lautet: „Dem Klosterbruder Nikolaj Smirnov mit dem Segen des Erzbischofs Ionathan. 1897 Juni 9. Tag." Ionathan war von 1883 bis 1902 Erzbischof von Jaroslavl' und Rostov.

187 Hl. Feodosij von Tot'ma

Russland, um 1798
Eitempera auf Holz, Silberoklad (1823), 17,5 x 12,1 cm
Privatsammlung

Auf der rechten Seite der Ikone ist Feodosij in ganzer Figur und in Mönchsgewändern dargestellt. Er blickt zu einer Ikone der Muttergottes mit Kind in der linken oberen Bildecke empor. Den gesamten Hintergrund der Ikone nimmt eine Landschaft an einem Fluss ein. An dessen Ufer liegt das von Feodosij bei der Stadt Tot'ma gegründete Kloster, das von einem Holzzaun umgeben ist. Im Hintergrund sieht man die Silhouette der Stadt mit unzähligen Kirchen, Kuppeln und Türmen, die von goldenen Kreuzen bekrönt sind.

Die Beschriftung am oberen Bildrand lautet: „Bild des ehrwürdigen Feodosij Totemskij des Wundertäters. Er starb im Jahre 1568 am 28. Januar." Unter dem bildparallel wiedergegebenen Sarg mit der Reliquie des Heiligen befindet sich eine durch Brandschaden partiell zerstörte Inschrift: „Auffindung der Gebeine ..." Analog zu einer ähnlichen Ikone kann man ergänzen: „... nach 228 Jahren 1796 am 8. September."

Feodosij Sumorin wurde in Vologda während der Herrschaft des Großfürsten Vasilij Ivanovič (1505–1533) geboren, heiratete und bekam ein Tochter. Nach dem Tod seiner Eltern und seiner Frau trat er in das Dimitrij-von-Priluki-Kloster bei Vologda ein. Als er vom Abt des Klosters nach Tot'ma zur Beaufsichtigung der Salzwerke gesandt wurde, erwirkte er 1554 mit dessen Segen die Erlaubnis des Großfürsten, dort das Erlöser-Sumorin-Kloster zu gründen, zu dessen Vorsteher ihn der Großfürst ernannte. Am 28. Januar 1568 starb Feodosij und wurde in seinem Kloster bei Tot'ma bestattet. Nach vielen Wundern an seinem Grab wurde 1729 seine örtliche Verehrung im Kloster angeordnet. Am 2. September 1796 fand man bei Grabungsarbeiten für die Fundamente einer neuen Kirche sein Grab mit dem vollständig erhaltenen Leichnam, worauf Feodosij am 30. September 1798 heiliggesprochenen wurde.

Da auf der Ikone die Auffindung der Reliquien dargestellt ist, könnte sie anlässlich der Heiligsprechung des Feodosij gemalt worden sein.

1823 erhielt die Ikone ein Silberoklad mit dem eingravierten Titulus: „Bild des ehrwürdigen Feodosij Totemskij des Wundertäters, der im Jahre 1568 verstarb." Die Silberstempel verweisen darauf, dass der Beschlag 1823 in Kostroma von einem Silberschmied mit den Initialen V. G. geschaffen und vom Beschaumeister Dmitrij Ivanov Zavodov (1787–1824) geprüft wurde. Außerdem ist auf dem oberen Rand das Gewicht mit 26 zolotniki (= 101,34 Gramm) angegeben.

(Nach einer Expertise von Rosemarie und Kurt Eberhard)

Literatur:
Recklinghausen 1988, S. 96

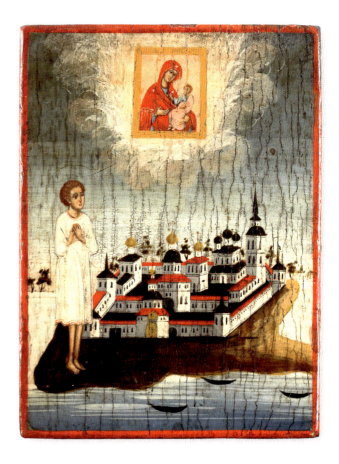

188 Hl. Iakov Borovičskij

Russland, 2. Hälfte 19. Jahrhundert
Eitempera auf Holz, 14,2 x 10,9 cm
Privatsammlung

Der jugendliche Iakov ist in ganzer Figur auf der linken Seite der Ikone auf einer Insel neben einem großen Kloster dargestellt. Er trägt ein knielanges weißes Hemd und hat seine Hände betend vor der Brust zusammengelegt. Oben in der Mitte erscheint, von Wolken umgeben, die wundertätige Ikone der Muttergottes von Iberon.

Über das Leben des Iakov weiß man kaum etwas. Er soll ein „Narr in Christo" gewesen und um 1540 gestorben sein. Seine Kanonisation im Jahre 1544 erfolgte aufgrund von Wunderheilungen bei der Anschwemmung des Leichnams des jungen Mannes auf einer Eisscholle im Fluss Msta. Seine Reliquien wurden in das Heilig-Geist-Kloster der Stadt Boroviči im Gebiet von Novgorod gebracht und von dort 1657 feierlich in das Iberische Kloster (Iverskij-Kloster) übertragen, das auf einer Insel im Valdaj-See liegt und 1653 unter Patriarch Nikon nach dem Vorbild des Iberon-Klosters auf dem Berg Athos gegründet worden war. In diesem

Kloster befand sich bis zur Oktoberrevolution eine Kopie der berühmten Ikone der Muttergottes vom Iberon-Kloster, die auf Wunsch von Patriarch Nikon gemalt und am 12. Februar 1656 vom Heiligen Berg nach Russland gebracht wurde. Auf dieses Heiligtum des Klosters weist die Darstellung auf dem Hintergrund der kleinen Ikone hin, die als Pilgerandenken gedient hat.

Das Gedächtnis des hl. Iakov wird am 22. Mai und 23. Oktober gefeiert.

(Nach einer Expertise von Rosemarie und Kurt Eberhard)

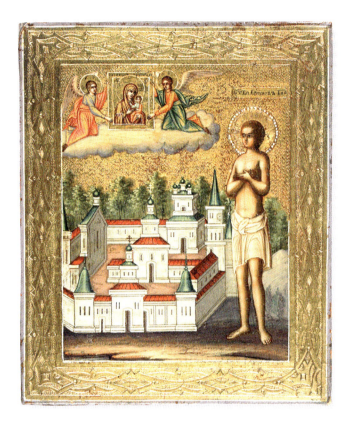

189 Hl. Iakov Borovičskij

Russland, Ende 19. Jahrhundert
Eitempera auf Holz, 13,2 x 11,1 cm
Privatsammlung

Der junge, nur mit einem weißen Lendentuch bekleidete hl. Iakov ist auf der rechten Seite vor einem Kloster mit vor seiner Brust zusammengelegten Händen dargestellt und über seinem Haupt als „Heiliger seliger Iakov" bezeichnet. Oberhalb der Klosteransicht halten zwei Engel auf einer großen Wolke die Ikone der Muttergottes von Iberon, die als „Iverskaja allheilige Gottesgebärerin" bezeichnet ist.

Auch bei dieser Ikone handelt es sich um ein Pilgerandenken vom Iverskij-Kloster, das äußerst liebevoll mit allen in weißem Stein erbauten Gebäuden mit roten und grünen Dächern und Kuppeln und vor dem Hintergrund eines Waldes wiedergegeben ist. Die goldenen Ränder der Ikone sind mit Flechtbandmotiven geschmückt, wie sie am Ende des 19. Jahrhunderts beliebt waren. Auf der Rückseite ist der damalige Preis aufgeschrieben: 4 Rubel 60 Kopeken.

Literatur:
Frankfurt 2005, Kat. Nr. 30, S. 204, Abb. S. 62; Bentchev 2007, S. 185

190 Hl. Artemij von Verkola mit acht Szenen aus seinem Leben

Russland (Archangel'sk),
letztes Viertel des 19. Jahrhunderts
Eitempera auf Holz, 53 x 44 cm
Privatsammlung

Im Mittelfeld sieht man rechts den als „Hl. gerechter Artemij Verkolskij" bezeichneten jugendlichen Heiligen in einem weißen Hemd in einer Flusslandschaft mit Fichten, Hütten und einer Kirche stehen, bei der es sich um die ihm geweihte Kirche des Klosters handeln dürfte, das am Ufer der Pinega erbaut wurde. In der linken oberen Ecke erscheint der segnende Christus in einem Himmelssegment.

Um das zentrale Feld sind acht Szenen gruppiert und durch Inschriften in weißen Streifen darunter erläutert.

1. Reihe:
1.) „Semen und andere aus dem Pinegagebiet retten sich durch Gebete zum hl. gerechten Artemij vor dem Ertrinken auf dem Fluss Pinega"
2.) „Die Auffindung der Gebeine des hl. gerechten Artemij"

2. Reihe:
3.) „Der hl. gerechte Artemij erscheint dem Ilarion Artemiev Vologzanin"
4.) „Der hl. gerechte Artemij erscheint dem Baumeister Rafail"

3. Reihe:
5.) „Der hl. gerechte Artemij heilt die gelähmten Hände des Trifon Chlynovskij"

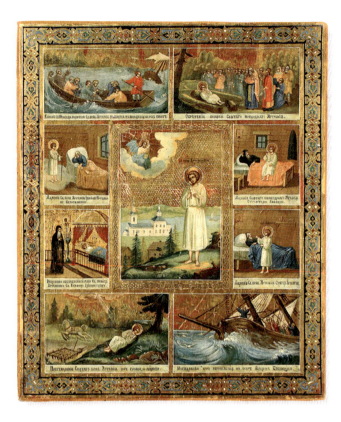

worden war. Sein Gedächtnis wird am 23. Juni und
20. Oktober begangen.

Ikonen mit Darstellungen von Wundern, die nach dem
Tod des heiligen Artemij von Verkola geschahen, sind
äußerst selten.

(Übersetzung der Texte von Jean-Paul Deschler)

Literatur:
Frankfurt 2005, Kat. Nr. 51, S. 214

191 Hl. Simeon von Verchotur'e mit 17 Szenen aus seinem Leben

Russland, Ende 19. Jahrhundert
Eitempera auf Holz, 71 x 57 cm
Privatsammlung

Im Mittelfeld der Ikone steht der hl. Simeon auf der
rechten Seite neben einer Fichte, an deren Stamm ein Korb
steht. Simeon hält in der linken Hand eine Schriftrolle mit
dem Text: „Ich bitte Euch, Brüder, habt in Euch Gottesfurcht, bewahrt die Reinheit der Seele ...", seine rechte Hand
hat er auf die Brust gelegt. Ihm gegenüber, in der linken
oberen Bildecke, erscheint Christus über einer Wolke und
segnet ihn. Im selben Bildfeld sieht man den Heiligen noch
einmal in kleinerem Maßstab mit einer Angel am Flussufer
sitzen. Wieder steht neben ihm der Korb für die Fische. Am
anderen Ufer ist die große Klosteranlage von Verchotur'e
dargestellt.

Das Mittelbild ist von 17 Szenen aus der Vita des Simeon
umgeben, die durch Texte in einem weißen Schriftfeld
unter der jeweiligen Szene erläutert sind und von oben nach
unten sowie von links nach rechts gelesen werden:

1.) „Die Wanderschaft des gerechten Simeon"
2.) „Die Auffindung und Verehrung der Gebeine des
hl. gerechten Simeon"
3.) „Die Übertragung der Gebeine aus Merkusin
nach Verchotur'e"
4.) „Der hl. gerechte Simeon erlöst Petr Stanko"
5.) „Das Gebet des hl. gerechten Simeon im Wald"
6.) „Der gerechte Simeon heilt den Priester Pavel"
7.) „Der gerechte Simeon lehrt den Andersgläubigen den
rechten Glauben"
8.) „Der gerechte Simeon heilt Denisov"

6.) „Der heilige gerechte Artemij erscheint dem
Starez Ignatij"

4. Reihe:
7.) „Der Tod des hl. gerechten Artemij durch
Donner und Blitz"
8.) „Feodor Bleznin wird auf dem Meer aus Seenot gerettet"

Artemij wurde 1532 im Dorf Verkola (Gouvernement
Archangel'sk) am Fluss Pinega (einem Nebenfluss der nördlichen Dvina) als Sohn von Bauern geboren. Mit 13 Jahren wurde der gottesfürchtige Knabe am 23. Juni 1545 bei
der Feldarbeit vom Blitz erschlagen. Da ein solcher Tod als
Gottesurteil bzw. als Zeichen göttlichen Zorns angesehen
wurde, legte man ihn unbestattet in den Wald. 32 Jahre
später fand der Diakon Agafonik aus Verkola im Wald den
unverwesten Körper des Artemij, den man in die Nikolaus-
kirche von Verkola brachte. An seinem Grab geschahen
bald viele Wunder, und dadurch breitete sich die Verehrung des Artemij immer weiter aus. Nach der Heilung seines Sohnes im Jahre 1584 ließ der Feldherr Afanasij Paškov
eine Kirche bauen, in die 1619 die Gebeine des hl. Artemij
überführt wurden. 1640 wurde ihm durch den Novgoroder
Metropoliten Kiprian die örtliche Verehrung zuerkannt,
und 1649 wurden seine Reliquien in ein Kloster überführt,
das an der Stelle der Auffindung des Artemij gebaut

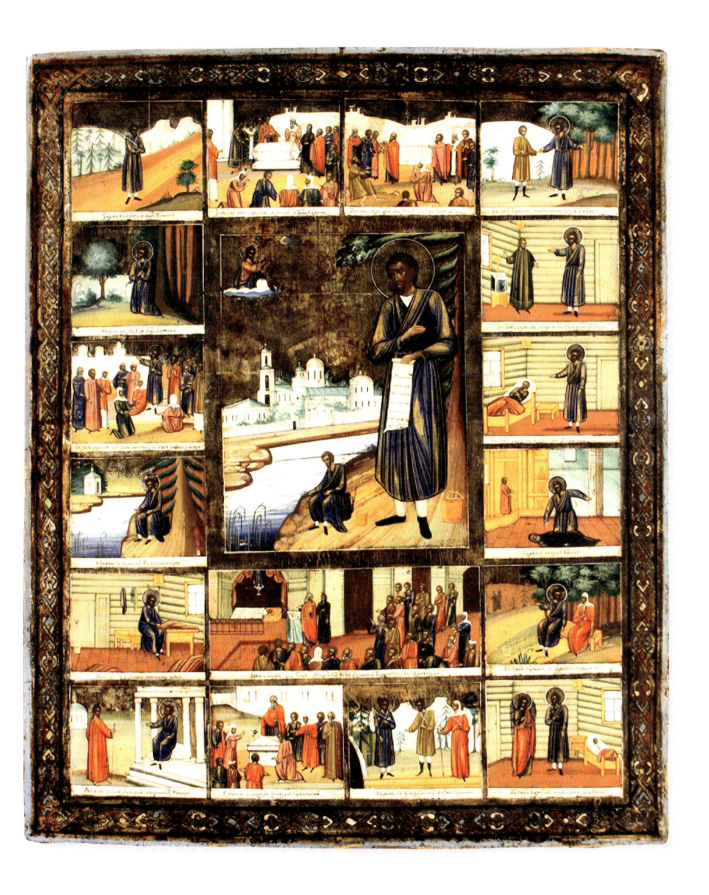

9.) „Der hl. gerechte Simeon beim Fischen"
10.) „Er erscheint dem Starez Jakov"
11.) „Der hl. Simeon näht sich einen Mantel"
12.) „Das Volk strömt zum Sarg mit den Reliquien des
hl. gerechten Simeon Verchoturskij des Wundertäters"
13.) „Der hl. gerechte Simeon heilt Parfentina"
14.) „Die Erscheinung des hl. gerechten Simeon vor dem
Priester Maksim"
15.) „Die Trauerfeier am Grab des hl. gerechten Simeon"
16.) „Der hl. gerechte Simeon erscheint den zwei Fremden"
17.) „Der hl. gerechte Simeon heilt das Kind Pacev"

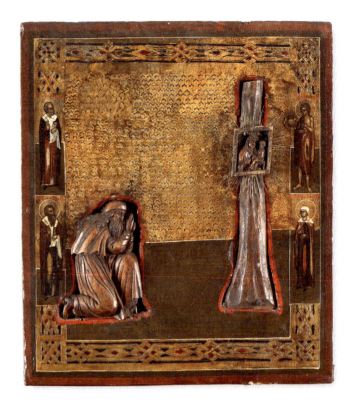

Die Legende berichtet, dass der aus adligen Kreisen stammende Simeon in ärmlichen Kleidern von Dorf zu Dorf
zog und den Bauern bei der Arbeit half. Später ließ er sich
in Merkusin, 50 Werst (53 km) von der Stadt Verchotur'e
entfernt, im Gouvernement Perm nieder. Wie einige der
Apostel lebte er als Fischer und verkündete einheimischen
Vogulen den christlichen Glauben. Mit 35 Jahren starb
er im Jahre 1642. Seine Gebeine wurden 1692 unverwest
gefunden, und zwei Jahre später wurde erstmals von einem
Wunder an seinem Grab berichtet. Auf Anordnung des
Metropoliten Filofej von Tobol'sk wurden seine Gebeine am
12. September 1704 in das Nikolauskloster in Verchotur'e
übertragen.

Seine Gedenktage sind der 18. Dezember und der 12. September (Überführung der Gebeine).

(Übersetzung der Texte von Jean-Paul Deschler)

Literatur: Frankfurt 2005, Kat. Nr. 50, S. 213–214

192 Hl. Dorofej und die Ikone der Muttergottes Jugskaja

Russland, Schnitzerei um 1800,
Ikonentafel mit Randheiligen Ende 19. Jahrhundert
Eitempera auf Holz, Schnitzerei, 30,6 x 26,5 cm
Privatsammlung

Die Ikone ist eine recht ungewöhnliche Kombination
zwischen Schnitzerei und Malerei. Der hl. Dorofej, die
Muttergottesikone und der Baum sind aus Holz geschnitzt
und wurden im späten 19. Jahrhundert in eine Ikonentafel

eingesetzt, deren Ränder mit den für diese Zeit charakteristischen Flechtbandmotiven sowie vier Heiligen verziert
wurden (links Nikolaus und Basilios der Große, rechts
Maria von Ägypten und Märtyrerin Claudia).

Dorofej kniet auf der linken Seite vor einer Muttergottesikone, die an einem Baumstamm hängt. Der Legende
zufolge verließ der Starze Dorofej im Jahre 1615 das Pskover
Höhlenkloster mit einer wundertätigen Ikone der Muttergottes Hodegetria, die ihm zuvor im Traum erschienen war.
Auf dem Weg in sein Heimatdorf Nikulskoe bei Uglič ließ
sich die Ikone nicht mehr von einem Baum abnehmen, an
den er sie gehängt hatte. Dorofej sah dies als Zeichen an
und blieb an diesem Ort als Einsiedler. Nach seinem Tod
1622/23 wurde die Ikone ins Dorf gebracht, doch sie ver-
schwand mehrmals und kehrte an ihren alten Ort am Ufer
des Flusses Jug zurück, wo schließlich ein Kloster gebaut
wurde, in dem auch Dorofej seine letzte Ruhestätte fand.
Die wundertätige Ikone wurde als Jugskaja bekannt und
erhielt ihren Feiertag am 28. Juli.

(Nach einer Expertise von Rosemarie und Kurt Eberhard)

193 Hl. Prokopij von der Ust'ja

Russland, um 1700
Eitempera auf Holz, 64,3 x 23,7 cm
Privatsammlung

Der heilige Prokopij Ust'janskij ist in ganzer Figur in einem weißen knielangen Gewand dargestellt. Sein Haupt neigt er mit traurigem Blick auf die rechte Seite, mit der linken Hand fasst er an seinen Kragen. Rechts und links oben steht der kirchenslawische Titulus: „Hl. gerechter Prokopij Ust'janski."

Über die Herkunft und über das Leben des hl. Prokopij ist nichts bekannt. Die unverwesten Gebeine des gerechten Prokopij wurden am Anfang des 17. Jahrhunderts in einem aus Weidenruten geflochtenen Sarg im Kreis Vel'sk (Gouvernement Vologda), am Ufer des Flusses Ust'ja, nahe der Pfarrkirche des Dorfes Verjuga aufgefunden, die der Einführung Mariens in den Tempel geweiht war. Der unbekannte Leichnam war nicht in ein Leichentuch gewickelt, sondern mit einem weißen Hemd bekleidet. Als bei den Gebeinen Wunder geschahen, erkannten die Bewohner die Heiligkeit des Toten und sie bauten über dem Grab eine Kapelle. Kurz darauf gab sich der Gerechte einem Dorfbewohner namens Savelij Ontropov in einem Traum als Prokopij zu erkennen und befahl ihm, ein neues Grab herzurichten. Der Befehl Prokopijs wurde ausgeführt, und der hinfällige Sarg aus Weidenruten wurde stückchenweise an die Pilger verteilt.

1652 malte der Ikonenmaler Onisim Karamzin auf Wunsch des Kaufmanns Ioann Ermolaev aus Sol'vyčegodsk die erste Ikone des Prokopij, nachdem ihm dieser im Traum erschienen war. Am 11. August 1695 wurden die Reliquien auf Anordnung des Erzbischofs Afanasij von Cholmogory geprüft, und auch später wurden sie wiederholt untersucht. 1739 wurde die steinerne Kirche der Einführung Mariä in den Tempel gebaut, wo seine Reliquien in einem Holzsarkophag besattet wurden. Am 1. August 1818 wurde die allgemeine Verehrung des Heiligen auf den 8. Juli festgelegt.

Nach der Oktoberrevolution verhinderte 1919 der Protest der örtlichen Bevölkerung, dass die Reliquien abtransportiert wurden, doch 1939 wurden sie von Soldaten mit Benzin übergossen und verbrannt.

Die Ikone befand sich ursprünglich in der Deesisreihe einer Ikonostase, möglicherweise der Kirche der Einführung Mariens in den Tempel in Verjuga, und ist die einzige bekannte Kirchenikone dieses Heiligen. Eine 30,5 x 27 cm große Ikone aus der Mitte des 19. Jahrhunderts, auf der er

sowohl stehend als auch in seinem hölzernen Sarg liegend dargestellt ist, befindet sich im Rublev-Museum in Moskau (Moskau 2007, Kat. Nr. 57).

(Nach einer Expertise von Rosemarie und Kurt Eberhard)

in der Hauptkirche des Jakovlev-Klosters in Rostov gefunden und 1763 auf Geheiß der Zarin Katharina II. in einen neuen silbernen Schrein umgebettet. Als Heiliger wird Dimitrij seit 1757 verehrt. Sein Gedenktag ist der 28. Oktober und der 21. September (Auffindung der Reliquien).

„Die Ikone des hl. Dimitrij Rostovskij, des neuen Wundertäters", wie der kirchenslawische Titel der Ikone lautet, zeigt auf der rechten Seite des von einer Rocaille gerahmten Bildfeldes den Heiligen in Dreiviertelfigur in seiner Studierstube. Er trägt bischöfliche Gewänder, nämlich ein mit Blumen besticktes Omophorion über einem Phelonion und eine hohe Mitra. In der linken Hand hält er ein Stabkreuz, die Rechte hat er auf ein Buch gelegt, das auf einem von einem schwarzen Tuch bedeckten Tisch liegt. Auf dem Tisch stehen außerdem ein Kruzifix und fünf dicke Bände des von Dimitrij verfassten Menologions (Heiligenviten in kalendarischer Reihenfolge), auf denen ein weiterer Band liegt. An der Wand hängt eine Ikone der Muttergottes mit Kind.

194 Hl. Dimitrij von Rostov

Russland, 2. Hälfte 18. Jahrhundert
Eitempera auf Holz, 35,5 x 30 cm
Privatbesitz Duisburg

Dimitrij, der 1651 in Makarovo bei Kiew als Sohn eines Kosaken geboren wurde, empfing 1668 im Kirill-Kloster in Kiew die Mönchsweihe unter dem Namen Dimitrij. 1675 wurde er zum Priestermönch geweiht und als Prediger in mehrere Klöster in der Ukraine, Weißrussland und Litauen entsandt. Schließlich ließ er sich 1684 im Kiewer Höhlenkloster nieder, wo er im Auftrag des Archimandriten Varlaam damit begann, die Heiligenviten zusammenzustellen und somit eine von der katholischen Hagiographie beeinflusste Neuauflage der „Lese-Menäen" zu schaffen, die 1552 von Metropolit Makarij von Moskau verfasst worden waren. Dieser umfangreichen Aufgabe widmete er sein ganzes Leben. Patriarch Adrian weihte ihn zwar 1701 in Moskau zum Metropoliten von Sibirien, doch aus gesundheitlichen Gründen und wegen seiner wichtigen Arbeit an dem Corpus der Heiligenviten durfte er in Moskau bleiben und wurde dann ein Jahr später Metropolit von Rostov. Dort setzte er seine Arbeit bis zu seinem Tode am 28. Oktober 1709 fort. Am 21. September 1752 wurden seine unverwesten Gebeine

195 Hl. Dimitrij von Rostov mit Nebenszene

Russland (Wolgagebiet), 19. Jahrhundert
Eitempera auf Holz, 30,5 cm x 26,5 cm
Privatsammlung

Der in ganzer Figur wiedergegebene Dimitrij nimmt die rechte Hälfte des Bildfeldes ein. Er ist in Bischofsgewänder gekleidet und hat seine rechte Hand im rechtgläubigen Segensgestus erhoben. In seiner Linken hält er ein Evangelienbuch. Auf der linken Seite der Ikone sieht man einen Kirchturm und eine Kirche, in der eine Muttergottes- und eine Christusikone hängen. Darunter liegt der tote Dimitrij, an dessen Fußende ein Priester mit betend erhobenen Händen sowie ein Diakon mit einem Weihrauchfass stehen. In der linken oberen Ecke erscheint Christus in einem Himmelssegment und segnet die Szene.

Die möglicherweise im Wolgagebiet entstandene Ikone ist in wenigen Erdfarben gemalt, hat aber durch die sehr gekonnte Wiedergabe des aufmerksamen Gesichtsausdrucks des hl. Dimitrij und der Szene seiner Bestattung ihren eigenen Reiz.

(Nach einer Expertise von Rosemarie und Kurt Eberhard)

196 Hl. Serafim von Sarov mit zwölf Szenen aus seinem Leben

Russland, kurz nach 1903
Eitempera auf Holz, 53,5 x 44 cm
Privatsammlung

Der hl. Serafim von Sarov ist im Mittelfeld der Ikone in ganzer Figur im Mönchsgewand wiedergegeben, wobei die Darstellung seines Gesichts auf eine Porträtzeichnung zurückgeht, die zu seinen Lebzeiten angefertigt wurde. Seine rechte Hand hat er auf seine Brust gelegt, in der Linken hält er eine Gebetsschnur. Er steht am Ufer eines Flusses, auf dessen gegenüberliegender Seite das Kloster von Sarov zu sehen ist. Das mittlere Bild ist von einem goldenen, oben mit einem Rundbogen abschließenden Rahmen umgeben, der mit Ornamenten geschmückt ist. Der äußere Rand der Ikone zeigt farbige Verzierungen in Form von Blättern und Blüten, die vom Jugendstil beeinflusst sind und in Russland in der Zeit um 1900 beliebt waren.

Um das Mittelfeld sind zwölf Szenen aus der Vita des Heiligen angeordnet, die sich in Innenräumen, häufig aber auch im Wald abspielen, der recht naturalistisch und liebevoll gemalt ist.

1.) Der junge Prochor empfängt von seiner Mutter den Segen. Zum Abschied schenkt sie ihm ein kupfernes Kreuz, das er dann stets auf der Brust trug
2.) Die Muttergottes erscheint am Krankenbett des Prochor mit den Aposteln Petrus und Johannes dem Evangelisten und kündigt ihm die Genesung an
3.) Er wird unter dem Namen Serafim zum Mönch geweiht
4.) Die Vision des hl. Serafim beim Gottesdienst
5.) Pilger kamen zu Serafim an die Quelle in der Nähe der Einsiedelei
6.) Der verehrungswürdige Serafim füttert den Bären
7.) Der verehrungswürdige Serafim betet auf einem Stein
8.) Räuber überfallen den hl. Serafim
9.) Die Erscheinung der Muttergottes vor dem hl. Serafim am Tag der Verkündigung
10.) Der hl. Serafim fand manchmal verlorenes und aufgegangenes Korn
11.) Der Tod des verehrungswürdigen Serafim
12.) Serafim half selbst, diese Ikone am Grab niederzulegen

Serafim wurde am 19. Juli 1759 als Sohn eines Bauunternehmers geboren, der die Kathedrale in seiner Heimatstadt Kursk errichtete, und auf den Namen Prochor Isidorovič

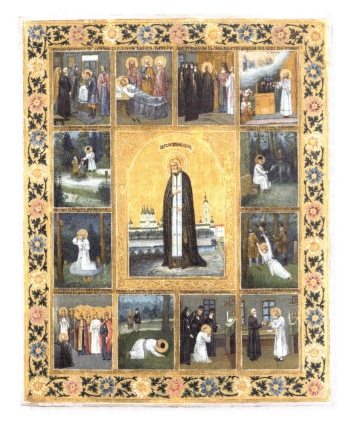

Mošnin getauft. Schon früh wollte er Mönch werden und bat 1770 um Aufnahme in das Kloster zu Sarov. 1786 legte er die Gelübde ab und wurde unter dem Namen Serafim Mönch. 1793 wurde er vom Bischof von Tambov zum Priester geweiht, 1794 erhielt er die Genehmigung, sich in eine Einsiedelei, ca. 5 km vom Kloster entfernt, zurückzuziehen. 1810 musste er auf Befehl seines neuen Abtes von dort ins Kloster zurückkehren und lebte in einer kleinen Zelle, die er erst 1825 wieder verließ, nachdem ihm die Muttergottes erschienen war und ihm befohlen hatte, aus der Abgeschlossenheit herauszutreten. Daraufhin zog er Ende 1825 in eine andere Einsiedelei, die näher beim Kloster war. Er wurde Beichtvater und Seelenführer von Ratsuchenden und Kranken, die er zum Teil auch heilte. An manchen Tagen kamen bis zu tausend Hilfesuchende zu ihm.

Serafim starb am 2. Januar 1833 in seiner Zelle vor einer Muttergottesikone, nachdem er am Tage zuvor das letzte Abendmahl empfangen hatte. Seine Kanonisation erfolgte am 19. Juli 1903. Sie geschah auf persönliche Veranlassung des Zaren Nikolaus II., zum Teil gegen den Willen der Geistlichkeit. Nach der Revolution wurde das Kloster zu Sarov 1921 aufgelöst. Die Gebeine des hl. Serafim wurden nach Moskau gebracht und gelangten später in das Museum für Religion und Atheismus in der Kazaner Kathedrale in Leningrad. Anfang 1991 wurden die Reliquien der Kirche zurückgegeben und nach Sarov zurück überführt.

(Nach einer Expertise von Rosemarie und Kurt Eberhard)

Literatur:
Bentchev 2007, S. 35

197 Die Auferstehung Christi, Festtage, biblische Szenen und Klöster im Heiligen Land

Russland (Nevjansk), 19. Jahrhundert
Eitempera auf Holz, 44,7 x 39 cm
Zoetmulder Ikonen, Delft (Niederlande)

Die thematisch sehr ungewöhnliche Ikone zeigt im Zentrum die Szene der Auferstehung Christi aus dem Grabe nach westlicher Ikonographie, kombiniert mit einer Himmelfahrtsdarstellung in kleinerem Maßstab. Christus thront über Wolken zwischen zwei Engeln, die jedoch von ihm wegzufliegen scheinen. Die unter der Himmelfahrt stehenden und auf sie hinweisenden drei heiligen Frauen links und drei kniende männliche Heilige gehören nicht zur Ikonographie dieses Ereignisses und könnten eher mit den drei Marien am leeren Grab Christi sowie mit dem Apostel Petrus und zwei weiteren Jüngern in Verbindung stehen.

Um das Mittelfeld sind zwei Reihen mit insgesamt 32 rechteckigen Feldern angelegt, die Festtage, biblische Szenen und andere Ereignisse sowie Klostergründungen im Heiligen Land zeigen. Diese Darstellungen werden zuweilen zu Gruppen in einem Feld zusammengefasst.

Der äußere Kranz zeigt, von links nach rechts und von oben nach unten gelesen:

1.) Das Haus Davids; die drei Salben tragenden Frauen vor dem Grabe; darüber verzierte Öllämpchen (wie sie in Verbindung mit der Wiedergabe der Grabeskirche auf Darstellungen der Topographie Palästinas erscheinen); Petrus und Johannes kommen zum Grabe; die Grablegung Christi in Anwesenheit von Maria Magdalena (?), Johannes, Nikodemus, der Muttergottes und Joseph von Arimathäa
2.) Maria von Ägypten vor dem Marienbild, vor dem sie ihre Sündhaftigkeit erkennt; der zerreißende Tempelvorhang und der gespaltene Felsen beim Kreuzestod Christi
3.) Abraham opfert Isaak; die heilige Nonne Melania (die Römerin) mit zwei Nonnen vor ihrem Kloster, das sie im 5. Jahrhundert auf dem Ölberg gründete
4.) Das Jerusalemer Stadttor, durch das Christus auf dem Eselsfohlen einzog; die dreijährige Maria wird im Jerusalemer Tempel von einem Engel ernährt
5.) Der Schafsteich, der zu den heilkräftigen Bethesda-Teichen innerhalb der Mauern Jerusalems gehört; der zwölfjährige Christus lehrt an Mittpfingsten im Tempel der Juden

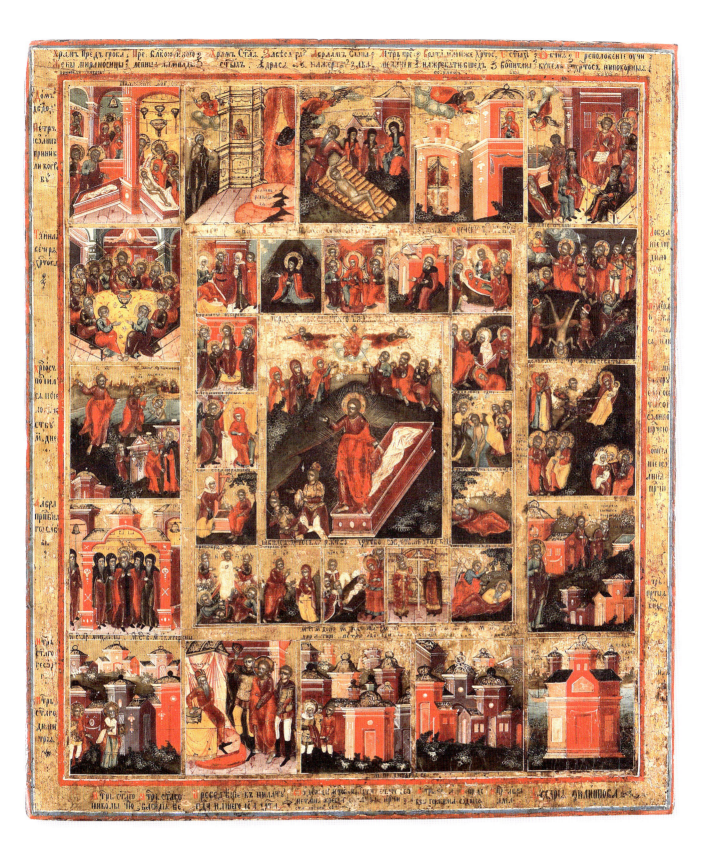

6.) Das Abendmahl

7.) Das Gebet im Garten Gethsemane; der Judaskuss; Petrus schlägt Malchus das Ohr ab; das Martyrium des Propheten Jesaja, der zersägt wird

8.) Christus wandelt auf dem Meer; Kloster (nahe des Sees Genezareth?); Josua und Kaleb kehren mit der Weintraube aus dem gelobten Lande zurück

9.) Die Heimsuchung (Elisabeth und Maria); Elisabeth flüchtet mit ihrem Sohn Johannes vor dem Kindermord des Herodes; der Gang nach Emmaus; die Erziehung des Johannes

10.) Die Lavra des heiligen Sabbas

11.) Apostel Petrus und (dahinter) das ihm geweihte Kloster; die Heilung des Blinden am Teich Siloe; ein der Muttergottes geweihtes Kloster

12.) Sechs Klöster, die an den Stadtmauern Jerusalems liegen: 1. Kloster des hl. Georg, 2. Kloster des Erzengels Michael, 3. Kloster der Großmärtyrerin Katharina, 4. Kloster des hl. Demetrios, 5. Kloster des hl. Nikolaus des Wundertäters, 6. Kloster des hl. Basilios des Großen

13.) Christus vor Pilatus

14.) Verschiedene Klöster, von denen nicht alle zuzuordnen sind. Die untere Reihe zeigt (von links nach rechts) den Centurio Longinus mit zwei Begleitern vor einem (ihm geweihten?) Kloster. Darauf folgen das Kloster des Johannes des Vorläufers und das des heiligen Asketen und Wüstenvaters Onuphrios. Dahinter erhebt sich das Kloster des hl. Theodoros Tiron. Zwei weitere Klöster sind aufgrund der zerstörten Inschriften nicht mehr zu identifizieren

15.) Sechs Klöster: 1. (?), 2. (?), 3. Kloster des hl. Theodosios (?), 4. Kloster des hl. Gerasimos (vom Jordan), 5. Kloster des hl. Theodosios (des Koinobiarchen), 6. Kloster des heiligen Vorvaters Abraham

16.) In der Mitte erhebt sich ein mächtiger Zentralbau, der am unteren Bildrand als „Caesarea Philippova" beschriftet ist. Links daneben steht der Name der Stadt Jaffa. Die Stadt Caesarea Philippova liegt an einer der Hauptquellen des Jordan und war seit dem 4. Jahrhundert Bischofsitz. Die Stadtarchitektur links ist als „Stadt Tyros" (?), die rechts als „Stadt Sidon" bezeichnet. Der Fluss, der die Städte voneinander trennt, ist als Jordan zu identifizieren, denn östlich von ihm liegt Caesarea Philippova, westlich, am Ufer des Mittelländischen Meeres, liegen Tyros und Sidon, Städte, die Christus nach dem Zeugnis der Evangelien besucht hat (Mt 15,21; Mk 7,24). Warum der Name der Stadt Jaffa hier erscheint, welche weitaus südlicher liegt als die drei anderen Städte, ist unklar.

Der innere Kranz zeigt von links nach rechts und von oben nach unten gelesen:

a) Die Geburt der Muttergottes

b) (?) [Kniende Nonne]

c) Die Ausgießung des Heiligen Geistes

d) Kloster des E.? [Beschriftung unleserlich]

e) Das Entschlafen der Muttergottes

f) Der ungläubige Thomas

g) Die Auferweckung des Lazarus

h) Die Verkündigung an Maria

i) Die Taufe Christi

j) Christus mit der Samariterin am Brunnen

k) Der schlafende Prophet Baruch

l) Die Verklärung Christi

m) Die Erscheinung Christi vor Maria Magdalena? / Heilung einer Frau?

n) Die Geburt Christi und die Anbetung der Magier

o) Konstantin und Helena mit dem Heiligen Kreuz

p) Der Prophet Elija wird von einem Engel geweckt

Alle Sujets auf dieser Ikone erscheinen auch auf den als Pilgereulogien dienenden Ikonen aus dem Heiligen Land, die meist auf Leinwand gemalt sind und die Topographie Palästinas bzw. der Stadt Jerusalem zeigen (siehe: Meinardus 1967). Die Ikone vereint wie diese die wichtigsten Heilsereignisse, die im Heiligen Land geschehen sind, mit Darstellungen zahlreicher Klöster, die an den Stadtmauern bzw. in der näheren Umgebung Jerusalems in frühesten Zeiten gegründet wurden – alles Orte, die von Pilgern bis heute aufgesucht werden. Das Mittelfeld mit der Auferstehung Christi verweist auf das zentrale Heiligtum Jerusalems, die Grabeskirche, die gleichzeitig der Ort der Auferstehung Christi ist. Die Kriterien für die Anordnung und Abfolge der einzelnen Felder auf der Ikone bleiben jedoch häufig unklar, und es fällt auf, dass die Kreuzigung selbst nicht dargestellt ist.

In der Farbgebung der Ikone überwiegen Rottöne, wobei vor allem bei den Gewändern ein leuchtendes Rot vorherrscht. Ebenso fällt die Verwendung eines strahlenden Gelbtons auf, wohingegen Grün lediglich als gedeckter, erdiger Farbton erscheint, dem Olivgrün verwandt.

(Ana Faye Fegg)

Kelchrand beugen. Sie stehen auf Suppedaneen und tragen Rhipidien (liturgische Fächer) in den Händen, die mit Cherubim bzw. Seraphim versehen sind. Die in ein kreisrundes Medaillon eingeschriebene Darstellung umgibt eine liturgische Inschrift in kirchenslawischer Sprache. In den Ecken des Tuches finden sich ebenfalls Cherubim bzw. Seraphim.

Die Präsenz der Engel verweist auf die Einheit von himmlischer und irdischer Liturgie.

(Angelika Büchse)

199 Epitaphios threnos (Grabtuch)

Russland, um 1600
Stickerei, 38 x 64,5 cm
Privatsammlung

198 Liturgisches Tuch mit Darstellung des Melismos

Russland, 17. Jahrhundert
Stickerei, 53 x 53 cm
Privatsammlung

Nach der Bereitung der eucharistischen Gaben werden Kelch und Diskos mit Kelchtüchern bedeckt, die erst zum Hochgebet (Anaphora) wieder abgenommen werden. Jedes einzelne Gefäß wird mit einem eigenen Tuch geschützt, auf die dann ein großes Tuch gelegt wird. Das Motiv für das Kelchtuch ist meistens die Muttergottes des Wunderzeichens von Novgorod, während die „Verehrung des Lammes Gottes" häufig auf dem Tuch zu finden ist, mit dem der Diskos bedeckt wurde (Baltimore 1994, S. 79, Abb. S. 80, weitere Beispiele: Silkin 2002, Kat. Nr. 84, 109, 123; Petrova 1989, Kat. Nr. 81, Abb. 42). Die aus dem Griechischen übernommene Bezeichnung für dieses Motiv „Melismos" (von „melizein" = zerschneiden) bezieht sich darauf, dass die Hostie, die bei der Eucharistie den Leib Christi darstellt, zerschnitten wird. Da die ostkirchliche Kunst jedoch im Gegensatz zur abendländischen die Wiedergabe Christi als Tier ablehnt, liegt das nackte Christuskind als „Opferlamm" auf einer Patene (Diskos), über der sich ein Asteriskos wölbt. Dieser Aufsatz symbolisiert den Stern, der zur Geburt Christi erschien. Christus wird auf beiden Seiten von zwei Engeln flankiert, die sich verehrend über den

Mit dem Begriff Epitaphios threnos (griech.: Totenklage) oder Plaščanica (russ.: Leichentuch) bezeichnet man ein liturgisches Tuch mit dem Motiv der Grablegung Christi. Es symbolisiert das Grab Christi und wird am Karfreitag zu liturgischen Gesängen vom Altarraum in den Naos der Kirche (das Kirchenschiff) getragen und vor der Ikonostase niedergelegt. In der Osternacht findet es seinen Platz auf dem Altar, wo es bis Christi Himmelfahrt verbleibt (siehe: Sucrow 1995, S. 7–8).

Die Stickerei zeigt das Motiv der Kreuzabnahme und der Beweinung Christi. Im Hintergrund halten die Muttergottes und Joseph von Arimathäa den Oberkörper des Gekreuzigten in den Armen, während Nikodemus mit einer Zange die Nägel aus den Füßen Christi herauszieht. Die Szene wird von zwei Engeln flankiert, die Leidenswerkzeuge präsentieren (links vermutlich ursprünglich das Kreuz, rechts Lanze und Ysopstab mit Essigschwamm). In den oberen Ecken des Tuches befinden sich die Personifikationen von Sonne und Mond, die stellvertretend für die kosmischen Mächte den Tod Christi betrauern.

Im Vordergrund geht das Motiv in die Beweinung Christi über. Während Joseph von Arimathäa und Nikodemus den Leichnam für die Grablegung vorbereiten, trauert die Muttergottes auf einem Thron sitzend am Kopfende um ihren Sohn. Der Apostel Johannes berührt auf der gegenüberliegenden Seite mit ehrfurchtsvoll verhüllten Händen die Füße des Herrn. Weitere Zeugen der Beweinung sind auf der linken Seite die zwei Marien, die zur Salbung des Leichnams erschienen sind. Rechts außen steht Longi-

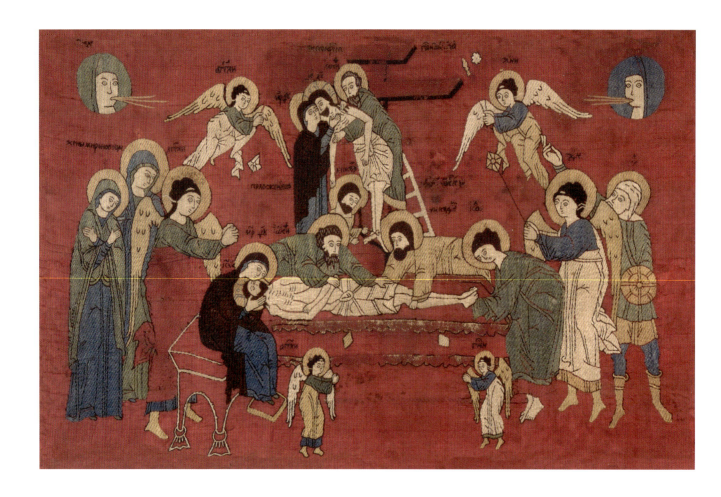

nus, der Legende nach der römische Hauptmann, der den Lanzenstich am Gekreuzigten vollzog. Hier zeigt er sich als bereits Bekehrter, der auf Christus als den wahren Sohn Gottes hinweist. Darüber hinaus treten vier Engel an den Leichnam heran, die Rhipidien in den Händen tragen. Solche Wedel aus Vogelfedern waren v. a. in der Antike wichtige Gegenstände zur Ehrerbietung gegenüber dem Herrscher.

Alle Figuren sind mit kyrillischen Beischriften versehen. Ursprünglich umgab das gesamte Tuch eine Textzeile mit einem liturgischen Text. Da der Rand jedoch beschädigt war, wurde das Tuch auf ein jüngeres Textil appliziert, sodass die Textzeile heute fehlt.

(Angelika Büchse)

200 Epitaphios threnos (Grabtuch)

Russland, Mitte 17. Jahrhundert
Goldstickerei auf Seide, 64 x 77 cm
Privatbesitz

Im Grab liegt Christus in Leichentücher gewickelt, die auch seinen Kopf haubenartig umschließen. Diese aus den Ikonen der Auferweckung des Lazarus oder der Grablegung Christi bekannte Form ist auf den Grabtüchern äußerst selten (ein ikonographisch ansonsten sehr unterschiedliches Grabtuch, eine Stiftung von Dmitrij Požarskij von 1625, befindet sich im Historischen Museum in Moskau, siehe Moskau 2000, Kat. Nr. 628; ein weiteres aus dem Ende des 17./Anfang 18. Jahrhunderts in Jaroslavl', siehe Hanau 1995, Kat. Nr. 68, Abb. S. 49). In der Mitte ragt das Kreuz empor, zu dessen Seiten Sonne und Mond und zwei herabfliegende, trauernde Engel gestickt sind. Links neben Maria, die sich über ihren Sohn beugt, sind zwei trauernde Frauen wiedergegeben, eine weitere zwischen dem Evangelisten Johannes in der Mitte und Joseph von Arimathäa und Nikodemus auf der rechten Seite. Über der Grablegung

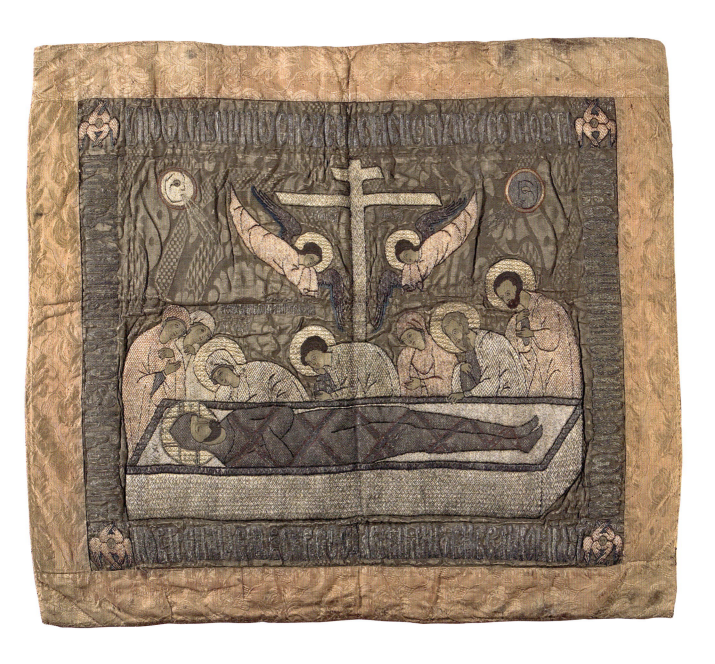

gibt eine Inschrift den Titel der Darstellung wieder: „Die Niederlegung in das Grab unseres Herrn Jesu Christi." Auf dem oberen Rand ist ebenfalls eine durch Cherubim in den Ecken unterbrochene Inschrift gestickt, welche das Troparion vom Karfreitag zitiert, das auch bei der Vesper jenes Tages erklingt, wenn das Grabtuch in die Mitte der Kirche getragen wird: „Der ehrwürdige Joseph, der deinen all-

reinen Leib vom Holz herabnahm, hüllte ihn in ein reines Linnentuch und in wohlriechende Kräuter, besorgte ihn und setzte ihn in einem neuen Grabe bei. Du aber erstandest am dritten Tag, Herr, und brachtest der Welt das große Erbarmen."

Literatur: Recklinghausen 1986, Kat. Nr. 309, Abb. auf S. 93

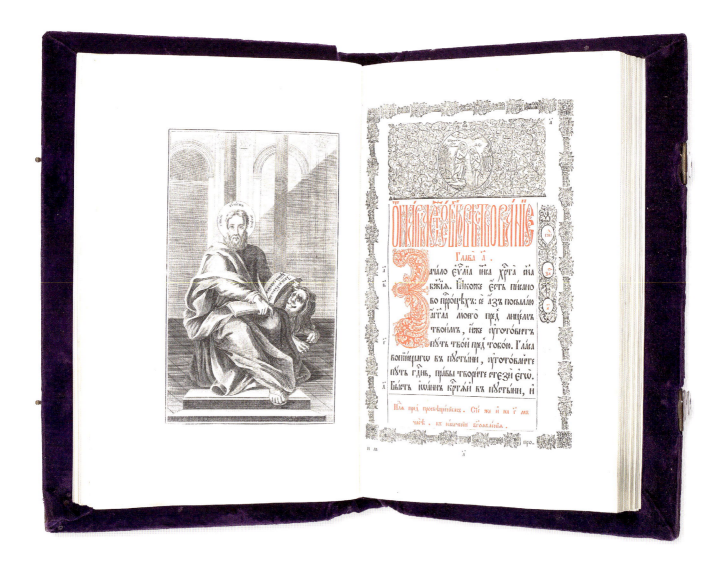

201 Evangeliar

Russland, 1803
Druck auf Papier, Messingbeschläge, Samt,
29,5 x 20,5 x 8 cm
Privatbesitz

Das am 6. November 1803 gedruckte Evangeliar besitzt vier Kupferstiche aus dem Jahr 1789 mit den Darstellungen der Evangelisten. Der Einband aus violettem Samt ist mit Messingbeschlägen verziert. Vorne sind Reliefs mit Darstellungen des auferstandenen Christus in einem sternförmigen gerahmten Medaillon im Zentrum und der vier Evangelisten in den Ecken angebracht, auf der Rückseite ein Kreuz in einem achtzackigen Stern und dreieckige Eckverzierungen mit Ornamenten und achtzackigen Sternen.

202 Oktoechos-Achttonbuch

Russland (Guslicy), 1820/30
Papier, Ledereinband, 35,5 x 22,5 cm
Privatsammlung

Der Buchtitel steht sowohl in Leder geprägt auf dem Buchdeckel als auch auf der ersten Seite des Buches in einem reich geschmückten Rahmen: „Das Buch genannt Oktoechos, das heißt Buch der acht Kirchentöne." Die Liederhandschrift enthält die liturgischen Gesänge des Gottesdienstes am Samstagabend, mit dem in der orthodoxen Kirche der Sonntag beginnt. Die Noten sind in Krjuki-(Häkchen-)Schrift ausgeführt.

Die Handschrift umfasst 516 Seiten und vier Leerseiten. Sie enthält elf Miniaturen, neun Rahmenleisten, acht

Kopfleisten, zwei Randzierleisten und 33 farbige Initialen.
Die Art der Verzierungen sowie Stil und Ikonographie der
Miniaturen weisen auf eine Entstehung der Handschrift in
der Werkstatt der Altgläubigen in Guslicy hin.

(Nach einer Expertise von Rosemarie und Kurt Eberhard)

Literatur:
Schweinfurt 2008, S. 230, Abb. S. 230 und 231; siehe auch
Onasch 1981, S. 285–289 (Stichwort „Oktoechos")

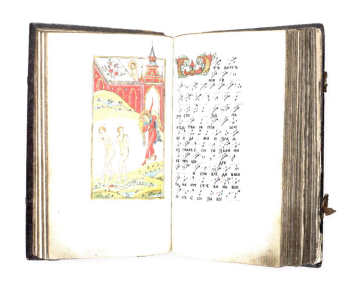

Der besonders hochwertige Kelch wurde also speziell für den Zaren Aleksej Michajlovič, den Sohn des ersten Zaren der Romanov-Dynastie, gefertigt, der von 1645 bis 1676 regierte. Er stiftete ihn der Hauptkirche des Dreifaltigkeitsklosters zu Astrachan, das im ausgehenden 16. Jahrhundert gegründet worden war.

Ein vergleichbarer Kelch aus dem Jahr 1645 befindet sich im Russischen Museum in St. Petersburg (Petrova 1998, Kat. Nr. 50, Abb. 58), die Kuppa eines später mit einem Fuß westeuropäischer Provenienz versehenen Kelches im Historischen Museum in Moskau (Moskau 2000, Kat. Nr. 570 auf S. 241).

Literatur:
Köln 1986, Kat. Nr. XL auf S. 80; Hoechst 1986, Kat. Nr. 244, S. 157; Herzogenrath 1987, Kat. Nr. 136; Frankfurt 1988, Kat. Nr. 400 auf S. 325–326, Abb. S. 330; Frankfurt 2007, Kat. Nr. 64, S. 207

203 Kommunionkelch

Russland (Moskau), 1650
Silber, teilweise vergoldet und graviert,
Höhe 22 cm, Durchmesser 14 cm
Privatbesitz

204 Reliquien-Ikone

Griechenland, 18. Jahrhundert
Eitempera auf Holz, Knochenpartikel, Bronze, getrieben, graviert und vergoldet, 13,5 x 21 cm
Privatbesitz

Die halbkugelförmige Kuppa des Kelches ist mit vier gravierten und vergoldeten Medaillons geschmückt, von denen drei die Gestalten der Deesis und das vierte die Passionssymbole zeigen. Am oberen Rand der Kuppa ist die obligatorische Inschrift eingraviert, die sich auf das Abendmahl bezieht. Unterhalb des sechseckigen Nodus ist der Schaft mit Rankenornamenten verziert, die sich in den tropfenförmigen Reliefs auf dem gewölbten Fuß des Kelches fortsetzen. Die Inschrift am unteren Rand des Fußes nennt den Bestimmungsort des Kelches und seinen kaiserlichen Auftraggeber: „Geschenk an die Kirche der Heiligen Dreifaltigkeit zu Astrachan von Aleksej Michajlovič während seiner Regierungszeit im Jahre 7158 (= 1650 n. Chr.) zum Gedenken an seine Eltern."

Der aus vergoldeter Bronze bestehende Beschlag der Reliquien-Ikone ist in zwei horizontale Reihen gegliedert. Im unteren Teil, der fast vollständig von einem getriebenen Rankenwerk aus Blättern und Blüten bedeckt ist, sind mehrere Öffnungen unterschiedlicher Form und Größe ausgespart, in die Reliquien eingepasst wurden.

In das obere Feld des Beschlags sind figürliche Darstellungen getrieben, wobei die in Eitempera auf den Holzträger gemalten Gesichter der Figuren ausgespart wurden. In der Mitte ist das Martyrium der Vierzig Märtyrer von Sebaste dargestellt, die auf dem Eis eines Sees in Armenien ihren Martertod erlitten. Auf der rechten und linken Seite sind je drei stehende Heilige wiedergegeben: Antonios der Große, Agathangelos und Dometios sowie Charalampos, Marina und Theodor Tiron. Auf dem oberen Rand des Beschlags sind nicht nur ihre Namen, sondern auch ihre Gedenktage verzeichnet.

Literatur:
Frankfurt 2007, Kat. Nr. 91

205 Kreuz-Enkolpion

Russland, 17. Jahrhundert
Gold, ziseliert und graviert, 14,7 x 10,8 cm
Privatsammlung

Das goldene Kreuz mit dreipassförmigen Enden, das mit Ösen verschlossen wurde, nahm in seinem Inneren Reliquienpartikel auf, die auf der Rückseite aufgelistet wurden. Auf der Vorderseite ist eine Kreuzigungsszene graviert, mit den in halber Figur wiedergegebenen trauernden Gestalten der Muttergottes und des Evangelisten Johannes in den Enden des Querbalkens. Neben dem Kreuz sind Lanze und Ysopstab, darunter der Golgathahügel mit dem Schädel Adams graviert. Über dem oberen Ende des Kreuzstammes schweben zwei Engel auf den Gekreuzigten herab. Dem Enkolpion ist ein bewegliches Scharnier aufgesetzt, das mit dem gravierten Antlitzbild Christi, dem sogenannten Mandylion, geschmückt ist.

Die gesamte Rückseite des Enkolpions ist mit Inschriften in rechteckigen Feldern bedeckt, in denen die Reliquien aufgelistet sind, die ehemals darin bewahrt wurden. Genannt werden Partikel von heiligen Stätten wie ein Stein vom Ölberg, Holz mit dem Blut Christi, ein Teil des Lebensbaumes, Erde vom Jordan und vom Berg Golgatha. Außerdem sind Reliquien von folgenden Heiligen und biblischen Personen aufgeführt: Apostel Andreas, hl. Gregorios der Theologe, Großmärtyrer Demetrios, hl. Moses der Ungar, hl. Arzt Agapitos, Prophet Jeremias, hl. Nikolaus der Wundertäter, Märtyrer Merkurios, hl. Arzt Damian, hl. Sisoes, hl. Nikodemos, hl. Fürst Vladimir, hl. Barbara,

hl. Damian, hl. Kyrillos, hl. Metropolit Makarij, hl. Panteleimon, hl. Onuphrios der Große, hl. Barlaam, hl. Ephraim,
hl. Fürstin Juliana, hl. Paraskeva u. a.

Es sind nur wenige vergleichbare goldene Reliquien-
kreuze in dieser hohen Qualität erhalten geblieben (zu einigen Beispielen ähnlicher Form siehe St. Petersburg 2000,
Kat. Nr. R 70a–e; Kovarskaja 1984, Kat. Nr. 2 auf S. 213,
Abb. S. 19).

Literatur:
De Savitsch Collection 1956, Nr. 162 auf S. 49–50; Frankfurt 1988, Kat. Nr. 487 auf S. 368–369, Abb. S. 362; Frankfurt
2007, Kat. Nr. 56

206 Prozessionskreuz

Griechenland (Berg Athos), 1516/17
Schnitzerei in Buchsbaum, Fassung in Silberfiligran,
vergoldet, 38 x 13,5 cm
Privatbesitz

Die Widmungsinschrift auf der silbernen Fassung des
Kreuzes lässt erkennen, dass es sich um eine bedeutende
fürstliche Stiftung handelte: „Stefan, Herrscher des moldauischen Landes, Sohn des Bogdan Voevoda, fasste dieses
Kreuz ein und übergab es seinem Kloster des Gregorios
Theologos auf dem Heiligen Berge im Jahr von der Erschaffung der Welt 7015 (= 1516/17 n. Chr.)."

Der in der Inschrift genannte Stefan dürfte der Sohn
und Thronfolger des 1517 verstorbenen moldauischen Fürsten Bogan III. (1504–1517) sein, dessen Großvater, Stefan
der Große (1457–1504), als Hauptstifter und Erneuerer des
Klosters Gregoriou auf dem Berg Athos hervorgetreten war.
Die enge Verbindung der moldauischen Fürstenfamilie zu
diesem Athoskloster wird durch die Formulierung „seinem
Kloster" in der Stifterinschrift ausgedrückt. Möglicherweise
stiftete Stefan IV. das Kreuz bzw. seine kostbare Fassung
aus Anlass seiner Thronbesteigung im Jahre 1517, als er seinem Vater auf den Thron folgte und bis 1527 regierte.

Die Miniaturschnitzerei auf beiden Seiten zeigt Reliefs
mit Festtagsbildern, und zwar auf der Vorderseite die Alttestamentliche Dreifaltigkeit, die Geburt Christi, den Einzug in Jerusalem, die Kreuzigung, die Hadesfahrt und die
Himmelfahrt Christi. Auf dem oberen Querbalken schließen sich die Bildnisse der hll. Sabbas und Basilios des Großen an. Die Rückseite des Kreuzes zeigt die Verkündigung

an Maria, die Darstellung Christi im Tempel, die Taufe Christi, die Auferweckung des Lazarus, die Verklärung Christi und Pfingsten. Auf dem oberen Querbalken folgen die Bildnisse von Johannes Chrysostomos und Gregorios von Nazianz.

(Nach einer Expertise von Viktor Elbern mit Übersetzung der Inschrift und ihrer Interpretation)

Literatur:
Hoechst 1986, Kat. Nr. 242 auf S. 156–157; Frankfurt 2007, Kat. Nr. 118

207 Altarkreuz

Griechenland (Ioannina, Kloster des
hl. Nikolaos Spanos), 1769
Schnitzerei in Buchsbaum, Fassung in vergoldetem
Silberfiligran, Perlen und Korallen, 21 x 11 cm
Privatbesitz

Das holzgeschnitzte Kreuz, das eine vergoldete Silberfassung besitzt und mit großen Rosetten aus Filigran mit Perlen und Korallen geschmückt ist, hatte wohl seinen Platz auf dem Altar einer Kirche, wo es als Segenskreuz benutzt wurde. Auf der runden Fußplatte aus Silberfiligran befindet sich eine griechische Stifterinschrift folgenden Wortlauts: „Daniil Hieromonachos vom Kloster des Hl. Nikolaos Spanos 1769." Das Nikolaos-Spanos-Kloster ist besser bekannt unter dem Namen Nikolaos-Philanthropinon-Kloster und wurde 1292 auf der Insel im See von Ioannina (Epiros) errichtet. Die Kirche wurde im 16. Jahrhundert erweitert und zwischen 1530 und 1560 vollständig mit Fresken ausgemalt. Wie die Gründer des Klosters, die Familie Philanthropinos, war auch die Familie Spanos eine Adelsfamilie aus Ioannina, die die Klöster auf der Insel protegierte und auch Äbte stellte. Von den Klöstern der Insel sind zahlreiche Kreuze aus Buchsbaum und anderen Materialien aus der nachbyzantinischen Zeit erhalten geblieben (siehe Garidis-Paliouras 1993, Abb. 610–615), deren Qualität jedoch mit der des hier vorgestellten Kreuzes nicht konkurrieren kann.

Die Miniaturschnitzerei des Kreuzes zeigt auf beiden Seiten Reliefs mit Szenen aus dem Leben Christi. Auf der Vorderseite ist im Zentrum die Kreuzigung Christi zu sehen und darüber die Himmelfahrt. Unterhalb der Kreuzigung schließen sich die Darstellungen des Schmerzens-

mannes und der Hadesfahrt Christi an. Auf dem Querbalken folgen links die Auferweckung des Lazarus und rechts die Kreuztragung Christi. Die Rückseite des Kreuzes zeigt im Zentrum die Taufe Christi, darüber die Verkündigung an Maria. Unter der Taufe folgen die Verkündigung an die Hirten und die Darbringung Christi im Tempel. Auf dem Querbalken schließen sich Heilungswunder Jesu an.

(Nach einer Expertise von Ivan Bentchev vom 20. September 1990)

Literatur:
Frankfurt 2007, Kat. Nr. 122

208 Segenskreuz

Griechenland, 18. Jahrhundrt
Schnitzerei in Buchsbaum, Fassung: vergoldetes Silber,
Silberfiligran, Türkise, Korallen, grüne Glassteine,
27 x 12,5 cm
Privatbesitz

Das in Buchsbaumholz geschnitzte Kreuz ist durch
aufwendige Arbeiten aus Silberfiligran mit aufgesetzten
Korallen, Türkisen und grünen Glassteinen verziert. Das

Thema der Schnitzereien auf dem Kreuz sind die Fest-
und Gedenktage der Kirche. Das Zentrum der Vorderseite
nimmt die Kreuzigung Christi ein, darüber befindet sich
die Verklärung und darunter die Hadesfahrt Christi. Auf
den beiden Enden des Querbalkens sind links die Auferweckung des Lazarus und rechts Pfingsten dargestellt. Auf
der Rückseite ist die Taufe Christi die zentrale Darstellung,
darüber sind die Verkündigung an Maria und darunter die
Darstellung Christi im Tempel geschnitzt. Links von der
Taufe sind die Himmelfahrt Christi und rechts das Entschlafen der Muttergottes wiedergegeben.

Literatur:
Frankfurt 2007, Kat. Nr. 124

209 Segenskreuz

Griechenland (Berg Athos?), 1649
Schnitzerei in Buchsbaum, Fassung in Silber,
teilweise vergoldet, Silberfiligran, Halbedelsteine,
35 x 16 cm
Privatbesitz

In den Kreuzesstamm aus Buchsbaumholz wurden Szenen des Festtagszyklus geschnitzt. Die Vorderseite zeigt
von oben nach unten die Verkündigung an Maria, Geburt
und Taufe Christi sowie die Auferweckung des Lazarus.
Auf dem Querbalken sind links die Einführung Mariens in
den Tempel und rechts die Darstellung Christi im Tempel wiedergegeben. Ihnen schließt sich in einem Aufsatz
am äußeren Ende des Querbalkens jeweils die Figur eines
Evangelisten an. Die Rückseite des Kreuzes zeigt von oben
nach unten die Himmelfahrt, Kreuzigung, Verklärung
und Hadesfahrt Christi. Am linken Teil des Querbalkens
ist der Tod der Muttergottes dargestellt und ihm gegenüber der Einzug Christi in Jerusalem. Ganz außen befinden
sich wiederum zwei Evangelisten. In den beiden vom Fuß
des Kreuzes zum Querbalken aufstrebenden Zweigen des
Lebensbaumes wurden auf der Vorderseite Schnitzereien
mit Büsten von Propheten eingefügt und auf der Rückseite
die Bildnisse der Apostel.

Der vergoldete Griff des Kreuzes ist in das untere Ende
des senkrechten Kreuzbalkens eingeschraubt, und diese
Partie ist auf beiden Seiten durch eine vergoldete Silberplatte mit farbigen Steinen abgedeckt. Oberhalb des Nodus
am Griff des Kreuzes ist eine nicht vollständig lesbare grie-

chische Inschrift eingraviert, die folgendermaßen rekonstruiert werden kann: „Der Ort des Gerichts ist zum Paradies geworden." Es schließt sich ein Widmungstext an, der besagt, dass das Kreuz von einem Geistlichen namens Kamou in Auftrag gegeben und von einem Priestermönch (Hieromonachos), dessen Name nicht lesbar ist, im Jahr 1649 angefertigt wurde. Drei Kreuze ähnlicher Form befinden sich im Byzantinischen Museum Athen (siehe New York 2002, Kat. Nr. 27, 28 und 31).

Literatur:

Hoechst 1986, Kat. Nr. 243 auf S. 157, Abb. auf S. 110; Köln 1986, Kat. Nr. 49 auf S. 73; Herzogenrath 1987, Kat. Nr. 135; Frankfurt 2007, Kat. Nr. 121

210 Unverbrennbarer Dornbusch und „Über Dich freut sich" (Diptychon)

Russland, 16./18. Jahrhundert
Beinschnitzerei, Silber vergoldet und graviert, Bergkristall, 13,6 x 17 cm
Privatbesitz

Das Diptychon besteht aus zwei silbernen Flügeln, die außen mit fein gravierten Rosetten und Rankenwerk geschmückt sind. In aufgeklapptem Zustand ist rechts eine gravierte Darstellung der Muttergottes „Nicht verbrennender Dornbusch" in einem durch zwei diagonal übereinandergelegten geschweiften Vierecken gebildeten Stern zu sehen. In den Spitzen des Sterns sind Engel und Evangelistensymbole abgebildet, in den Feldern dazwischen Engel, deren Beischriften im Uhrzeigersinn lauten: „Du machst dir die Engel zu Geistern und Dienern; die Engel des Frostes und des Eises, das heißt Dienst; der Geist der Herrlichkeit schafft Frost und Eis; der Geist der Überwindung; der Geist des Verstandes – der Engel mit der Stimme; der Geist der Gottesfurcht – Donner, die Engel kleideten sich in den Regenbogen; der Geist der Weisheit – Engel."

In dem geschweiften Bogen darüber ist die Darstellung der Neutestamentlichen Dreifaltigkeit wiedergegeben.

In den linken Flügel ist eine Beinschnitzerei eingelassen, die in feiner und vielfiguriger Schnitzerei den Marienhymnus „Über Dich freut sich …" illustriert, dessen kirchenslawischer Text in den oberen Ecken und in dem umlaufenden Rahmen zitiert wird. In einem Rundmedaillon im Zentrum thront die Muttergottes, die von Engeln und verschiedenen Heiligengruppen vor der Kulisse einer Kirche mit vielen Kuppeln verehrt wird. Ähnliche Beinschnitzereien dieses Themas aus der Mitte bzw. der zweiten Hälfte des 16. Jahrhunderts befinden sich im Museum des Sergij-Dreifaltigkeitsklosters (Nikolaeva 1968, Abb. 89) und im Russischen Museum St. Petersburg (Baltimore 1994, Kat. Nr. 83 auf S. 272). Ein weiteres vergleichbares Relief hatte J. W. von Goethe 1818 für die Kunstsammlungen zu Weimar angeschafft, wo es noch heute aufbewahrt wird (Effenberger 1990, S. 34–36, Abb. 3).

Über der geschnitzten Tafel ist in dem geschweiften Kielbogen der Silberarbeit ein plastisch ausgearbeitetes Elfen-
beinrelief mit dem Mandylion (Tuchbild Christi) eingefügt,
das von einem Bergkristall bedeckt ist. Flankiert wird dieses
kleine Relief von den gravierten Erzengeln Michael und
Gabriel, die sich dem Christusbild in Verehrung zuwenden,
sowie einem Cherub, der über ihm schwebt.

Literatur:
Recklinghausen 2000, Kat. Nr. 215 auf S. 194, Abb. auf S. 195;
Frankfurt 2007, Kat. Nr. 80

211 Enkolpion mit Festtagsdarstellungen

Russland (Novgorod), 16. Jahrhundert
Silber, getrieben und ziseliert, Beinschnitzerei, 10 x 6,3 cm
Privatbesitz

Als Enkolpion bezeichnet man seit der Antike ein auf
der Brust getragenes Amulett, das dann auch vom 4. Jahrhundert an von Christen benutzt wurde, welche die Enkolpien teilweise mit Partikeln von Reliquien versahen.

Die Reliefschnitzerei dieses Enkolpions ist in zwölf
hochrechteckige Felder in drei Reihen unterteilt, in denen
die Hochfeste des orthodoxen Kirchenjahres wiedergegeben
sind, wobei die Reihenfolge jedoch weder dem liturgischen
Jahr noch der historischen Abfolge entspricht. Die obere
Reihe zeigt die Szenen der Taufe Christi, seiner Geburt,
der Verkündigung an Maria und Christi Himmelfahrt. In

der mittleren Reihe folgen der Einzug Christi in Jerusalem, seine Kreuzigung, Auferstehung und Verklärung auf dem Berg Tabor. Unten sind die Darbringung Christi im Tempel, Pfingsten, das Entschlafen der Muttergottes und die Auferweckung des Lazarus dargestellt. Ähnliche Beinschnitzereien aus dem 16. Jahrhundert befinden sich im Museum des Sergij-Dreifaltigkeitsklosters (Nikolaeva 1968, Abb. 74) und in der Eremitage in St. Petersburg (St. Petersburg 2000, Kat. Nr. R 29 a und b auf S. 276/277).

Auf der großen Metallöse am oberen Rand ist das Mandylion, umgeben von dem kreisrunden Kreuznimbus, wiedergegeben. Der Rahmen aus feinstem Silberfiligran zeigt ein Spiralrankenmuster, das für Novgoroder Arbeiten des 16. Jahrhunderts charakteristisch ist.

Literatur:
Hoechst 1986, Kat. Nr. 217; Köln 1986, Kat. Nr. 53 auf S. 75; Herzogenrath 1987, Kat. Nr. 133; Das Heilige Russland 1987, Abb. 16; Frankfurt 1988, Kat. Nr. 391 auf S. 317; Frankfurt 2007, Kat. Nr. 55

212 Panhagia

Griechenland (Berg Athos?),
Ende 18./Anfang 19. Jahrhundert
Silber, Niello, Holzschnitzerei (Zypresse?),
Durchmesser 6,4 cm
Privatbesitz

Da viele Enkolpien ein Bild der Muttergottes, der Allheiligen (griech.: Panhagia), tragen, wurden sie auch Panhagien genannt. Dies ist auch bei diesem aufklappbaren Rundmedaillon der Fall, das außen wie innen dieselben Darstellungen trägt. Die aus Silber gefertigten Außenseiten sind in Niello-Technik geschmückt und zeigen auf der Vorderseite die auf einem breiten und prächtigen Rokoko-Thron sitzende Muttergottes mit dem Christuskind auf dem Schoß. Beide sind gekrönt und in wallende Gewänder gekleidet. Christus hat die Rechte im Segensgestus erhoben und hält mit seiner linken Hand ein Evangelienbuch empor. Auf der Rückseite werden Kaiser Konstantin und seine Mutter Helena zu beiden Seiten des in einer Landschaft aufgerichteten Kreuzes Christi gezeigt, das Helena der Legende zufolge in Jerusalem gefunden hatte. Die Heiligen sind einander zugewandt, tragen kaiserliche Gewänder, Kronen sowie große Zepter.

In den Buchsbaumschnitzereien, die in die Innenseiten des Medaillons eingepasst sind, wiederholen sich die Bildthemen der Außenseiten mit geringfügigen Variationen: Die Figuren sind hier von Architekturkulissen hinterfangen und werden an den beiden Außenrändern von Seraphim begleitet.

Köln 1986, Kat. Nr. 50 auf S. 74; Hoechst 1986, Kat. Nr. 219 auf S. 154; Herzogenrath 1987, Kat. Nr. 148; Recklinghausen 2000, Kat. Nr. 206 auf S. 190; Frankfurt 2007, Kat. Nr. 57

dergegeben. Das Medaillon des mittleren Flügels zeigt den thronenden Christus zwischen den zwölf Aposteln. Der Darstellung „Die Propheten haben Dich vorher verkündet" widmet sich die rechte Schnitzerei, in der Christus Emmanuel vor der Brust seiner Mutter gezeigt wird. Die Büsten der zwölf Propheten, die sein Kommen vorhergesagt hatten, sind in die Ranke des äußeren Kreises eingeflochten.

In den vier äußeren Zwickelfeldern befinden sich entweder stilisierte Blumenornamente oder Engelköpfe.

Frankfurt 2007, Kat. Nr. 84

213 Triptychon

Berg Athos und Moskau, um 1700 und 1767
Schnitzerei aus Buchsbaum, Silber, 6,2 x 18 cm
Privatbesitz

Das Triptychon besteht aus drei quadratischen Flügeln aus Silber, die 1767 in Moskau von einem Silberschmied mit den Initialen P. F. gefertigt und von dem zwischen 1760 und 1794 tätigen Prüfmeister V. A. unter dem Aldermann Theodor Petrov (1759–1784) geprüft wurden.

Das Triptychon wurde angefertigt, um drei filigrane à-jour-Schnitzereien aus Buchsbaumholz aufzunehmen, die der Auftraggeber wahrscheinlich von einer Pilgerfahrt auf den Berg Athos mitgebracht hatte. Sie zeigen jeweils zwei konzentrische Kreise, wobei der äußere mit einer Ranke geschmückt ist und den zentralen Kreis figürliche Szenen einnehmen. Auf dem linken Flügel ist unter der Alttestamentlichen Dreifaltigkeit die Verkündigung an Maria wie-

214 Die hll. Prokopij und Ioann von Ustjug

Russland (Velikij Ustjug), 1769
Silber, vergoldet, ziseliert und graviert, Niello, 9 x 7,2 cm
Privatbesitz

Die in Niello-Technik verzierte Silberplakette wurde in Velikij Ustjug bei Groß-Rostov gefertigt, das im 18. Jahrhundert das Zentrum des Niello-Handwerks war. Auf der Tafel sind vor der Kathedrale von Ustjug die beiden mit dieser Stadt verbundenen heiligen Narren Prokopij und Ioann wiedergegeben.

Prokopij war angeblich ein reicher Kaufmann aus Lübeck, der sich zum orthodoxen Glauben bekehrte, sein Vermögen an die Armen verschenkte und in Ustjug als „Narr in Christo" lebte. Er soll auf Abfallhaufen geschlafen haben, um sich als „Kehricht der Welt" darzustellen. Wegen eines Wunders vor der Muttergottes von Ustjug, aus der bei seinem Gebet Öl strömte, und der Abwehr eines großen Steinhagels wurde er als Wundertäter verehrt. Prokopij soll am 8. Juli 1303 am Tor des Erzengel-Klosters gestorben sein. 1458 begann die Verehrung seines Grabes gegen den Willen des Klerus.

Nach seinem Vorbild lebte Ioann, ein Bauernsohn aus der Nähe von Velikij Ustjug, der sich in einer Hütte bei der Kirche des Entschlafens der Muttergottes in Ustjug niederließ. Er ernährte sich nur von Wasser und Brot und legte sich auf Misthäufen oder auf glühende Kohlen. Zu seinen Lebzeiten soll er die Ehefrau des Fürsten Feodor Krasnyj von Ustjug geheilt haben, nach seinem Tode am 29. Mai 1494 geschahen an seinem Grab in der Nähe der Mariä-Entschlafen-Kirche weitere Wunder. Auf dem Moskauer Konzil von 1547 wurde die Verehrung der beiden mit Velikij Ustjug verbundenen Narren Prokopij und Ioann bestätigt.

Die beiden Heiligen sind einander zugewandt und heftig gestikulierend mit teilweise unbedeckten Oberkörpern dargestellt. Im Inneren der Kathedrale zwischen den beiden Heiligen ist das oben erwähnte Wunder der Ikone der Muttergottes von Ustjug dargestellt, das Prokopij zuteil wurde.

Die Plakette wurde von dem Silberschmied Meister Popov im Jahre 1769 angefertigt und von dem Prüfmeister Aleksej Ivanov Torlov geprüft. Die Fabrik der Brüder Afanasij und Stepan Popov war die erste Fabrik für Niello- und Emailarbeiten in Velikij Ustjug. Die für ihre hohe Qualität

berühmte Werkstatt war 1761 gegründet worden und überstand mehrere Brände und Überschwemmungen, bis sie 1776 endgültig bei einer Feuersbrunst zerstört wurde (siehe Postnikova-Loseva 1983, S. 50–51, 124 und 152).

Literatur:
Recklinghausen 1988, S. 118, Abb. S. 119; Frankfurt 2007, Kat. Nr. 93

215 Apostel Philipp

Byzantinische Provinz (?), 12./13. Jahrhundert
Bronze, getrieben, graviert und vergoldet, 5 x 5 cm
Privatbesitz

216 Hl. Gregorios

Byzantinische Provinz (?), 12./13. Jahrhundert
Bronze, getrieben, graviert und vergoldet, 6 x 4,7 cm
Privatbesitz

Die beiden zusammengehörigen Beschlagbleche zeigen in den Ecken Nagellöcher und werden von einem Perlband gerahmt. Sie schmückten wahrscheinlich ursprünglich eine Holzikone oder einen Buchdeckel.

Das kleinere Relief zeigt den Apostel Philippos in Frontalansicht und mit einem mit Punkten verzierten Nimbus. Die großen getriebenen und gravierten, senkrecht zu beiden Seiten des Apostels angebrachten Buchstaben geben seinen Namen mit FILIPOS an; auf den bei byzantinischen Objekten üblichen Namenszusatz O AGIOS (der Heilige) wurde verzichtet.

Auf dem anderen Relief ist ein Heiliger mit dem Namen GRIGORIOS dargestellt, bei dem ebenfalls der Zusatz

„der Heilige" weggelassen wurde. Gregor wird frontal im Bischofsornat gezeigt, er erhebt seine Rechte im Segensgestus und hält mit seiner linken Hand einen Kodex. Da es mehrere bedeutende Bischöfe namens Gregorios gab, ist er nicht eindeutig zu identifizieren. Vermutlich ist Gregor von Nazianz (der Theologe) gemeint, einer der drei kappadokischen Kirchenväter.

Zu den beiden Beschlägen gehörte ursprünglich ein weiteres Relief mit dem Bildnis des Apostels Matthäus, das sich heute in einer Münchner Privatsammlung befindet (München 1998, Kat. Nr. 21 auf S. 31; Antwerpen 1988, Kat. Nr. 128 auf S. 150; München 2004, Kat. Nr. 221 auf S. 179).

Literatur:
Köln 1986, Kat. Nr. 51 und 52 auf S. 74; Herzogenrath 1987, Kat. Nr. 130 und 131; Frankfurt 1988, Kat. Nr. 191 und 192 auf S. 204; Frankfurt 2007, Kat. Nr. 90

217 Hl. Georg

Byzanz (?), 13.–15. Jahrhundert (?)
Goldblech, getrieben, 6,5 x 5,5 cm
Privatbesitz

Auf dem aus Goldblech getriebenen Relief ist die Figur eines von rechts nach links reitenden Kriegers zu sehen, der mit einem Helm und einem wehenden Mantel bekleidet ist. Mit seiner erhobenen Linken stößt er seine Lanze auf einen am Boden liegenden Drachen. Obwohl eine Namensbeischrift fehlt und der Krieger nicht durch einen Nimbus ausgezeichnet ist, dürfte es sich um den hl. Großmärtyrer Georg, den Drachentöter, handeln. In den oberen Ecken

sind zu beiden Seiten des Reiters große Blütenmotive in das Blech getrieben. Sehr ungewöhnlich ist allerdings, dass Georg hier einen Helm trägt, was seiner Darstellung in der ostkirchlichen Kunst widerspricht, wo er stets ohne Kopfbedeckung und mit Lockenfrisur wiedergegeben wird. Nur in der abendländischen Kunst trägt er bisweilen einen Helm, sodass dies ein Hinweis auf eine Entstehung des Reliefs unter westlichem Einfluss sein könnte.

Literatur:
Frankfurt 2007, Kat. Nr. 89

218 Drei Heilige

Byzanz (?), 13.–15. Jahrhundert (?)
Goldblech, getrieben, 6 x 8,3 cm
Privatbesitz

Im Gegensatz zur Georgsikone sind die drei Heiligen auf dem zugehörigen, querformatigen Goldblech durch ihre Nimben zweifelsfrei als Heilige gekennzeichnet. Doch auch sie tragen keine Namensbeischriften, und ihre schematische Darstellung erschwert eine Identifizierung zusätzlich. Die beiden Männer auf den Seiten, die Handkreuze tragen, sind dadurch als Märtyrer ausgewiesen, der mittlere, bärtige Heilige mit einem Schima oder Omophorion über den Schultern und einer Kapuze oder einer Mitra wird ein Mönch oder Bischof sein.

Das Relief besitzt die gleiche Randverzierung wie das des Reiterheiligen und ist zusätzlich seitlich mit einfachen Blattranken geschmückt.

Literatur: Frankfurt 2007, Kat. Nr. 89

Russische Metall-Ikonen

Alle nachfolgenden Katalognummern sind

Leihgaben aus der Sammlung S. J.

219 (Detail)

219 Triptychon: Deesis

19. Jahrhundert
Vergoldete Bronze mit fünffarbigem Email,
19,8 x 48,6 cm (geöffnet)

Das Triptychon gehört schon seiner Größe wegen, aber auch aufgrund der ungewöhnlichen, sehr subtil ausgeführten Rand- sowie Hintergrund-Ornamentik und schließlich dank seines aufwendigen Dekors zu den herausragenden Werken der russischen Metall-Ikonenkunst. Es bildet die fürbittenden Gestalten der Muttergottes und Johannes des Täufers zu beiden Seiten Jesu Christi in aller Schlichtheit und ohne jegliches Attribut im frühchristlichen Gebetsgestus ab. Der linke Flügel trägt auf seiner Rückfront ein großflächiges und ebenfalls mehrfarbig emailliertes Golgatha-Symbol.

220 Hl. Nikolaus

Um 1800/19. Jahrhundert
Bronze mit dreifarbigem Email, 30,4 x 26,7 cm

Die Tafel repräsentiert eine nur wenig verbreitete Variante großformatiger Nikolaus-Reliefs. Von anderen annähernd gleichgroßen Darstellungen des Bischofsheiligen aus Myra unterscheidet sie sich insbesondere in der Gestaltung des Außenrandes sowie in der Ausführung mancher ornamentaler Elemente im Bildinneren. Auffällig anders fallen hier beispielsweise die Schriftkartuschen aus, die den Titulus aufnehmen, oder etwa die stilisierten Wolkenbänke, auf denen Christus und Maria Platz finden. Auch der den Nimbus des Wundertäters säumende Perlrand ist eine Eigentümlichkeit nur dieses Typs metallener Nikolaus-Bildnisse, deren Herstellung möglicherweise das Privileg einer einzigen Werkstatt geblieben ist.

Den dreifarbigen Schmuck der sorgfältig emaillierten Tafel beherrscht ein leuchtendes Weiß, dem sich namentlich im Hintergrund der eigentlichen Bildfläche noch die Farbtöne Ockergelb und Dunkelblau hinzugesellen.

Literatur:
Vgl. Gnutova/Zotova 2000, Nr. 134

221 Hauskreuz ("Große Patriarchenkreuzigung")

19. Jahrhundert
Bronze mit dreifarbigem Email, 38,4 x 23,7 cm

Eine der augenscheinlichsten Besonderheiten dieses Beispiels einer sogenannten großen Patriarchenkreuzigung, die angesichts ihres umfangreichen Bildprogramms an eine Art liturgischen Kalender denken lässt, ist die ikonographische Umsetzung des Motivs der Alttestamentlichen Dreifaltigkeit im äußersten rechten Feld der Bildreihe unmittelbar über dem mittleren Kreuzesarm. Der in der Mitte platzierte Engel tritt hier mit weit ausgebreiteten Flügelschwingen in Erscheinung, während er in der Mehrzahl der Fälle mit eng am Körper anliegenden Flügeln dargestellt wird. Eines von mehreren weiteren Merkmalen, in denen sich solchermaßen erweiterte Hauskreuze voneinander unterscheiden können, ist die Anzahl der sie bekrönenden Seraphim. Hier sind es lediglich siebzehn, die im gleichförmigen Nebeneinander einen abgeflachten Rundbogen bilden.

Literatur:
Vgl. Baden-Baden 1991, Kat. Nr. 127, Abb. 54; Gnutova/Zotova 2000, Nr. 47; Recklinghausen 2004, Nr. 162; Jeckel 1995/1999, Nr. 121; Opdebeeck 1997, S. 168 f.

222 Segenskreuz

19. Jahrhundert
Bronze, 55,6 x 32,7 cm

Ikonographisch entspricht das Kreuz in allen wesentlichen Einzelheiten den bekannten Standards (vgl. u. a. Jeckel 1995/1999, Nr. 95), signifikant sind allerdings seine üppigen Abmessungen und, damit zusammenhängend, sein vergleichsweise hohes Gewicht von nahezu 3.000 Gramm.

Die Rückseite dieses sorgfältig modellierten und akkurat gegossenen Kultgegenstandes wird von einer filigran ausgeformten Ornamentik überzogen. Hierin verbinden sich geometrische und florale Elemente zu einer gleichermaßen originellen wie dekorativen Komposition.

220 Hl. Nikolaus

221 Hauskreuz

A: Seltene Motive sowie ungewöhnliche Formvarianten

Das Themen- und Formenrepertoire der russischen Metall-Ikonenkunst ist im Lauf der Jahrhunderte auf eine beachtliche, wenn auch (noch) nicht exakt konkretisierbare Größenordnung angewachsen. Allerdings hat nicht jedes Motiv und ebenso wenig jede gestalterische Variante in Russland auch gleichermaßen weite Verbreitung gefunden. Allein schon die unterschiedliche Popularität einzelner Sujets erklärt zu einem erheblichen Teil das zuweilen stark differierende Vorkommen bestimmter Reliefs. Der hl. Nikolaus etwa, der hl. Georg oder die hl. Paraskeva Pjatnica galten im Volksglauben landauf, landab als so wirkmächtige und deshalb besonders verehrungswürdige Wundertäter, dass ihr in Metall gegossenes Abbild bei den Gläubigen um ein Vielfaches häufiger gefragt war als dies beispielsweise für die Bildnisse der hl. Eudokia oder des hl. Stephanos gilt.

Auch rein regionale oder gar nur lokale Sujetvorlieben, die lediglich die Herstellung entsprechend kleiner Kultbild-Auflagen rechtfertigten, machen neben einer Anzahl weiterer Gründe – zu denken wäre hier unter anderem auch an Präferenzen und kreative Eigenheiten einzelner Werkstätten – eine höchst ungleiche Häufigkeitsverteilung in der Spezies Metall-Ikonen einsichtig.

Vitrine A zeigt in einer exemplarischen Auswahl solche Reliefs, die in thematisch-inhaltlicher und/oder formal-gestalterischer Hinsicht unzweifelhaft das Attribut „selten" beanspruchen dürfen. Darunter befinden sich allerdings auch manche Beispiele, als deren Besonderheit in erster Linie ihre mehr oder minder frühe Entstehungszeit betrachtet werden muss. Es ist ja eine Erfahrungstatsache, dass der Bestand an Altertümern jeglicher Art aus den verschiedensten Gründen im Zeitenlauf rapide abzunehmen pflegt. Das war und ist bei kultischen Gebrauchsgegenständen wie den hier betrachteten Metall-Ikonen nicht anders. So liegt es also auf der Hand, dass Reliefs höheren Alters auch gänzlich unabhängig von ihrer Thematik sowie ihrem äußeren Erscheinungsbild im Regelfall Seltenheitswert besitzen und deshalb in dieser Exposition präsentiert zu werden verdienen.

222 Segenskreuz

223 Thronender Jesus Christus Allherrscher

Um 1800
Bronze mit Resten einer Vergoldung, 19,8 x 12,3 cm

Die statuettenartig modellierte Gestalt, die sich mit ihrem Kreuznimbus als der Pantokrator zu erkennen gibt, thront in würdevoll aufrechter Haltung auf einem ausladend gepolsterten Sessel. Die nackten Füße finden Halt auf einem gedrungenen Schemel. Der Segen spendende Jesus Christus weist dem Betrachter das aufgeschlagene Evangeliar mit der Textstelle „Kommt alle zu mir, die ihr euch plagt und schwere Lasten zu tragen habt. Ich werde euch Ruhe verschaffen" (Mt 11,28).

Das ausdrucksstarke Werk orientiert sich ikonographisch am zentralen Relief einer dreiteiligen „Engel-Deesis", die den Allherrscher zwischen den (durchbrochen gearbeiteten) Erzengeln Michael und Gabriel zeigt. Der vorliegende Bronzeguss scheint allerdings eine Sonderanfertigung und damit möglicherweise ein singuläres Exemplar zu sein. Hierauf deutet ein rückseitig angegossenes Fußstück von unklarer Zweckbestimmung hin. Eine vergleich-

Ob die Ikone von Anfang an für die private Andacht ihres jeweiligen Besitzers oder aber für eine andere kultische Verwendung bestimmt war, lässt sich mangels aussagekräftiger Anhaltspunkte nicht mehr mit Bestimmtheit feststellen. Dass sie zumindest zeitweise auch als Beschlag eines vermutlich hölzernen Gegenstands, etwa eines Grabkreuzes, gedient hat, belegen drei Bohrlöcher, die sehr dilettantisch in das Metall getrieben worden sind.

Literatur:
Jeckel 2004, Nr. 45

225 Erweiterte Deesis

Um 1800
Bronze mit dreifarbigem Email, 22,3 x 13,9 cm

Das Außergewöhnliche dieser Tafel besteht vor allem in dem atypischen, breit angelegten Rahmenwerk, dessen oberer Bereich zugleich eine Darstellung der Neutestamentlichen Dreifaltigkeit aufnimmt sowie in der Bekrönung des Ganzen durch neun Seraphim.

Literatur: Jeckel 2000, Nr. 1 (Frontispiz)

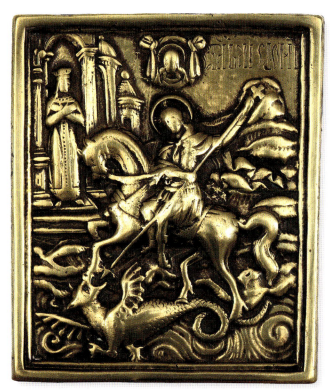

bare Arbeit ist im Übrigen weder aus der Literatur noch aus musealen oder privaten Sammlungen bekannt.

Literatur:
Jeckel 1986, Nr. 1 (Titelbild)

224 Erweiterte Deesis

18. Jahrhundert
Bronze, 7,8 x 14,7 cm

Auf diesem äußerst seltenen querformatigen Relief sind entsprechend der inschriftlichen Benennung folgende Gestalten ganzfigurig dargestellt (von links): hl. Nikolaus, Muttergottes, Erzengel Michael, (thronender) Jesus Christus, Erzengel Gabriel, hl. Johannes der Täufer und hl. Sergij von Radonež.

226 Der Drachenkampf des hl. Georg

18. Jahrhundert
Bronze, 9,8 x 8,4 cm

Die sehr plastisch durchbildete Ikone zeigt außer dem Reiterheiligen und dem von ihm getöteten Drachen die Königstochter aus der Georgslegende vor einer palastartigen Kulisse sowie – integriert in das Bildrechteck – ein „nicht von Menschenhand geschaffenes Antlitz Christi". Der Duktus der ins Auge springenden Zierschrift neben dem Mandylion gibt ein für die Datierung der Tafel hilfreiches Indiz ab. Erschließen lässt sich der Inhalt dieser Inschrift allerdings nicht.

227 Muttergottes von Kazan'

17./18. Jahrhundert
Bronze mit zweifarbigem Email, 13,0 x 8,5 cm

Augenscheinlichste Besonderheit dieser vergleichsweise frühen Darstellung der Kazanskaja ist neben der Rankenornamentik auf dem breiten Bildrahmen vor allem der Mandylion-Aufsatz in seiner bemerkenswert großflächigen, kreisrunden Ausformung.

Literatur:
Jeckel 2000, Nr. 38

228 Deesis

18. Jahrhundert
Bronze, 5,0 x 3,9 cm

Die etwas archaisch anmutende dreifigurige Fürbittszene füllt die Bildfläche nahezu vollständig aus. Für die erhaben gesetzten Namensinschriften, die im Fall Jesu Christi und seiner Mutter Maria aus den üblichen griechischen Abbreviaturen, im Fall Johannes des Täufers aus der kyrillischen Benennung bestehen, bleibt deshalb nur wenig Raum.

229 Christus „Das nicht schlafende Auge"

19. Jahrhundert
Bronze, 5,5 x 5 cm

Als Vorlage für dieses Relief darf aufgrund der formalgestalterischen Ähnlichkeit eine spätmittelalterliche Steinschnittarbeit vermutet werden. Titel und Bildinhalt haben einen biblischen Bezugspunkt, fußen sie doch auf Psalm 121,2–4: „Meine Hilfe kommt vom Herrn, der Himmel und Erde gemacht hat. Er lässt deinen Fuß nicht wanken; er, der dich behütet, schläft nicht. Nein, der Hüter Israels schläft und schlummert nicht."

Auf dem mittleren Bildfeld ist in Sitzhaltung Jesus Christus auszumachen. Zu seiner Rechten und ihm zugewandt steht die Muttergottes mit im Gebetsgestus erhobenen Händen. Zwei Engel flankieren dieses Szenarium, das im Übrigen von fünf weiteren nimbierten Gestalten sowie einem Mandylion gesäumt wird, die alle in voneinander abgegrenzten Bildsegmenten angeordnet sind.

Literatur:
Jeckel 2004, Nr. 50; vgl. Gnutova/Zotova 2000, Nr. 76

230 Die Muttergottes und der hl. Nikolaus in fürbittendem Gebet

17. Jahrhundert/um 1700
Bronze mit Resten einer ursprünglichen Feuervergoldung,
5,4 x 3,6 cm

Maria, links im Bild, und der hl. Nikolaus stehen in Gebetshaltung einander gegenüber. Zwischen ihren Häuptern erscheint, umschlossen von einem Halboval, der beidhändig segnende Jesus Christus.

Das in seiner Schlichtheit sehr expressive Täfelchen verfügt über eine aufgesetzte Kordel-Öse. So besteht kein Zweifel, dass dem Relief die Bestimmung zugedacht war, seinem Besitzer als Brust-Ikone zu dienen.

Literatur:
Jeckel 2000, Nr. 86

231 Mittelteil eines Triptychons: Hl. Johannes Chrysostomos

18. Jahrhundert
Bronze, 7,3 x 5,1 cm

Einzeldarstellungen des hl. Johannes Chrysostomos, dieses in Ost und West gefeierten Kirchenlehrers, Liturgen und einstigen Patriarchen von Konstantinopel, gehören zu den Rarissima der russischen Metall-Ikonenkunst. Auf dem vorliegenden Mittelstück eines Triptychons tritt er als Ganzfigur in Erscheinung. Angetan mit dem bischöflichen Ornat hält er die Rechte segnend empor, während die abgewinkelte Linke auf das Evangelium weist. Der Titulus, verteilt auf zwei Schriftkartuschen in Haupthöhe, gibt den Namen wie auch den Beinamen des Heiligen in russischer Schreibung an.

Literatur:
Jeckel 2000, Nr. 104

232 Hl. Nikolaus von Zarajsk

17./18. Jahrhundert
Bronze, 6,4 x 4,4 cm

Obwohl das Bild des Wundertäters Nikolaus zu den beliebtesten und damit häufigsten Motiven russischer Ikonen-Gießereien gehörte, ist speziell das Zarajsker Nikolaus-Sujet, eine lokale Variante der Darstellung des großen Bischofsheiligen, aus der Metall-Ikonenkunst so gut wie gar nicht bekannt. Unser Beispiel zeigt den Gottesmann in ganzer Gestalt. Er trägt die liturgischen Gewänder eines Hierarchen, hält in seiner Linken ein Evangeliar und segnet mit der Rechten. In der Höhe vervollständigen Jesus Christus (links) und Maria als porträthafte Assistenzfiguren das Bildnis, das auch einen Mandylion-Aufsatz trägt.

Literatur:
Jeckel 1995/1999, Nr. 65

233 Hl. Nikolaus von Možajsk

Um 1700
Feuervergoldete Bronze mit Resten dreifarbigen Emails und
besetzt mit vier in Silber gefassten Türkisen, 6,3 x 5,7 cm

Der Schmuckstein-Besatz – vermutlich eine Zutat des späten 19. Jahrhunderts – macht das Besondere dieser kleinen Bronzetafel aus. Sie gibt die Možajsker Variante des Nikolaus-Bildes in traditioneller Ikonographie wieder: Der Heilige – im Bischofsgewand ganzfigurig und frontal dargestellt – hält seine Arme zu beiden Seiten weit abgewinkelt. Während seine Rechte ein Schwert empor streckt, präsentiert seine Linke ein Architekturmodell.

Literatur:
Jeckel 2000, Nr. 93

234 Christus und Heilige („Erlöser von Smolensk")

18. Jahrhundert
Bronze mit dreifarbigem Email, 6,8 x 6 cm

Diese als eigenständiges Relief im Kleinformat selten anzutreffende Bronze bildet den ganzfigurigen Pantokrator zwischen zwei Engeln ab, die die Passionszeichen emporhalten. Alle drei Gestalten sind mit Brustgehängen, sogenannten Catas, geschmückt. Zu Füßen Jesu Christi knien die Mönchsheiligen Sergij (links) und Nikon von Radonež.

Literatur:
Jeckel 2000, Nr. 18

235 Triptychon: Hl. Nikolaus und Festtage

Um 1800
Bronze mit zweifarbigem Email, 9,3 x 11,2 cm (geöffnet)

Das Triptychon zeichnet sich durch zwei Eigentümlichkeiten als Besonderheit aus: Zum einen weicht das Brustbild des hl. Nikolaus von der traditionellen Ikonographie ab, denn die Segenshand und die das Evangelienbuch stützende Linke des Wundertäters fehlen ebenso wie auch Jesus Christus und Maria als Beifiguren. Zum anderen ist die Fläche, die im Aufsatzfeld den Besuch der drei Engel bei Abraham, also das Bild der alttestamentlichen Trinität aufnimmt, hier von quadratischem Zuschnitt, während sie im Regelfall die geschwungenen Umrisse einer Kelchkuppa aufweist.

Literatur:
Jeckel 2000, Nr. 83

236 Hälfte eines Enkolpions: Der Erzengel Sichail erscheint dem hl. Sisinnios

18. Jahrhundert/um 1800
Bronze, 5,7 x 4,4 cm

Der hl. Sisinnios, dem der (in der abendländischen Christenheit gänzlich unbekannte) Erzengel Sichail mit einem Botenstab in der Hand entgegenschreitet, versinnbildlicht einen Kämpfer gegen das Böse.

Die hier gezeigte Komposition, die sich als Teil eines Enkolpions ausweist, hat ihren Ursprung in einer bereits sehr geschichtsträchtigen Vorlage. Diese wiederum soll auf eine apokryphe Quelle wahrscheinlich südslawischer Herkunft zurückgehen.

Literatur:
Jeckel 2000, Nr. 70

237 Die Kreuzigung Christi

Um 1600 (?)
Bronze, 7,3 x 5,5 cm

Verschiedene ikonographische Gegebenheiten, denen auch be- und verarbeitungstechnische Merkmale nicht entgegenstehen, legen ein etwa vierhundertjähriges Alter dieser Ikone nahe. Sie zeigt den Gekreuzigten umgeben von den beiden trauernden Marien, dem Apostel Johannes und dem Hauptmann Longinus sowie zwei Anbetungsengeln in der Höhe. Die Szene wird von einem Mandylion überragt.

Literatur:
Jeckel 2000, Nr. 115

238 Hälfte eines Enkolpions: Jesus Christus und die sieben Schläfer von Ephesos

14./15. Jahrhundert
Bronze, 6,4 x 4,6 cm

Auf der kleinen Tafel mit Treppengiebel sind die sieben Hirtenjungen der Siebenschläfer-Legende in unterschiedlichen Schlafstellungen, jedoch in symmetrischer Anordnung um das zentrale Porträt Jesu Christi gruppiert. Die formale Verwandtschaft dieses Reliefs mit in Stein geschnittenen Arbeiten der altrussischen Kleinplastik ist augenscheinlich.

Literatur:
Jeckel 1995/1999, Nr. XXXII, S. 39

239 Der heilige Prophet Daniel

18. Jahrhundert/um 1800
Bronze, 16,5 x 7 cm

Die nimbierte Ganzfigur eines bartlosen Jünglings füllt die Bronzeplatte von ihrer Ober- bis zur Unterkante vollständig aus. Der so dargestellte Prophet trägt ein höfisches, mit viel Zierrat geschmücktes Gewand. Seine angewinkelte Rechte ist zum Zweifingerkreuz der russischen Altgläubigen geformt, seine Linke hält eine sich nach unten öffnende Schriftrolle. Die Textstelle darauf ist dem alttestamentlichen Buch Daniel entnommen (Dan 7,9).

Literatur:
Jeckel 2000, Nr. 72

240 Die Erhöhung des Kreuzes Christi

19. Jahrhundert
Bronze mit dreifarbigem Email, 11,5 x 10 cm

Der aus Platzgründen unvollständige Ausschnitt aus dem – von links gesehen – dritten Giebelfeld eines Tetraptychons mit Festtagen und Szenen des Marienlobs ist eingepasst in ein hochrechteckiges Rahmenwerk, wie es von zahlreichen anderen Metall-Ikonenmotiven bekannt ist. Das Atypische der Komposition kommt weiterhin auch darin zum Ausdruck, dass die innere Bildfläche um der harmonischen Gesamtwirkung willen in der oberen Hälfte mit floraler Ornamentik ergänzt werden musste. Das Szenarium selbst entspricht indessen dem traditionellen Gestaltungsmuster des Festtagsbildes von der Erhöhung des Kreuzes Christi: Vor der Kulisse eines orthodoxen Gotteshauses sind drei geistliche Würdenträger auszumachen, deren mittlerer ein russisches Dreibalkenkreuz emporhält. Dieser Gruppe assistieren unter anderen Kaiser Konstantin der Große (links) und dessen Mutter, Kaiserin Helena, der die Überlieferung bekanntlich die Auffindung des Wahren Kreuzes Jesu Christi zuschreibt.

Literatur:
Jeckel 1995/1999, Nr. XL, S. 143

241 Vier Festtage

19. Jahrhundert
Bronze mit sechsfarbigem Email und Resten einer ursprünglichen Vergoldung, 10,6 x 9,2 cm

Die als eigenständige Ikone und nicht etwa als Flügel eines Triptychons konzipierte Bronzeplatte bietet vier Bildnissen mariologischer Feiertage aus dem Kanon der zwölf Hochfeste des orthodoxen Kirchenkalenders Platz. Die chronologische Abfolge beginnt unten links mit der Geburt Mariä. Daneben schließt sich die Einführung Mariens in den Tempel an. Die obere Reihe veranschaulicht die Verkündigung des Erzengels Gabriel an Maria sowie die Geburt Jesu einschließlich der tradierten Nebenszenen. Sämtliche Darstellungen stehen im Einklang mit der überkommenen Ikonographie.

Literatur:
Jeckel 2000, Nr. 111

242 Muttergottes Hodegetria, umgeben von den Porträts Jesu Christi und dreier Heiliger

Um 1800
Bronze, 5,5 x 5 cm

Die Halsband-Ikone trägt auf ihrem quadratischen Mittelfeld die Darstellung einer Muttergottes vom Typus der Hodegetria. Kreisförmige Medaillons umschließen ihr Bild an allen vier Seiten. Ganz oben ist hier die Halbfigur Jesu Christi zu erkennen, ihr gegenüber das Porträt des hl. Nikolaus. Die seitlich platzierten Heiligen repräsentieren das russische Mönchtum in Gestalt der heiligen Antonij (links) sowie Feodosij vom Kiewer Höhlenkloster.

Literatur:
Jeckel 2000, Nr. 48; Recklinghausen 2000, Nr. 162

243 Hl. Sergij von Radonež

Um 1900
Bronze, 7 x 6,1 cm

Das spätzeitliche und dennoch seltene Relief zeichnet sich durch einige eigenwillige ikonographische Details in der Ausführung des Sergij-Porträts aus, so zum Beispiel im Hinblick auf die Gestaltung der Haar- und Barttracht oder hinsichtlich der Gewandung des Heiligen. Aber auch die eher sparsame und zum Teil unscharf modellierte Randornamentik entspricht nicht den althergebrachten Gepflogenheiten russischer Werkstätten.

Literatur:
Jeckel 2004, Nr. 58

244 Erzengel, Heilige und Festtage

Um 1700
Bronze, 7,2 x 4,8 cm

In diesem mit einem Mandylion-Aufsatz versehenen Relief verschmelzen die schon als solche nur sehr vereinzelt anzutreffenden Motive der beiden Flügelklappen bestimmter Triptychen, sodass der Seltenheitswert der hier vorliegenden Kombination beider Sujets offenkundig ist. Auf den drei waagerechten Bildzeilen lösen die Porträts heiliger Gestalten einerseits sowie Festtagsdarstellungen andererseits einander ab. In der oberen Reihe ist (von links) der Apostelfürst Petrus neben dem Erzengel Michael zu erkennen, gefolgt vom Erzengel Gabriel und dem Apostel Paulus. Die Mittelzeile beherbergt in miniaturhaften Abmessungen das ostkirchliche Osterbild sowie das Szenarium der Geburt Jesu Christi. Die untere Reihe schließlich gibt die hl. Paraskeva, den hl. Tichon, ferner einen Märtyrer namens „Mina" (Menas) und die hl. Barbara wieder.

Literatur:
Jeckel 2000, Nr. 110

245 Mittelteil eines Triptychons: Fünf Festtage sowie die Szene „Jesus bricht zu Emmaus das Brot und wird von Lukas und Kleophas erkannt"

Um 1600/17. Jahrhundert
Kupfer, 8,8 x 6,7 cm

Die sechs Bildzonen von unterschiedlichem Zuschnitt haben Gedenktage des orthodoxen Kirchenjahres zum Gegenstand. Unmittelbar unter dem gotischen Rundbogen, der ein sehr kompaktes Mandylion mit axialer Kordelführung trägt, sind es die Verklärung Christi auf dem Berg Tabor (links) und Jesu Kreuzigung. Weiter abwärts folgen die Höllenfahrt Christi sowie die Aufnahme Christi in den Himmel, ganz unten schließen sich die Szenarien der Emmaus-Erscheinung und des Entschlafens der Muttergottes an. Am bemerkenswertesten in diesem Bilderzyklus ist die Darstellung der Begegnung der Emmaus-Jünger mit dem auferweckten Christus, wie sie im Lukasevangelium überliefert ist: „… Und als er mit ihnen bei Tisch war, nahm er das Brot, sprach den Lobpreis, brach das Brot und gab es ihnen. Da gingen ihnen die Augen auf, und sie erkannten ihn …" (Lk 24,30 f.). Dieses hier wiedergegebene Geschehen ist selbst in der Ikonenmalerei nur sehr vereinzelt thematisiert worden; der Metall-Ikonenkunst ist es dagegen nahezu gänzlich unbekannt, sodass dem vorliegenden Beispiel ein besonderer Stellenwert zukommt.

Literatur:
Jeckel 2000, Nr. 116

246 Die hll. Fürsten Boris und Gleb

15./16. Jahrhundert
Bronze, 5,1 x 4,8 cm

Boris und Gleb, Söhne des Großfürsten Vladimir von Kiew, unter dessen Herrschaft die Keimzelle Russlands christianisiert wurde, sind die Erzmärtyrer der russisch-orthodoxen Kirche. Bereits im 11. Jahrhundert kanonisiert, haben sie als „heilige Leidensdulder" auch schon frühzeitig Aufnahme in den Themenkatalog der russischen Ikonenkunst im Allgemeinen sowie der russischen Metall-Ikonenkunst im Besonderen gefunden. Das kleine spätmittelalterliche Flachrelief, das bereits deutlich von altersbedingten Substanzverlusten gezeichnet ist, zeigt das Bruderpaar hoch zu Ross. In gemessener, nach rechts gerichteter Bewegung reiten die beiden einträchtig nebeneinander. Aus einem Himmelssegment streckt sich ihnen die segnende Hand Jesu Christi entgegen.

Literatur:
Jeckel 2004, Nr. 36

247 Jesus Christus Allherrscher

15./16. Jahrhundert
Bronze, 6,4 x 3,8 cm

Die offenbar einer frührussischen Steinschnitzerei nachempfundene Ikone zeigt das Brustbild des Pantokrators. Er hält in der Linken den ungeöffneten Evangelienkodex und segnet mit der Rechten. Sein Haupt ist, wie es die

Tradition gebietet, von einem Kreuznimbus umschlossen. Das griechische Christusmonogramm zu beiden Seiten des Schulteransatzes tritt in großen Lettern deutlich aus dem Hintergrund hervor. Die in einen Rundbogen eingepasste Darstellung ist von einem erhabenen, aber völlig schmucklosen Rahmen umgeben, der oben in ein außergewöhnlich plastisch reliefiertes Tuchbild Christi übergeht.

Literatur:
Jeckel 1995/1999, Nr. 7

248 Die hll. Kosmas und Damian

14./15. Jahrhundert
Bronze, 5,9 x 3,4 cm

Die beiden inschriftlich als Kosmas und Damian bezeichneten Gestalten in der unteren Bildhälfte verkörpern Märtyrerheilige, die zu Lebzeiten in selbstloser Weise den Arztberuf ausübten und jede Gegenleistung für ihre Dienste ablehnten. Sie genießen deshalb schon seit dem 4. Jahrhundert hohe Verehrung, anfangs nur im Orient, später dann in der gesamten Christenheit. Als Metall-Ikonenmotiv hat das Bildnis der zwei „Anargyren" gleichwohl keine große Verbreitung gefunden. Soweit sie auf Reliefs überhaupt in Erscheinung treten, begegnet man ihnen nahezu ausnahmslos in Gruppen zusammen mit anderen Heiligen. Umso mehr Aufmerksamkeit verdient deshalb der vorliegende frühe Bronzeguss, der allein diesen beiden gewidmet ist. Die Schutzpatrone der Ärzte und Apotheker sind hier mit betend erhobenen Händen im Dreiviertelprofil zu erkennen. Ihr Blick ist nach oben gerichtet. Er gilt dem nach links und rechts segnenden Allherrscher, der aus einem Kreissegment auf sie herabblickt.

Um an einer Kette oder Kordel getragen werden zu können, verfügt die Brust-Ikone über eine unverhältnismäßig große, quaderförmige Öse. Sie wird von einem schlanken Steg gehalten, der ebenso wie der Ösenquader selbst jeglichen Zierrat vermissen lässt.

Der gute Erhaltungszustand, wie er sich vor allem in der scharf gezeichneten Abbreviatur des Christusnamens und der – in Längsrichtung angeordneten – Titelinschrift zeigt, dürfte ganz wesentlich der erhabenen Randeinfassung zu verdanken sein, die der Bildkomposition über die Jahrhunderte hinweg einen recht wirksamen Schutz zumindest vor mechanischer Beeinträchtigung geboten hat. Die sehr

einer Holz- oder Elfenbeinschnitzerei des 16. Jahrhunderts abgenommen worden ist. Die Darstellung zeigt den Kruzifixus in zeittypisch stark gebogener Haltung zwischen den üblichen Zweiergruppen der Zeugen des Kalvarienberggeschehens. In der Höhe sind die beiden Anbetungsengel auszumachen, die ebenfalls traditionsgemäß zum Kreuzigungsbild gehören.

Literatur:
Jeckel 2004, Nr. 41

250 Diptychon: Erweiterte Deesis

19. Jahrhundert
Bronze, 3,7 x 8,4 cm (geöffnet)

In der an Varianten ohnehin recht überschaubaren Zahl russischer Diptychen, die im Metallgussverfahren gefertigt wurden, nimmt dieses Beispiel schon deshalb eine Sonderstellung ein, weil sein Modelleur namentlich bekannt ist. Jedenfalls lässt sich aus einigen wenigen formal identischen Vergleichsstücken mit rückseitig entsprechend reliefierter Herkunftsangabe schließen, dass das Model im Juni 1842 von dem Moskowiter Egor Ivanovič Zakatkin in Holz geschnitten worden ist. Aber auch inhaltlich weist das Flügelbild eine Besonderheit auf. Während nämlich die auf der rechten Diptychon-Hälfte abgebildete Fürbittszene üblicherweise auf dem linken Flügel um die beiden Gestalten des Schutzengels sowie des Wundertäters Nikolaus erweitert wurde, findet sich hier mit dem hl. Petrus noch eine dritte Person in die Erweiterungsgruppe eingereiht. Dabei nimmt der Apostelfürst, wie es ja auch seinem höheren hierarchischen Rang entspricht, den Platz vor dem Bischofsheiligen aus Myra, also zwischen Nikolaus und dem Schutzengel ein.

Literatur:
Jeckel 2004, Nr. 48; vgl. Vantaa 2000, Abb. 158, S. 166

homogene, natürlich gewachsene Patina und andere konservierende Einflüsse scheinen im Übrigen dazu beigetragen zu haben, dass auch Korrosionsschäden von zerstörerischem Ausmaß bisher nicht zu beklagen sind.

249 Die Kreuzigung Christi

Um 1600
Bronze, Durchmesser 4,2 cm

Weder die Thematik noch deren ikonographische Umsetzung machen bei dieser Ikone den Reiz des Besonderen aus, vielmehr ist es neben dem etwa vierhundertjährigen Alter ihr medaillonförmiger Zuschnitt. Eine hohe Wahrscheinlichkeit spricht dafür, dass die Gießform von

251 Das nicht von Menschenhand geschaffene Bild Christi

17. Jahrhundert (?)
Bronze, 5,2 x 6,8 cm

Z wei frei im Raum schwebende Engel spannen an den oberen Zipfeln ein Tuch, sodass es sich entfaltet und den Blick auf das von einem Kreuznimbus umgebene Antlitz Jesu freigibt. Eine schon stärker beriebene Schriftzeile unterhalb des Gesichtsabdrucks Jesu lässt mehr erahnen denn eindeutig entziffern, dass die kleine Halsband-Ikone „das nicht von Menschenhand geschaffene Bild Christi" repräsentiert.

Das als Mandylion bekannte Tuchbild des Heilands trifft man in der russischen Metall-Ikonenkunst als verselbstständigtes Motiv nur in wenigen Varianten an. Speziell aber zu dem vorliegenden Exemplar ist im einschlägigen Schrifttum bisher noch keine Parallele aufgetaucht, ebenso wenig ist eine solche aus öffentlich zugänglichen Sammlungen bekannt.

Literatur:
Jeckel 1986, Nr. 14

252 Der hl. Johannes der Krieger und der Schutzengel

19. Jahrhundert
Bronze mit Resten dunkelblauen Emails,
6,4 x 5,2 cm

D as Relief zeigt ausschnittweise ein Motiv, dem man in selteneren Fällen auf der linken Flügelklappe bestimmter bronzener Triptychen begegnen kann. Auf dem vorliegenden Gussstück ist es als selbstständiges Bildmotiv wiedergegeben. Beispiele gleicher Art sind nur vereinzelt anzutreffen. Angesichts der späten Entstehungszeit gegen Ende des 19. Jahrhunderts ist deshalb zu vermuten, dass dieser Ikonentypus lediglich in einer kleinen Gesamtauflage gefertigt worden ist. Auch wird man nicht von vornherein ausschließen dürfen, dass sich vielleicht nur eine einzige russische Werkstatt dieses Sujets angenommen hat.

Die beiden abgebildeten Gestalten treten als Ganzfiguren in Vierteldrehung nach rechts auf. Der Schutzen-

gel, als solcher nicht nur an seinen Flügeln zu erkennen, sondern auch auf der Schriftfläche über seinem Haupt entsprechend ausgewiesen, hält vor der Brust ein russisches Dreibalkenkreuz. Der in soldatischer Rüstung hinter ihm stehende Johannes ist mit einer Lanze ausgestattet. Zugleich hält aber auch er ein (Märtyrer?-)Kreuz, das freilich deutlich kleiner ausfällt als jenes des Schutzengels. Über Johannes mit dem Beinamen „der Krieger", mit dem ihn die zugehörige Titelinschrift ausdrücklich belegt, geben die hagiographischen Quellen nur spärliche Auskunft. Er soll im 4. Jahrhundert gelebt und dem Heer des römischen Kaisers Julian Apostata angehört haben. Sein tatkräftiger Einsatz für eingekerkerte Christen sowie seine unermüdliche Fürsorge für die Armen werden als seine herausragenden Verdienste angeführt.

Literatur:
Jeckel 1995/1999, Nr. 66

253 Muttergottes der Passion

19. Jahrhundert
Bronze, 6,3 x 5,2 cm

U nter den verschiedenen Marienmotiven, die Eingang in die russische Metall-Ikonenkunst gefunden haben, nimmt das Bildnis der Muttergottes der Passion einen recht bedeutenden Platz ein. Es war sehr verbreitet und existiert noch heute in relativ zahlreichen Exemplaren. Allerdings gilt dies nicht auch für kleinformatige Reliefs nach dem Muster des hier gezeigten. Sie sind, wenn überhaupt, nur schwer auffindbar.

Maria trägt den kindlichen Jesus auf ihrem linken Arm und bietet ihm in mütterlich zärtlicher Gebärde mit der Rechten Halt. Der Knabe aber wendet den Blick zur Seite. Hinter sich nimmt er einen der beiden Engel wahr, die mit den Marterwerkzeugen Kreuz, Lanze und Ysopstab in Händen die Mutter-Kind-Gruppe umschweben. Alle vier Gestalten tragen als besondere Zierde halbmondförmige Brustgehänge, sogenannte Catas.

Literatur:
Vgl. Opdebeeck 1997, S. 64

254 Mittelteil eines Triptychons: Muttergottes Hodegetria-Eleousa

19. Jahrhundert
Bronze, 6,4 x 4,2 cm

Einer Vorlage aus dem 15. Jahrhundert folgend stellt dieses in sich völlig intakte Mittelstück eines Klappaltärchens jenen Typus einer Mariendarstellung vor, der sowohl Elemente der Gestaltform einer „Wegführerin" (Hodegetria) als auch solche einer „Muttergottes des Erbarmens" (Eleousa) erkennen lässt. Das Relief von auffallend kräftigem Profil liegt im Schutz eines ungewöhnlich hohen Randes, in den auch die Ösen zum Einhängen der Flügelklappen integriert sind, sodass sie in der Draufsicht gar nicht wahrgenommen werden können. Der Bildhintergrund weist außer den Namensabkürzungen für Jesus Christus und die Muttergottes keinerlei Zeichnung auf.

Dass der Guss auf ein verhältnismäßig frühes Vorbild zurückgeht, wird auch bei näherer Betrachtung des Mandylion-Aufsatzes deutlich. Der kurze Steg nämlich, der das Tuchbild Christi mit dem Rundbogen der Ikone verbindet, erinnert mit seinen beiden vertikalen Einkerbungen an ein Scharniergelenk, wie es an dieser Stelle im alten Russland vielfach gebräuchlich war.

Literatur:
Jeckel 2000, Nr. 49

255 Der Apostel und Evangelist Johannes mit seinem Schüler Prochoros vor der Architekturkulisse der altritualistischen Preobraženskij-Gemeinde in Moskau

19. Jahrhundert
Bronze mit fünffarbigem Email,
11,2 x 9,3 cm

Das Motiv als solches gehört schon zu den offenbar nur in geringer Zahl gegossenen Darstellungen, seltener noch ist aber die hier vorliegende Variante, die das Sujet von einer breiten Weinrankenbordüre umschlossen zeigt.

Johannes (links) und Prochoros, beide als Ganzfiguren ausgeformt, stehen sich an den seitlichen Bildrändern in Gebetshaltung gegenüber. Ihr nach unten gerichteter Blick drückt demutsvolle Ehrfurcht vor der Ikone Jesu Christi aus, die als Tuchbild zwischen ihren Häuptern erscheint. Im Hintergrund ist ein von Türmen im altrussischen Stil beherrschtes Gebäudeensemble erkennbar, das durch einen vorgelagerten Erdwall vor den Wassern eines kleinen Sees geschützt wird. In diesem Detail der Gesamtkomposition haben schon vor etwa hundert Jahren Kenner der einstigen lokalen Gegebenheiten eine sehr realitätsnahe Wiedergabe der Bausubstanz auf dem damals noch vor den Toren Moskaus gelegenen Preobraženskij-Friedhof ausgemacht. Dieser inzwischen dem Moskauer Stadtgebiet zugehörige Ort war seit dem Pestjahr 1771 der geistliche Mittelpunkt der sogenannten Feodosianer, einer zeitweise sehr bedeutenden Denomination des priesterlosen Altgläubigentums in Russland. Eben diese altritualistische Gruppierung betrieb auf dem Territorium ihrer Gemeinde auch eine Metall-Ikonenwerkstatt. So darf wohl mit einer gewissen Wahrscheinlichkeit davon ausgegangen werden, dass das hier vorgestellte Relief zu den ureigensten Schöpfungen der Moskauer Feodosianer gehört.

Literatur:
Jeckel 2000, Nr. 3; vgl. Vantaa 2000, Abb. 165, S. 177; Gnutova/Zotova 2000, Nr. 165; Jeckel 2004, Nr. 57

256 Der hl. Niphont

Um 1800
Bronze, 10,4 x 7,8 cm

Das Niphont-Motiv selbst verkörpert keineswegs eine Besonderheit unter den Werken der russischen Metall-Ikonenkunst. Es hat im Gegenteil vor allem während des 19. Jahrhunderts in mehreren Varianten größere Verbreitung gefunden. Individualität erlangt diese Tafel aber durch ein dekoratives Element, das man von Bronzereliefs so nicht kennt. Gemeint ist die Art und Weise der Bildrandgestaltung. Das im Ganzen recht schlichte Muster, das hierbei Verwendung gefunden hat, besteht ausschließlich aus einer von gleichmäßigen Zwischenräumen unterbrochenen Aneinanderreihung kleiner, sehr plastisch geformter Halbkügelchen mit jeweils identischem Durchmesser, die auf einem vergleichsweise schmalen Randstreifen platziert sind.

Über den Heiligen, dem die Ikone geweiht ist, weiß die Hagiographie zu berichten, dass er griechischer Herkunft war und den größten Teil seines entbehrungsreichen Lebens als Einsiedler auf dem Berg Athos zugebracht hat. Dort ist er auch im Jahr 1411 hoch betagt gestorben. Die Darstellung zeigt ihn in frontaler Ansicht als Halbfigur. Er trägt ein Mönchshabit, dessen Kapuze das bärtige Haupt des Asketen bedeckt. Mit beiden Händen hält er eine entfaltete lange Schriftrolle. Der zweigeteilte Titulus in Schulterhöhe des gelegentlich auch als „Vertreiber der Teufel" apostrophierten Mönchspriesters ist in erhabenen kyrillischen Zeichen gesetzt.

Literatur:
Jeckel 2000, Nr. 7

257 Triptychon: Deesis mit integrierter Reliquienkapsel

19. Jahrhundert
Feuervergoldete Bronze mit fünffarbigem Email,
5 x 12,9 cm (geöffnet)

Hinter dem zentralen Christusbild der dreiflügeligen Fürbittszene von traditionellem Gestaltungsmuster verbirgt sich ein bronzenes Behältnis zur Aufbewahrung von Reliquien oder anderen Sakramentalien. Es besteht aus vier annähernd gleich großen Kammern mit den Abmessungen von etwa 2 x 1,8 x 0,3 cm und wird zugänglich, indem man die beiden mit einem Knauf versehenen Scharnierachsen aus ihrer Führung zieht. Hierbei lösen sich dann auch die Seitenflügel mit den Bildnissen der Muttergottes (links) und Johannes des Täufers vom Mittelteil. Da die Rückfront des Marien-Flügels als Schauseite des geschlossenen Klappaltärchens vorgesehen ist, zeigt sie ein von floraler Ornamentik umschlossenes Kreisfeld mit stilisiertem Kreuzigungsrelief.

Das kunsthandwerklich mit viel Raffinement konzipierte und zudem sorgfältig ausgeführte Triptychon zeichnet sich also durch eine Doppelfunktion aus, wie sie den Schöpfungen aus der Spezies Metall-Ikonen nur sehr vereinzelt zugedacht ist: Als Reise- bzw. Taschen-Ikone verkörpert sie einen Gegenstand für private Frömmigkeitsübungen, als Reliquienkapsel dagegen einen würdevollen und zugleich gut geschützten Aufbewahrungsort für sakrale Kleinobjekte.

Literatur:
Jeckel 2000, Nr. 19/20

258 Tetraptychon: Erweiterte Deesis und drei Festtage

19. Jahrhundert
Bronze mit zweifarbigem Email,
5,9 x 21 cm (geöffnet)

Im Unterschied zu den sehr verbreiteten mehr oder minder großformatigen Tetraptychen, die auf ihren vier Flügelflächen eine Vielzahl kirchlicher Gedenk- und Festtage sowie darüber hinaus noch mehrere Szenen der Marienverehrung ins Bild setzen, begnügt sich das vorliegende Exemplar mit lediglich einem Motiv auf jeder Flügelklappe. Links beginnend ist es die Darstellung der Kreuzigung Christi, der sich nach rechts eine Alttestamentliche Dreifaltigkeitsallegorie anschließt. Sodann folgt eine erweiterte Deesis, diese aber mit der Besonderheit, dass sich hinter den zu Füßen des Weltenherrschers knienden Mönchsheiligen Zosima und Savvatij noch der Schutzengel (links) sowie der hl. Nikolaus dem Bittgebet zu Jesus Christus anschließen. Aus Raummangel finden beide freilich nur noch auf den seitlichen Rändern Platz. Abgerundet wird das Bildprogramm der in dieser Erscheinungsform selten anzutreffenden Reise-Ikone von einer Darstellung der Höllenfahrt Christi.

Die Rückseite des linken Mittelflügels ist mit einem medaillonförmigen Relief des Golgathageschehens geschmückt, fungiert sie doch als Schauseite der Gesamtkomposition in ihrem geschlossenen Zustand.

Literatur:
Jeckel 2000, Nr. 108

259 Die Heilige Dreifaltigkeit

19. Jahrhundert
Vergoldete Bronze, 7,1 x 6,7 cm

Die Ikone mit dem überaus verbreiteten Motiv der Alttestamentlichen Dreifaltigkeit kann zwar nicht mit ikonographischen Eigentümlichkeiten aufwarten, wohl aber mit formal-gestalterischen. Das insoweit Kennzeichnende ist hier die aufwendige Rahmung, für deren unkonventionellen Aufbau ebenso wie für deren subtile Ornamentik keinerlei Vergleichsobjekte bekannt sind.

Literatur:
Jeckel 2000, Nr. 28

260 Einziggeborener Sohn, Wort Gottes

19. Jahrhundert
Bronze mit dreifarbigem Email,
9,9 x 7,5 cm

Mit Blick auf ihren thematischen Gehalt gehört diese Tafel zur Gattung der symbolisch-didaktischen Ikonen, die sich dadurch auszeichnen, dass sie hymnische Textvorlagen ins Bildliche zu übertragen suchen. So sind – mitunter auf kleinstem Raum, wie es das vorgestellte Beispiel bezeugt – Kompositionen von nicht immer leicht überschau- und deutbarer Komplexität entstanden. Im vorliegenden Fall ist es der Hymnus „O einziggeborener Sohn und Wort Gottes, Unsterblicher …" aus der Göttlichen Liturgie des hl. Johannes Chrysostomos, den der Modellierer des Reliefs

mit den ihm eigenen Mitteln, aber im getreuen Rückgriff auf die mindestens seit dem 16. Jahrhundert überlieferte Ikonographie visualisieren wollte.

Inmitten der oberen Bildhälfte ist in einer von Engeln getragenen kreisförmigen Aureole der auf Cherubim thronende Christus Emmanuel mit einer Schriftrolle zu sehen. Über seinem Haupt schwebt die Taube des Heiligen Geistes. Noch darüber findet in einer weiteren, allerdings kleineren Gloriole die Gestalt Gott Sabaoths als „Alter der Tage" Platz. In unmittelbarer Nähe dieser Trinitäts-Allegorie und neben Gebäuden von ebenfalls zeichenhafter Bedeutung halten zwei Engel in ihren hoch erhobenen Händen Sonne und Mond als Symbole für das Alte und das Neue Testament. Zwei weitere Engel an den seitlichen Bildrändern flankieren die mittlere Figurengruppe. Jeder von ihnen weist einen Diskus mit einem der beiden Buchstabenpaare des Christusmonogramms IC XC vor.

Die untere Bildzone zeigt zunächst an höchster Stelle Maria, die den leblosen Körper ihres Sohnes in den Armen hält. Es ist dies das bekannte Motiv „Weine nicht über mich, Mutter". Unterhalb des nur knapp angedeuteten Sarkophags Christi tut sich eine zweigeteilte Höhlenlandschaft auf. Darin ist ganz links ein Engel auszumachen, der den bereits am Boden liegenden Satan handgreiflich attackiert. Erschrocken weicht halbrechts eine Gruppe von Höllenbewohnern zurück, wird sie doch des in Kriegerrüstung auf seinem Kreuz thronenden siegreichen Erlösers ansichtig. Dabei hat es den Anschein, als sei der Kreuzesstamm fast bis zum Suppedaneum in die Brust des Teufels gerammt. Im rechten Quadranten schließlich sieht man den Tod mit geschulterter Sense auf einem Löwen über mehrere Leichname hinweg reiten, an denen sich allerlei wildes Getier zu schaffen macht. Aus der Höhe gebietet ihm ein Seraph mit erhobenem Schwert Einhalt.

Die Ikone feiert also, wie sich in der Zusammenschau sagen lässt, die Überwindung des Todes wie auch des Bösen durch den Triumph Jesu Christi am Kreuzesholz und seine an Ostern gefeierte Auferweckung.

Literatur:
Jeckel 1995/1999, Nr. V, S. 15

261 Die Geburt Christi

19. Jahrhundert
Bronze mit fünffarbigem Email,
11,6 x 10,2 cm

Das Relief des ostkirchlichen Weihnachtsbildes gehört in diesem – dank der üppigen Rahmung wesentlich vergrößerten – Format zu den nur selten vorkommenden Arbeiten der russischen Werkstätten. Thematisch handelt es sich um eine Ikone narrativen, also erzählenden Charakters, die das Ereignis der Heiligen Nacht dem betenden Betrachter in mehreren Szenen vor Augen führt.

Eine felsige Landschaft dient der Darstellung als Kulisse. In einer Höhle liegt Maria auf ihrem Ruhelager. Erschöpft hat sie sich vom Jesusknaben abgewendet, der, eingeschnürt in Tücher, hinter ihrem Rücken Platz findet. Ein Ochse und ein Esel wärmen ihn mit ihrem Atem. Links unten im Bild ist Josef in grüblerischer Pose zu sehen. Ein Greis im Fellgewand redet mit ausgreifender Gebärde auf ihn ein. Rechts neben den beiden sind zwei Frauen mit der Waschung des Neugeborenen beschäftigt. Drei bärtige Gestalten, die Weisen aus dem Morgenland, nähern sich der Muttergottes von links. Hoch oben ist der Bethlehem-Stern auszumachen. Zu seinen beiden Seiten erkennt man auch Engel. Während der linke in andächtigem Gebet verharrt, verkündet der rechte den Hirten die Botschaft von der Ankunft des Messias. Schon macht sich ein Hirtenjunge auf den Weg, dem Jesuskind zu huldigen.

„Die Geburt unseres Herrn Jesu Christi" lautet die kyrillische Titelinschrift auf der schmalen inneren Randleiste über dem Ganzen.

Literatur:
Jeckel 1995/1999, Nr. 81

262 Der hl. Andreas der Feldherr

18./19. Jahrhundert
Bronze, 15,7 x 6,9 cm

Das durchbrochen gearbeitete Relief zeigt den römischen Krieger in Offiziersgewandung und ausgestattet mit einem Schwert, das er mit seiner Linken nahe am Körper hält. Die nimbierte Gestalt ist in nach halbrechts gerichteter Bewegung dargestellt. Von dem Martyrium, das der Soldatenheilige nach der Legende um die Wende zum 4. Jahrhundert seines Glaubens wegen erlitten haben soll, zeugt das demonstrativ mit der Rechten emporgehaltene Kreuz. Ihm hat der Modellierer die russische Dreibalkenform gegeben – möglicherweise auch in der Absicht, die Bedeutung des Heiligen für das (nord-)russische Altgläubigentum zu unterstreichen, denn dessen großer Lehrer und geistlicher Führer Andrej Denisov (1674–1730) verehrte einst in Andreas seinen Namenspatron.

Literatur:
Jeckel 2000, Nr. 73

263 Die Heilige Dreifaltigkeit

18. Jahrhundert
Bronze, 6,5 x 5 cm

Die rundbogenförmig zugeschnittene kleine Bronze orientiert sich ikonographisch an einer spätmittelalterlichen Vorlage aus Novgorod, die ihrerseits das richtungsweisende Gestaltungsmuster Andrej Rublevs für das Motiv der „Gastfreundschaft des Abraham" umzusetzen sucht. Dem Thema liegt die Erzählung vom Besuch dreier engelgleicher Männer bei Abraham aus dem 1. Buch Mose zugrunde (Gen 18,1–8), in der schon die Christen der Frühzeit eine Dreieinigkeitsallegorie zu erkennen glaubten. So wurden Darstellungen, die auf dieser biblischen Quelle fußen, als Alttestamentliche Dreifaltigkeit zu einem Sinnbild der dreipersönlichen Gottheit. Es hat vor allem in der russischen Orthodoxie große Wertschätzung erfahren und erfährt sie noch immer.

Im Vordergrund sind drei Engel mit langen Stäben in ihren Händen um eine schon für die Mahlzeit vorbereitete Tafel gruppiert. Die Dreizahl der Gestalten wiederholt sich in der Hintergrundkulisse. Diese besteht aus dem Wohngebäude Abrahams und seiner Frau Sara, dem sich nach rechts eine hoch aufragende Baumkrone sowie ein Felsmassiv anschließen. Der kyrillische Titulus über dem Haupt des mittleren Engels lautet in aller Schlichtheit: „Die Dreifaltigkeit."

Literatur:
Jeckel 2000, Nr. 27; vgl. Gnutova/Zotova 2000, Nr. 67

264 Die Heilige Dreifaltigkeit

19. Jahrhundert
Bronze, 6,3 x 5,4 cm

Im Gegensatz zum weitverbreiteten Sujet der Alttestamentlichen Dreifaltigkeit tritt das Bildnis der Neutestamentlichen Trinität in der russischen Metall-Ikonenkunst nur höchst vereinzelt in Erscheinung. Allerdings ist die gelegentlich anzutreffende Auffassung irrig, die unverkennbar abendländisch inspirierte Thematik habe niemals Eingang in das Kunstschaffen der Altritualisten gefunden. Gegen diese Ansicht spricht schon die Tatsache, dass die in großer Auflagenzahl wie auch in verschiedensten Varianten seit dem 18. Jahrhundert in Russland entstandenen Tetraptychen mit Festtagsdarstellungen und Szenen des Marienlobs jeweils im Giebelfeld des linken Mittelflügels eine Dreifaltigkeitsallegorie nach neutestamentlichem Muster aufweisen. Und eben dieses Bildnis übernimmt die vorliegende kleine Bronzetafel in allen Details, soweit es denn die Größenverhältnisse zulassen.

Die dreizeilige Textinschrift oben, ein Auszug aus dem Nikäischen Glaubensbekenntnis, hebt bereits zwei wichtige Darstellungselemente hervor: „Aufgefahren in den Himmel, sitzt er [Jesus Christus] zur Rechten des Vaters." Zwischen dem thronenden Paar der greisenhaft dargestellten Gottvatergestalt und des Gottessohnes ist die vom Kreuz überragte Weltkugel als Symbol des Kosmos zu sehen. Darüber schwebt die Geisttaube, das Sinnbild der dritten göttlichen Person. Die Dreieinigkeit erscheint inmitten einer Aureole, die mit den Flügeln einer Gruppe von acht Cherubim geformt wird. Im Außenbereich vervollständigen oben noch die Häupter zweier Engel sowie unten zwei Evangelisten, vertreten durch ihre apokalyptischen Erkennungszeichen, die Komposition.

Literatur:
Jeckel 1995/1999, Nr. 21; vgl. Gnutova/Zotova 2000, Nr. 187

265 Das Entschlafen der Muttergottes

18. Jahrhundert
Bronze, 7,1 x 5 cm

Das Entschlafen der Muttergottes als eines der zwölf Hochfeste des orthodoxen Kirchenjahres ist Gegenstand zahlreicher russischer Metall-Ikonen. Sie alle zeichnen sich nahezu ausnahmslos dadurch aus, dass sie eine vielköpfige Schar Trauernder zeigen, die um das Sterbebett Mariens versammelt sind. Darüber hinaus bilden sie stereotyp eine im Vordergrund der Darstellung spielende Nebenszene ab, die einen Frevler bei dem Versuch zeigt, die Bahre der Muttergottes umzustürzen. Das vorliegende Beispiel nun verzichtet auf diese ikonographischen Zutaten und erweist sich so als eine Komposition von außerordentlichem Seltenheitswert.

Hinter der mit schwerem, üppig drapiertem Tuch umkleideten Lagerstatt Mariens erscheint Jesus Christus im Lichtglanz einer Mandorla. Auf seinem linken Arm trägt er eine nimbierte kindliche Gestalt. Es ist die personifizierte Seele der Mutter Jesu, deren sich der Sohn auf ihrem Weg ins Paradies auf liebevolle Weise selbst angenommen hat. Lediglich fünf ganzfigurige Heilige, die allerdings eine noch größere Personengruppe zu verdecken scheinen, sind Zeugen des Geschehens. Der erhaben gesetzte Titel auf der oberen Randzeile lässt sich mit den Worten übersetzen: „Das Entschlafen der über alles heiligen Muttergottes."

Die Ikone trägt einen separat gegossenen Mandylion-Aufsatz, der – entweder im Kohlenbecken oder im Schmiedefeuer – sehr akkurat mit dem Festtagsbild verbunden worden ist. Er nimmt auch die röhrenförmige Kordelführung auf, die das Befestigen der Tafel an einem Trageband ermöglicht.

266 Der hl. Mitrofan von Voronež

19. Jahrhundert
Bronze, 6,6 x 5,6 cm

Das Relief zeigt die Halbfigur eines orthodoxen Bischofsheiligen im Episkopalornat, der mit der Rechten den Segen spendet und in der Linken einen Hirtenstab mit Krümme hält. Dass es sich hier um den 1832 kanonisierten Mitrofan von Voronež (1623–1703) handelt, kann freilich nur aus ikonographischen Gegebenheiten abgeleitet werden, denn die gänzlich unverständlichen Inschriften der Tafel geben seine Identität nicht preis.

Bemerkenswert ist nicht nur der geringe Verbreitungsgrad dieser Tafel, sondern mehr noch der Umstand, dass sie allem Anschein nach in einer Werkstatt der Altritualisten gegossen wurde, obwohl die Ikone doch einen erklärten, ja sogar äußerst aktiven Streiter gegen das Altgläubigentum abbildet. So dürfte die Vermutung eine gewisse Berechtigung haben, das Sujet könnte aus dem Umfeld der russischen Staatskirche bei einer Gießerei der Altgläubigen in Auftrag gegeben worden sein. Unbeantwortet bleibt dann allerdings die Frage, ob dem Auftraggeber die zum altritualistischen Zweifingerkreuz geformte Segenshand des Bischofsheiligen bei Entgegennahme der Ikone entgangen ist oder ob er die unorthodoxe Gestaltung dieses Details gar bewusst in Kauf genommen hat.

Literatur:
Jeckel 2004, Nr. 56

267 Propheten und Festtage

Um 1700/18. Jahrhundert
Bronze, 7,9 x 5,5 cm

Die thematisch außergewöhnliche Bronze lehnt sich offenkundig an Schöpfungen der Miniaturschnitzerei an, wie sie vor allem aus dem Russland des 15. und 16. Jahrhunderts bekannt sind. In der oberen der drei Bildreihen sind die Halbfiguren von fünf Propheten vereint. Sie alle halten entrollte Schriftblätter in Händen, ihre Haupt- und Körperneigung weist nach rechts. In dieser Haltung erinnern sie an den Prophetenrang der linken Hälfte einer Ikonostase in orthodoxen Gotteshäusern. Wer sich allerdings im Einzelnen hinter den fünf Gestalten verbirgt, ist nicht verlässlich auszumachen. Zu klein und partiell auch recht verschwommen sind die namensbezeichnenden Inschriften in der Kopfzeile. Auch die Beschriftung der sich nach unten anschließenden Bildfelder ist nicht (mehr) identifizierbar, doch lassen sich die insgesamt sechs Festtagsdarstellungen unschwer anhand ihrer Ikonographien entschlüsseln. Zeilenweise von links nach rechts betrachtet begegnen wir hier der Verkündigung Mariens durch den Erzengel Gabriel, sodann der Geburt Jesu Christi, seiner Kreuzigung, seinem Einzug in Jerusalem, seiner Höllenfahrt und schließlich seiner Himmelfahrt.

Ein Mandylion mit innen liegender Kordelführung bildet den krönenden Abschluss dieser seltenen, möglicherweise sogar singulären Ikone.

Literatur:
Jeckel 1995/1999, Nr. XLV, S. 251

268 Zehn Heilige und der Schutzengel

19. Jahrhundert
Bronze, 6,7 x 5,8 cm

Das Relief vertritt exemplarisch eine jener seltenen Werkstattarbeiten, bei denen der Modellierer Formelemente verschiedener Metall-Ikonen bereits im Sandbett zu einer völlig neuen, ganz individuellen Komposition vereinigt hat. Eindeutig erkennbar fügt sich das vorliegende Sujet nämlich teils aus Einzelfiguren, teils aus Personenpaaren zusammen, deren ursprünglicher Platz in anderen Darstellungen zu finden ist, und zwar mehrheitlich in Flügelbildern unterschiedlicher Thematik. Dank dieses Umstands lassen sich auch trotz der teilweise unleserlichen Namensinschriften die meisten Gestalten zweifelsfrei identifizieren. In der oberen Reihe sind es, links beginnend, die Heiligen Zosima und Savvatij, dann zwei weitere Mönchsheilige, unter ihnen wohl der hl. Sergij von Radonež, und schließlich der hl. Basilios der Große hinter dem hl. Nikolaus. Unten erscheint neben der Muttergottes die hl. Paraskeva, es folgen die hll. Moskauer Metropoliten Aleksij und Petr sowie ein Schutzengel. Sämtlich sind sie als Ganzfiguren und mit Körperwendung wie auch Blickrichtung nach rechts abgebildet.

Ob es jemals zu einer Vervollkommnung dieses noch etwas unfertig anmutenden Motivs oder überhaupt zu Wiederholungen gekommen ist, liegt im Dunkeln.

B: Atypische Motivkombinationen

Die Klassifizierung bestimmter Metall-Ikonen als „atypisch" zielt auf solche Arbeiten, die sich hinsichtlich ihrer äußeren Gestalt und/oder ihres darstellerischen Gehalts von den oft schon jahrhundertealten Standards unverwechselbar abheben. Derartige an sehr individuellen Vorstellungen und persönlichen Bedürfnissen orientierte Schöpfungen zeichnen sich mehrheitlich dadurch aus, dass sie nicht das Ergebnis eines einzigen Modellier- und Gießvorgangs sind. Vielmehr verdanken sie ihre Ausprägung offenbar ganz überwiegend einer handwerklich aufwendigen Verschmelzung mehrerer zuvor separat gegossener Reliefs im Kohlenbecken oder Schmiedefeuer. So haben russische Werkstätten teils schon im 18., vor allem aber im 19. Jahrhundert mancherlei Bildgefüge von recht unterschiedlicher Komplexität und zuweilen auch kurios anmutender Erscheinungsform hervorgebracht.

Es darf wohl davon ausgegangen werden, dass uns zumindest bei einem Großteil der angesprochenen Fälle reine Auftragsarbeiten begegnen. Denn die Herstellung atypischer Motivkombinationen für eine völlig anonyme Abnehmerschaft wäre ja mit einem für die jeweilige Werkstatt kaum tragbaren wirtschaftlichen Risiko verbunden gewesen. Mithin verbietet es sich grundsätzlich auch, solche außergewöhnlichen Kompositionen als Serienerzeugnisse zu betrachten. Eine viel höhere Wahrscheinlichkeit spricht für Einzelanfertigungen, also für wirkliche Unikate. Dass es aber mitunter auch Motivwiederholungen in überschaubarer Stückzahl gegeben hat, soll keineswegs in Abrede gestellt werden. Letztere dürften noch am wahrscheinlichsten dann entstanden sein, wenn beim Herstellungsprozess nicht das Verschmelzen verschiedener vorgefertigter Gussstücke unter hohen Temperaturen praktiziert, sondern das vorgesehene Bildprogramm von vornherein als Ganzheit modelliert und sodann in der modellgerecht zubereiteten Form gegossen wurde.

269 Erweiterte Deesis, Festtage und Heilige

19. Jahrhundert
Bronze mit vierfarbigem Email,
23,3 x 13,4 cm

Eine in mehreren etwa gleich großen Varianten vorkommende Deesis-Ikone bildet das Kernstück der inhaltlich sehr ausladenden Komposition. Um den Thronsessel Jesu Christi scharen sich hier außer der fürbittenden Muttergottes und Johannes dem Täufer auch die Erzengel Michael und Gabriel, der Evangelist Johannes, die Apostelfürsten Petrus und Paulus sowie der hl. Johannes Chrysostomos. Diesen schließen sich in kniefälligem Gebet noch die Heiligen Nikolaus, Sergij von Radonež, Zosima und Savvatij an. Auf den beiden seitlichen Randstreifen reihen sich – jeweils paarweise und in symmetrischer Folge untereinander angeordnet – sechzehn weitere Heiligengestalten in den Chor der Beter ein. Ihre Reliefs entstammen durchweg Szenen des Marienlobs, wie sie zum festen Bestand kuppelbekrönter Festtags-Tetraptychen gehören. Die einzelnen Zweiergruppen sind Ausschnitte aus Bildfeldern von der Größe der drei Festtagsdarstellungen, die oberhalb der Deesis zu sehen sind. Letztere zeigen das Entschlafen der Muttergottes (links), die Höllenfahrt Christi und die Heilige Dreifaltigkeit nach alttestamentlichem Verständnis. Diese drei sind ebenso wie auch das zwiebelförmig konturierte Giebelfeld mit dem Golgatha-Szenarium weitere Elemente eines Klappaltärchens, das auf seinen vier Flügelflächen die Hochfeste des orthodoxen Kirchenjahres und verschiedene Bildnisse der Marienverehrung zeigt.

Die Tafel gibt an zahlreichen Nahtstellen zweifelsfrei zu erkennen, dass sie nicht in einem einzigen Gießvorgang, sondern durch nachträgliches Verschmelzen separat gegossener und eigens für den vorbestimmten Zweck zugeschnittener Bildsegmente entstanden ist.

Literatur:
Jeckel 2004, Nr. 62

270 Der „Erlöser von Smolensk" und der hl. Nikolaus

18./19. Jahrhundert
Bronze, 11,9 x 6,9 cm

Das größere der beiden miteinander verbundenen Reliefs bildet die ganzfigurige Gestalt Jesu Christi ab, geschmückt mit einem sichelförmigen Brustgehänge. Zwei assistierende Passionsengel halten die Leidenswerkzeuge Kreuz, Lanze und Schwammstecken empor, zu Füßen Christi knien Sergij von Radonež (links) sowie dessen Schüler und erster Nachfolger als Abt des Dreifaltigkeitsklosters im heutigen Sergiev Posad, der hl. Nikon. Der Volksmund hat diesem zentralen Motiv die Bezeichnung „Erlöser von Smolensk" gegeben, wird doch der siegreiche Ausgang einer Schlacht der russischen Heere gegen die Litauer im Jahr 1514 der Wunderkraft einer Ikone gleicher Thematik zugeschrieben.

Das hier beschriebene Christusbild erweist sich als Mittelteil eines Triptychons, dessen Scharnier-Ösen ebenso entfernt worden sind wie dessen originäres Aufsatzfeld, mit Ausnahme der beiden frei stehenden Seraphim. Letztere flankierten ursprünglich eine vom Tuchbild Christi überragte alttestamentliche Dreifaltigkeitsallegorie, während sie nunmehr einem Nikolaus-Porträt mit Rundbogenabschluss zur Seite stehen. Dieses wiederum ist mitsamt Mandylion-Aufsatz als eigenständige Halsband-Ikone gegossen und erst im Schmiedefeuer mit dem entsprechend präparierten zweiten Gussstück verschmolzen worden.

Literatur:
Jeckel 2000, Nr. 17

271 Fünf Heilige und der Festtag „Erhöhung des Kreuzes Christi"

19. Jahrhundert
Bronze, 13,2 x 14,4 cm

Zwei nachträglich zusammengefügte Reliefausschnitte, die mutmaßlich den Mittelteilen verschiedener Triptychen entstammen, zeigen die Heiligen Blasios (russ.: Vlasij), Afonas, Antipas, Floros und Lauros als Ganzfiguren in frontaler Haltung. Über ihren Häuptern ist das Giebelfeld des dritten Flügels eines Festtags-Tetraptychons angeordnet. Die Darstellung dort gilt dem Fest der Kreuzerhöhung, das die Christenheit im Gedenken an die Auffindung des Kreuzes Christi durch die Kaiserin Helena alljährlich am 14. September begeht.

Die Eigenart der Motivzusammenstellung gibt Anlass zu der Überlegung, dem Ensemble könnte einstmals eine Schutzfunktion auf dem Weideland oder in den Stallungen des Auftraggebers zugedacht gewesen sein. Drei der abgebildeten Heiligen, und zwar Blasius, Floros und Lauros, galten nämlich im russischen Volksglauben als hilfreiche Viehpatrone, und auch das Fest der „Erhöhung des Leben spendenden Kreuzes des Herrn" spielte im bäuerlichen Alltag der Russen eine herausragende Rolle als jahreszeitlicher Einschnitt in die Abläufe der Natur.

Literatur:

Jeckel 2000, Nr. 106

272 Geburt und Enthauptung Johannes des Täufers

19. Jahrhundert
Bronze, 13,3 x 7 cm

Die an den Rändern beschnittene untere Bildhälfte gibt zwei biblisch fundierte Szenen aus der Vita Johannes des Täufers wieder. Links ist es die Geburt des Heiligen durch Elisabeth in Gegenwart ihres betagten Gatten Zacharias, rechts wird die Hinrichtung des Täufers sowie die Übergabe seines abgeschlagenen Hauptes an Salome, die Tochter der Herodias, dargestellt. Auf einer langgezogenen Wolkenbank über dem Ganzen thront Gott Sabaoth und spendet mit beiden Händen den Segen.

Ein bauchig geschwungener, allerdings nicht frei gestellter Giebelaufsatz, der noch von fünf Seraphim bekrönt ist, verleiht der Ikone sowohl in formaler als auch in substanzieller Hinsicht den Charakter des Atypischen. Der Tradition entspräche nämlich ein weniger gedrungenes Kuppelfeld mit dem Bildnis Christi als Hohepriester, das hier aber einer Dreifaltigkeitsallegorie nach neutestamentlicher Vorstellung weichen musste. Auch die Seraphim-Gruppe als oberer Abschluss ist der überkommenen Erscheinungsform dieses Bildtyps fremd.

Literatur: Jeckel 2000, Nr. 75

273 Entschlafen der Muttergottes und Heilige Dreifaltigkeit

19. Jahrhundert
Bronze mit zweifarbigem Email,
8,1 x 4,4 cm

Die Ikone ist aus Segmenten zweier verschiedener Flügelbilder zusammengefügt. Das Motiv des Marientods auf dem größeren der beiden Reliefs lässt sich entweder einem Triptychon oder Tetraptychon mit Darstellungen des orthodoxen Festtagszyklus, das darüber befindliche Sujet der Alttestamentlichen Dreifaltigkeit einem sogenannten Panhagia-Diptychon zuordnen. Beide Gussstücke sind an den Rändern beschnitten worden, wobei das untere einen Teil seiner ursprünglichen Rahmung eingebüßt hat.

Literatur:

Jeckel 2004, Nr. 71

274 Die Kreuzigung Christi mit den vier traditionellen Kreuzigungszeugen sowie den hll. Nikita und Nikolaus

Um 1800
Bronze, 14,4 x 8,4 cm

Das von einem russischen Dreibalkenkreuz dominierte, auffallend kupferhaltige Ensemble gibt sich bereits auf den ersten Blick als Ergebnis der nachträglichen Verschmelzung von fünf Einzelreliefs zu erkennen. Außer dem Kruzifix sind dies zunächst die beiden seitlichen Erweiterungsplatten mit den trauernden Gestalten der Muttergottes und einer weiteren Maria auf der linken sowie des Lieblingsjüngers Christi, Johannes, neben dem römischen Centurio Longinus auf der rechten Seite. Hinzu kommen unten die szenische Darstellung „Nikita schlägt auf den Teufel ein" sowie ein Bildnis des Wundertäters Nikolaus in der Assistenz zweier Märtyrerheiliger. Die beiden letztgenannten Tafeln lassen aus kompositorischen Gründen den Mandylion-Aufsatz vermissen, mit dem sie als eigenständige Ikonen üblicherweise in Erscheinung treten.

Literatur:

Jeckel 2004, Nr. 65

275 Muttergottes „Freude aller Leidenden", Deesis und vier Heilige

Um 1800
Bronze, 10,3 x 10,3 cm

Die Bronze ist aus vier Einzelelementen entstanden. Die beiden annähernd gleich großen Rechteckplatten zeigen eine Variante des Muttergottesbildes „Freude aller Leidenden" und daneben in zwei Registern eine ganzfigurige Deesis sowie – von links – die Porträts der Heiligen Savvatij, Nikolaus, Leontij und Zosima. Es hat den Anschein, dass das Marienrelief als eigenständige Ikone gegossen worden ist, während das benachbarte Relief ursprünglich als Mittelteil eines Triptychons vorgesehen war. Die in beiden Fällen üblichen Aufsätze hat man vor dem Verschmelzen entfernt und die Bildkombination stattdessen mit einem Doppelaufsatz versehen. Er besteht aus einem Kreismedaillon mit alttestamentlicher Dreifaltigkeitsdarstellung und einem nahezu quadratischen Mandylion darüber.

Literatur:
Jeckel 2004, Nr. 64

276 Muttergottes von Kazan', Heilige und Taufe Christi

Um 1800/19. Jahrhundert
Bronze, 14,3 x 8,6 cm

Die Motivauswahl dieser nach Art einer Vierfelder-Ikone angelegten Arbeit belegt besonders augenscheinlich ihren ausgeprägt individuellen Charakter, ist doch ein innerer Zusammenhang zwischen den abgebildeten Themen für einen außenstehenden Betrachter nicht zu erkennen.

Benachbart sind im oberen Rang eine Darstellung der Muttergottes von Kazan' sowie das Festtagsbild der Taufe Jesu Christi im Jordan und in der unteren Reihe ein Porträt der Märtyrerheiligen Paraskeva sowie das Szenarium „Nikita schlägt auf den Teufel ein". Fünf Seraphim, auf unterschiedlich langen Stegen ruhend, bilden den krönenden Abschluss der Tafel, die vielleicht zeitweise auch einmal ein Grabkreuz geziert hat. Das Bohrloch im Zentrum der Platte regt jedenfalls zu Vermutungen in dieser Richtung an.

Literatur:
Jeckel 1986, Nr. 27

277 Kreuzigung Christi, himmlischer Lobpreis der Muttergottes sowie weitere Marienbildnisse, Heilige und Festtage

19. Jahrhundert
Bronze mit blauem Email,
22,1 x 14,2 cm

Um das Dreibalkenkreuz gruppieren sich Bildfelder sehr unterschiedlicher Thematik wie auch verschiedenartigen Zuschnitts. Das figurenreiche Giebelsegment, das von kleinen Ikonen einer Smolensker Muttergottes sowie des hl. Johannes des Täufers flankiert wird, nimmt den himmlischen Lobpreis Mariens in jener Ikonographie auf, wie sie von Festtags-Tetraptychen bekannt ist. Unmittelbar darunter folgen Darstellungen der Höllenfahrt Jesu Christi und seines triumphalen Einzugs in Jerusalem. Die Bildzeile unterhalb des mittleren Querbalkens zeigt zu beiden Seiten des Längsholzes die miniaturhaft modellierten Zweiergruppen der trauernden Zeugen des Golgathageschehens. Diesen schließen sich nach außen noch die traditionellen Motive der Panhagia-Diptychen an, nämlich ein alttestamentliches Dreifaltigkeitssymbol (links) und eine Muttergottes des Zeichens. Angrenzend an das Suppedaneum finden sich endlich an unterster Stelle die Verkündigung Mariä und die Taufe Christi auf überkommene Weise ins Bild gesetzt.

Um einer geschlosseneren Gesamtwirkung willen sind von der Werkstatt die Seitenränder der Komposition mithilfe ornamental verzierter Ausgleichsstücke begradigt worden.

Literatur:
Jeckel 1995/1999, Nr. 129

278 Muttergottes „Freude aller Leidenden", Heilige Dreifaltigkeit und Festtage

Um 1800/19. Jahrhundert
Bronze mit siebenfarbigem Email,
19,6 x 9,2 cm

Diese besonders sorgfältig ausgeführte und mit Glasflüssen farbenfroh geschmückte Werkstattarbeit führt dem Betrachter auf ihrer größten Relieffläche eine Muttergottes vom Typus „Freude aller Leidenden" vor Augen: Maria zeigt sich mit liebevollem Gestus inmitten einer Schar leidgeprüfter Menschen, die von ihr Hilfe und Beistand erflehen. An die Stelle einer der verschiedenen herkömmlichen Bildbekrönungen treten hier nun die Ikonen der Höllenfahrt und der Himmelfahrt Jesu Christi, die sich in diesem Nebeneinander als kompakter Ausschnitt aus einem Flügelbild mit Darstellungen der Hochfeste des orthodoxen Kirchenjahrs erweisen. Gleicher Herkunft ist auch das darüber angeordnete kielbogenförmig zulaufende Feld mit einer Neutestamentlichen Dreifaltigkeit in seinem Zentrum.

Literatur:
Jeckel 2004, Nr. 66

279 Muttergottes von Smolensk sowie Verehrung des Kreuzes Christi durch vier heilige Hierarchen

19. Jahrhundert
Bronze mit fünffarbigem Email,
14,3 x 5,5 cm

Das als eigenständiges Kultbild verbreitet vorkommende Relief einer Muttergottes von Smolensk trägt hier einen Aufbau, dessen Einzelelemente teils ostkirchlichen, teils abendländischen Ursprungs sind. Letzteres gilt für den an gotische Gestaltungsmuster erinnernden Ziergiebel mit seinen seitlichen Fialen und einer kreuzblumenähnlichen Bekrönung. Er überspannt ein frei stehendes russisches Kruzifix, dem seitlich platzierte Heiligenpaare ihre Devotion erweisen. Dabei handelt es sich zur Linken um Basilios den Großen und den heiligen Nikolaus, zur Rechten um die hll. Hierarchen Gregorios den Theologen und Johannes Chrysostomos. Ihre Ganzfiguren sind Ausschnitte aus dem

von Tetraptychen bekannten Motiv der „Verehrung der wundertätigen Ikone der Muttergottes von Tichvin", wie denn auch das Kreuz Christi dem Golgatha-Szenarium aus einem solchen Flügelbild entstammen dürfte.

Dem mehrfarbig emaillierten Relief kommt nicht nur mit Rücksicht auf seine kompositorische Originalität, sondern auch wegen seiner handwerklich aufwendigen Gestaltung eine Sonderstellung innerhalb der Gruppe atypischer Motivkombinationen zu.

Literatur:
Jeckel 2000, Nr. 34; Recklinghausen 2000, Nr. 151

280 Muttergottes von Smolensk und ein weiteres Hodegetria-Motiv

Um 1800/19. Jahrhundert
Bronze, 10 x 4,9 cm

Der in kyrillischen Schriftzeichen gesetzte Gebetsanruf „Meine ganze Hoffnung setze ich auf dich, Muttergottes, bewahre mich in deinem Schutz" umgibt das Marienbild vom Typus der Smolenskaja in der unteren Hälfte des Reliefs. Das darüber befindliche Kreismedaillon mit Mandylion-Aufsatz zeigt eine weitere, deutlich kleinere Mutter-Kind-Darstellung, die in der russischen Metall-Ikonenkunst allerdings keine besondere Verbreitung gefunden zu haben scheint. Vom Smolensker Muttergottesmotiv unterscheidet sie sich in mancherlei ikonographischen Details. Gemeinsam ist beiden Sujets aber die Zugehörigkeit zur Hodegetria-Gruppe, also zur Vielzahl jener Ikonen, in denen die Ostkirche Maria als „Wegführerin" feiert.

Literatur:
Jeckel 2004, Nr. 69

281 Muttergottes „Freude aller Leidenden" und Heilige

18. Jahrhundert/um 1800
Bronze, 9,8 x 4,8 cm

Eine randlose Variante des Bildtyps der Muttergottes „Freude aller Leidenden" mit aufgesetztem Mandylion ist beim vorliegenden Exponat mit zwei zusammengefügten Ausschnitten aus den Seitenflügeln einer bestimmten Spezies bronzener Triptychen verbunden worden. In vier gegeneinander abgegrenzten Rechteckfeldern erscheinen hier mit Blickrichtung auf die Mittelachse jeweils paarweise die Porträts nimbierter Gestalten. Anhand der Namensinschriften sind in der oberen Reihe – von links nach rechts – die Heiligen Floros, Basilios der Große, Blasios und Lauros zu identifizieren. Im unteren Rang haben die Heiligen Paraskeva, Tichon, Katharina sowie Barbara ihren Platz.

Literatur:
Jeckel 1995/1999, Nr. XLII (S. 197)

282 Muttergottes „Freude aller Leidenden" und zwei Heilige

Um 1800
Bronze, 8,2 x 4,8 cm

Die Tafel zeigt Maria in der majestätischen Haltung einer Himmelskönigin, ausgestattet mit Krone und Zepter. Zu ihren Füßen haben sich kleinfigurige Gruppen Notleidender versammelt, denen sie sich huldvoll zuwendet. Die Darstellung wird oben durch ein Bildfeld aus dem linken Flügel einer bestimmten Triptychon-Gattung ergänzt. Zu sehen sind hier die Heiligen Paraskeva und Tichon. Ein Mandylion mit innen liegender Kordelführung vervollständigt schließlich das Ganze.

Literatur:
Jeckel 2000, Nr. 65

283 Muttergottes „Freude aller Leidenden" mit aufgesetztem Seraph

Um 1800
Bronze, 8,7 x 5,4 cm

Ein dem vorherigen vergleichbares Marienbild, allerdings von etwas größerem Zuschnitt und weitaus stärker berieben, trägt einen Doppelaufsatz, wie er in dieser Form als Ikonenbekrönung unüblich ist. Er besteht aus einem symmetrisch gestuften Feld, das von einem sechsflügeligen Seraphen ausgefüllt wird, und einem Tuchbild Christi. Das Seraphen-Relief scheint ein Segment aus dem oberen Schaftende eines selteneren kleinen Brustkreuzes zu sein.

Literatur:
Jeckel 2000, Nr. 66

284 Muttergottes von Smolensk und hl. Nikolaus

18. Jahrhundert
Kupfer, 6,7 x 9 cm

Bei dieser Motivkombination von höchst unklarer Zweckbestimmung sind lediglich zwei eigenständige Halsband-Ikonen ohne jede Veränderung ihrer ursprünglichen Beschaffenheit miteinander vereint worden. Das linke Relief verkörpert eine Smolensker Muttergottes, das rechte den hl. Nikolaus von Lipno, der hier ohne Assistenzfiguren in Erscheinung tritt. Die Mandylien der beiden benachbarten Bildnisse haben unterschiedliche Gestalt, jedes von ihnen besitzt aber eine funktionsfähige Kordel-Öse auf seiner Rückseite.

Literatur:
Jeckel 2000, Nr. 46

285 Die Kreuzigung Christi, Heilige, Festtage und Szenen des Marienlobs

19. Jahrhundert
Bronze, partiell mit zweifarbigem Email,
28 x 15 cm

Ein geradezu idealtypischer Gießbaum mit vielen Verästelungen auf der unbearbeiteten Rückseite des Reliefs schließt jeden Zweifel über die hier zum Einsatz gekommene Herstelltechnik aus. Eindeutig ist die aus zahlreichen Einzelelementen bestehende Komposition bereits im Sandbett endgültig ausgeformt und sodann in einem einzigen Arbeitsgang gegossen worden.

Mitte und – nicht zuletzt dank Emaillierung – auch Blickfang des außergewöhnlichen Reliefs ist ein russisches Dreibalkenkreuz in traditionsgerechter Ikonographie. Es wird in symmetrischer Anordnung von überwiegend gleich großen Ikonenmotiven umgeben, wie sie aus dem Bestand kuppelbekrönter Festtags-Tetraptychen bekannt sind. So ergeben sich über, unter und neben dem Kruzifix sechs Bildebenen mit einem reichhaltigen Themenprogramm.

1. Reihe: Verkündigung Mariä; Taufe Christi; Alttestamentliche Dreifaltigkeit
2. Reihe: Höllenfahrt Christi; Himmelfahrt Christi
3. Reihe: Hl. Kaiser Konstantin (?); Hl. Kaiserin Helena (?)
4. Reihe: Einzug Christi in Jerusalem; Geburt Christi
5. Reihe: Geburt Mariä; Entschlafen der Muttergottes
6. Reihe: Verehrung der wundertätigen Ikone der Muttergottes von Tichvin; Einführung Mariä in den Tempel; Verehrung der wundertätigen Ikone der Muttergottes von Vladimir

Die mutmaßlichen Darstellungen Konstantins des Großen und seiner Mutter Helena in der dritten Bildreihe sind ebenfalls einem Festtags-Tetraptychon entlehnt, nämlich dem Giebelfeld des rechten Innenflügels. Ihre Einbeziehung in das Gesamtgefüge mag zwar in erster Linie aus optischen Gründen veranlasst sein, denn die kleinen Reliefs helfen, eine unschöne Lücke zu schließen. Ihre Platzierung an dieser Stelle entbehrt aber auch nicht eines tieferen Sinnes. Schließlich waren es diese Heiligen, denen die Auffindung des Kreuzes Christi, also des Kernstücks der vorliegenden Bronze, von der Legende nachgerühmt wird.

Literatur: Jeckel 1995/1999, Nr. 128

286 Die Kreuzigung Christi, Heilige und Festtage

Um 1800/19. Jahrhundert
Bronze, 19,7 x 9,6 cm

Das Relief zeichnet sich durch ein vergleichsweise komplexes Bildprogramm aus, in dem sowohl Motive eigenständiger Ikonen als auch Elemente drei- und vierflügeliger Klappaltärchen wiederzuerkennen sind. Die rechte untere Hälfte beherbergt zwei Darstellungen aus dem Zwölferzyklus der orthodoxen Hochfeste, nämlich die Geburt und darüber das Entschlafen der Muttergottes. Die gegenüberliegende Seite nimmt unten das Szenarium der Züchtigung Satans durch den hl. Nikita auf und zeigt im oberen Quadranten die Muttergottes von Kazan'. Weiter aufwärts hat eine Variante des Nikolausbildes ihren Platz, zur Rechten flankiert von der ganzfigurigen Gestalt Mariens aus einer Verkündigungsszene. Beidseitig dieser im Maßstab recht ungleichen Gruppe sind jeweils zwei übereinanderliegende Rechteckfelder mit Engeln und Heiligen angeordnet. Es handelt sich dabei um ausschnittweise wiedergegebene Flügelklappen einer sehr verbreiteten Spielart kleinerer Triptychen. Links finden sich der Apostel Petrus neben dem Erzengel Michael und darunter der hl. Georg zusammen mit Basilios dem Großen abgebildet. Ihren Porträts korrespondieren auf der rechten Seite die Bildnisse des Erzengels Gabriel und des Apostels Paulus sowie der Heiligen Gregorios von Nazianz und Demetrios. Als krönenden Abschluss trägt die Tafel einen kielbogenförmigen Giebel mit einer Flachplastik des Golgathageschehens in dem von Festtags-Tetraptychen bekannten Gestaltungsmuster.

Literatur:
Jeckel 2000, Nr. 95

287 Muttergottes von Smolensk, Muttergottes „Freude aller Leidenden" und hl. Paraskeva

18./19. Jahrhundert
Bronze, 11,7 x 10 cm

Das treppengiebelförmig aufgebaute Relief ist aus vier Teilen zusammengefügt. Die Basis des Ganzen bilden links eine Muttergottes von Smolensk, umschlossen von einem auf drei Randleisten verteilten Gebetstext, sowie rechts eine Variante des Marienmotivs „Freude aller Leidenden". Mittig über beiden erscheint die Halbfigur der hl. Paraskeva. Sie weist sich mit dem Kreuz in ihrer Rechten als Märtyrerin aus. Zu beiden Seiten ihres nimbierten Hauptes sind noch zwei Assistenzfiguren zu sehen, deren Namensinschriften allerdings nicht identifiziert werden können.

Hinter dem kleinen Tuchbild Christi, das über der recht archaisch anmutenden Darstellung der Märtyrerheiligen angebracht ist, verbirgt sich eine intakte Aufhänge-Öse.

Literatur:
Jeckel 2000, Nr. 42

288 Deesis, Muttergottesmotive und Festtage

Um 1800/19. Jahrhundert
Bronze, 17,5 x 8,8 cm

Das bereits von starkem Materialabrieb gezeichnete Exemplar hat einen pyramidenartigen Aufbau. Im untersten Rang stehen sich das Motiv der Verehrung der wundertätigen Ikone der Muttergottes von Tichvin sowie ein Marienbild vom Typus „Freude aller Leidenden" gegenüber. Die darüberliegende Reihe nimmt nebeneinander Darstellungen der Festtage Verkündigung Mariä und der Taufe Christi im Jordan auf. Nach oben schließt sich ein in die Breite gezogenes Rechteckfeld an, auf dem eine schlicht gestaltete Fürbittszene vor dem Thron Jesu Christi zu sehen ist. Es folgen weiter aufwärts noch ein kleines Dreifaltigkeitssymbol nach alttestamentlicher Vorlage und über diesem ein Mandylion.

Alle für die vorliegende Werkstattarbeit zusammengetragenen Bildelemente entstammen ein-, überwiegend aber mehrteiligen Reliefs und entsprechen in ihrer ikonographischen Ausgestaltung in vollem Umfang der Überlieferung.

Literatur:
Jeckel 2004, Nr. 73

289 Christi Höllenfahrt und Heilige

18. Jahrhundert/um 1800
Bronze, 10,8 x 9,3 cm

Einer von Anfang an mit Mandylion-Aufsatz ausgestatteten Oster-Ikone, der Höllenfahrt Christi also, dient die Kombination dreier Reliefelemente mit verschiedenen Heiligendarstellungen gleichsam als Sockel. Die linke Hälfte dieser querrechteckigen Fläche wird von Segmenten zweier Triptychon-Flügel eingenommen, auf denen sich jeweils paarweise kleine Brustporträts nimbierter Männer und Frauen gegenüberstehen. In der oberen Reihe sind es die Heiligen Floros und Basilios der Große sowie Blasios und Lauros. Ihnen folgen in der unteren Reihe die Heiligen Paraskeva und Tichon sowie Katharina und Barbara. Die rechte Flächenhälfte wird von zwei ganzfigurigen Gestalten ausgefüllt. Sie sind an ihrer Gewandung wie auch an ihrem Habitus als Bischofsheilige zu erkennen. Die Namensangabe über ihren Häuptern weist den rechts Stehenden als den hl. Blasios aus, womit wohl der einstige Bischof von Sebaste gemeint ist. Ob der ihm benachbarte Amtsbruder den hl. Nikolaus, einstmals Bischof von Myra, verkörpert, lässt sich aus den Schriftzeichen nicht eindeutig erschließen.

Literatur:
Jeckel 1995/1999, Nr. 122

290 Muttergottes „Freude aller Leidenden" und hl. Nikolaus

Um 1800/19. Jahrhundert
Bronze, 13,7 x 8 cm

Das Relief besteht lediglich aus zwei wohl im Herdfeuer miteinander verschmolzenen Gussstücken. Von dem größeren der beiden, einer sehr verbreiteten Darstellung der Muttergottes „Freude aller Leidenden", dürfte das ursprüngliche Aufsatzfeld entfernt worden sein. An seine Stelle ist eine Ikone des Wundertäters Nikolaus getreten. Diese weist in den oberen Ecken auch die Gestalten Jesu Christi und der Muttergottes als Beifiguren legendenhaften Ursprungs auf.

Literatur: Jeckel 2000, Nr. 11

291 Vier Dreiergruppen ganzfiguriger Heiliger

19. Jahrhundert
Bronze, 11,3 x 10,6 cm

Die nahezu quadratische Platte ist in vier gleich große Felder unterteilt. Deren Format entspricht jenen Halsband-Ikonen, denen die abgebildeten Motive zu entstammen scheinen. Oben links sind Johannes der Krieger und der hl. Vinfantij (Vinzenz) zu sehen, die sich mit einer Vierteldrehung des Körpers dem frontal gezeigten hl. Charalampos in ihrer Mitte zuwenden. Sämtlich nach links ausgerichtet sind die drei Gestalten im rechten oberen Quadranten, nämlich ein Mönchsheiliger namens Johannes und die Anargyren Kosmas und Damian. In der unteren Hälfte des Reliefs stehen sich, von links nach rechts benannt, die Heiligen Georg, Antipas und Blasios sowie der Schutzengel neben den Heiligen Zosima und Savvatij, den Gründern des Soloveckij-Klosters im russischen Norden, gegenüber.

Literatur:
Jeckel 2000, Nr. 105

292 Drei Muttergottesmotive

Um 1800
Bronze, 11,2 x 8,8 cm

Eine an allen Seiten beschnittene Variante des Marienbildes „Freude aller Leidenden" mit auffallend großer Muttergottes-Abbreviatur reiht sich an eine Brust-Ikone mit dem Motiv der Vladimirskaja. Letztere weist, lässt man den reinigungsbedingten Abrieb einmal unberücksichtigt, im Wesentlichen noch den Zustand auf, in dem sie als ursprünglich eigenständiges Gussstück der Sandform entnommen worden ist. Selbst der schmale Steg am oberen Rand, der für gewöhnlich die Funktion einer Aufhänge-Öse übernimmt, ist noch vorhanden. Diese beiden benachbarten Tafeln tragen ein mit Mandylion-Aufsatz ausgestattetes Relief, auf dem sich die Verehrung der wundertätigen Ikone der Muttergottes von Tichvin durch verschiedene Mönchs- und Bischofsheilige dargestellt findet. Es ist im Ganzen sehr dünnwandig gegossen und deshalb im linken Randbereich auch etwas fragil.

293 Muttergottes von Kazan' und Deesis

Um 1800
Kupfer, 10 x 5,2 cm

Weil von geringerer Breite als das Relief darüber, wirkt die Deesis-Darstellung wie angehängt an die Halsband-Ikone der Muttergottes von Kazan'. Unverkennbar entstammt das kräftig reliefierte Fürbittmotiv einem Triptychon, und zwar dessen Mittelstück. Letzteres ist allerdings um ein Bildfeld mit vier Heiligenporträts verkürzt worden. Hierauf deuten auch Reste kyrillischer Namensinschriften auf der unteren Rahmenleiste hin, die nun beziehungslos im Raum stehen.

Literatur:
Jeckel 2000, Nr. 39

294 Muttergottes „Freude aller Leidenden", weitere Marienmotive sowie Festtage

19. Jahrhundert
Vergoldete Bronze mit sechsfarbigem Email,
15,7 x 9,2 cm

Die Tafel ist in drei Ränge gegliedert, die nach oben zunehmend an Höhe verlieren. Die größte Bildfläche wird von einem Muttergottesmotiv des Typs „Freude aller Leidenden" in Anspruch genommen, das allerdings sein ursprüngliches Aufsatzfeld eingebüßt hat. Stattdessen trägt es jetzt zwei Reliefs aus dem Kanon der orthodoxen Hochfeste, nämlich die Bilder der Höllenfahrt und der Himmelfahrt Jesu Christi. Mit großer Wahrscheinlichkeit sind diese einem Klappaltärchen mit Festtagsdarstellungen entnommen, zumal sie auch dort in unmittelbarem Nebeneinander erscheinen. Den höchsten Rang der vorliegenden Komposition nimmt schließlich eine Bildreihe mit drei kleinen Marien-Ikonen ein, die in dieser Zusammenstellung nicht als eigenständiges Motiv bekannt ist. Aller Anschein spricht vielmehr dafür, dass es sich um die Kombination von Ausschnitten aus Szenen des Marienlobs handelt, wie sie auf Festtags-Tetraptychen einen ganzen Flügel ausfüllen. Vorgestellt wird hier eine Auswahl der bedeutendsten Marienheiligtümer Russlands. Linker Hand ist das Gnadenbild der Muttergottes von Tichvin zu sehen, in der Mitte das Bildnis der Muttergottes des Zeichens von Novgorod und rechts die Ikone der Muttergottes von Vladimir.

Die Bronze-Arbeit lenkt nicht nur wegen ihrer thematischen Besonderheiten größere Aufmerksamkeit auf sich, sondern auch wegen ihres farbenfrohen Emailschmucks, dessen ästhetische Wirkung durch die nachträgliche Vergoldung des Reliefs noch verstärkt wird.

Literatur:
Jeckel 2000, Nr. 62

295 Entschlafen der Muttergottes, Heilige Dreifaltigkeit und Kreuzigung Christi

19. Jahrhundert
Bronze, 18,7 x 15,6 cm

Der eigenwillige Zuschnitt der Tafel und ihre völlig schmucklose, nicht einmal alle Bildpartien umgebende breite Rahmung lassen unwillkürlich nach der ursprünglichen Zweckbestimmung dieser Motivkombination fragen. Dass es sich um eine Werkstattarbeit nach den persönlichen Wünschen eines privaten Bestellers handelt, darf wohl zumindest als zweifelhaft gelten. Viel wahrscheinlicher ist die Vermutung, dass ein kirchlicher Auftraggeber diese Komposition initiiert haben könnte, zum Beispiel als Teil eines kultischen Gegenstands wie etwa eines Tabernakels zur Aufnahme der eucharistischen Gaben. Tatsächlich gibt es vereinzelte Beispiele ähnlicher Reliefelemente, die als Sonderanfertigungen mit den unterschiedlichsten Konturen und Bildmotiven in Metall gegossen und dann in dreidimensionale Sakralobjekte eingearbeitet worden sind.

Die Bronzeplatte thematisiert das Entschlafen der Muttergottes in einem figurenreichen Szenarium von mittelgroßem Format und zeigt noch darüber auf zwei deutlich kleineren Bildflächen eine alttestamentliche Dreifaltigkeitsallegorie (links) sowie eine Darstellung der Kreuzigung Christi in der tradierten Ikonographie.

In herstelltechnischer Hinsicht bleibt festzuhalten, dass die Tafel von vornherein in ihrer jetzigen Gestalt modelliert und in einem einzigen Arbeitsgang gegossen worden ist, ihre Entstehung sich also nicht erst dem nachträglichen Verschmelzen vorgefertigter Einzelelemente verdankt.

Literatur:
Jeckel 2000, Nr. 120

296 Die hll. Johannes der Täufer, Antipas und Tichon

Um 1800/19. Jahrhundert
Bronze, 9,3 x 8,1 cm

Auf eine in dieser Form unübliche Weise vereinigt das Relief die halbfigurigen Bildnisse dreier heiliger Männer. Oben ist es, von einem Mandylion überragt, Johannes der Täufer. Seine Körperwendung nach links und die frühchristliche Gebetshaltung seiner Hände bekunden, dass wir es mit einem Deesis-Segment zu tun haben, höchstwahrscheinlich mit dem rechten Flügel eines entsprechenden Triptychons. Die beiden unteren Porträts scheinen dagegen ursprünglich eigenständige Ikonen zu verkörpern, die allerdings ihren Mandylion-Aufsatz eingebüßt haben, bevor sie miteinander verschmolzen wurden. Die Gestalt links zeigt den hl. Antipas, rechts daneben ist der Mönchsheilige Tichon zu sehen, genauer vermutlich Tichon von Medin, ein Eigenheiliger der russisch-orthodoxen Kirche aus spätmittelalterlicher Zeit.

Literatur:
Jeckel 2000, Nr. 77

297 Muttergottes „Freude aller Leidenden" und hl. Tichon

Um 1800
Bronze, 8,5 x 8,4 cm

Eine randlose Muttergottes „Freude aller Leidenden" und ein Brustbild des Mönchsheiligen Tichon sind hier zu einem querrechteckigen Relief miteinander verbunden worden. Diesem wurde ein zusammenhängend gegossener Doppelaufsatz angefügt, wie er als Bekrönung verschiedenster Spielarten russischer Metall-Ikonen bekannt ist. Er besteht aus einem alttestamentlichen Dreifaltigkeitssymbol, eingebettet in ein Feld mit den Konturen einer Kelchkuppa, und einem darüber angeordneten Mandylion mit rückseitig integrierter Kordelführung.

298 Die hll. Tichon und Antipas

Um 1800/19. Jahrhundert
Bronze, 10,4 x 4,2 cm

Die Ikone des hl. Tichon präsentiert sich einschließlich des aufgesetzten Mandylions in ihrem originären Zustand. Sie bildet das Oberteil der hochrechteckigen Motivkombination, die in der unteren Hälfte von der Halbfigur des hl. Antipas in einer vergleichsweise breiten, aber sehr schlicht gestalteten Rahmung komplettiert wird. Vermutlich war auch dieses ursprünglich eigenständige Reliefsegment einst mit einem Tuchbild-Christi-Aufsatz ausgestattet.

Literatur:
Jeckel 2004, Nr. 68

299 Geburt der Muttergottes und hl. Nikita

Um 1800
Bronze, 11 x 4,3 cm

Im Rückgriff auf eine spezifisch russische Legendenfassung wird der hl. Nikita von der Metall-Ikonenkunst vorzugsweise in handgreiflicher Auseinandersetzung mit dem Teufel dargestellt. So geschieht es auch auf der von einem Mandylion bekrönten Brust-Ikone, die das obere Segment der schlanken Bronzetafel ausmacht. Deren unterer Rang bietet auf etwas kleinerer Fläche dem Festtagsgedenken der Geburt Mariens Platz, das, wie es den Anschein hat, ursprünglich Teil eines komplexeren Bildgefüges, etwa eines Klappaltärchens gewesen ist.

C: Signierte, datierte sowie besonders kunstfertig emaillierte Metall-Ikonen

In der Glaubenswelt der Ostkirche gelten Ikonen als die authentischen Stellvertreter der jeweils abgebildeten heiligen Gestalten und stehen deshalb selbst im Rang der Heiligkeit. Wer sich berufen fühlt, solche Kultbilder zu schaffen, ganz gleich in welcher künstlerischen Technik, versteht sich idealerweise als Vollstrecker eines göttlichen Auftrags. Deshalb beansprucht er auch nicht die Urheberschaft für seine Schöpfung, er sieht sich vielmehr in der Rolle eines bloßen Werkzeugs des Himmels. Diese Vorstellung macht begreiflich, weshalb Ikonen grundsätzlich ein Namenszeichen ihres jeweiligen Autors vermissen lassen. Allerdings gibt es auch Ausnahmen von dieser über die Jahrhunderte hinweg praktizierten Regel. Sie tauchen bei Metall-Ikonen vor allem in der zweiten Hälfte des 19. Jahrhunderts auf. Neben anderen tritt hier mit größerer Häufigkeit der Name des Meisters Rodion Semen(ovič) Chrustalev in Erscheinung, der zumindest überwiegend in einer Moskauer Werkstatt tätig war. Er gehörte einer Denomination der priesterlosen Altgläubigen an und bediente sich zur Kennzeichnung seiner Arbeiten verschiedener, jeweils bereits in der Gießform angelegter Signaturen, insbesondere etwa der kyrillischen Namensabkürzungen „M. P. C. X.", „P. C. X.", „P. C." und „P. X.".

Nicht alle signierten Metall-Ikonen, denen man gelegentlich begegnet, können aber schon heute einem konkreten Namensträger zugeordnet werden, denn auf diesem Gebiet lässt noch ein gutes Stück Forschungsarbeit auf sich warten. Ihre Intensivierung ist umso wünschenswerter, als die Kenntnis der Autorschaft für eine bestimmte Ikone zumeist auch Fakten von weiter reichendem Interesse einschließt, so im Besonderen hinsichtlich des Entstehungsortes und der Entstehungszeit eines Kultbildes wie auch über das religiöse, soziale und vielleicht sogar ökonomische Umfeld ihres jeweiligen Herstellers.

Auskunft über das Alter einer Metall-Ikone gibt zuweilen allerdings auch eine – manchmal sofort ins Auge springende, mitunter jedoch auch recht unscheinbare – Datierung auf dem Gussstück selbst. Von identifizierbar gepunzten Silber- oder gar Goldarbeiten einmal abgesehen, können solche Datierungen mit dem Stichel eingraviert, mit einem Körner in Form dicht nebeneinander gesetzter Punkte eingeschlagen, durchaus aber auch von vornherein mitgegossen worden sein. Jahreszahlen erscheinen dabei entweder in arabischen Ziffern oder in kirchenslawischen Schriftzeichen, vorzugsweise dann unter Bezugnahme auf die altertümliche byzantinische Zeitrechnung, die auf der

Annahme beruht, das (Kirchen-)Jahr 5509 v. Chr. markiere den Zeitpunkt der Erschaffung der Welt. In diesen Fällen ist also noch eine Umrechnung in Jahresangaben heutiger Zeitrechnung vonnöten.

Selbstverständlich bedarf es stets einer sorgfältigen, kritischen Prüfung, ob die auf einer Ikone vorgefundene Datierung auch mit den sonstigen Befunden in Übereinstimmung steht, insbesondere mit den ikonographischen, paläographischen, material-, herstell- und bearbeitungstechnischen Gegebenheiten. Ein Bronzerelief beispielsweise, das vorgibt, exakt im Jahr 1594 entstanden zu sein, an sämtlichen Außenkanten aber die Spuren einer für das späte 19. Jahrhundert charakteristischen groben Befeilung aufweist und auch sonst Merkmale einer Arbeit aus diesem Zeitraum zu erkennen gibt, kann nicht als glaubwürdig datiert gelten. Allenfalls lässt es sich als Nachguss einer etwa drei Jahrhunderte älteren Vorlage einordnen.

Außer verschiedenen Beispielen signierter und/oder datierter Metall-Ikonen wird in Vitrine C auch eine Auswahl herausragend kunstfertig emaillierter Reliefs gezeigt. Emailschmuck auf metallenen ostkirchlichen Kultbildern ist, ganz ähnlich wie zum Beispiel eine Vergoldung, zuallererst immer als besonderes Zeichen der Devotion zu betrachten. Darüber hinaus haben die im Grubenschmelzverfahren aufgebrachten, nahezu ausschließlich opaken Glasflüsse naturgemäß aber auch eine ästhetische Funktion, sollen sie doch die Gesamtwirkung des Rezipienten durch das Spiel der Farben weiter vervollkommnen und auf diese Weise zugleich Aufmerksamkeit wecken oder verstärken.

Anders als dem Modellierer in einer Ikonenwerkstatt, der ja an strenge ikonographische Vorgaben gebunden ist, bietet sich dem Emailleur die Chance, bei der Ausübung seiner Tätigkeit die eigene Fantasie ungehindert zu entfalten. Die Ikonenkunst kennt nämlich keinerlei zwingendes Reglement im Hinblick auf die Auswahl und den Einsatz von Farben. Das gesamte Farbenspektrum, soweit es denn in der konkreten Situation auch tatsächlich verfügbar ist, steht also für Emaillierungsarbeiten bereit, sodass insoweit kreativen Farbkombinationen und Gestaltungsmustern nichts im Wege steht. Die hier vorgestellten Beispiele belegen, dass in russischen Werkstätten auf vielfältige Weise von dieser künstlerischen Freiheit Gebrauch gemacht worden ist.

300 Die Heilige Dreifaltigkeit

Rodion Semen Chrustalev, datiert: 1885
Bronze mit dreifarbigem Email, signiert,
21 x 17,1 cm

Die äußere Randleiste der Tafel trägt im rechten oberen Drittel die Jahreszahl 1885 und daneben die kyrillische Signatur M. P. C. X. Sie weist auf den Meister Rodion Semen Chrustalev hin. Dieser war ein Modelleur aus dem Kreis der Feodosianer, einer Hauptrichtung des priesterlosen russischen Altgläubigentums, deren kirchlicher Mittelpunkt bereits damals die Gemeinde des Moskauer Preobraženskij-Friedhofs gewesen ist. In unmittelbarer Nachbarschaft war auch die Gießerei der Ekaterina Petrova angesiedelt, in deren Diensten Chrustalev vermutlich seit 1872 für die Dauer von etwa zwei Jahrzehnten gestanden und während dieser Zeit zahlreiche Ikonenmotive modelliert hat.

Die ebenso wie die Namenssignatur mitgegossene, wenngleich wie eingraviert anmutende Jahreszahl gibt in verlässlicher Weise lediglich Auskunft über den Zeitpunkt der Herstellung des Models für den Ikonenguss. Ob das vorliegende Exemplar selbst aber ebenfalls 1885 entstanden ist, wird durch die Jahresangabe keineswegs verbürgt. Allerdings spricht nicht nur eine hohe Wahrscheinlichkeit, sondern vor allem auch das Vorliegen zeittypischer bearbeitungstechnischer Merkmale für eine äußerstenfalls nur geringfügig spätere Entstehung der Ikone.

Das mit großer Meisterschaft gestaltete Relief bildet die Heilige Dreifaltigkeit im Rückgriff auf die alttestamentliche Erzählung vom Besuch der drei engelgleichen Männer bei Abraham ab. Die drei Himmelsboten sind um eine gedeckte Tafel gruppiert und halten Mahl. Hinter ihnen erhebt sich links die üppige Architektur der Wohnstatt ihrer Gastgeber Abraham und Sara, auf der gegenüberliegenden Seite rückt eine Felslandschaft ins Blickfeld und zwischen beidem ragt eine der im biblischen Text erwähnten Eichen von Mamre empor. Der Bildtitel über dem Haupt des mittleren Engels, in erhaben gesetzten kirchenslawischen Schriftzeichen angegeben, lautet in aller Kürze: „Heilige Dreifaltigkeit."

Das Szenarium ist von einer Rahmung mit floraler Ornamentik umgeben. Hier wechseln grüne, blaue und schwarze Glasflüsse in symmetrischer Anordnung einander ab. Diese Töne wiederholen sich in unregelmäßiger Folge auch auf den Hintergrundflächen im Inneren der Darstellung.

Literatur:
Jeckel 2004, Nr. 97

301 Triptychon: Die Kreuzigung Christi, Heilige Dreifaltigkeit und Muttergottes des Zeichens

Um 1800
Silber mit dreifarbigem Email,
4,4 x 11,3 cm (geöffnet)

Das Triptychon gehört zu den seltenen Beispielen gegossener Ikonen, für deren Herstellung anstelle einer Kupferlegierung Silber als Ausgangsstoff verwendet worden ist. Der Kostbarkeit des Materials entsprechend war die Werkstatt hier bei allen Arbeitsgängen bis zur endgültigen Fertigstellung um äußerste Akkuratesse bemüht. Die subtile Ausformung des Reliefs auch in den kleinsten Details, die makellose Bearbeitung der drei Flügelelemente und ihrer Scharnierverbindungen sowie insbesondere der farblich dezent aufeinander abgestimmte und meisterlich aufgeschmolzene Emailschmuck geben davon beredtes Zeugnis.

Der Bildgehalt des Exemplars entspricht dem eines Panhagia-Diptychons. Links wird unterhalb eines Mandylions die Kreuzigung Jesu Christi in Szene gesetzt, im mittleren Feld erscheint eine alttestamentliche Dreifaltigkeitsallegorie und rechts eine Muttergottes des Zeichens. Alle Darstellungen sind auf gleich großen Kreisflächen angeordnet und werden durch eine blütenweiß unterlegte, in gleichmäßigen Abständen taubenblau gepunktete Rahmung besonders hervorgehoben.

Die Rückseite des linken Flügels zeigt auf leicht erhöhtem Medaillonfeld ein mit allen hierfür üblichen Inschriften versehenes Golgathasymbol, das in eine blaugrüne, völlig plan geschliffene Emailschicht eingebettet ist.

Literatur:
Jeckel 2000, Nr. 61; vgl. Zotova 2002, Nr. 6

302 Muttergottes von Smolensk

19. Jahrhundert
Bronze mit sechsfarbigem Email, 16,2 x 13,8 cm

Eine breite Weinrankenbordüre, dominant in dunklem Blau emailliert, umschließt das Bildnis der Smolenskaja, das in kräftigem, aber sehr fein modelliertem Relief aus einer Art Kovčeg hervortritt. Der mit einem Blütenornament verzierte Heiligenschein Mariens ist mit weißem Email ausgelegt, während der Kreuznimbus des Jesusknaben symmetrischen Dekor in den Farben Ockergelb, Grün und Taubenblau trägt. Der sternenübersäte Hintergrund der Darstellung, in dessen oberem Drittel auch die griechischen Kürzel für „Muttergottes" und „Jesus Christus" zu finden sind, wird von sechs verschiedenfarbigen Glasflüssen geschmückt. Sie geben der Tafel ein besonders lebhaftes Aussehen.

Literatur:
Vgl. Recklinghausen 2000, Nr. 148; vgl. Zotova 2002, Nr. 88, 89

303 Das Entschlafen der Muttergottes

19. Jahrhundert
Bronze mit dreifarbigem Email, signiert,
9,9 x 9,2 cm

Die Ikone trägt in der Mitte des unteren Bildrandes drei kyrillische Initialen, denen im Deutschen die Buchstabengruppe „S. I. B." entspricht. Noch ist der ihnen zugehörige Namensträger nicht bekannt, doch scheint festzustehen, dass es sich um einen Schüler und damit um einen Zeitgenossen des Moskauer Modelleurs Rodion S. Chrustalev handelt. Die Schaffensperiode des namentlich unbekannten Meisters dürfte mithin etwa ins letzte Drittel des 19. Jahrhunderts fallen.

Das in drei Farben emaillierte Relief gilt dem Gedenken des Entschlafens der Muttergottes aus dem Zwölferzyklus der orthodoxen Hochfeste. Die ikonographische Umsetzung folgt der Überlieferung.

Literatur:
Jeckel 1995/1999, Nr. 91

302 Muttergottes von Smolensk

304 Die Kreuzigung Christi, umgeben von einer erweiterten Deesis

19. Jahrhundert
Bronze mit dreifarbigem Email,
7 x 5,2 cm

Das in diesem Zuschnitt von metallenen Triptychen bekannte Relief tritt hier als eigenständige Halsband-Ikone in Erscheinung. Ihr Motiv ist die Kreuzigung Christi inmitten einer auf gleich großen Rundmedaillons angeordneten erweiterten Fürbittszene. Hier ist oben das nimbierte Haupt Jesu Christi zwischen den halbfigurigen Betergestalten der Muttergottes und Johannes des Täufers zu sehen, in der Zeile darunter sind die Erzengel Michael und Gabriel abgebildet, denen abwärts die Apostelfürsten Petrus und Paulus folgen, während in der unteren Reihe drei russische Eigenheilige ihren Platz haben: Metropolit Aleksij von Moskau (links), der hl. Leontij von Rostov sowie der hl. Sergij von Radonež.

Der dreifarbige Emailschmuck der seltenen Tafel wird von einem warmen Grünton dominiert, der nur im Zentrum der Darstellung den Farben Weiß und Dunkelblau weichen muss.

305 Die Himmelfahrt Christi

19. Jahrhundert
Bronze mit vierfarbigem Email,
10,7 x 9,5 cm

Ein mit schwarzem Email ausgelegter Ornamentrand umschließt das Festtagsbild der Himmelfahrt Jesu Christi, wie es in seinen wesentlichen Bausteinen dem entspricht, was das Malerhandbuch vom Berg Athos vorgibt. Die figurenreiche Szenerie wird aber durch die mehrfarbige Emaileinlage in Bildzonen gegliedert, womit dem Auge das Erfassen des hier wiedergegebenen Geschehens spürbar erleichtert wird.

Literatur:
Jeckel 2000, Nr. 119; vgl. Zotova 2002, Nr. 72

306 Muttergottes von Kazan'

Ignat Timofeev, 19. Jahrhundert
Bronze mit fünffarbigem Email, signiert,
11,9 x 10,6 cm

Die schmale innere Randleiste, die das vertieft liegende Marienbildnis umgrenzt, weist oben eine bemerkenswerte kyrillische Buchstabenfolge aus. Ins Deutsche übertragen, lautet sie „S IK KA IG TI" und wird gedeutet als Abkürzung für „Diese Ikone der Kazanskaja [stammt von] Ignat Timofeev". Damit gibt die Inschrift den Namen eines Mannes preis, den man für den Schöpfer des Reliefs wird halten dürfen. Tatsächlich betrieb Ignat Timofeev, ein Altgläubiger aus der Denomination der Filippianer, zusammen mit seinen Schwestern Irina und Aksinia in Moskau eine Metallgießerei und fertigte hier in großem Stil Metall-Ikonen wie auch -Kreuze für den Bedarf seiner Glaubensbrüder. Dies jedenfalls ergibt sich aus polizeiamtlichen Unterlagen der Jahre um 1840, womit zugleich auch ein Anhaltspunkt für den mutmaßlichen Zeitrahmen des Entstehens der Ikone gegeben ist.

Das auch in der russischen Metall-Ikonenkunst weitverbreitete Kazanskaja-Motiv ist hier mit Emaileinlagen in fünf Farben verschönert worden, wobei jedem Farbton ein klar umrissener Bildsektor zugeteilt wurde. Für das hellere Blau ist dies beispielsweise der Nimbus Mariens, für das dunklere Blau das äußere Rahmenwerk usf. Die eindrucksvolle Gesamtwirkung des Farbschmucks ist damit kein Zufallsprodukt, sondern das Resultat planvollen Vorgehens.

Literatur:
Jeckel 1995/1999, Nr. 27; vgl. Zotova 2002, Nr. 110

304 Die Kreuzigung Christi und Deesis

307 Muttergottes von Kazan'

19. Jahrhundert
Bronze mit dreifarbigem Email,
6,5 x 5,6 cm

Subtil modelliert, makellos gegossen und meisterlich emailliert, verkörpert dieses kleine Relief der Kazaner Muttergottes ein überzeugendes Beispiel für besonders gelungenes Zusammenwirken aller an der Ikonenherstellung beteiligten Kräfte. Der Beitrag des Emailleurs besteht dabei in der Wahl einer dezenten Farbkombination, im ausdrucksstarken Arrangement der drei Bunttöne sowie im kunsthandwerklich perfekten Aufbringen der Glasflüsse.

Literatur:
Vgl. Opdebeeck 1997, S. 69

308 Der Drachenkampf des hl. Georg

Datiert: 1794
Bronze mit dreifarbigem Email, signiert,
6,2 x 5,3 cm

Besonders bemerkenswert an dieser Darstellung des Drachenwunders aus der Georgslegende sind zwei in den unteren Rand gepunzte Marken. Die größere der beiden gibt in kirchenslawischen Buchstaben einen Zahlenwert in alter byzantinischer Zeitrechnung an, der nach unserem Kalender mit der Jahreszahl 1794 identisch ist. Vieles spricht dafür, dass es sich hierbei um das Entstehungsjahr der Ikone handelt. Die zweite Marke mit einem kyrillischen Buchstabenpaar in der Bedeutung von „MG" bezeichnet möglicherweise die Werkstatt, in der das Relief gegossen wurde, vielleicht aber auch einen Werkstattmeister. Eine definitive Aussage hierüber lässt sich beim gegenwärtigen Kenntnisstand nicht treffen.

Literatur:
Jeckel 1986, Nr. 25

309 Der hl. Paisios der Große

19. Jahrhundert
Bronze mit sechsfarbigem Email,
11,7 x 9,9 cm

Der hl. Paisios, gestorben um die Wende vom 4. zum 5. Jahrhundert, führte in Ägypten das Leben eines Eremiten. So wird er denn hier in Mönchskleidung und mit außergewöhnlich langem, spitz zulaufendem Bart abgebildet. Seine Rechte ist in der Haltung des Zweifingerkreuzes der Altgläubigen zum Segnen erhoben, die Linke umfasst eine geschlossene Schriftrolle. Den Hintergrund der zentralen Bildfläche ziert florale Ornamentik, unterbrochen nur durch eine Schriftzeile mit dem Titulus, während die äußere Rahmung von einem geometrischen Muster überzogen wird. Die zahlreichen auf diese Weise entstandenen Gruben sind unter konsequenter Wahrung der Symmetrie mit Email in sechs kontrastreichen Farben ausgefüllt worden. Das verleiht der Tafel einen Ausdruck von Strenge, die aber mit dem asketisch-disziplinierten Erscheinungsbild des dargestellten Heiligen in völliger Harmonie steht.

Literatur:
Jeckel 2004, Nr. 74; vgl. Zotova 2002, Nr. 159

310 Muttergottes Feodorovskaja

19. Jahrhundert
Bronze mit fünffarbigem Email,
11,2 x 9,7 cm

Der Name dieses Marienbildnisses geht auf den hl. Theodoros (russ.: Feodor) Stratelates zurück, den Patron jenes Gotteshauses in Kostroma, das der Ur-Ikone jahrhundertelang Heimat gewesen ist. In Russland erfreute sich das Motiv großer Popularität. Hiervon zeugt auch eine größere Anzahl von Varianten dieses Bildtyps, die die Metall-Ikonenkunst hervorgebracht hat. Zur Beliebtheit des Sujets mag vielleicht beigetragen haben, dass die Zarendynastie der Romanovs während der mehr als dreihundertjährigen Dauer ihrer Herrschaft in der Feodorovskaja ihr familiäres Schutzheiligtum verehrte.

Der Farbschmuck der Tafel lässt in seiner Anordnung auf den breiten Randzonen durchaus ein System erkennen.

307 Muttergottes von Kazan'

Es setzt sich allerdings im eigentlichen Bildfeld nicht fort, sodass letztlich der Eindruck entsteht, es sei dem Emailleur allein auf eine ins Auge springende, möglichst lebhafte Buntheit des Dekors angekommen.

Literatur:
Jeckel 2004, Nr. 84; vgl. Zotova 2002, Nr. 104

311 Der hl. Johannes der Täufer

19. Jahrhundert
Bronze mit dreifarbigem Email,
6,2 x 5,4 cm

Körperwendung und Gebetsgestus des hier im Fellkleid gezeigten Heiligen geben eindeutig zu erkennen, dass die kleine Tafel für eine Dreiergruppe eigenständiger Ikonen konzipiert war, die in ihrer Gesamtheit eine Deesis bildeten. Sehr wahrscheinlich ist sogar die Formvorlage für die Johannes-Gestalt der Fürbittszene aus einem Triptychon entsprechend geringer Größe entnommen und in den ursprünglich einem anderen Motiv vorbestimmten Rahmen eingepasst worden.

Für die dem Relief gebührende Aufmerksamkeit sorgen weniger die beiden im Bildinneren aufgeschmolzenen Farbtöne als vielmehr die in strenger Symmetrie wechselnden blütenweißen und taubenblauen Glasflüsse auf den Dreieckfeldern im äußeren Randbereich.

Literatur:
Jeckel 2004, Nr. 88

312 Heilige Dreifaltigkeit

19. Jahrhundert
Bronze mit dreifarbigem Email,
11,3 x 9,7 cm

Das doppelt gerahmte Trinitätsbild nach alttestamentlicher Vorlage hebt sich von anderen Dreifaltigkeitsallegorien insbesondere durch die Flügelstellung des mittleren Engels ab. Seine Schwingen sind weit ausgebreitet und reichen fast von Rand zu Rand der zentralen Darstellung, während die Flügel der seitlich platzierten Himmelsboten vergleichsweise eng an ihren Körpern anliegen.

Die in den Hintergrundpartien weiß ausgelegte Innenfläche der Ikone wird zunächst von einem schmalen, mit schwarzem Email verzierten Ornamentrahmen gesäumt. Diesen umgibt noch ein deutlich breiterer Randstreifen, der von Zweigen eines Früchte tragenden Traubengewächses überzogen ist. Hier wechseln überwiegend strahlenförmig aufgebrachte Glasflüsse in den Tönen weiß, blau und schwarz einander ab und geben dem Ganzen die Wirkung wolkiger Leichtigkeit.

Literatur:
Jeckel 2000, Nr. 26

313 Die Höllenfahrt Christi

19. Jahrhundert
Bronze mit siebenfarbigem Email,
6,4 x 5,6 cm

Jesus Christus, umgeben von einer Mandorla, steht auf den Trümmern der zersprengten Pforte zur Unterwelt und wendet sich den vielen auf Befreiung harrenden menschlichen Gestalten zu, die der Höllenrachen ausspeit. Dieses österliche Szenarium wird von einer Randleiste eingefasst, auf der sich kleine Kreisfelder in geringem Abstand aneinanderreihen. Lediglich auf der oberen Randpartie entfallen einige der Kreisornamente. An ihre Stelle tritt der zweigeteilte kyrillische Bildtitel in der Bedeutung: „Die Auferstehung Christi."

Obwohl im Emaildekor der Tafel insgesamt sieben Töne auszumachen sind, zeichnet sich die Ikone doch durch eine sehr dezente Farbwirkung aus.

Literatur:
Vgl. Jeckel 1986, Nr. 10; Opdebeeck 1997, S. 38; Vantaa 2000, Nr. 68, S. 79

313 Die Höllenfahrt Christi

314 Christi Höllenfahrt und Auferstehung

19. Jahrhundert
Bronze mit fünffarbigem Email,
11,7 x 10,5 cm

Oster-Ikonen von der ungefähren Größe dieser Tafel beschränken sich in aller Regel nicht auf die Darstellung der Höllenfahrt Jesu Christi, wie sie hier in der unteren Bildhälfte zu sehen ist. Vielmehr thematisieren sie außer einigem ergänzend eingefügten Randgeschehen auch die Auferstehung des Gekreuzigten, wobei sie sich an abendländischen Vorstellungen orientieren. So erscheint also die Gestalt Christi noch ein zweites Mal auf diesem Relief, jetzt in dessen oberer Hälfte. Im Lichtglanz eines mandelförmigen Heiligenscheins entsteigt Jesus seinem steinernen Grab, hinter dem – wohl schlafend und überhaupt recht unscheinbar in Szene gesetzt – römische Wachsoldaten lagern. Der oben in den großflächig ornamentierten Rand eingearbeitete Titulus für das Bildganze lautet auch hier: „Die Auferstehung Christi."

Im fünffachen Emailauftrag dominiert ein mittleres Blau, dem sich auf den Randzonen noch die Farben Weiß, Dunkelgrün und Dunkelblau, im Bildinneren darüber hinaus ein ockergelber Ton hinzugesellen.

Literatur:
Vgl. Gnutova/Zotova 2000, Nr. 175

315 Christi Höllenfahrt und Auferstehung

19. Jahrhundert
Bronze mit sechsfarbigem Email,
11,2 x 10,1 cm

Bedeutungsgehalt und Aufbau der Darstellung entsprechen denen des vorausgegangenen Beispiels. Von diesem unterscheidet sich das vorliegende Relief aber deutlich in der Randgestaltung. Die Einfassung ist schmaler als beim Vergleichsstück und ihre dichte Ornamentik lässt sich je nach Betrachtungsweise gleichermaßen als Blütendekor wie auch als geometrisch gemustert interpretieren.

Das von sechs brillanten Tönen bestimmte Farbenkleid unterstreicht in seiner Zusammensetzung ebenso wie in

seiner meisterlichen Anordnung auf eindrucksvolle Weise die freudige Osterbotschaft, die den Inhalt der Ikone ausmacht.

Literatur:
Jeckel 2004, Nr. 92

316 Sieben Heilige

19. Jahrhundert
Bronze mit blauem Email,
5,9 x 5 cm

Das in der Metall-Ikonenkunst vor allem des 19. Jahrhunderts außerordentlich verbreitete Motiv zeigt in der oberen Reihe die Halbfiguren der heiligen Frauen Paraskeva (links), Eudokia und Barbara sowie als ganzfigurige Gestalten in der unteren Reihe das Hierarchenpaar Gregorios den Theologen und Johannes Chrysostomos (links), in unmittelbarer Nachbarschaft der Märtyrerheiligen Julitta und ihres noch kindlichen Sohnes Kyrikos.

Die hier vorgestellte kleine Tafel verdient aus zweierlei Gründen besondere Beachtung. Zum einen trägt sie im linken unteren Rahmeneck eine seltene (Meister-?)Signatur, deren ins Deutsche übertragene Buchstabenfolge „GO"

314 Christi Höllenfahrt und Auferstehung

273

allerdings gegenwärtig noch nicht gedeutet werden kann. Zum anderen bezeugt sie mit ihrem makellosen Emailschmuck, dass auch die Verwendung eines einzigen Farbtons einen ausdrucksstarken und zugleich den Blick auf das Wesentliche lenkenden Effekt zu bewirken vermag.

Literatur:
Vgl. Jeckel 1995/ 1999, Nr. 47; Opdebeeck 1997, S. 133; Vantaa 2000, Nr. 164, S. 177; Zotova 2002, Nr. 184; Recklinghausen 2004, Nr. 223; Jeckel 2004, Nr. 104

317 Flügel eines Festtags-Tetraptychons: Der himmlische Lobpreis zu Ehren der Muttergottes sowie weitere vier Szenen des Marienlobs

18. oder 19. Jahrhundert
Bronze mit achtfarbigem Email,
16,5 x 9,9 cm

Das Relief, der rechte Außenflügel eines vierteiligen Klappaltärchens für die private Andacht, vertritt hier exemplarisch die verhältnismäßig selten vorkommenden Werkstattarbeiten, denen Punktemail aufgeschmolzen wurde. Diese Form des Metall-Ikonenschmucks zeichnet sich dadurch aus, dass die Glasflüsse in einzelnen „Gruben" des Rezipienten zusätzlich mit punktartigen Tupfen stark kontrastierender Farben verziert werden. In kunsthandwerklicher Hinsicht erfordert dieses Verfahren einen von der jeweiligen Anzahl der aufzubringenden Emailpunkte abhängigen geringeren oder größeren Mehraufwand, in jedem Fall aber verlangt es dem Emailleur ein wirklich meisterliches Können ab.

Das nicht zuletzt auch wegen seiner Farbenvielfalt bemerkenswerte Beispiel zeigt auf den beiden unteren Dritteln der Darstellung vier in Russland hoch verehrte Gnadenbilder der Muttergottes, denen mehrheitlich jeweils russische Heilige ihre andächtige Verehrung erweisen. Dagegen bildet das kuppelförmig gestaltete Giebelfeld der Tafel Maria auf ihrem himmlischen Thron ab, auch dort umgeben von einer größeren Schar adorierender Heiliger.

Literatur:
Jeckel 2004, Nr. 83

318 Die hll. Zosima und Savvatij

19. Jahrhundert
Bronze mit sechsfarbigem Email,
8,9 x 7,2 cm

Die Mönchsheiligen Zosima und Savvatij stehen sich auf der Tafel gegenüber. Betend richten sie ihren Blick auf das Tuchbild Christi in der Höhe. Hinter ihnen ist die Architekturkulisse des im Norden Russlands gelegenen Soloveckij-Klosters zu erkennen, als dessen Gründer die beiden gelten.

Eine verstärkte Aufmerksamkeitswirkung erlangt die Ikone vor allem durch die kräftig kontrastierende Randemaillierung, bei der die Farben Dunkelblau und Weiß die großflächige Dreiecks-Ornamentik in gleichförmig wechselnder Anordnung ausfüllen. Die Strenge des so entstandenen Musters wird allerdings durch gelbe und blaue Farbtupfen aufgelockert, die als Emailpunkte mitten in jedes der Dreieckfelder gesetzt sind.

Literatur: Jeckel 2004, Nr. 90; vgl. Opdebeeck 1997, S. 124; Vantaa 2000, Nr. 97, S. 99; Zotova 2002, Nr. 173

319 Muttergottes der Passion

18. Jahrhundert
Bronze mit dreifarbigem Email,
10 x 8,5 cm

Die auch unter der russischen Bezeichnung „Strastnaja" bekannte Darstellung zeigt das Mutter-Kind-Paar zwischen zwei Engeln, die mit den Passionszeichen in ihren Händen aus der Höhe herniederschweben. Angsterfüllt blickt sich der Jesusknabe nach einem der beiden um und sucht dabei Halt an der rechten Hand seiner Mutter.

Während die über den oberen Bildrand hinausragende Krone der Muttergottes ebenso wie das Perlstabmuster der inneren Rahmung zum Standard einer größeren Gruppe sich ähnelnder Strastnaja-Ausführungen gehört, geben die seltene Hintergrundornamentik und namentlich die Art der Emaillierung dem Relief einen individuellen Charakter. Lediglich drei abgestufte Grüntöne machen den Glasschmelz der Ikone aus, die dank dieser farblichen Zurückhaltung einen Ausdruck von besonderer Würde erlangt.

319 Muttergottes der Passion

320 Drei Heilige

19. Jahrhundert
Bronze mit sechsfarbigem Email,
6,1 x 5,2 cm

Die Tafel vereint drei inschriftlich bezeichnete Gottes-
männer aus der Epoche des Frühchristentums. Im Mittelpunkt der Gruppe steht der Märtyrerheilige Charalampos.
Ihm jeweils zugewandt flankieren ihn der soldatisch gekleidete Johannes der Krieger (links) sowie ein Heiliger namens
Vincentius (russ.: Vinfantij), womit der hl. Vinzenz von
Saragossa (gest. 304) gemeint sein dürfte.

Der Hintergrund des Reliefs wurde mit sechsfarbigem
Glasschmelz beschichtet. In der unteren Bildhälfte ist der
Farbauftrag zeilenweise erfolgt, oben dagegen in annähernd
gleich großen rechteckigen Blöcken, die teils horizontal, teils
vertikal, allenthalben aber symmetrisch angeordnet sind.

Literatur:
Jeckel 2004, Nr. 89; vgl. Gnutova/Zotova 2000, Nr. 166;
Zotova 2002, Nr. 177

321 Muttergottes von Kazan'

19. Jahrhundert
Bronze mit fünffarbigem Email,
11,8 x 10,3 cm

Ein außergewöhnlich farbintensiver Emailschmuck
umgibt auf dieser Ikone das Bildnis der Kazanskaja. Er ist im
Zentralfeld auf jeweils klar abgegrenzte Bildzonen verteilt –
etwa Schwarz auf die innere Rahmung, Weiß auf den Hintergrund, Blau auf die Nimben Mariens und des Jesusknaben
sowie Grün auf den Saum des Maphorions der Muttergottes
–, wechselt aber im äußeren Rahmenwerk auf ein prinzipi-
ell andersartiges System der Kolorierung. Dort ist das Email
solchermaßen in diagonal verlaufenden Streifen angeordnet, dass aus jeder einzelnen Farbe Rhomben gebildet werden, die einander konzentrisch umschließen. Damit wird
der Blick des Betrachters auf eine äußerst originelle und in
dieser Erscheinungsform nur selten anzutreffende Art und
Weise zur eigentlichen Mitte der Darstellung gelenkt.

Literatur: Jeckel 2004, Nr. 85

322 Christi Verklärung

19. Jahrhundert
Bronze mit fünffarbigem Email,
6,2 x 5,4 cm

Ganz der ikonographischen Überlieferung entsprechend erscheint die Gestalt Jesu Christi inmitten einer Aureole, flankiert von Elija (links) und Moses. Verstört durch das
unbegreifliche Geschehen, dessen Zeugen sie geworden sind,
haben sich Petrus, Johannes und Jakobus zu Boden geworfen und verharren dort in ehrfurchtsvoller Gebärde.

Die kleine Ikone trägt Email in fünf Farben, die einzeln
in waagerechten Streifen von unterschiedlicher Breite aufgetragen worden sind, sodass sich der Bildhintergrund aus
fünf zeilenartig gegliederten Farbzonen zusammenfügt.

Literatur: Jeckel 1995/1999, Nr. 84; vgl. Opdebeeck 1997, S. 36

323 Hl. Nikolaus

19. Jahrhundert
Bronze mit fünffarbigem Email,
11,9 x 10 cm

Dieses Relief des Wundertäters Nikolaus verkörpert
eine von mehreren in vergleichbarer Größe existierenden
Varianten, allerdings eine der selteneren. Zu ihren verschiedenen darstellerischen Eigenheiten rechnet insbesondere das Kreuzmuster auf dem Sakkos des Bischofsheiligen sowie die Ornamentik, die den breiten Rahmen der
Tafel ausfüllt und teils aus übereinandergestellten, teils
aus nebeneinander gelegten größeren Rhomben besteht.
Diese geometrische Muster unübersehbar zur Geltung zu
bringen, war offenkundig das Bemühen des Emailleurs.
So hat er das Umfeld der rhombischen Flächen vollständig mit schwarzem Glasschmelz ausgelegt und das Innere
der Rhomben je zur Hälfte mit grünem und weißem Email
gefüllt. Damit ist aber in den Randbereichen ein Farbkon-
trast entstanden, der möglicherweise mehr Aufmerksamkeit
bindet als sie vielleicht der Nikolaus-Gestalt in dem vergleichsweise dezent emaillierten Bildrechteck zuteil wird.

Literatur:
Vgl. Gnutova/Zotova 2000, Nr. 133; Zotova 2002, Nr. 139

324 Hl. Nikolaus

Rodion Semen Chrustalev, 19. Jahrhundert
Bronze mit sechsfarbigem Email,
11,6 x 9,7 cm

Bemerkenswerter als der farbenfrohe Emaildekor dieser Nikolaus-Ikone ist, dass sich ihr Schöpfer dank einer eindeutig identifizierbaren Signatur zweifelsfrei benennen lässt. Es ist der Moskauer Meister Rodion Semen Chrustalev, dessen Schaffensperiode auf das letzte Drittel des 19. Jahrhunderts eingegrenzt werden kann. Sein kyrillisches Namenszeichen „M. P. C. X." findet sich in der Mitte der oberen Randleiste. Es ist dort aber nicht, wie es bei flüchtiger Betrachtung scheinen will, eingraviert, sondern bereits beim Modellieren der Form an dieser Stelle platziert worden.

Ein Vergleich mit dem vorangegangenen Beispiel einer Nikolaus-Darstellung offenbart bei aller Ähnlichkeit im Grundsätzlichen doch eine beträchtliche Zahl von Unterschieden im Detail. Sie reichen, um nur Weniges herauszugreifen, von der Musterung des Bischofs-Sakkos über die Art und das Volumen der Beschriftung des Evangeliars in der Linken des Heiligen bis hin zur Randornamentik, die hier aus den mit Früchten behangenen Zweigen eines Weinstocks besteht.

Am Emailschmuck der Tafel fällt die auf Symmetrie bedachte Verteilung der einzelnen Farbtöne im Mittelfeld auf, während auf der Randpartie ein aus weißem Glasfluss angedeuteter, von Kante zu Kante reichender Rhombus ins Auge springt. Dessen Innenwinkel sind schwarz grundiert, wohingegen die vier äußeren Ecken des Reliefs mit einem dunkleren Blau ausgelegt sind.

Literatur: Jeckel 2004, Nr. 99; vgl. Gnutova/Zotova 2000, Nr. 132; Zotova 2002, Nr. 136

325 Christi Einzug in Jerusalem

19. Jahrhundert
Bronze mit vierfarbigem Email,
6,2 x 5,3 cm

Anders als es die fragmentarischen Schriftzeichen im oberen Innenrand vermuten lassen, trägt die Ikone weder eine Signatur noch einen Datierungshinweis. Hier handelt es sich vielmehr um die wenigen noch lesbaren Reste einer mitgegossenen Titelinschrift, die bereits in der Werkstatt den Versäuberungsarbeiten an dem Gussstück weitgehend zum Opfer gefallen ist.

Die in den Farben Weiß, Grün, Blau und Schwarz emaillierte Tafel zeigt Christus auf einem Reittier vor den Mauern der Stadt Jerusalem. Zu Fuß folgt ihm die Schar seiner Jünger, während ihm eine vielköpfige Menschenmenge mit Palmwedeln in den Händen entgegenzieht.

Literatur:
Jeckel 1995/1999, Nr. 85

326 Muttergottes Feodorovskaja

19. Jahrhundert
Bronze mit sechsfarbigem Email,
13,2 x 11,5 cm

Wenn es auch schwerfällt, bei dieser Ikone der Feodorovskaja ein durchgängiges Prinzip der Anordnung des bunten Emailschmucks auszumachen, kann doch von einer gänzlich dem Zufall überlassenen Kolorierung keineswegs die Rede sein. Besonders auf dem breiten Bildrahmen wird ein durchaus planvolles Vorgehen deutlich, so etwa am steten Wechsel der Farben Weiß, Ockergelb und Grün, mit denen dort die sternartigen Ornamente ausgelegt sind, ebenso aber auch an dem stringent wechselnden Farbauftrag von Dunkelblau und Schwarz in den Räumen zwischen den Sternenmustern.

Alles in allem verkörpert die Tafel in jeder Hinsicht ein hervorragendes Beispiel für den hohen Standard der russischen Altgläubigen-Werkstätten nur wenige Jahrzehnte vor dem Untergang des Zarenreichs und damit auch vor dem vorläufigen Ende einer fast tausendjährigen Tradition der Metall-Ikonenkunst.

Literatur:
Jeckel 1995/1999, Nr. XXXIII, S. 77

327 Die Himmelfahrt Christi

Rodion Semen Chrustalev, 19. Jahrhundert
Bronze mit vierfarbigem Email,
5,9 x 5,2 cm

Die kleine Festtags-Ikone weist sich mit der Signatur „M. P. C. X." auf der linken Hälfte der unteren Randleiste als Werk des Moskauer Meisters R. S. Chrustalev aus. Meisterlich mutet das Relief denn auch in allen seinen Details an, ob es sich nun um das ausdrucksstarke Gebärdenspiel der Gestalten im Vordergrund oder etwa um die miniaturhaften namensbezeichnenden Inschriften an verschiedenen Stellen des Hintergrunds handelt. Auch der Emaildekor korreliert mit dem hohen kunsthandwerklichen Niveau dieser Werkstattarbeit.

In der unteren Bildmitte ist Maria zu erkennen, assistiert von zwei geflügelten Himmelsboten. Die Blicke der Jünger Christi, die sich zu beiden Seiten der Muttergottes gruppiert haben, sind nach oben gerichtet. Sie verfolgen Jesus, wie er in einer von vier Engeln umgebenen Aureole himmelwärts entschwebt.

Literatur:
Jeckel 2000, Nr. 102

328 Triptychon: Drei Festtage

18. Jahrhundert
Bronze mit sechsfarbigem Email,
5,7 x 15,5 cm (geöffnet)

Das Triptychon gibt Bilder aus dem ostkirchlichen Festtagszyklus wieder, und zwar das Entschlafen der Muttergottes, die Höllenfahrt Christi sowie die Taufe Jesu im Jordan. Eine der Besonderheiten dieser Ikone besteht darin, dass die Tituli der einzelnen Darstellungen jeweils in erhabenen Lettern auf die obere Rahmenleiste der drei Flügel gesetzt wurden, während sie in vergleichbaren Fällen zumeist vertieft angelegt sind. Noch ein weiteres Detail verdient ausdrückliche Erwähnung: Das Osterbildnis auf dem Mittelstück des Flügelaltärchens gibt oben links den Blick auf den Kalvarienberg frei, wo miniaturhaft das Kruzifix Christi zwischen den Kreuzen der beiden mit Jesus gemarterten Verbrecher zu sehen ist.

Am sorgfältig angelegten bunten Farbenkleid des Triptychons machen die größeren Blauflächen auf dem Mittelteil wie auch auf dem rechten Außenflügel in besonderer Weise auf sich aufmerksam. Sie enthalten nämlich kleine, wie Punktemail wirkende Einstreuungen eines helleren Blautons, sodass die womöglich als zu wuchtig empfundene Dominanz der dunklen Grundfarbe deutlich zurückgedrängt wird.

Ein erhaben modelliertes, nicht mit Email verziertes Kreisfeld auf der Rückfront des linken Flügels, die als Schauseite des geschlossenen Triptychons fungiert, beherbergt ein Golgatha-Symbol mit den üblichen, zumeist abgekürzten kyrillischen Inschriften.

Literatur:
Jeckel 1995/1999, Nr. XXVII, S. 36; vgl. Gnutova/Zotova 2000, Nr. 233; Zotova 2002, Nr. 23

329 Muttergottes „Nicht verbrennender Dornbusch"

19. Jahrhundert
Bronze mit fünffarbigem Email,
10,2 x 9,5 cm

Bild des nicht verbrennenden Dornbuschs" lautet der Titel dieser der Muttergottes geweihten Ikone. Er nimmt Bezug auf die Gotteserscheinung in einem brennenden, aber nicht verbrennenden Dornbusch, wie sie dem Moses auf dem Berg Horeb zuteil wurde (Ex 3,2).

Das in der Metall-Ikonenkunst sehr beliebte Motiv stellt die Muttergottes, hier als Hodegetria-Variante, in den Mittelpunkt und umgibt sie auf den acht Spitzen eines Sterns und ebenso vielen Blütenblättern einer Rose mit Bildgestalten von symbolischer Bedeutung, die zumeist berühmten Marienhymnen entlehnt sind. In jeder der vier Bildecken finden sich darüber hinaus noch Visionen alttestamentlicher Herkunft in Szene gesetzt, die von der Mariologie ebenfalls mit der Muttergottes in Verbindung gebracht werden.

Obwohl der Emailschmuck des Reliefs aus fünf verschiedenen Glasflüssen besteht, wird der farbliche Charakter der Ikone entscheidend doch nur von einem leuchtenden Blau geprägt. Der Grund hierfür ist zum einen sicherlich in dem verhältnismäßig großen Flächenanteil dieses Farbtons zu suchen, zum anderen aber auch darin, dass die blau emaillierten Zonen wie die vier Enden eines griechischen Kreuzes anmuten, das der figurenreichen Darstellung unterlegt ist und den Blick des Betrachters rasch auf sich lenkt.

Literatur:
Vgl. Recklinghausen 2000, Nr. 189; Recklinghausen 2004, Nr. 191; Opdebeeck 1997, S. 51

330 Deesis

Egor Ivanovič Zakatkin, Juni 1842
Bronze mit blauem Email,
3,9 x 3,7 cm

Die Bildfläche dieser auffallend kleinen Ikone wird von einer ganzfigurigen Deesis nahezu vollständig ausgefüllt. Namensbezeichnende Inschriften, die für den thronenden Christus noch um den Zusatz „Herr Allherrscher" erweitert worden sind, finden über und zwischen den Nimben nur in sehr gedrängter Form Platz, und auch für die blaue Email-einlage bleibt nur wenig Hintergrundfläche verfügbar.

Äußerst informativ ist eine Schriftkartusche auf der Rückseite des Reliefs. Der dort im Wesentlichen lesbar ausgeformte, auf sechs Zeilen verteilte kyrillische Text lässt sich sinngemäß in die Worte kleiden: „Diese Ikone wurde im Monat Juni des Jahres 1842 modelliert vom Meister Egor Ivanovič Zakatkin [– Angestellter] der Kaufleute Gučkov." Tatsächlich stand ein Meister dieses Namens während der Jahre 1840 bis 1850 in einem Beschäftigungsverhältnis bei der Moskauer Kaufmannsfamilie Gučkov, deren Oberhaupt Fedor Alekseevič übrigens Vorsteher einer Altgläubigenge-meinde war. Zakatkin arbeitete zu jener Zeit als Walzen-stecher in einer von mehreren Gučkov'schen Fabriken und hat, wie es scheint, sein kreatives Talent sowie seine hand-werklichen Fähigkeiten zumindest gelegentlich auch in den Dienst der Metall-Ikonenkunst gestellt.

Das vorliegende Beispiel repräsentiert eine der ganz wenigen bekannten Zakatkin-Schöpfungen. Und obwohl sich der auf der Tafel angegebene Entstehungszeitraum „Juni 1842" unmittelbar nur auf die Matrize beziehen lässt, spricht doch eine hohe Wahrscheinlichkeit dafür, das auch das Relief selbst nicht wesentlich später gegossen worden sein dürfte.

Literatur:
Jeckel 2004, Nr. 95/96

331 Fügel eines Diptychons: Muttergottes des Zeichens

Datiert: 1. Oktober 1713
Vergoldete Bronze mit zweifarbigem transluzidem Email,
3,4 x 3,6 cm

Auch als Torso darf dieser rechte Flügel eines Panhagia-Diptychons, der im Inneren eines Kreisfeldes das Relief der Muttergottes des Zeichens abbildet, in mehrfacher Hin-sicht besondere Aufmerksamkeit für sich beanspruchen. Einerseits hebt die in allen Belangen äußerst subtile und – nicht zuletzt dank des zweifarbigen, bis auf den Goldgrund durchscheinenden Emailauftrags – kunsthandwerklich sehr niveauvolle Ausführung das Exemplar deutlich aus dem Gros russischer Werkstattarbeiten heraus. Andererseits ist es die präzise Angabe eines Datums auf der Rückseite, die das kleine Täfelchen zu einem sehr bedeutsamen Zeugnis der Metall-Ikonenkunst werden lässt. Mit dem Stichel in die sorgsam geglättete Fläche eingegraben, findet sich dort nämlich, umrahmt von einem ebenfalls gravierten Kranz-ornament, die kirchenslawische Inschrift: „Erster Tag des [Monats] Oktober im Jahre 7222 [nach Erschaffung der Welt]." Die Umrechnung der in dieser Gravur noch dem byzantinischen Vorbild folgenden Jahreszählung ergibt das Jahr 1713 n. Chr.

Gewiss ist der 1. Oktober 1713, an dem die russische Kir-che wie in jedem Jahr das Fest „Mariä Schutz und Fürbitte" gefeiert hat, nicht der Tag, an dem die Ikone modelliert, gegossen oder oberflächenveredelt worden ist. Dies alles dürfte bereits zu einem früheren Zeitpunkt geschehen sein. Wahrscheinlicher ist wohl, dass das eingravierte Datum für einen besonderen Gedenktag im Leben einer bestimmten Persönlichkeit steht, der den Anlass dazu gegeben hat, ihr das Diptychon als bleibende Erinnerung zum Geschenk zu machen.

Literatur:
Jeckel 2000, Nr. 59/60

D: Holzgefasste Metall-Ikonen

Ein schon älterer, jedoch erst während des 19. Jahrhunderts in russischen Altgläubigenkreisen zu größerer Entfaltung gekommener Brauch bestand darin, Metall-Ikonen und -Kreuze in Holztafeln einzubetten. Die auf diese Weise entstandenen Kompositionen wurden in der sogenannten Schönen Ecke, dem häuslichen Gebets- und Andachtsplatz der Familie, aufbewahrt oder auch in den Ikonenbestand von Gotteshäusern eingereiht. Die Beweggründe, die zu diesem Brauchtum geführt haben, lassen sich nur erahnen. Der vermutlich nächstliegende war wohl ein allmählicher Wandel der ästhetischen Ansprüche in Richtung auf ein Mehr an kunsttechnischer Raffinesse. Als Belegstücke für eine so geartete Motivation kommen vor allem jene Schöpfungen in Betracht, bei denen die Technik der metallenen Flachplastik einerseits und der Ikonenmalerei andererseits eine sich gegenseitig ergänzende Verbindung eingegangen sind. Das ist beispielsweise dann der Fall, wenn in der auf eine Holztafel gemalten szenischen Darstellung des Kalvarienberggeschehens das Kreuz Christi als Mitte des Ganzen aus einem in das Malbrett eingelegten Bronzeguss besteht. Solche Ikonen setzen also unabdingbar das enge Zusammenwirken der beiden künstlerischen Techniken voraus.

Doch bei weitem nicht alle Holztafeln mit eingearbeiteten Metall-Ikonen verdanken ihre Existenz rein ästhetischen Wunschvorstellungen. So kann man zuweilen Exemplaren begegnen, deren unterschiedlich zahlreiche Bronzeeinlagen teils weit auseinanderklaffenden Alters sind, teils auch einen nur noch fragmentarischen Erhaltungszustand aufweisen oder bei denen ganz unverständlich erscheinende Häufungen gleicher Sujets ins Auge springen. In vielen dieser Fälle dürfte es sich um Arbeiten handeln, die ausschließlich Familienheiligtümer aus mehreren Generationen in würdevoller Weise auf einem Holzbrett vereinen, sodass man ihnen einen gemeinsamen und allen Familienmitgliedern jederzeit zugänglichen Platz im Ikonenwinkel anweisen konnte. Wenn bei manchen solcher Tafeln die hölzerne Fassung niemals einen Farbanstrich erhalten hat, geschweige denn mit Malereien verschönert worden ist, kann das nur als zusätzliches Indiz für die gemutmaßte Zweckbestimmung erachtet werden.

Die in Vitrine D gezeigten Exponate veranschaulichen in ihrer überwiegenden Mehrheit Beispiele aus der Gruppe mutmaßlich ästhetisch motivierter Holzfassungen für Metall-Ikonen, schließen aber das eine oder andere Exemplar ein, für dessen Zustandekommen die bislang gegebenen Erklärungsversuche allein noch nicht auszureichen scheinen.

332 Zehn Heilige und der Schutzengel

19. Jahrhundert
Temperamalerei auf Holz mit eingearbeitetem
feuervergoldetem Bronzerelief,
Holztafel: 31,2 x 26,4 cm; Einlage: 12 x 7,6 cm

In zwei Rängen sind, qualitätvoll in die Mulde eines Kovčegs gemalt, der Schutzengel und neun Heilige nebeneinander gestellt. Ihnen gesellt sich inmitten der oberen Bildhälfte auf einer bündig in die Holztafel eingelassenen Bronze-Ikone der hl. Nikolaus von Možajsk hinzu. Nur dieser populäre Gottesmann ist frontal abgebildet, alle übrigen Gestalten wenden sich ihm mit leichter Körperdrehung zu und richten auch ihren Blick auf seine im Goldglanz erstrahlende Ikone. So ergibt sich eine Komposition, die ein absichtsvolles, ikonographisch beziehungsreiches, zugleich aber auch sehr harmonisches Zusammenwirken von Reliefkunst und Malerei dokumentiert.

Über den nimbierten Häuptern der Ganzfiguren sind in kyrillischer Schrift die Namen aller auf der Tafel Dargestellten ablesbar. In der oberen Bildreihe präsentieren sich links neben Nikolaus der Apostel Philippus und der Schutzengel, rechts Basilios der Große sowie der Erzdiakon und Erstmärtyrer Stephanos. Unten sind in der linken Dreiergruppe die Märtyrerheiligen der Frühzeit Abibos (russ.: Aviv), Samonas (Samon) und Gurias (Gurij) vereint. Ihnen stehen auf der anderen Seite die Heiligen Maria Magdalena, Tatjana und Xenia gegenüber.

Das feuervergoldete Bronzerelief mit der Možajsker Nikolaus-Variante trägt einen dreiteiligen Aufsatz, dessen Mitte von einem Mandylion gebildet wird, das die in kleinen Rechteckfeldern platzierten Erzengel Michael (links) und Gabriel flankieren.

Literatur:
Jeckel 2000, Nr. 142

333 Diptychon: Der Drachenkampf des hl. Georg und hl. Paisios der Große

19. Jahrhundert
Zweiflügelige Holzfassung mit zwei emaillierten
Bronzereliefs, Holzfassung: 11,2 x 16,5 cm (geöffnet);
Einlagen: 6,7 x 5,5 cm (links) bzw. 5,9 x 4,9 cm

Die beiden Holzflügel, jeder mit einem eingezogenen kielbogenförmigen Abschluss versehen, tragen rundum noch weitgehend ihren ursprünglichen rotbraunen Farbanstrich, weisen aber keinerlei figürliche oder ornamentale Malerei auf. In jede der eingetieften Innenflächen ist passgenau ein jeweils eigenständiges Bronzerelief eingesetzt. Links handelt es sich um eine Georgsikone, die in einer der tradierten Darstellungsvarianten den Drachenkampf des Heiligen veranschaulicht. Die rechte Flügelklappe beherbergt ein Bildnis Paisios des Großen, halbfigurig und in frontaler Haltung gezeigt. Beide Bronzen sind schwarz emailliert, die linke weist zusätzlich einige Einstreuungen in einem Grünton auf.

Die beiden Flügel sind sichtbar durch zwei Scharniere miteinander verbunden. Ein drehbar gelagertes Häckchen an der Außenkante des linken Flügels sowie eine seitliche Öse am rechten Flügel erlauben es, das Diptychon zu verschließen und so die metallenen Einlagen zu schützen.

Was den einstigen Besitzer dazu bewogen hat, dieses Altärchen anzufertigen oder anfertigen zu lassen, ist nicht überliefert. Möglicherweise war es seine besondere Affinität zu dem Heiligenpaar, das er auf keine andere als die hier realisierte Art und Weise auf kleinem Raum zu vereinen wusste, um solchermaßen seinen ganz persönlichen religiösen Bedürfnissen Genüge zu tun. Keineswegs auszuschließen ist allerdings auch, dass es ihm nur darum ging, den einmal als Erbe übernommenen metallenen Kultbildern einen angemessenen und zugleich schützenden Rahmen zu geben.

Literatur:
Jeckel 2004, Nr. 130

334 Die Ausgießung des Heiligen Geistes

19. Jahrhundert
Farbig gefasste Holztafel mit eingearbeitetem
vergoldetem Bronzerelief,
Holztafel: 9,3 x 7,6 cm; Einlage: 5,1 x 4,4 cm

Wahrscheinlich um das kleine Pfingstrelief wirkungsvoller zur Geltung zu bringen, ist die Ikone in eine Holztafel eingebettet worden. Letztere besitzt einen schmalen erhabenen Rand und weist eine farblich mehrfach abgesetzte Rahmung auf. Zur Stabilisierung sind in die Ober- und Unterkante sogar „Šponki" eingelassen, Querhölzer, mit deren Hilfe Verwerfungen der Tafel verhindert werden sollen.

Der kyrillische Bildtitel in der Bedeutung „Die Ausgießung des Heiligen Geistes" findet sich gleichlautend von Hand auf den Holzrahmen geschrieben wie auch in die obere Rahmenleiste der Bronze modelliert. Dementsprechend thematisiert die Ikone das in der Apostelgeschichte geschilderte Ereignis der Ausgießung des Heiligen Geistes fünfzig Tage nach Ostern (Apg 2,1 ff.), dessen die abendländische Christenheit jeweils am Pfingstsonntag, die Ostkirche dagegen stets am Pfingstmontag gedenkt.

Die Szene spielt im Inneren eines Hauses. In der Mitte des Raums thront Maria auf einem mit Polstern belegten Sessel. In zwei Sechsergruppen aufgeteilt haben die Jünger Jesu entlang der beiden Seitenwände Platz genommen. Ihre Blicke sind nach oben gerichtet, wo über dem Nimbus der Muttergottes in einem Kreissegment die Taube des Heiligen Geistes erscheint.

Literatur:
Jeckel 2000, Nr. 141

335 Die Kreuzigung Christi

19. Jahrhundert
Temperamalerei auf Holz mit eingearbeitetem
vergoldetem Bronzekreuz,
Holztafel: 22,2 x 18,2 cm; Einlage: 12,3 x 8,1 cm

Bildbeherrschendes Element ist das Kreuz Christi, das
hier als vergoldeter Bronzeguss in die Holztafel integriert
wurde. Seine auch als Blickfang bedeutsame Rolle wird
noch durch einen in Rot gehaltenen Farbrand unterstri-
chen, der den Konturen der Balken folgt und zugleich die
beiden Engelwesen einschließt, die über dem mittleren
Querholz zu sehen sind. Alle übrigen das Szenarium ver-
vollständigenden Bestandteile der Darstellung sind in Temperamalerei auf die gekreidete Kovčeg-Fläche aufgetragen
und, wo nötig, durch kyrillische Beschriftungen kennt-
lich gemacht. So finden sich paarweise vor der Architekturkulisse Jerusalems die um Jesus trauernden Gestalten
der Maria Magdalena und der Muttergottes (links) sowie
Johannes des Theologen und des römischen Centurios
Longinus. Betend erscheinen hinter diesen Zweiergruppen
und in erhöhter Position der hl. Sergij von Radonež (links)
sowie die Märtyrerin Natalia (russ.: Natalja). Die beiden
vertreten möglicherweise die Namenspatrone jener Ehe-
leute, denen die Ikone ursprünglich gehörte. In den oberen
Bildecken sind schließlich noch, eingeschlossen von Wol-
kensegmenten, die Tag- und Nachtsymbole auszumachen,
links die Sonne, rechts der Mond.

Literatur:
Jeckel 2004, Nr. 133

336 Oklad der Ikone „Die Kreuzigung Christi" aus Katalog-Nr. 335

19. Jahrhundert
Reliefiertes Messingblech mit Resten einer ursprünglichen
Vergoldung, 22,5 x 18,5 cm

Der Oklad, eine Metallverkleidung für Ikonen, die
dem Betrachterblick im Allgemeinen nur die Malerei der
Gesichter und Hände der abgebildeten Gestalten freigibt,
lässt im vorliegenden Fall auch das Bronzekreuz unbedeckt.
Als Treibarbeit, die durch Punzierungen und Ziselierungen

sowie durch eine inzwischen nicht mehr vollständig erhaltene Vergoldung verschönert worden ist, wiederholt er in
plastischer Form alle wesentlichen Elemente der Malerei auf
der Holztafel und bezeugt so zugleich seine Individualität.

Literatur: Jeckel 2004, Nr. 132, S. 168

337 Thronender Christus und segnender Gott Sabaoth mit der Taube des Heiligen Geistes

19. Jahrhundert
Farbig gefasste Holztafel mit zwei eingearbeiteten feuer-
vergoldeten Bronzereliefs, Holzfassung: 14,3 x 8,1 cm;
Einlagen: 6,3 x 4 cm (Christusfigur) bzw. 3,8 x 3,6 cm

In seiner Konturierung erinnert das Holzbrettchen ein
wenig an die Silhouette nordrussischer Kapellenbauten mit
Kokošnik-Dach. Als Fassung zweier Bronzereliefs weist die
Tafel eine vergleichsweise tiefe Bildmulde auf, die von einer
dunkelbraunen Farbschicht bedeckt und an den Innenrän-
dern von mehreren bunten Linien gesäumt wird. Der erha-
bene Außenrand und die gesamten Kantenflächen tragen
nur farblosen Firnis.

Die beiden Metalleinlagen entstammen einer bronzenen
Variante der erweiterten Deesis. Sie sind äußerst akkurat
ausgeschnitten und erst in frei gestelltem und versäubertem
Zustand feuervergoldet worden. Das untere Relief verkörpert
einen thronenden Christus in der vertrauten Ikonographie,
das obere, mit einem Kielbogen abschließende zeigt eine
Darstellung Gott Sabaoths, der mit der Rechten den Segen
spendet und in seiner Linken die vom Dreibalkenkreuz
beherrschte Weltkugel hält. In einem kleinen rhombischen
Feld unterhalb der Gottvatergestalt ist schließlich noch eine
Taube auszumachen, das Sinnbild des Heiligen Geistes.

Es hat den Anschein, als wollte der Schöpfer oder
Auftraggeber dieser Komposition mithilfe der hölzernen
Fassung ein seinen ganz persönlichen Vorstellungen ent-
sprechendes Motiv zusammenstellen, das der russischen
Metall-Ikonenkunst in dieser reduzierten Form nicht geläu-
fig ist. Vielleicht hatte er dabei sogar das Bild des sogenann-
ten Gnadenstuhls vor Augen, dessen sich die abendländische
Sakralkunst Jahrhunderte lang bedient hat, um die Heilige
Dreifaltigkeit symbolisch zu veranschaulichen.

Literatur: Jeckel 2004, Nr. 134

338 Hl. Nikolaus

Um 1800
Farbig gefasste Holztafel mit eingearbeitetem Bronzerelief,
Holzfassung: 11,8 x 9,2 cm; Einlage: 5,1 x 4,4 cm

Das beidseitig mehrfach eingekerbte Brettchen, das die kleine Bronze mit einer halbfigurigen Nikolaus-Darstellung aufnimmt, ist oben spitzwinklig zugeschnitten. Sein nur seitlich überhängendes Dach wird von zwei aufgenagelten Leisten gebildet. Mit Ausnahme der roh belassenen Unterkante trägt das Ganze rundum einen roten Farbanstrich. Das bereits beträchtlich abgeriebene Nikolaus-Relief wird durch die so beschaffene hölzerne Fassung optisch deutlich aufgewertet. Ob aber allein darin ihre ursprüngliche Zweckbestimmung gesehen werden darf, muss bezweifelt werden. Denn zwei Bohrlöcher am unteren Ende des Holzbretts deuten darauf hin, dass Letzteres – möglicherweise sogar frei stehend – einstmals mit einem anderen Gegenstand fest verbunden war, beispielsweise mit einem Andachtshäuschen am Wegesrand, einem Grabkreuz o. ä. So scheinen also mindestens zwei Beweggründe für die Entstehung des Arrangements bestimmend gewesen zu sein – ein von ästhetischem Empfinden geleiteter sowie ein an praktischem Denken orientierter.

Literatur:
Jeckel 2000, Nr. 137

339 Evangelist Lukas und Muttergottes von Kazan'

19. Jahrhundert
Temperamalerei auf Holz mit eingearbeitetem Bronzerelief,
Holztafel: 10,4 x 8,4 cm; Einlage: 4,1 x 3,5 cm

Die Holztafel, die möglicherweise einmal zu einem mehrteiligen Evangelisten-Ensemble gehörte, stellt in Temperamalerei den hl. Lukas vor, nach altkirchlicher Tradition der Verfasser des dritten Evangeliums sowie der Apostelgeschichte. Auf der größeren Hälfte der annähernd diagonal geteilten Bildfläche sieht man ihn schreibend vor einem Tisch sitzen. Hinter ihm erhebt sich eine phantasievoll gestaltete Gebäudearchitektur. Von der Titelinschrift sind nur noch geringfügige, schwer deutbare Reste auszu-

machen, sodass die Identität des Heiligen nicht mehr mit letzter Sicherheit bestimmbar ist. Das in die linke untere Bildecke eingelassene Relief der Muttergottes von Kazan' lässt sich allerdings als Hinweis auf die Person des Lukas interpretieren, gilt dieser Apostel doch nach der Überlieferung als der erste Maler von Muttergottesbildnissen.

Die Metalleinlage der Ikone verkörpert einen ursprünglich eigenständigen Bronzeguss der Kazanskaja, dessen Seitenränder allerdings aus Platzgründen beschnitten worden sind und der obendrein seinen Mandylion-Aufsatz eingebüßt hat.

340 „Nicht von Menschenhand gemachtes Bild Christi", Muttergottes von Smolensk und Muttergottes des Zeichens von Novgorod

19. Jahrhundert
Beschnitzte Holzleiste mit drei eingearbeiteten Bronzereliefs,
Holzfassung: 18,5 x 3,6 cm; Einlagen: je ca. 3 x 2,5 cm

In ihrem Zuschnitt einer Säule ähnlich, beherbergt die schmale Holzleiste drei Bronzereliefs von geringer Größe. Sie sind in tiefe, exakt untereinander angeordnete Bildmulden eingebettet. Die obere der drei Miniaturen zeigt ein Mandylion, das von dem kyrillischen – aus Platzgründen allerdings unvollständigen – Titel als „nicht von Menschenhand gemachtes Bild Christi" ausgewiesen wird. Abwärts folgen zwei Marienbildnisse, zunächst das der Muttergottes von Smolensk und schließlich das der Muttergottes des Zeichens von Novgorod. In allen drei Fällen handelt es sich um sehr subtil ausgeführte Arbeiten in gutem, wenngleich schon leicht beriebenem Erhaltungszustand.

Warum die drei kleinen Ikonen in der hier zu beobachtenden Weise zusammengefasst worden sind, ist unklar. Vielleicht sollte auf diese recht nüchterne Art lediglich verhindert werden, dass die verhältnismäßig unscheinbaren Exemplare in der Vereinzelung allzu leicht unbeachtet bleiben oder gar verloren gehen könnten.

Literatur:
Jeckel 2000, Nr. 138

341 Muttergottes des Zeichens

Um 1800/19. Jahrhundert
(Bronzerelief) bzw. um 1900 (Basma)
Holztafel mit Silber-Basma und eingearbeitetem
Bronzerelief, Holzfassung (mit Basma): 13,5 x 11,3 cm;
Einlage: 3,8 x 3,8 cm

Die von einer Basma vollständig bedeckte Holztafel birgt in ihrer Mitte den rechten Flügel eines bronzenen
Panhagia-Diptychons mit dem Bildnis einer Muttergottes des Zeichens. Das zweifarbig emaillierte Relief ist bis
zu einem Jahrhundert älter als der silberne Beschlag, von
dem es umgeben ist, und dessen Entstehung anhand einer
Beschau-Punze in die Zeit zwischen 1896 und 1908 datiert
werden kann. Angesichts dieser Altersdifferenz liegt der
Gedanke nahe, dass der hier zu besonderen Ehren gekommene Torso für den Auftraggeber des kunstvollen Rah-
menwerks ein Heiligtum von herausgehobener Bedeutung
gewesen sein muss, denn immerhin dürfte der materielle
Wert der silbernen Juwelierarbeit unter den damaligen Ver-
hältnissen um ein Mehrfaches über dem der kleinen Bronze
gelegen haben.

Bemerkenswert an dieser Arbeit ist auch, dass der
Besteller offenbar mit sehr klaren Vorstellungen über die
Art der Ausführung seines Auftrags an die Juwelierwerk-
statt herangetreten ist. Seine Anweisungen finden sich
nämlich in Form knapper kyrillischer Bleistiftnotizen auf
der von der Basma abgedeckten, im Naturzustand belassenen Holzfläche protokolliert.

Literatur:
Jeckel 2004, Nr. 136

342 Die Himmelfahrt des Propheten Elija und Szenen aus seinem Leben

Um 1800/19. Jahrhundert
Farbig gefasste Holztafel mit eingearbeitetem Bronzerelief,
Holzfassung: 12,6 x 6,2 cm, Einlage: 6,9 x 5 cm

Die rotfarbene Holzfassung mit ihrem sich nach oben
verjüngenden Türmchenprofil dient, so will es jedenfalls
scheinen, ausschließlich dem Zweck, dem eingelegten
Bronzerelief zu mehr Geltung und größerer Ansehnlich-

keit zu verhelfen. Die solchermaßen aufgewertete Metall-
Ikone setzt mehrere biblisch verwurzelte Begebenheiten
aus dem Leben des Propheten Elija ins Bild. Soweit diese in
der unteren Hälfte der Darstellung spielen, lassen sie sich
allerdings aufgrund der Größenverhältnisse nur bedingt
identifizieren. Rechts unten wird vermutlich gezeigt, wie
der lebensmüde gewordene Elija von einem Engel geweckt
und aufgefordert wird, sich zu stärken (1 Kön 19,5). Darüber, in Höhe der horizontalen Mittelachse, ist ein Rabe zu
sehen, der dem Propheten auf Gottes Geheiß Nahrung in
die Wüste bringt (1 Kön 17,6). In der linken unteren Ecke
erkennt man, dass Elija mit seinem Schüler Elischa an den
Jordan gelangt ist, dessen Wasser er alsbald teilen wird,
damit die beiden das andere Ufer trockenen Fußes errei-
chen können (2 Kön 2,7 f.). Das Hauptthema der Ikone, die
Himmelfahrt des Propheten in einem feurigen Wagen
(2 Kön 2,11), wird in der oberen Bildhälfte veranschaulicht.
Dem Entrückten streckt sich hier von rechts die göttliche
Segenshand entgegen. Ein Mandylion bildet den krönenden
Abschluss des Bronzegusses.

339 Evangelist Lukas und Muttergottes von Kazan'

Abgekürzt zitierte Literatur

Acheimastou-Potamianou 1998
Myrtali Acheimastou-Potamianou, Icons of the Byzantine
Museum of Athens, Athen 1998

Alpatov 1991
Alpatov u. a., Les icônes de Pskov du XIIIe au XVIe siècle,
Leningrad 1991

Angiolini Martinelli 1982
Patrizia Angiolini Martinelli, Le icone della collezione
classense di Ravenna, Bologna 1982

Antonova 1966
V. I. Antonova, Drevnerusskoe iskusstvo v sobranii Pavla
Korina, Moskau 1966

Antwerpen 1988
Golden Light. Masterpieces of the Art of the Icon (Ausstel-
lungskatalog Koninklijk Museum voor Schone Kunsten
Antwerpen), Gent 1988

Antwerpen 1997
D'un autre Monde. Icônes inconnues et art byzantin (Ausstellungskatalog Koninklijk Museum voor Schone Kunsten), Antwerpen 1997

Baden-Baden 1991
Stanislaw Kutschinski und Jochen Poetter (Hg.), Russische
Ikonen und Kultgerät aus St. Petersburg (Ausstellungskata-
log Kunsthalle Baden-Baden), Köln 1991

Baltimore 1994
Roderick Grierson (Hg.), Gates of Mystery. The Art of Holy
Russia (Ausstellungskatalog Walters Art Gallery,
Baltimore etc.), Cambridge 1994

Baltoyanni 1994
Chrysanthe Baltoyanni, Icons. Mother of God, Athen 1994

Basova 2006
M. V. Basova, Russkoe iskusstvo iz sobranija Gosudarstven-
nogo Muzeja istorii Religii, Moskau 2006

Belli D'Elia 1988
Pina Belli D'Elia (Hg.), Icone di Puglia e Basilicata dal
medioevo al settecento, Mailand 1988

Bentchev 1985
Ivan Bentchev, Handbuch der Muttergottesikonen Russlands, Bonn 1985

Bentchev 1997
Ivan Bentchev, Die Nikolaus Zarajskij-Vita-Ikone im
Ikonen-Museum Recklinghausen und ihre Restaurierung,
in: Ivan Bentchev und Eva Haustein-Bartsch (Hg.), Ikonen.
Restaurierung und naturwissenschaftliche Erforschung.
Beiträge des internationalen Kolloquiums in Recklinghau-
sen 1994, München 1997, S. 91–100

Bentchev 1999
Ivan Bentchev, Engelikonen. Machtvolle Bilder himmlischer Boten, Freiburg 1999

Bentchev 2000
Ivan Bentchev, Zu einer neu entdeckten kretischen Ikone
der Kreuzabnahme Christi vom „Drei-Leiter-Typus" aus
deutschem Privatbesitz, in: Griechische Ikonen. Beiträge
des Kolloquiums zum Gedenken an Manolis Chatzidakis
in Recklinghausen, 1998 – Greek Icons. Proceedings of the
Symposium in Memory of Manolis Chatzidakis (hg. v. Eva
Haustein-Bartsch und Nano Chatzidakis), Benaki Museum
Athen / Ikonen-Museum Recklinghausen 2000, S. 51–62,
Abb. 52–56

Bentchev 2005
Ivan Benčev, Ikony Angelov. Obrazy nebesnych poslan-ni-
kov, Moskau 2005

Bentchev 2007
Ivan Benčev, Ikony svjatych pokrovitelej, Moskau 2007

Bobrov 1987
Ju. G. Bobrov, Istorija restavracii drevnerusskoj živopisi,
Leningrad 1987

Bock 1997
Martin Bock, Christophoros kynokephalos. Die Darstel-
lungen des hundsköpfigen Christophoros auf Ikonen des
Ikonen-Museums Recklinghausen (Monographien des
Ikonen-Museums, Band IV), Recklinghausen 1997

Bogdanović u. a. 1978
Dimitrije Bogdanović, Vojislav J. Djurić, Dejan Medaković,
Hilandar, Belgrad 1978

Bokotopoulos 1994
Panagiotes L. Bokotopoulos, Eikones tes Kerkyras,
Athen 1990

Bonn 2004
Der Kreml. Gottesruhm und Zarenpracht (Ausstellungs-
katalog Kunst- und Austellungshalle der Bundesrepublik
Deutschland, Bonn), München 2004

Bornheim 1998
Bernhard Bornheim, Russische Feinmalerei zwischen
Orient und Okzident, Augsburg 1998

Bornheim 2008
Bernhard Bornheim, Die russische Haus-Ikone im Wandel
der Zeit – eine Kulturgeschichte in Bildern,
Regenstauf 2008

Božkov 1967
Atanas Božkov, Trevnenskata živopisna škola, Sofia 1967

Božkov 1984
Atanas Božkov, Balgarskata ikona, Sofia 1984

Brescia 1991
Icona. Volto del mistero. Mostra di icone bizantine e russe
(Ausstellungskatalog Palazzo Martinengo, Brescia),
Mailand 1991

Brenske Gallery 2007
Brenske Gallery. Russische und Griechische Ikonen –
Russian and Greek Icons, München 2007

Cardillo Azzaro 1999
Giuseppina Cardillo Azzaro und Pierluca Azzaro (Hg.),
Sophia. La Sapienza di Dio, Mailand 1999

Chatzidakis 1998
Nano Chatzidakis, Icons. The Velimezis Collection.
Catalogue raisonné, Athen 1998

Ćorović-Ljubinković 1965
Mirjana Ćorović-Ljubinković, Srednjevekovni duborez u
istočnim oblastima Jugoslavije, Belgrad 1965

Daiber 1997
Thomas Daiber, Aufschriften auf russischen Ikonen (Monu-
menta Linguae Slavicae Dialecti Veteris, Tom. XXXVII),
Freiburg 1997

Das Heilige Russland 1987
Das Heilige Russland. 1000 Jahre russisch-orthodoxe
Kirche, Freiburg 1987

Delvoye 1967
Charles Delvoye, L'Art Byzantin, Grenoble 1967

De Savitsch Collection 1956
De Savitsch Collection of rare Russian Icons and other
Objects of Ecclesiastical Art (XI to XVIII Centuries),
Auction in Zurich, 1 October 1956

Düren 1981
Heinz Skrobucha, Ikonen 16.–19. Jahrhundert. Rußland –
Griechenland – Rumänien – Bulgarien aus Sammlungen
von Freunden der Gesellschaft der Ikonenkunst e. V.
EIKON und aus dem Ikonen-Museum Recklinghausen (Aus-
stellungskatalog), Düren 1981

Effenberger 1990
Arne Effenberger, Goethe und die „Russischen Heili-
genbilder". Anfänge byzantinischer Kunstgeschichte in
Deutschland (Beiträge der Winckelmann-Gesellschaft 18),
Mainz 1990

Fabritius/Nentwig 2003
Ruth Fabritius und Joachim Nentwig, Hinterglasikonen.
Die Sammlung Nentwig im Museum am Dom (Museums-
schriften der Diözese Würzburg, Band 4), Regensburg 2003

Fedoryceva 2003
E. A. Fedoryceva, Cerkov' Nikoly Nadeina v Jaroslavle,
Moskau 2003

Felmy 2004
Karl Christian Felmy, Das Buch der Christus-Ikonen,
Freiburg 2004

Felmy 2007
Karl Christian Fel'mi, Ikony Christa, Moskau 2007

Frankfurt 1988
Thomas Meyer (Hg.), 1000 Jahre Christliches Rußland.
Zur Geschichte der Russisch Orthodoxen Kirche (Ausstel-
lungskatalog Historisches Museum der Stadt Frankfurt am
Main), Recklinghausen 1988

Frankfurt 2005
Richard Zacharuk (Hg.), Lebendige Zeugen. Datierte und
signierte Ikonen in Russland um 1900 (Ausstellungskatalog Ikonen-Museum, Frankfurt am Main), Tübingen 2005
(Katalogtexte: Kurt Eberhard)

Frankfurt 2007
Alexandra Neubauer (Hg.), Himmels(st)reiter. Schätze der
Ikonenkunst vom 12.–20. Jh. aus deutschen Privatsammlungen (Ausstellungskatalog Ikonen-Museum, Frankfurt
am Main), Tübingen 2007

Frigerio-Zeniou/Lazović 2006
Stella Frigerio-Zeniou und Miroslav Lazović, Icônes de la
collection du Musée d'art et d'histoire Genève, Genf 2006

Füglister 1964
Robert L. Füglister, Das Lebende Kreuz. Ikonographisch-
ikonologische Untersuchung der Herkunft und Entwicklung einer spätmittelalterlichen Bildidee und ihrer Verwur-
zelung im Wort, Einsiedeln 1964

Garidis-Paliouras 1993
Miltos Garidis und Athanasios Paliouras, Monasteries of
the Island of Ioannina. Painting, Ioannina 1993

Genf 1968
Manolis Chatzidakis und Vojislav Djurić: Les Icônes dans
les Collections Suisses (Ausstellungskatalog Musée Rath),
Genf 1968

Gerhard 1980
H. P. Gerhard, Welt der Ikonen, 7. Aufl.,
Recklinghausen 1980

Gnutova/Zotova 2000
S. V. Gnutova und E. Ya. Zotova, Crosses – Icons – Hinged Icons. Artifacts cast from brass 11th–early 20th century
from the Andrey Rublev Central Museum of Ancient Russian Culture and Art, Moskau 2000

Hanau 1995
Russische Silberschmiedekunstwerke des 15. bis 20. Jahr-
hunderts aus Jaroslawl und Moskau (Ausstellungskatalog
Deutsches Goldschmiedehaus), Hanau 1995

Haustein-Bartsch 1995 a
Eva Haustein-Bartsch, Ikonen. Eine Stiftung für das
Ikonen-Museum Recklinghausen, Recklinghausen 1995

Haustein-Bartsch 1995 b
Eva Haustein-Bartsch, Ikonen-Museum Recklinghausen
(Reihe: Museumsstück), München 1995

Haustein-Bartsch 2003
Eva Haustein-Bartsch, Zu einer Tabletka mit der Dar-
stellung der Anastasis und drei Heiligen, in: Professija –
Restaurator. Trudy i Dni Ol'gi Lelekovoj, Moskau 2003,
S. 47–58

Herzogenrath 1987
Ikonen und Kirchenschätze 13.–19. Jahrhundert. Aus
Sammlungen von Mitgliedern der „Gesellschaft der
Freunde der Ikonenkunst e. V. Eikon" (Ausstellungskatalog
Burg Rode Herzogenrath), Recklinghausen 1987

Hoechst 1986
Heinz Skrobucha, Kunst des christlichen Ostens (Ausstellungskatalog Jahrhunderthalle Hoechst), Frankfurt am Main 1986

Jeckel 1986
Stefan Jeckel, Bronze-Ikonen aus Russland, Münsterschwarzach 1986

Jeckel 1995/1999
Stefan Jeckel, Russische Metall-Ikonen – in Formsand gegossener Glaube, 3., überarbeitete und erweiterte Aufl., Bramsche 1995, und 4. Aufl., Bramsche 1999

Jeckel 2000
Stefan Jeckel, Heiligtümer aus dem Schmelztiegel. Seltene Motive und außergewöhnliche Formvarianten in der russischen Metall-Ikonenkunst, Bramsche 2000

Jeckel 2004
Stefan Jeckel, Schätze der russischen Metall-Ikonenkunst aus einem Jahrtausend, Bramsche 2004

Köln 1986
Gerhard Arndt, Ikonen aus privaten Sammlungen (Ausstellungskatalog Katholische Glaubensinformation-fides-Köln), Köln 1986

Köln 2005
Roland Krischel (Hg.), Ansichten Christi. Christusbilder von der Antike bis zum 20. Jahrhundert (Ausstellungskatalog Wallraf-Richartz-Museum – Fondation Corboud), Köln 2005

Kominis 1988
Athanasios D. Kominis, Patmos. Die Schätze des Klosters, Athen 1988

Korfu 1994
Lucy Braggiotti (Hg.), Icons Itinerant. Corfu, 14th–18th century (Ausstellungskatalog Kirche des hl. Georg in der Festung), Korfu 1994

Koscova 1992
A. S. Koscova, Drevnerusskaja živopis' v sobranii Ermitaža, St. Petersburg 1992

Kovarskaja 1984
S. Ja. Kovarskaja, I. D. Kostina und E. V. Šakurova, Russkoe serebro XIV–načala XX veka iz fondov Gosudarstvennych muzeev Moskovskogo Kremlja – Russian Silver of the Fourteenth to early Twentieth Centuries from the Moscow Kremlin Reserves, Moskau 1984

Krems 1993
Ikonen. Bilder in Gold. Sakrale Kunst aus Griechenland (Ausstellungskatalog Krems), Graz 1993

Laurina/Pushkariov 1980
Vera Laurina und Vasily Pushkariov, Novgorod Icons. 12th–17th century, Leningrad 1980

Lazarev 1969
Viktor Nikitič Lazarev, Novgorodskaja ikonopis', Moskau 1969

Lazarev 1997
Viktor Nikitič Lazarev, Die russische Ikone (hg. v. G. I. Vzdornov), Zürich 1997

Lyon 2006
Icônes Russes. Le ciel sur la terre. Exposition au Musée du Fourvière à Lyon, L'Objet d'Art. Hors-serie No. 22, 2006

Mainz 2004
Birgit Heide, Andreas Thiel u. a., Sammler – Pilger – Wegbereiter. Die Sammlung des Prinzen Johann Georg von Sachsen (Ausstellungskatalog Landesmuseum Mainz), Mainz 2004

Makarenko 1918
Nikolaj Makarenko, Iskusstvo drevnej Rusi u Sol'vyčegodskoj, Petrograd 1918

Meinardus 1967
Otto Meinardus, Greek Proskynitaria of Jerusalem in
Coptic Churches, in: Studia Orientalia Christiana
Aegyptiaca 12/1967, S. 309–342

Morsink 1999
Simon G. Morsink (Red.), Uit het hart van Rusland. Ikonen
en miniaturen (Ausstellungskatalog Museum Catharijne-
convent), Utrecht 1999

Morsink 2006
Simon Morsink, The Power of Icons. Russian and Greek
Icons 15th–19th Century. The Morsink Collection,
Gent 2006

Moskau 1991
Iskusstvo Stroganovskich masterov. Restavracija – issle-
dovanija – Problemy (Ausstellungskatalog Allrussisches
künstlerisch-wissenschaftliches Restaurierungszentrum
I. E. Grabar'), Moskau 1991

Moskau 1995
„O Tebe raduetsja". Russkie ikony bogomateri XVI – načala
XX vekov (Ausstellungskatalog Andrej-Rubl'ev-Museum),
Moskau 1995

Moskau 1999
A. M. Lidov und G. V. Sidorenko, Čudotvornyj obraz.
Ikony Bogomateri v Tret'jakovskoj galeree – The Miracu-
lous Image. The Icons of Our Lady in the Tretyakov Gallery
(Ausstellungskatalog Tret'jakov-Galerie), Moskau 1999

Moskau 2000
Rossija – Pravoslavnaja kul'tura (Ausstellungskatalog),
Moskau 2000

Moskau 2003
Ikony stroganovskich votčin XVI-XVII vekov (Ausstel-
lungskatalog Allrussisches künstlerisch-wissenschaftliches
Restaurierungszentrum I. E. Grabar'), Moskau 2003

Moskau 2007
T. N. Nečaeva, L. J. Jasnova, Stupeni masterstva. Katalog
ikon, restavrirovannych studentami Rossijskoj akademii
živopisi, vajanija i zodčestva 1997–2007 gody (Ausstellungskatalog Rubl'ev-Museum), Moskau 2007

München 1969
H. Skrobucha, Ikonen. 13. bis 19. Jahrhundert (Ausstellungskatalog Haus der Kunst), München 1969

München 1998
Rom und Byzanz. Archäologische Kostbarkeiten aus Bayern
(Ausstellungskatalog Prähistorische Staatssammlung),
München 1998

München 2004
Ludwig Wamser (Hg.), Die Welt von Byzanz – Europas öst-
liches Erbe. Glanz, Krisen und Fortleben einer tausendjährigen Kultur (Ausstellungskatalog Archäologische Staatssammlung München), Stuttgart 2004

New York 2002
Post-Byzantium: The Greek Renaissance. 15th–18th Century
Treasures from the Byzantine & Christian Museum, Athens
(Ausstellungskatalog Onassis Cultural Center, New York),
Athen 2002

Nicolescu 1969
Corina Nicolescu, Rumänische Ikonen, Berlin 1969

Nikolaeva 1968
T. V. Nikolaeva, Drevnerusskaja melkaja plastika XI–XVI
vekov, Moskau 1968

Onasch 1981
Konrad Onasch, Kunst und Liturgie der Ostkirche in Stich-
worten, Leipzig 1981

Opdebeeck 1997
Jos Opdebeeck, Metalen Ikonen. Blauwdruk van een
verzameling, Geel 1997

Pavan 1979
Gino Pavan (Hg.), Icone dalle collezioni del Museo
Nazionale di Ravenna, Ravenna 1979

Petrova 1998
Yevgenia Petrova (Hg.), The Golden Treasure Trove of the
Russian Museum. The Centenary of the Russian Museum
1898–1998, St. Petersburg 1998

Pirovano 2003
Carlo Pirovano (Hg.), Icone Russe. Collezione Banca Intesa,
Catalogo Ragionato, Bd. I–III, Mailand 2003

Poljakova 1999
O. A. Poljakova, Šedevry russkoj ikonopisi XVI–XIX vekov.
Gosudarstvennyj muzej-zapovednik „Kolomenskoe“,
Moskau 1999

Popovska-Korobar 2004
Viktorija Popovska-Korobar, Ikoni od Muzejot na
Makedonija, Skopje 2004

Postnikova-Loseva 1983
M. M. Postnikova-Loseva, N. G. Platonova, B. L. Ul'janova,
Zolotoe i serebrjanoe delo XV–XX vv. (Territorija SSSR),
Moskau 1983

Recklinghausen 1979
EIKON. Ikonen des 15.–19. Jahrhunderts aus deutschem Pri-
vatbesitz (Ausstellungskatalog Kunsthalle Recklinghausen),
Recklinghausen 1979

Recklinghausen 1986
Kirchenschätze des christlichen Ostens. Metallikonen
(Ausstellungskatalog Kunsthalle Recklinghausen),
Recklinghausen 1986

Recklinghausen 1988
1000 Jahre orthodoxe Kirche in der Rus', 988–1988. Russische Heilige in Ikonen (Ausstellungskatalog Kunsthalle
Recklinghausen), Recklinghausen 1988

Recklinghausen 2000
Ivan Bentchev und Eva Haustein-Bartsch, Muttergottes-
ikonen (Ausstellungskatalog Kunsthalle Recklinghausen),
Bielefeld 2000

Recklinghausen 2004
Eva Haustein-Bartsch, „Nicht nur vom Himmel gefallen ...“
Ankäufe und Schenkungen für das Ikonen-Museum Recklinghausen seit 1983 (Ausstellungskatalog Kunsthalle Recklinghausen), Recklinghausen 2004

Rojzman 1997
E. V. Rojzman, Nev'janskaja ikona – Nevyansk Icon,
Ekaterinburg 1997

Rutz 1973
Maria Rutz und New Grecian Gallery, Ikonen. Rußland
und Griechenland 14.–18. Jahrhundert, Kleve 1973

Rybakov 1995
Aleksandr Rybakov, Vologodskaja ikona. Centry
chudožestvennoj kul'tury zemli Vologodskoj XIII–XVIII
vekov, Moskau 1995

Saltykov 1981
A. A. Saltykov, Muzej drevnerusskogo iskusstva imeni
Andreja Rubleva, Leningrad 1981

Schleswig/Wiesbaden 1988
1000 Jahre russische Kunst. Zur Erinnerung an die Taufe
der Rus im Jahr 988 (Ausstellungskatalog Schleswig-Hol-
steinisches Landesmuseum), Hamburg 1988

Schmidt-Voigt 1980
Jörgen Schmidt-Voigt, Russische Ikonenmalerei und Medizin, München 1980

Schweinfurt 2008
Erich Schneider und Mariusz Salwinski (Hg.), Ikone.
Menschliche Hypostase des Göttlichen. Ikonen der Altgläu-
bigen aus polnischen und deutschen Museen und Privat-
sammlungen 17. bis 20. Jahrhundert (Schweinfurter
Museumsschriften, 156), Schweinfurt 2008

Silkin 2002
A. V. Silkin, Stroganovskoe licevoe šit'e, Moskau 2002

Soldatos 1999
Christos Soldatos, Christianike Zografike. He Metabyzan-
tine kai eptanesiake techne stis ekklesies kai ta monasteria
tes Leukadas (15os–20os ai.), Athen 1999

Solowjowa 2006
Irina Solowjowa u. a., Die russische Ikone,
St. Petersburg 2006

Stichel 1990
Rainer Stichel, Die Geburt Christi in der russischen Ikonenmalerei. Voraussetzungen in Glauben und Kunst des
christlichen Ostens und Westens, Stuttgart 1990

St. Petersburg 2000
Sinai – Byzantium – Russia. Orthodox Art from the Sixth
to the Twentieth Century (Ausstellungskatalog Staatliche
Eremitage, St. Petersburg), London 2000

Sucrow 1995
Alexandra Sucrow, Griechische und russische Goldstickereien des Ikonen-Museums Recklinghausen (Monographien des Ikonen-Museums Recklinghausen, Bd. III),
Recklinghausen 1995

Tarasov 2002
Oleg Tarasov, Icon and Devotion. Sacred Spaces in Imperial
Russia, London 2002

Thessaloniki 1997
Athanasios A. Karakatsanis (Hg.), Treasures of Mount
Athos (Ausstellungkatalog Museio Byzantinu Politismu,
Thessaloniki), Thessaloniki 1997

Tóth 2004
Ferenc und Christel Tóth, Russische Iconen. Collectie Tóth
Ikonen, Amsterdam 2004

Tóth 2006
Ferenc und Christel Tóth, Russische Iconen II, Collectie
Tóth Ikonen, Amsterdam 2006

Vantaa 2000
Bysantti valinkauhassa. Bysans i stöpsleven. Byzantium in
the Casting Ladle. A millennium of metal icons (Ausstellungskatalog Vantaan kaupunginmuseo), Vantaa 2000

Vasiliev 1965
Asen Vasiliev, Balgarski vazroždenski majstori, Sofia 1965

Vatikan 1999
Giuseppina Cardillo Azzaro und Pierluca Azzaro (Hg.),
Sophia La Sapienza di Dio (Ausstellungskatalog Vatikan),
Mailand 1999

Vilinbachova 2000
Tatjana Vilinbachova, Schreine des Wortes. Ikonen der
Stroganov, Buch-Kalender 2001, Mailand 2000

Wien 1981
Karoline Kreidl-Papadopoulos, Ikonen und Kulturobjekte
der Ostkirche aus dem Besitz des Kunsthistorischen Museums und der griechischen Kirche in Wien (Ausstellungskatalog Kunsthistorisches Museum), Wien 1981

Žitija Svjatych 1903
Žitija Svjatych svjatitelja Dimitrija Rostovskago,
Moskau 1903 (Nachdruck 1991)

Zotova 2002
E. Ya. Zotova, Symbols and images. Hinged Icons, Icons,
Crosses – End of 17th–20th century. From Collection of
Yury Golubev, Moskau 2002

Impressum

Eva Haustein-Bartsch (Hg.)

Pforte des Himmels
Ikonenausstellung zum 50-jährigen Jubiläum von EIKON.
Gesellschaft der Freunde der Ikonenkunst e. V.

Kunsthalle Recklinghausen
7. Dezember 2008 bis 8. Februar 2009

Texte von Eva Haustein-Bartsch
unter Mitarbeit von
Stefan Jeckel
Frank Scheidemann
Rosemarie und Kurt Eberhard
Ivan Bentchev
Ana Faye Fegg
Angelika Büchse

Lektorat:
Sophie Reinhardt
Kathleen Herfurth

Gestaltung:
Polina Bazir
Klaus-Peter Plehn

Gesamtherstellung:
Kerber Verlag, Bielefeld
Windelsbleicher Str. 166–170
D-33659 Bielefeld
Germany
Tel.: +49 (0) 5 21-9 50 08-10
Fax: +49 (0) 5 21-9 50 08-88
info@kerberverlag.com
www.kerberverlag.com

ISBN 978-3-86678-211-2
Printed in Germany

Die Deutsche Nationalbibliothek verzeichnet diese Publikation in der Deutschen Nationalbibliografie; detaillierte bibliografische Daten sind im Internet über http://dnb.ddb.de abrufbar.

© EIKON. Gesellschaft der Freunde der Ikonenkunst e. V., Kerber Verlag Bielefeld/Leipzig und die Autoren 2008

Bildnachweis:
© 2007 Himmels(st)reiter LEGAT Verlag (Kat. Nr. 11, 16, 33, 35, 40, 55, 57, 66, 70, 84, 112, 113, 118, 136, 168, 203–218)

Volker-H. Schneider (Kat. Nr. 60, 144)

Jürgen Spiler, Dortmund (Kat. Nr. 1–7, 12, 13, 18 –20, 22, 23, 26–28, 30–32, 34, 37–39, 42–45, 51–53, 58, 61, 63–65, 68, 69, 71, 72, 74–77, 79–81, 83, 86, 88, 90, 92, 96, 97, 99–103, 105–107, 111, 114, 116, 117, 119, 121–124–126, 129–131, 133, 134, 138, 139, 441–143, 145–148, 150–161, 164–167, 169–170, 172, 175–181, 183–197, 201, 202, 219–223, 226, 228, 248, 253, 260, 265, 268, 292, 297, 299, 302, 304, 307, 313, 314, 316, 319, 339, 342)

Ferdinand Ullrich (Kat. Nr. 48, 98, 174)

Die übrigen Fotos stammen aus dem Besitz der Leihgeber